教育部高等学校轻工与食品学科
教学指导委员会推荐教材

中国轻工业"十三五"规划教材

食品物流学
（第二版）

庞 杰 孟祥红 主编

中国轻工业出版社

图书在版编目（CIP）数据

食品物流学/庞杰，孟祥红主编 .—2 版 .—北京：中国轻工业出版社，2024.8
ISBN 978-7-5184-3305-6

Ⅰ.①食… Ⅱ.①庞…②孟… Ⅲ.①食品工业—物流管理 Ⅳ.①F407.826.5

中国版本图书馆 CIP 数据核字（2020）第 246968 号

责任编辑：马 妍
策划编辑：马 妍　　责任终审：白 洁　　封面设计：锋尚设计
版式设计：砚祥志远　责任校对：晋 洁　　责任监印：张 可

出版发行：中国轻工业出版社（北京鲁谷东街5号，邮编：100040）
印　　刷：三河市万龙印装有限公司
经　　销：各地新华书店
版　　次：2024年8月第2版第3次印刷
开　　本：787×1092　1/16　印张：21.5
字　　数：517千字
书　　号：ISBN 978-7-5184-3305-6　定价：55.00元
邮购电话：010-85119873
发行电话：010-85119832　　010-85119912
网　　址：http://www.chlip.com.cn
Email：club@chlip.com.cn
版权所有　侵权必究
如发现图书残缺请与我社邮购联系调换

241578J1C203ZBQ

本书编写人员

主　　编　庞　杰（福建农林大学）
　　　　　　孟祥红（中国海洋大学）

副 主 编　张园园（福建农林大学）
　　　　　　余　华（成都大学）
　　　　　　罗自生（浙江大学）
　　　　　　吴春华（福建农林大学）
　　　　　　梁文娟（云南农业大学）
　　　　　　林慧敏（浙江海洋大学）

参编人员　（按姓氏笔画排列）
　　　　　　王　敏（西北农林科技大学）
　　　　　　朱秋劲（贵州大学）
　　　　　　刘　欣（华南农业大学）
　　　　　　纪祥敏（福建农林大学）
　　　　　　杨金初（河南中烟工业有限责任公司）
　　　　　　李广森（河南工业大学烘焙研究中心）
　　　　　　李正国（重庆大学）
　　　　　　肖丽霞（扬州大学）
　　　　　　吴继红（中国农业大学）
　　　　　　陈丽娟（郑州轻工业大学）
　　　　　　范　劲（贵州大学）
　　　　　　周　然（上海海洋大学）
　　　　　　徐　毅（西南大学）
　　　　　　高峻峻（上海大学）

主　　审　石阶平（国家市场监督管理总局）

第二版前言 | Preface

民以食为天，食以安为先。由此看来，食品是人们生存必不可少的。作为食品安全体系的重要一环，食品物流对食品安全有着重要的影响。近年来，随着我国食品行业的发展以及食品行业出现的质量安全问题，食品物流的研究也越来越受到重视。为了跟上市场的脚步，食品行业必须不断改进产品质量、降低生产成本、缩短交货周期，从而满足消费者对食品行业提出的"更好的质量、更大的柔性、更多的选择、更高的价值和更低价格的服务"等要求。

在满足人们对于食品消费品不断变换的需求的同时，食品物流过程中也出现了许多问题，例如，由于食品物流涉及范围较广很难得到优化，食品生产过程中缺乏统一标准，产品质量良莠不齐，物流运输基础设施落后，尤其是冷链物流工具设施得不到保障等，造成食品质量安全事件频繁发生。我国的食品行业现状不容乐观，低效率的食品物流系统已经不能适应快速发展的食品加工业。据估计，我国每年有总值750亿元人民币的食品在运输过程中腐败变质，食品行业现有人员对食品物流理论研究及供应链管理认识不足等，阻碍着我国食品业的发展。

物流是供应链过程的一部分，是以满足客户需求为目的，以高效和经济的手段来组织产品、提供服务和相关信息，从供应到消费的运输和存储计划、执行和控制的过程。食品物流是物流在食品行业中的应用。人们把物流称为"企业的第三利润源泉"。食品物流水平的高低，关系到食品企业的发展，也关系到食品行业的发展。

由于食品的特殊性、专业性，食品物流较其他行业显得尤其重要。基于我国食品物流面临的新环境，要满足与食品物流密切相关的食品多样快捷化要求，解决食品安全控制、食品规模效益等问题，就要求引进先进的物流供应链管理思想，缓解食品行业的压力，将传统的基础物流向食品供应链物流转变，从全局化的角度找到最优的方案。同时，物流供应链将企业与顾客紧密联系，其先进快捷的运作体系将带动我国食品企业的发展。

"食品物流学"既是食品科学的一个分支，同时又是物流和管理学的一个分支，本书集学术性、理论性、应用性于一体，结合"全球一体化"的国际形势，较为深入、系统地探讨食品、物流、食品物流及其管理。作者希望，通过对本书的学习，读者能够提高对食品物流学科的兴趣，加深对管理方面的理解，并灵活地将所学到的知识应用到所接触的食品行业中。这样通过对风险程度的划分采取不同程度的规制工具，在确保食品安全的前提下提高食品物流行业的市场活力，让市场主体能够进行充分的竞争，从而为消费者提供多品种、小批量、更健康、更安全的多样化服务，满足消费者对食品保质保鲜的需求，从而促进我国食品物流的发展。

本教材由福建农林大学、中国农业大学、重庆大学、西南大学、中国海洋大学、西北农林科技大学、华南农业大学、上海海洋大学、浙江海洋大学、扬州大学、上海大学、贵州大学、成都大学、云南农业大学、郑州轻工业大学、河南工业大学烘焙研究中心、河南中烟工业有限责任公司 17 家单位联合编写。该教材各章编写分工为：前言、第一章绪论由庞杰、张园园、孟祥红、梁文娟、余华、罗自生、李广森编写；第二章由李正国、林慧敏；第三章由吴春华、王敏、陈丽娟编写；第四章由吴春华、徐毅、纪祥敏编写；第五章由林慧敏、吴继红、吴春华、肖丽霞编写；第六章由梁文娟、徐毅、高峻峻编写；第七章由梁文娟、杨金初编写；第八章由梁文娟、朱秋劲、范劲编写；第九章由张园园、周然编写；第十章和第十一章由吴春华、纪祥敏编写；第十二章由吴春华、刘欣、余华编写。研究生郭洋洋、郑盛璇、朱斯亮参加了整理工作。全书主要由庞杰、余华和吴春华统稿并进行修改，华南农业大学刘欣参加了部分统稿工作，国家市场监督管理总局科技与标准司石阶平对全书进行了审定。

本教材适用于高等学校食品科学与工程专业教学用书，可作为物流管理、物流工程、交通运输管理、市场营销等专业的参考用书，也可供食品加工、经营管理、政府管理人员阅读。

由于涉及内容广泛，作者水平有限，加之编写时间紧，书中疏漏和不当之处在所难免，祈盼诸位同仁和读者指正。

编　者

2021 年 4 月

目录 Contents

第一章 食品物流学概论 ………………………………………………………… 1
   第一节 食品物流学概念及其研究对象 ………………………………………… 1
   第二节 食品物流学的发展简史 ………………………………………………… 2
   第三节 食品物流的特征与价值 ………………………………………………… 3
   第四节 国内外食品物流发展趋势 ……………………………………………… 3
   第五节 食品物流发展的重要意义 ……………………………………………… 4
   本章小结 …………………………………………………………………………… 5
   思考题 ……………………………………………………………………………… 5

第二章 食品物流学的理论基础 ………………………………………………… 6
   第一节 食品物流的基本概念及分类 …………………………………………… 6
   第二节 食品物流系统的构成要素 ……………………………………………… 7
   第三节 食品物流业的运行模式 ………………………………………………… 9
   本章小结 ………………………………………………………………………… 12
   思考题 …………………………………………………………………………… 12

第三章 食品物流的功能要素 ………………………………………………… 13
   第一节 食品包装 ………………………………………………………………… 13
   第二节 食品装卸 ………………………………………………………………… 26
   第三节 食品运输 ………………………………………………………………… 30
   第四节 食品保藏 ………………………………………………………………… 37
   第五节 食品流通加工 …………………………………………………………… 41
   第六节 食品物流信息 …………………………………………………………… 44
   本章小结 ………………………………………………………………………… 49
   思考题 …………………………………………………………………………… 49

第四章 食品保藏过程 …………………………………………………………… 50
   第一节 食品入库与理货业务 …………………………………………………… 50

第二节	保藏环境控制	59
第三节	环境因素对食品保藏的影响	73
第四节	食品出库业务	81
第五节	食品装卸与搬运	87
第六节	食品仓储在物流管理中的地位	91

本章小结 …… 91

思考题 …… 92

第五章 食品采购与库存控制

第一节	概述	93
第二节	食品采购模式	98
第三节	食品库存方式与控制	101
第四节	食品采购、库存与食品安全监管	106
第五节	粮食类产品采购与库存控制	107
第六节	果蔬类产品采购与库存控制	109
第七节	畜禽类产品采购与库存控制	110
第八节	水产品采购与库存控制	113
第九节	乳制品采购与库存控制	115
第十节	茶叶采购与库存控制	117

本章小结 …… 119

思考题 …… 120

第六章 食品的运输与配送管理

第一节	概述	121
第二节	食品运输管理简述	123
第三节	食品配送管理简述	124
第四节	食品配送类型及管理模式	127
第五节	食品配送中心	129
第六节	粮食类产品的运输与配送管理	136
第七节	果蔬产品的运输与配送管理	138
第八节	畜禽产品的运输与配送管理	140
第九节	水产品的运输与配送管理	141
第十节	乳制品的运输与配送管理	142
第十一节	茶叶运输与配送管理	144
第十二节	快餐行业运输与配送管理	146

本章小结 …… 147

思考题 …… 148

第七章　食品流通加工业务 … 149
　　第一节　概述 … 149
　　第二节　食品包装标记和标志 … 172
　　第三节　托盘及组成方法 … 180
　　第四节　食品集装箱运输 … 185
　　第五节　食品分拣 … 193
　　本章小结 … 202
　　思考题 … 202

第八章　食品物流系统 … 203
　　第一节　食品物流系统概念 … 203
　　第二节　食品物流系统的模式 … 208
　　第三节　食品物流系统分析 … 216
　　第四节　食品物流系统的评价指标与系统工程 … 220
　　本章小结 … 224
　　思考题 … 224

第九章　食品物流信息与管理 … 225
　　第一节　食品物流信息概述 … 225
　　第二节　食品物流信息系统 … 227
　　第三节　食品物流管理概述 … 246
　　第四节　食品物流管理系统 … 247
　　第五节　物流成本管理 … 248
　　第六节　食品物流质量管理 … 259
　　第七节　物流标准化 … 263
　　第八节　企业物流管理 … 269
　　本章小结 … 272
　　思考题 … 272

第十章　物流企业与第三方物流 … 273
　　第一节　物流与客户服务 … 273
　　第二节　第三方物流 … 281
　　本章小结 … 289
　　思考题 … 289

第十一章　电子商务在食品物流中的应用 … 290
　　第一节　概述 … 290

第二节　电子商务与现代食品物流 ……………………………………… 291
第三节　国内电子商务的现代食品物流管理运行模式 …………………… 297
第四节　国际电子商务的现代食品物流管理运行模式 …………………… 299
本章小结 ……………………………………………………………………… 299
思考题 ………………………………………………………………………… 300

第十二章　国际物流与国际供应链 …………………………………………… 301
第一节　概述 …………………………………………………………………… 301
第二节　国际物流系统 ………………………………………………………… 302
第三节　国际物流运输方式与管理 …………………………………………… 305
第四节　国际供应链模式 ……………………………………………………… 315
第五节　国际货运代理人与国际物流 ………………………………………… 316
本章小结 ……………………………………………………………………… 318
思考题 ………………………………………………………………………… 318

参考文献 ……………………………………………………………………………… 319

第一章 食品物流学概论

第一节　食品物流学概念及其研究对象

在西方主要发达国家，果品采收后的商品化处理由采收预冷—气调贮藏—分等级商品包装—保温车运输—销售几个环节组成，高质量、完整的"冷链"系统让这些国家的消费者一年四季都能吃到如同刚刚采摘的新鲜水果。中国生产的食品，如果要让世界各地的人享受其相同的质量，就需在一定时间内，用最低成本送往世界各地。农忙时节收割的粮食，要保证一年四季都满足人民群众的需求，就需要物流来解决它的仓储、配送等问题。所有这些，更准确地说，都需要食品物流来完成。食品物流是食品从供应地向接收地的实体流动过程，即根据实际需要，将食品运输、储存、装卸、搬运、包装、流通加工、配送、信息处理等基本功能实现有机结合的过程。

从概念可以看出，由于食品自身的要求，食品物流与其他企业物流相比，具有高度的专业性，食品物流对产品前置期有严格标准，对外界环境有严格要求；同时也具有高度的特殊性，不同品种的果蔬不能混装，水产品鲜货与冻货不能混装，生熟食品要分装等。随着社会经济的持续发展和信息化，消费者结构呈多元化方向发展，食品电子商务的蓬勃发展等，也给食品物流带来很大的影响。

食品物流学的研究对象和内容涵盖以下这些方面：

1. 食品本身

物流学中的食品，是指一切可以进行物理性位置移动的食品物质，即物质实体，包括一些生产资料（原、辅材料）、各种产品（成品、半成品）等。这里要区别几个概念。

（1）物资　在我国，是指生产资料，有时也泛指全部物质资料，较多指工业品生产资料。物资中包含相当一部分不能发生物理位移的生产资料，这一部分不属于食品物流学研究的范畴，例如建筑设施、土地等。另外，属于食品物流对象的各种生活资料，又不能包含在作为生产资料理解的"物资"概念之中。

（2）物料　是我国生产领域中的一个专门概念。生产企业习惯将最终产品以外的，在生产领域流转的一切材料（不论其来自生产资料还是生活资料）、燃料、零部件、半成品、外协件以及生产过程中必然产生的边、角、余料、废料及各种废物统称为"物料"。物料也具有可运动的性质，是食品物流学中"物"的一部分。

（3）货物　是我国交通运输领域中的一个专门概念。交通领域经营对象为人和物，除人之外，"物"的这一类统称为货物。货物既然是交通运输的经营对象，必须具有可运动的性质，其中的一部分为食品物流学中的"物"。

（4）商品　商品和物流学的"物"的概念是相互包含的。商品中的一切可发生物理位移的物质实体，即商品中凡具有可运动要素及物质实体要素的，都是物流研究的"物"，食品物流学的"物"可能是商品，也有可能是非商品。商品实体仅是物流中"物"的一部分。

（5）物品　是生产、办公、生活领域常用的一个概念。在生产领域中，一般是指不参加生产过程，不进入产品实体，而仅在管理、行政、后勤、教育等领域使用的与生产相关的或有时完全无关的物质实体。物流学中所指的"物"，在这些领域中，通常称为物品。

2. 食品物流

食品物流包括食品运输、储存、装卸、搬运、包装、流通加工和配送。主要是研究运输工具的选择，储存条件的选择、控制，包装材料的选择和配送中心的管理等。通过空间位置的移动、时间位置的移动以及形状性质的变动，可以创造食品的空间效用、时间效用和形质效用。通过运输、搬运、装卸等克服供需之间的空间距离，创造食品的空间效用；通过储存、保管克服供需之间的时间距离，创造食品的时间效用；通过加工以及包装等改变物品的形状性质，创造食品的形质效用。

3. 行为者

作为行为主体，人也是食品物流的研究对象之一。在社会经济高速发展的今天，人作为能动行为的主体，是食品物流的计划者、操纵者和实施者，对社会经济的高速发展起着至关重要的作用。

第二节　食品物流学的发展简史

回顾世界物流史，中国古代物流的厚重、深沉与辉煌令中国当代物流人为之振奋。比如，曾经对中国乃至世界产生深远影响的丝绸之路便是一条国际物流通道。此外，还有国内的物流通道——京杭大运河。

到了近代，西方一些国家先后揭开了人类工业化、现代化的大幕，而中国则持续徘徊在农业社会的生产力水平上，最终陷入了半封建半殖民地的悲惨境地，后来经过艰苦卓绝的奋斗，才又重新崛起。而中华人民共和国成立以来的物流史可简单划分为两个大的阶段：

一是 1949—1978 年计划经济体制下的物流；

二是 1978 年改革开放以来社会主义市场经济体制下的物流。这一时期，我国物流业快速发展。1978 年到 2020 年，从中国现代物流业的发展来看，可划分为三个阶段，即探索与起步阶段（1978—2001 年）：对生产资料和生活资料的计划流通分配体制进行市场化改革；快速发展阶段（2002—2012 年）：物流业改革不断深化，开放力度加大；转型升级阶段（2013—2020 年）：物流业开放度和国际化程度提高，物流业发展进入供应链时代。这三个阶段客观反映了我国现代物流业从学习、引进、借鉴到自主创新发展，从物流弱国到物流大国再到物流强国,从传统物流到现代物流发展的历史过程。

第三节 食品物流的特征与价值

食品相对于其他产品具有特殊性,一方面,食品流通要求保鲜保质,及时送达;另一方面,食品与人身安全和健康息息相关。食品物流作为物流系统的一个分支,在其中占有举足轻重的地位。

食品物流的特征:

(1) 不稳定性 由于食物的生长规律,决定了食品物流的供应和采购都具有季节性特点,所以食品的采购、运输、储存、加工等环节相对不稳定;

(2) 卫生无害 食品在其供应链上要求安全无害,保证生产流通过程中卫生、干净;

(3) 对仓储、运输的环境条件要求较高 不同食品其运输和储存条件有着不同的要求;

(4) 专门化的物流设备 食品储存、搬运、配送、运输、包装、加工等环节采用了特殊的物流设备;

(5) 需要有效的食品供应链。

第四节 国内外食品物流发展趋势

(一) 经济规模与贸易扩张、结构转换与升级给物流业发展带来深刻影响

未来10~20年,我国工业体系仍可有较大发展,大宗能源、原材料和主要商品的大规模运输方式和物流需求仍将旺盛。同时,产业结构将从"二、三、一"进入到"三、二、一"阶段,服务业和工业一道共同推动中国经济增长。产业结构的变化和逐步升级,生产方式的变化,将带来"短、小、轻、薄"商品以及小批量、多频次、灵活多变的物流需求快速增加。

(二) 新型城市化、区域一体化及区域增长新格局对物流空间分布、效率、获得性等提出更高要求

中国正经历着规模宏大的城市化进程,推动着物流活动集中于城市群、城市带、大中小城市和城际间,不断增加的物流量、机动车量以及能源短缺、环境污染、交通拥堵和道路安全等问题,迫切需要提升城市内、城际间的物流效率,遵循"以人为本、城乡统筹、大中小城市相协调"的新型城市化要求,建设功能强大、高效集约的城市物流和配送体系。区域经济协调发展以及一体化要求将加快区域物流一体化,构建有利于东中西协调发展的物流服务体系。中西部区域增长新格局,要求那里加快物流业发展,改变物流业长期制约中西部地区发展的状况。未来网络零售市场除了在沿海发达地区、一二线市场继续保持稳健增长外,还将呈现出由沿海地区向内陆地区逐渐渗透、一二线城市向三四线城市及县镇渗透的趋势。随着网络零售市场的渠道下沉,三四线城市、县乡镇、农村电子商务将迅猛发展,对农村和三

四线城市及县乡镇的电子商务物流发展提出更大更高要求。

（三）全球化纵深发展和开放新格局推动物流市场深刻调整

全球化推动中国与世界经济的联系和相互作用互益加深，要求中国与世界各国间有更好的交通运输、物流、通信、信息等基础设施连接。中国除与发达经济体继续保持密切经贸往来外，与新兴经济体以及发展中国家的贸易增长将会成为新的亮点，贸易格局的变化将带动国际物流活动此消彼长。

（四）新技术突破和信息网络技术的广泛应用促进物流业升级

新的技术突破，高速铁路、绿色航空、电动汽车和新能源汽车、无人驾驶、智能交通、智能仓储、智能分拣、物联网、下一代信息网络、现代管理、计算科学等将在物流领域得到更加广泛的推广和应用，互联网、移动互联、大数据、计算、物联网、人工智能等将与物流业深度融合，这些都对物流业升级带来重大促进作用。

（五）可持续发展和要素成本上升等驱动物流发展转型

由于物流企业运营所需的能源、劳动力、土地价格持续上涨，加之服务价格偏低、融资环境不佳等影响，依赖"高投入、高消耗、高排放、低产出、低效益、低科技含量"的传统物流运作模式将难以为继，面临着降低成本、提高效率、可持续发展的转型要求。另外，安全意识将更加深入人心，政府、企业和消费者会更加重视物流安全。

（六）供应链将会加快发展

供应链创新与应用，有利于加速产业融合，深化社会分工，提升产业集成和协同水平；有利于加强从生产到消费各个环节的有效对接，降低企业经营和交易成本，促进供需精准匹配和产业转型升级；也有利于交通物流企业更深更广地融入全球供给体系，打造全球利益共同体和命运共同体的全新功能。

（七）应急和民生物流的重要性日益突显

我国自然环境和气候复杂多样，易发生自然生态灾害。在加快推进工业化、城市化和经济社会转型时期，各类突发性事故发生概率将会加大，加之全社会安全意识不断提高，应急物流体系建设十分迫切。三农问题、医药卫生、社会救助、生活用品服务、邮政普遍服务、可追溯食品供应链管理等要求加快发展服务于民、方便于民、惠及于民的民生物流。

第五节　食品物流发展的重要意义

一是我国人口基数大，整体的需求明显，但由于区域生产和消费的需求极不均衡，因此存在着改善当前食品物流发展的巨大空间和原动力；

二是随着健康、环保等理念深入人心，人民对食品的要求越来越高，科学的食品物流体系可以解决不同层次、不同区域人群的特殊需求，达到资源配置的合理优化；

三是专业化的食品物流体系能够有效保障从食品生产到销售的流通环节的质量、卫生和安全性；

四是现代物流发展的必然要求，食品物流供应链管理的现代化是食品行业和物流业现代化的重要标志。

本章小结

本章主要介绍了食品物流学的研究对象、内容及其发展简史,并分析了现代食品物流的特征与价值,展望了国内外食品物流发展趋势。

思考题

1. 什么是食品物流?
2. 食品物流学的研究对象和内容是什么?
3. 简述现代食品物流的特征与价值。
4. 简述现代食品物流发展的重要意义。
5. 结合专业知识,你认为未来食品物流将会如何发展?

第二章

食品物流学的理论基础

第一节 食品物流的基本概念及分类

食品物流（food logistics）是市场经济高度发展的产物，也是市场经济高度发展的需要。随着人们对利润、效益、效率的追求，社会分工也越来越细，食品物流在食品工业中的影响日益明显，引起了各方面的重视。食品物流不仅是物流发展的产物，同时因为食品不同于其他产品，对及时、保鲜等都有非常严格的要求，而且它关系到人体的健康甚至生命安全，故有其独特的性质而独树一帜，从物流中分离出来，成为独立的食品物流。

一、食品物流的概念

物流这个用语，大约20世纪30年代起源于美国，原意为物资分配（PD）。20世纪50年代中期，日本通产省派代表团赴美国考察，在回国后的考察报告中直接引用了PD，日文译为"物的流通"。后来"物流"一词逐渐替代了"物的流通"。联合国物流委员会对物流进行了界定："物流是为了满足消费者需要而进行的从起点到终点的原材料、中间过程库存、最终产品和相关信息有效流动和储存计划、实现和控制管理的过程"。由此可知，物流既存在于流通领域，又存在于生产领域。目前存在许多物流的定义，其中一个简单的定义是用7个R（7个Right），把物流定义为保证恰当的产品，以恰当的数量和恰当的质量，在恰当的地点，在恰当的时间，以恰当的成本送到恰当的顾客手中。物流，根据GB/T 18354—2006《物流术语》定义为物品从供应地向接收地的实体流动过程。根据实际需要，将运输、储存、装卸、搬运、包装、流通加工、配送、信息处理等基本功能实现有机结合。目前业界对食品物流尚无统一定义，有一种理解是：食品物流是对食品、相关服务及相关信息从田头到餐桌的有效率、有效益的流动和储存，进行计划的执行和控制，以满足客户需求的供应链过程的一部分。根据国家标准，将食品物流定义为：食品从供应地向接收地的实体流动过程，即根据实际需要，将食品运输、储存、装卸、搬运、包装、流通加工、配送、信息处理等基本功能实现有机结合的过程。

二、食品物流的分类

食品物流的分类：
（1）按物流的作用分类 供应物流、销售物流、生产物流、回收物流、废弃物物流。

(2) 按物流系统性质分类 社会物流、行业物流、企业物流。
(3) 按物流活动的空间分类 地区物流，国际物流。

第二节　食品物流系统的构成要素

一、食品流体

食品流体即食品实体，具有自然属性和社会属性。自然属性是指其物理、化学、生物属性。物流管理的任务之一是要保护好流体（食品），使其自然属性不受损坏，因而需要对流体进行检验、养护，在物流过程中需要根据物质实体的自然属性合理安排运输、保管、装卸等物流作业。社会属性是指流体所体现的价值属性，以及生产者、采购者、物流作业者与销售者之间的各种关系。食品流体关系到人民的身体健康甚至生命安全，食品物流的一个重要目的是在物流过程中保证食品以最快的速度从生产地送到消费者手中，以减少在物流过程中因变质而遭受的损失。

二、载体

载体是指流体借以流动的设施和设备，可分成两类。

第一类载体是指基础设施，如铁路、公路、水路、港口、车站、机场等，它们大多是固定的；

第二类载体是指设备，即以第一类载体为基础，直接承载并运送的设备，如车辆、船舶、飞机、装卸搬运设备等，它们大多是可以移动的。

物流载体的状态，第一类载体即物流基础设施的状况，直接决定物流的质量、效率和效益。食品物流不同于其他物流，第二类载体的状况也有着至关重要的作用，它的要求更高，一般都有温度要求，而且不同的食品要求也不同。

食品物流学研究载体的结构、规模，尤其要研究物流载体的技术进步、网络结构等。比如研究物流中心或者配送中心网络的选址，载体的定位和跟踪，载体运行速度的提高，载体的配套等问题。

三、流向

流向指食品流体从起点到终点，从生产地到消费者的流动方向。

第一，自然流向，是指根据产销关系所确定的商品的流向，这表明一种客观需要，即商品要从产地流向销地；

第二，计划流向，是指根据经营者的商品经营计划而形成的商品流向；

第三，市场流向，是指根据市场供求规律由市场确定的商品流向；

第四，实际流向，是指在物流过程中实际发生的流向。

对于某种食品而言，可能会同时存在以上几种流向。如根据市场供求关系确定的商品流向是市场流向，这种流向反映了产销之间的必然联系，是自然流向，实际发生物流时还需根据具体情况来确定运输路线和调运方案,这才是最终确定的流向,这种流向是实际流向。在确定流向时,理想的状况是商品的自然流向与商品的实际流向相一致,但如果在计划流向与市场流向都同时存在的情况下,由于载体的原因,还会导致商品的实际流向经常偏离自然流向。

食品物流学通过流向研究准确掌握流向的变化规律,达到合理配置物流资源、合理规划物流流向,从而降低物流成本,加快物流速度的目的。

四、流量

流量即通过载体的流体在一定流向上的表现。流向与流量是不可分割的,每一种流向都有一种流量与之对应。因此,流量的分类参照流向的分类,可以分为四种,即自然流量、计划流量、市场流量和实际流量。但是,对流量的分类也有特殊性,根据流量本身的特点,可以将流量具体分为实际流量与理论流量。实际流量即实际发生的食品物流流量,又可分为五种:一是按照流体统计的流量,二是按照载体统计的流量,三是按照流向统计的流量,四是按照发运人统计的流量,五是按照承运人统计的流量。理论流量是从物流系统合理化角度来看应该发生的物流流量。另外,流量统计的单位也可视具体统计目的确定,如吨、立方米、元等。

以物流管理角度来看,理想状况的物流应该是在所有流向上的流量都均匀分布,这样,物流资源利用率最高,组织管理最容易。但实际上,在一定的统计期间、流向之间、承运人和托运人之间的实际物流流量是不可能出现均衡的。这就需要从宏观物流管理的角度,通过资源的合理配置,采用合理的物流运行机制等手段,消除物流流向和流量上的不均衡。

五、流程

流程即通过载体的流体在一定的流向上行驶路径的数量表现。流程的分类与上述流向分类基本相似,可以分为自然流程、计划流程、市场流程与实际流程;也可以像流量的分类那样,分为理论流程与实际流程。理论流程往往是可行路径中最短路径。路径越长,物流运输成本越高。如果要降低运输成本,一般就应设法缩短运输流程。

六、流速

流速即通过载体的流体在一定程度上的速度表现。流速与流向、流量、流程一起构成了物流向量的四个数量特征,是衡量物流效率和效益的重要指标。一般来说,流速越快意味着物流时间的节约,也就意味着物流成本的减少,物流价值的提高,食品的保鲜度提高,安全性得到保障。

食品物流的以上六要素之间有极强的内在联系,如流体的自然属性决定了载体的类型和规模,流体的社会属性决定了流向和流量,载体对流向、流量及流速有制约作用,载体的状况对流体的自然属性均会产生影响。因此,进行食品物流活动要注意处理好六要素之间的关系,否则就会使物流成本升高、服务恶化、效率下降、效益减少。

食品物流六要素贯穿整个供应链,存在于原材料采购、制造、销售、消费、废物回收等任何类型的物流环节中,也存在于运输、储存、包装、装卸、流通加工、物流信息等各种物流活动中,存在于公路运输、铁路运输、水路运输、航空运输以及管道运输等各种运输系统中。

食品物流除了这六要素外，还有以下几点：①人的要素：提高劳动者素质是建立一个合理化的物流系统并使之有效运转的根本；②组织要素：食品的合理搭配、物流路线的组织都起着重要的作用；③资金要素：交换是以货币为媒介，实现交换的物流过程，实际也是资金运动过程，同时物流服务本身也是需要以货币为媒介，物流系统建设是资本投入的一大领域，离开资金这一要素，物流就不可能实现。

第三节 食品物流业的运行模式

一、食品企业物流

食品企业物流（food internal logistics），即食品企业内部的食品实体流动。这是现在我国普遍存在的一种物流方式，主要是企业内部的生产经营工作中所发生的加工、检验、搬运、存储、包装、装卸、配送等物流活动。根据物流活动发生的先后次序，食品企业物流可以分为：供应物流、生产物流、销售物流、回收物流、废弃物物流。

1. 食品供应物流（food supply logistics）

食品供应物流是为食品生产企业提供原材料等相关物品时，物品在提供者与需求者之间的实体流动。

食品生产企业、流通企业或消费者购入原材料或其他商品的物流过程，也就是物品生产者、持有者至使用者的物流。对于食品生产企业而言是指生产活动所需要的原材料、备品等物资的采购、供应活动所产生的物流；对于流通领域而言，是指交易活动中从买方角度出发的交易行为所产生的物流。

2. 食品生产物流（food production logistics）

食品生产物流是食品生产过程中，原材料、半成品、产成品等在企业内部的实体流动。食品生产物流和生产流程同步，是从原材料购进开始直到产成品发送为止的全过程的物流活动。原材料、半成品等按照工艺流程在各个加工点之间不停顿地移动、转移，形成了生产物流。如果生产物流中断，生产过程也将随之停顿。

（1）生产物流发展的五个阶段

①人工物流：初始的物流是从人们的举、拉、推和计数等人工操作开始的。虽然第一代物流是人工的，但即使今天，人工物流仍存在于几乎所有的系统中。

②机械化物流：由于机械装置的引入，人类的能力和活动范围都扩大了。现代化设备能让人们举起、移动和放下更重的物体，速度也更快。机器延伸了人们的活动范围，使物料堆得更高，在同样的面积上可以存储更多的物料。从19世纪中叶到20世纪中叶的一个世纪里，这种机械系统一直起主导作用。同时，在当今的许多物流系统中也仍是主要的组成部分。

③自动化物流：自动存取系统（AS/RS）、自动导引车（AGV）、电子扫描器和条形码是自动化系统的主要组成部分。同时，自动化物流也普遍采用机器人堆垛物料和包装、监视物流过程及执行某些操作，大大提高了物流效率。

④集成化物流：在自动化物流的基础上，进一步将物流系统的信息集成起来，使得从原料计划、物料调度直到将物料运输到达生产的各个过程的信息，通过计算机网络相互沟通。这种系统不仅使物流系统各单元间达到协调，而且使生产与物流之间达到协调。

⑤智能型物流：将人工智能集成到物流系统中，在生产计划做出后，自动生成物料和人力需求；查看存货单和购货单，规划并完成物流。目前，这种物流系统的基本原理已在一些实际的物流系统中逐步得到了实现。

（2）现代生产物流的特点　物流与生产制造的关系，如同人体中血液循环与内脏器官的关系一样，物流是生产制造各环节组成的有机整体的纽带，又是生产过程维持延续的基础。传统的生产物流，物流设备是以手工、半机械化或机械化为主，效率低、工人劳动强度大。传统的物流信息管理也十分落后，信息分散、不准确、传送速度慢。落后的生产物流制约了生产的高速发展，随着生产制造系统规模不断扩大、生产的柔性化水平和自动化水平日益提高，要求生产物流也要相应发展，使之与现代生产制造系统相适应。

3. 食品销售物流（food distribution logistics）

食品销售物流是指食品生产企业、流通企业出售商品时，食品在供方与需方之间的实体流动。

食品销售物流是食品的生产者或持有者至客户或消费者之间的物流。通过销售物流，企业得以回收资金，进行再生产的活动。销售物流的效果关系到企业的存在价值是否被社会承认，食品销售物流的成本在商品的最终价值中占有很大的比例，因此，为了增强食品企业的竞争力，必须重视食品销售物流的合理化。

4. 食品回收物流（food returned logistics）

食品回收物流是指不合格食品的重加工、退货以及周转使用的包装容器从需方返回到供方所形成的物品的实体流动。不合格食品的重加工主要是指食品还在保质期内因为包装损坏而需退换的或是其中一些成分转化需要加工等，它们是在食品安全允许的情况下进行的。

5. 食品废弃物物流（food waste material logistics）

食品废弃物物流是指将经济活动中失去原有使用价值的食品，根据实际需要进行收集、分类、加工、包装、搬运、存储，并分送到专门处理场所时所形成的物品实体流动。

食品废弃物物流的作用是无视对象物的价值或对象物没有再利用价值，仅从环境保护出发，将其焚化、化学处理运到特定地点堆放、掩埋。

二、现代物流企业

现代物流企业是指那些原本从事运输、货运代理、仓储等传统业务，现在已经或正在向现代物流企业转型的大型国有企业，如中国远洋运输集团、中国外运、中海物流、中储物流等。

三、物流公司

物流公司是指国内大型制造和零售企业下属的物流公司，如海尔物流、正广和、华联超市等。

四、地方性物流企业

地方性物流企业包括新兴的地方性物流企业，如宝供物流等。

五、新型物流企业

新型物流企业是指那些通常被称为第四方、第五方乃至第 N 方物流的新型物流企业。

不容乐观的是,我国的以上这些物流企业存在着很多亟待解决的问题。

第一,多而小。原国家工商行政管理局 2002 年的资料表明,全国注册的物流企业已达 73 万家。在我国具有代表性的第三方物流企业中,没有一家市场占有率超过 2%。即使经济比较发达的长江三角洲和珠江三角洲地区,第三方物流企业所从事的基本上是初级运输和仓储管理服务(2016 年,我国从事道路货物运输的经营业户为 679.1 万户,车辆 1351.8 万辆,户均 1.99 辆)。

第二,信息管理水平严重滞后。目前已基本完成了向物流企业转型的过去带有一定行业垄断性的国有大型物流公司,如中远集团等,尽管拥有绝对的网络优势、设施优势和人才优势,而且与政府部门有着密切的联系,但在如何发展物流服务业上尚处于摸索阶段,在信息管理这个物流行业的灵魂问题上,还没有找到切实有效的系统设计和技术解决方案。

第三,地方保护严重和信用、金融体系不健全。这些宏观的问题极大地阻碍了中国物流行业的国际标准化运作和大型航母型物流企业的诞生。

六、第三方物流

近年来,信息技术的飞速发展,带动全球性的产业结构及经营模式的调整和优化,商品物流模式的变化就是其中一部分。传统意义上的物流,制造业是由企业自身对生产所需原材料组织、采购、储运;零售行业进行配货、分销等,形成销售物流。最近的 10~15 年,在西方发达国家逐渐兴起,而且趋于成熟的"第三方物流"模式,以它独具的"节约经营成本、集中资源优势"的特点,或可成为未来取代传统物流模式的生力军。

第三方物流(the third party logistic,3PL),就是建立在合同约定基础上的由中间商提供的物流服务。第三方物流的提供商,是为其外部客户提供物流的管理、控制等专业服务的公司。第三方物流在欧美等地发展十分迅速,市场占有率在不断增加。在欧洲,第三方物流占整个物流市场的比例已超过 70%,美国是 58%,越来越多的企业注意到运用 3PL 可以降低经营成本、提高生产效率、优化管理模式,纷纷将部分或全部的物流服务交给这些公司去做。美国的大型零售商沃尔玛就利用第三方物流公司,为它的电子商务提供物流服务,这个 3PL 公司专门建起面积达 10 万 m^2 的货品配送中心,包括订货订单的管理、货物运送、货款结算处理、客户服务等。运用第三方物流,会给企业带来诸多益处。首先,降低经营成本。第三方物流公司利用它的规模优势,充分提高了流通环节的运营效率,企业从分离出部分物流服务中受益。其次,集中有限资源。企业通过第三方物流,可以集中各方面资源进行主业的开发研究,而不是将过多的人力、财力资源投入物流服务之中,由专业物流公司去做,往往比自己做得更好。第三,最大限度减少库存。很多企业在总的费用支出方面,仓储占很大比例。专业物流公司运用合理的物流计划、适时的管理手段,能做到最大限度地优化库存,从而使企业的现金流得以改善。统计资料表明,1980 年美国全国企业库存成本占 GDP 的 29%。由于更多的企业借助第三方物流中的零库存控制,到 1992 年,这一比例已降至 19%。第四,提升企业形象。第三方物流利用专业化的物流管理技术,使企业经营的成本更低、效率更高、服务更好。企业公众形象的提升,也带动专业物流企业的品牌效应。

我国是世界贸易组织（WTO）的正式成员国，国内现有的物流企业与国际大型物流公司之间存在激烈的竞争。我国现有的物流企业总的来说有三大类：中外合资和独资企业、国有大型物流企业、民营企业。国有物流企业占主体，其中大多是一些原有国营仓储运输企业转型而成的。这些公司规模比较大，资金实力雄厚，物流设施相对先进，在各自行业中处于领先或垄断地位。

本章小结

本章从食品物流的基本概念及分类来了解食品物流学，并介绍了现代食品物流系统的构成要素以及现代食品物流业的运行模式，通过研究食品流体、载体、流向、流量、流程、流速等要素对食品物流活动的影响，探讨了现代食品物流业运行模式的转变。

思考题

1. 食品物流学的基本概念及分类是什么？
2. 现代食品物流系统的构成要素有哪些？
3. 简述现代食品物流业的运行模式。

第三章 食品物流的功能要素

第一节 食品包装

食品包装在现代食品流通过程中起着越来越重要的作用。那么如何来根据实际需要进行恰当的包装，使包装适应生产流通的需要是当今研究的课题，本节着重介绍有关食品包装的一些基本概念、基本理论。

食品包装（food packaging）是指采用适当的包装材料、容器和包装技术，把食品包裹起来，以使食品在运输和储藏过程中保持其价值和原有的状态。

一、食品包装的功能

现代食品社会中，包装对食品流通起着极其重要的作用。包装的科学合理性会影响到食品的质量可靠性，以及能否以完美的状态传送到消费者手中。包装的设计和装潢水平直接影响到食品本身的市场竞争力乃至品牌、企业形象。现代包装的功能有以下四个方面。

1. 保护食品

包装最重要的作用就是保护食品。食品在储运、销售、消费流通过程中常会受到各种不利条件及环境因素的破坏和影响，采用科学合理的包装可使食品免受或减少这些破坏和影响，以期达到保护食品的目的。

对食品产生破坏的因素大致有两类：一类是自然因素，包括光线、氧气、水及水蒸气、高低温、微生物、昆虫、尘埃等，可引起食品变色、氧化、变味、腐败和污染；另一类是人为因素，包括冲击、振动、跌落、承压载荷等，可引起内装物变形、破损和变质等。

不同食品、不同的流通环境，对包装保护功能的要求不同。例如，饼干易碎、易吸潮，其包装应耐压防潮；油炸豌豆极易氧化变质，要求其包装能阻氧避光照；而生鲜食品为维持其生鲜状，要求包装具有一定的氧气、二氧化碳和水蒸气的透过率。因此，包装工作者应首先根据包装产品的定位，分析产品的特性及其在流通过程中可能发生的质变及其影响因素，选择适当的包装材料、容器及技术方法对产品进行适当的包装，保护产品在一定保质期内的质量。

2. 方便物流过程

包装能为生产、流通、消费等环节提供诸多方便，能方便厂家及物流部门搬运装卸、仓储部门堆放保管、食品陈列销售，也方便消费者的携带、取用和消费。现代包装还注重包装形态的展示方便、自动售货方便及销售时的开启和定量取用方便。一般来说，产品没有包装就不能储运和销售。

3. 促进销售

包装是提高食品竞争能力、促进销售的重要手段。精美的包装能在心理上征服购买者，增加其购买欲望。在超级市场中，包装更充当着无声销售员的角色。随着市场竞争由食品内在质量、价格、成本竞争转向更高层次的品牌形象竞争，包装形象将直接反映一个品牌和一个企业的形象。

现代包装设计已成为企业销售战略的重要组成部分。企业竞争的最终目的是使自己的产品为广大消费者所接受，而产品的包装包含企业名称、企业标志、商标、品牌特色以及产品性能、成分容量等食品说明信息，因而包装形象比其他广告宣传媒体更直接、更生动、更广泛地面对消费者。消费者在决定购买动机时从产品包装上得到更直观精确的品牌和企业形象。

食品所具有的普遍和日常消费性特点，使得其通过包装来传达和树立企业品牌形象更显重要。

4. 提高食品价值

包装是食品生产的延续，产品通过包装才能免受各种损坏，避免降低或失去其原有的价值。因此，投入包装的价值不但在食品出售时得到补偿，而且能给食品增加价值。

包装的增值作用不仅体现在包装直接给食品增加价值，更体现在通过包装塑造品牌所体现的品牌价值这种无形而巨大的增值方式。当代市场经济倡导"名牌战略"，同类食品品牌声誉对销量影响很大。品牌本身不具有食品属性，但可以被拍卖，会给企业带来巨大的直接或潜在的经济效益。适当运用包装增值策略，将取得事半功倍的效果。

二、食品包装的种类

现代食品的品种繁多，性能和用途也是多种多样。为了充分发挥食品包装的功能，必须对食品包装进行科学的分类。

食品包装的分类就是把食品包装作为一定范围的集合总体，按照一定的分类标准或者特征，将其划分为不同的类别。

（一）按包装在物流中发挥的作用划分

按包装在物流中发挥的不同作用，可以将食品包装分为商业包装和工业包装。

1. 商业包装

商业包装又称消费者包装、内包装或销售包装（sale packaging）。在企业对客户（B2C）这种商务模式中，商业包装应该是最重要的。它不仅具有对食品的保护作用，还更注重包装的促销和增值功能，通过包装装潢设计手段来树立食品和企业形象，吸引消费者、提高食品竞争力。瓶、罐、盒、袋及其组合包装一般属于此类。

2. 工业包装

工业包装又称运输包装（transport packaging）或外包装。在企业对企业（B2B）商业模式中，工业包装是最重要的。它应具有很好的保护功能以及方便储运和装卸功能，其外表面对储运注意事项应有明显的文字说明或图示，如"防雨""易燃""不可倒置"等。瓦楞纸箱、木箱、金属大桶、各种托盘、集装箱等都属工业包装。

（二） 按包装材料和容器划分

食品包装按包装材料和容器类型划分，如表3-1所示。

表3-1　　　　　　　　包装按包装材料和容器类型分类

包装材料	包装容器类型
纸与纸板	纸盒、纸箱、纸袋、纸罐、纸杯、纸质托盘、纸浆模塑制品等
塑料	塑料薄膜袋、中空包装容器、编织袋、周转箱、片材热型形容器、热收缩膜包装、软塑箱、钙塑箱等
金属	马口铁、无锡钢板等制成的金属罐、桶等，铝、铝箔制成的罐、软包装袋等
复合材料	纸、塑料薄膜、铝箔等组合而成的复合软包装材料制成的包装袋等
玻璃、陶瓷	瓶、罐、坛、缸等
木材	木箱、板条箱、胶合板箱、花格木箱等
其他	麻袋、布袋、草或竹制包装容器等

1. 纸制品包装

纸和纸板原料在包装材料中起着主导作用，占所有包装材料的40%~50%。作为包装材料，它与其他材料相比有以下优点。

①原料来源广泛，价格一般较低。

②纸容器具有一定的刚度和强度，又具有良好的弹性和韧性，因此对内装物有良好的保护作用，并适于机械化包装。

③纸和纸板具有优良的印刷适应性，印刷字迹及图案清晰、美观、牢固。

④纸容器质量轻，可折叠，因此可节约储存空间，降低运输费用。

⑤纸和纸板无毒、无味、安全、卫生，并具有较好的耐热性，可以进行高温高压灭菌处理。

⑥现代造纸技术通过浸渍、涂布、层合和真空镀膜等方法对原纸进行加工，得到的加工纸具有比原纸更好的防潮、隔气、遮光、耐油、保香等保护性能，并可进行热封合。

⑦纸容器可回收利用，降低成本。作为废弃物，其处理方法相对简单，不产生污染。

（1）纸与纸板的性能及指标　纸和纸板由于用途不同，其质量指标也不同。包装所用纸和纸板的质量要求主要包括外观、物理性质、机械力学性质、光学性质、化学性质等几方面。

①外观：纸的外观质量要求是根据纸的不同用途，对各种外观纸病加以限制或不允许其存在。外观纸病是用感官鉴别。外观纸病的产生原因很多，如原料处理不当、操作掌握欠佳、生产规程不严、包装运输疏忽等。

常见的外观纸病有以下几种。

a. 尘埃：是指用肉眼可见的与纸张表面颜色有显著差别的细小脏点。

b. 透光点和透帘：把纸张迎光照看时，见到纤维层较纸张其他部分薄一些，而又没有穿破迹象，小的称为透光点，大的称为透帘。

c. 孔眼和破洞：指纸张上完全穿通的窟窿，小的称为孔眼，大的称为破洞。孔眼多的纸影响防潮性，不适宜用作包装。

d. 折子：纸张本身折叠产生的条痕，能伸展开的（仍有折痕）称为活折子，不能伸展开的称为死折子。

e. 皱纹：纸面出现凹凸不平的曲皱，破坏纸张的平滑匀称，妨碍印刷。

此外，还有斑点、裂口、硬纸块、有无光泽等。根据等级不同分别规定其不允许存在或对其加以限制。

②物理性质：

a. 定量：是指每平方米纸的质量，单位 g/m^2。

b. 厚度：是指纸样在两测量板之间，在一定压力下直接测出来的厚度，单位 mm。

c. 紧度：是纸的单位体积质量，反映纸的结实与松弛程度，单位 g/cm^3。

d. 成纸方向：包括纵向和横向。纵向是与造纸机运行方向平行的方向；横向是与造纸机运行方向垂直的方向。纸与纸板的许多性能都有显著的方向性，如抗拉强度和耐折度，纵向大于横向，撕裂度则横向大于纵向。

e. 纸面：包括纸的正面和反面。纸的正面是指抄纸时与毛毯接触的一面，又称毯面；纸的反面是指抄纸时贴向抄纸网的一面，又称网面。纸张的反面有网纹且比较粗糙、疏松，正面则比较平滑、紧密。

f. 水分：是指单位质量的试样在100~105℃温度烘干至质量不变时所减少的质量与试样原质量的百分比，以%表示。

g. 平滑度：是指在规定的真空度下，使定量容器的空气透过纸样与玻璃面之间的缝隙所用的时间，单位 s。

h. 施胶度：是指用标准墨画线后不发生扩散和渗透的线条的最大宽度，它反映加入胶料的程度，单位 mm。

i. 吸水性：是指单位面积的试样在规定的温度条件下，浸水60s后吸收的实际水分，单位 $g/(m^2 \cdot h)$。

③力学性质：

a. 拉伸强度：是指纸或纸板抵抗平行施加的拉力的能力，即拉伸之前所承受的最大拉力。有三种表示方法，即拉张力（N）、断裂长（m）以及单位横截面的抗张力（N）。

b. 伸长率：是指纸或纸板受到拉力直到拉断，长度增加与原试样长度之比，以%表示。

c. 破裂强度：又称耐破度，是指单位面积纸或纸板所能承受的均匀增大的垂直最大压力，单位 kPa。这是一个综合性能指标，对包装用纸具有特别意义。

d. 撕裂度：表明纸的抗撕破能力。采用预切口将纸两边往相反方向撕裂至一定长度所需的力，单位 mN。它是包装纸、箱板纸的重要质量指标。

e. 耐折度：是指在一定张力下将纸或纸板往返折叠，直至折缝断裂为止的双折次数，分为纵向和横向两项，单位为折叠次数。

f. 戳穿强度：是指在流通过程中，突然受到外部冲击时所能承受的冲击力的强度，用冲击能表示，单位为焦耳（J）。

g. 环压强度：在一定加压速度下，使环行试样平均受压、压溃时所能承受的最大力。

h. 边压强度：在一定加压速度下，使矩形试样的瓦楞垂直于压板，平均受压时所能承受的最大力。

④光学性质：

a. 白度：是指白或近白的纸对蓝光的反射率所显示的白净程度，用标准白度计对照测量，用反射百分率表示。

b. 透明度：是指可见光透过纸的程度，以清楚地看到底样字迹或线条的试样层数来表示。

⑤化学性质：

a. 灰分：是指纸灼烧后残渣的质量与试样质量之比，以百分率表示。测定纸的灰分主要是为了检验纸中填料的含量是否适合纸的使用性能。如印刷用纸则根据性能要求10%以下的灰分。

b. 酸碱度：纸在制造过程中，由于方法不同，使纸呈酸性或碱性。酸碱性大都能使纸的质量显著降低，必须严格控制。对于直接接触食品的包装用纸，还要考虑是否对食品有影响。测定方法有两种：利用水的抽出物、采用pH计测量或中和滴定法进行测定。

(2) 常见包装用纸的性能　包装用纸品种很多，食品包装必须选择适宜的包装用纸，使其质量指标符合保护包装食品质量完好的要求。常用食品包装用纸有以下几种：

①牛皮纸：是用硫酸盐木浆制作的高级包装用纸，具有高施胶度，因其坚韧结实似牛皮而得名，定量一般在 $30 \sim 100 g/m^2$，其中以 $40 \sim 80 g/m^2$ 居多。牛皮纸机械强度高，并富有弹性、抗水性、防潮性和良好印刷性，大量用于食品的销售包装和运输包装。如包装点心、粉末等食品，多采用强度不太大、表面涂树脂等材料的牛皮纸。

②羊皮纸：又称植物羊皮纸或硫酸纸。它是用未施胶的高质量化学纸浆，在 $15 \sim 17 ℃$ 浸入72%硫酸中处理，待表面纤维胶化，经洗涤并用 $0.1\% \sim 0.4\%$ 碳酸钠碱液中和残酸，再用甘油浸渍塑化，形成质量紧密坚韧的半透性乳白色双面平滑纸浆。由于采用硫酸处理而羊皮化，因此又称硫酸纸。羊皮纸也可以认为是一种加工纸，具有良好的防潮性、气密性、耐油性和机械力学性能，适于油性食品、冷冻食品、防氧化食品的防护要求，可以用于乳制品、油脂、鱼肉、糖果点心、茶叶等食品的包装。食品包装用羊皮纸定量为 $45 g/m^2$ 或 $60 g/m^2$，但应注意羊皮纸酸性对金属制品的腐蚀作用。

③鸡皮纸：是一种单面光的平板薄型包装纸，定量为 $40 g/m^2$，不如牛皮纸强韧，故俗称"鸡皮纸"。鸡皮纸纸质坚韧，有较高的耐破度、耐折度和耐水性，有良好的光泽，可供包装食品、日用百货等，也可印刷商标。根据订货要求可生产各种颜色的鸡皮纸。

④食品包装纸：QB 1014—2010《食品包装纸》标准中分为如下两种类型：Ⅰ型为糖果包装原纸，适用于经印刷、上蜡加工后供糖果包装商标用纸；Ⅱ型为普通食品包装纸，有双面光和单面光两种，适用于不经涂蜡加工可以直接包装入口食品的包装纸。食品包装纸按质量分为一等品和合格品两个等级，色泽可按订货合同规定。食品包装纸因直接与食品接触，故不得采用废旧纸和社会回收废纸作为原料，不得使用荧光增白剂或对人体有危害的化学物质；纸张纤维组织应均匀，不允许有明显的云彩花，纸面应平整，不允许有折子、皱纹、破损、裂口等纸病。

⑤半透明纸：是一种柔软的薄型纸，定量为 $31 g/m^2$，是用漂白硫酸盐木浆，经长时间的

高黏度打浆及特殊压光处理而制成的双面光纸，质地紧密坚韧，具有半透明、防油、防水、防潮等性能，且有一定的机械强度。半透明纸可用于马铃薯片、糕点等脱水食品的包装，也可用于乳制品、糖果等油脂食品的包装。

⑥玻璃纸：又称赛璐玢，是一种天然再生纤维素透明薄膜，它是用高级漂白亚硫酸木浆经过一系列化学处理制成黏胶液，再成形为薄膜而成。透明性极好，质地柔软，厚薄均匀，有优良的光泽度、印刷性、阻气性、耐油性、耐热性，且不带静电；但它的防潮性差，撕裂强度小，干燥后发脆，不能热封。玻璃纸是一种透明性最好的高级包装材料，可见光透过率达 100%，多用于中、高档食品包装，主要用于糖果、糕点等食品美化包装，也可用于纸盒的开窗包装。

⑦茶叶袋滤纸：是一种低定量专用包装纸，用于袋泡茶的包装，要求纤维组织均匀，无折痕、皱纹，无异味，具有较大的湿强度和一定的过滤速度，耐沸水冲泡，同时应有适应袋泡茶自动包装机包装的干强度和弹性。

⑧涂布纸：主要是在纸表面涂布沥青低密度聚乙烯（LDPE）或聚偏二氯乙烯（PVDC）乳液、改性蜡（热熔胶黏剂和热封蜡）等，使纸的性能得到改善。如 PVDC 涂布纸面非常光滑，无臭无味，可用于极易受水蒸气损害，特别是需要隔绝氧气的食品外包装。此外，还可以涂布防锈剂、防霉剂、防虫剂等制成防锈纸、防霉纸、防虫纸等。

⑨复合纸：是另一类加工纸，是将纸与其他挠性包装材料相贴合而制成的一种高性能包装纸。常用的复合材料有塑料及塑料薄膜，如聚乙烯（PE）、聚丙烯（PP）、聚对苯二甲酸乙二醇酯（PET）、聚偏氯乙烯（PVDC）等以及金属箔（如铝箔）等。复合方法有涂布、层合等方法。复合加工纸具有许多优异的综合包装性能，从而改善了纸的单一性能，使纸基复合材料大量用于食品等包装场合。

（3）常见包装用纸板的性能

①白纸板：是一种具有 2~3 层结构的白色挂面纸板，是一种比较高级的包装用纸板，主要用于销售包装，经彩色印刷后制成各种类型的纸盒、箱，起着保护食品、装潢美化食品的销售作用，也可用于制作品牌、衬板和吸塑包装的底板。白纸板有单面和双面两种，其结构由面层、芯层、底层组成。单面白纸板面层通常是用漂白的化学木浆制成，表面平整、洁白、光亮，芯层和底层常用半化学木浆、精选废纸浆、化学草浆等低级原料制成。双面白纸板底层原料与面层相同，仅芯层原料较差。

白纸板作为一种重要的包装材料，已有百年生产历史。随着食品经济的发展，包装行业对白纸板的需求量越来越大，因为白纸板与其他包装材料相比有以下优点：

a. 具有一定的挺度和良好印刷性。

b. 缓冲性能好，制成纸盒后能够有效保护食品。

c. 具有优良的成形性与折叠性，适于多种加工方法，机械加工能够实现高速连续生产。

d. 废旧纸板可以再生利用，自然条件下能够被微生物降解，不污染环境。

e. 白纸板作为基材，可与其他材料复合，制成包装性能优良的复合包装材料。

白纸板作为重要的高级销售包装材料应该具备三大功能，即印刷功能、加工功能、包装功能。产品按质量水平分为 A、B、C 三个等级。纸板底面颜色可按订货合同规定。白纸板有平板纸和卷筒纸两种产品类型。

②标准纸板：是一种经压光处理，适用于制作精确特殊模压制品以及重要制品的包装纸

板，颜色为纤维本色。

③箱纸板：是以化学草浆或废纸浆为主的纸板，以本色居多，表面平整、光滑、纤维紧密、纸质坚韧，具有较好的耐压、抗拉、耐戳穿、耐折叠和耐水性能，印刷性能好。箱纸板按质量分为A、B、C、D、E五个等级，其中A、B、C为挂面纸板。A级适宜制造精细、贵重和冷藏物品包装用的出口瓦楞纸板，B级适宜制造出口物品包装用的瓦楞纸板，C级适宜制造较大型物品包装用的瓦楞纸板，D级适宜制造一般包装用的瓦楞纸板，E级适宜制造轻载瓦楞纸板。

④瓦楞原纸：经轧制成瓦楞纸后，用胶黏剂与箱纸板黏合成瓦楞纸板，可供制造纸盒、纸箱和作衬垫用。瓦楞纸在瓦楞纸板中起支撑和骨架作用。因此，提高瓦楞原纸的质量，是提高纸箱抗压强度的一个重要方面。

⑤加工纸板：是为了改善原有纸板的包装性能，对纸板进行再加工的一类纸板。如在纸板表面涂蜡、聚乙烯或聚乙烯醇等，处理后纸板的防潮、强度等综合包装性能大大提高。

2. 塑料制品包装

塑料是一种以高分子聚合物——树脂为基本成分，再加入一些用来改善其性能的各种添加剂制成的高分子材料。塑料用作包装材料是现代包装技术发展的重要标志，因其原材料来源丰富、成本低廉、性能优良，成为近40年来世界上发展最快、用量巨大的包装材料。塑料包装材料广泛应用于食品包装，逐步取代了玻璃、金属、纸类等传统包装材料，使食品包装的面貌发生了巨大的改变，体现了现代食品包装形式的丰富多样、流通使用方便的特点，成为食品销售包装中最主要的包装材料。塑料包装材料用于食品包装中的缺点是：某些品种还存在着某些卫生安全方面的问题，以及包装废弃物的回收处理对环境的污染等问题。

（1）塑料的组成和分类

①塑料的组成：塑料中聚合物树脂占40%～100%，塑料的性能主要取决于树脂的种类、性质及在塑料中所占的比例，各类添加剂也能改变塑料的性质，但所有树脂种类仍是决定塑料性能和用途的根本因素。目前生产上常用树脂有两大类，一类是聚合树脂，如聚乙烯、聚丙烯、聚氯乙烯、聚乙烯醇、聚苯乙烯等，这是构成食品包装用树脂的主体；另一类是缩聚树脂，如酚醛、环氧、氨基酸酯等，在食品包装上应用较少。

②常用添加剂：

a. 增塑剂：这是一类提高树脂可塑性和柔软性的添加剂，通常是一些有机低分子物质。聚合物分子间夹有低分子物质后，加大了分子间距，降低其分子间作用力，从而增强了大分子的柔顺性和相对滑移流动能力。

b. 稳定剂：它的功能是防止或延缓高分子材料的老化变质。

c. 填充剂：它的功能是弥补树脂的某些不足性能，改善塑料的使用性能，如提高制品的尺寸稳定性、耐热性、硬度、耐气候性等，同时可降低塑料成本。常用填充剂有：碳酸钙、陶土、滑石粉、石棉、硫酸钙等，其用量一般为20%～50%。

d. 着色剂：用于改变塑料等合成材料固有颜色，有无机颜料、有机颜料和其他染料。塑料着色可使制品美观，提高被包装食品价值，用作包装材料还可起屏蔽紫外线和保护内容物的作用。

e. 其他添加剂：根据其功能和使用要求，在塑料中还可加入润滑剂、固化剂、发泡剂、抗静电剂和阻燃剂等。

塑料所用各种添加剂与树脂应具有很好的相容性、稳定性、不相互影响其作用等特性，对用于食品包装的塑料，特别要求添加剂具有无味、无臭、无毒、不溶出的性质，以免影响包装食品的品质、风味和卫生安全性。

③塑料的分类：塑料的品种很多，分类方法也很多，通常按在加热、冷却时呈现的性质不同，把塑料分为热塑性塑料和热固性塑料两类。

a. 热塑性塑料：主要以加成聚合树脂为基料，加入适量添加剂而制成。在特定温度范围内能反复受热软化流动和冷却硬化成型，其树脂化学组成及基本性能不发生变化。这类塑料成型加工简单，包装性能良好，可反复成型，但刚度、硬度低，耐热性不高。包装上常用的塑料品种有：聚乙烯、聚丙烯、聚氯乙烯、聚乙烯醇、聚酰胺、聚碳酸酯、聚偏二氯乙烯等类塑料。

b. 热固性塑料：主要以缩聚树脂为基料，加入填充剂、固化剂及其他适量添加剂而制成。在一定温度下经一定时间固化后再次受热，只能分解，不能软化，因此不能反复塑制成型。这类塑料具有耐热性好、刚硬、不熔等特点，但较脆且不能反复成型。包装上常用的有氨基塑料、酚醛塑料。

④塑料材料的主要包装性能指标

a. 保护性能指标：保护性能指标是指能保护内容物，防止其质变、被破坏，保证其内容物质量的性能。

·阻透性：包括对水分、水蒸气、气体、光线等的阻隔的性能。

·机械性能：是指在外力作用下材料表现出的抵抗外力作用而不发生变形和破坏的性能。主要有硬度、抗张、抗压、抗弯强度，爆破强度，撕裂强度，戳刺强度几项指标。

·稳定性：是指材料抵抗环境因素（温度、介质、光等）的影响而保持其原有性能的能力，包括耐高低温性、耐油、耐老化性等。

b. 卫生安全性能：食品用塑料包装材料的卫生性能非常重要，主要包括：无毒性、耐腐蚀性、防有害物质渗透性、防生物侵入性等。

（2）食品包装常用的塑料树脂

①聚乙烯：简称PE，是由乙烯单体经加成聚合而成的高分子化合物，为无臭、无毒、乳白色的蜡状固体。它的阻水阻湿性好，但阻气和阻有机蒸气的性能差；具有良好的化学稳定性，常温下一般酸碱不起作用，但耐油性稍差；有一定的机械抗拉和抗撕裂强度，柔韧性好；耐低温性很好，能适应食品的冷冻处理，但耐高温性能差，一般不能用于高温杀菌食品的包装；光泽度、透明度不高，印刷性能差，用作外包装需经电晕处理和表面化学处理改善印刷性能；加工成型方便，制品灵活多样，且热封性能很好；PE树脂本身无毒，添加剂量极少，因此被认为是一种卫生、安全性好的包装材料。

②聚丙烯：简称PP，聚丙烯塑料的主要成分是聚丙烯树脂，为线形结构，大分子侧基—CH_3无极性，但在主链上的有规则或无规则的分布将影响分子的结晶性，密度为0.90~0.91g/cm^3，是目前最轻的食品包装用塑料材料。它的阻隔性优于PE，但阻气性较差；机械力学性能较好，其强度、硬度、刚性都高于PE，尤其是具有良好的抗弯强度；化学稳定性良好，在一定温度范围内，对酸碱盐及许多溶剂等有稳定性；耐高温性优良，可在100~120℃长期使用，无负荷时可在150℃使用；光泽度高，透明性好，印刷性差，印刷前表面需要经一定处理，但表面装潢印刷效果好；卫生安全性高于PE。它适于包装含油食品，可替

代玻璃纸包装点心、面包等，也可用作糖果、点心的扭结包装。

③聚苯乙烯：简称PS，是由苯乙烯单体加聚合成，因大分子主链上带有苯环侧基，大分子结构不规整、不易结晶，柔顺性很低，因此，PS是无定形、弱极性高分子化合物。它的机械性能好，具有较好的刚硬性，但脆性大，耐冲击性能差；能耐一般酸、碱、盐、有机酸、低级醇，其耐水性能良好，但易受到有机溶剂如烃类、酯类等的侵蚀软化甚至溶解；透明度好，高达88%~92%，有良好的光泽性；耐热性差，连续使用温度为60~80℃，耐低温性良好；成型加工性好，易着色和表面印刷，制品装饰效果很好；无毒无味，卫生安全性好，但PS树脂中残留单体苯乙烯及其他一些挥发性物质有低毒，对人体最大无害剂量为133mg/kg，因此，塑料制品中单体残留量应限制在1%以下。它在包装上主要制成透明食品盒、水果盘、小餐具等，色泽艳丽，形状各异，包装效果好。发泡聚苯乙烯（EPS）可用作保温及缓冲包装材料。

④聚氯乙烯：简称PVC，是以聚氯乙烯树脂为主体，加入增塑剂、稳定剂等添加剂混合组成，大分子中C—Cl键有较强极性，大分子间结合力强，柔顺性差且不易结晶。PVC的阻气阻油性优于PE塑料，硬质PVC的阻气性优于软质的，阻湿性比PE差；化学稳定性优良，透明度、光泽性比PE优良；机械力学性能好，硬质PVC有很好的抗拉强度和刚性，软质PVC相对较差，但柔韧性和抗撕裂强度较PE高；耐高低温性差，一般使用温度为-15~55℃，有低温脆性；加工性能因加入增塑剂和稳定剂而得到改善，加工温度在140~180℃；着色性、印刷性和热封性较好。软质PVC增塑剂含量大，卫生安全性差，一般不用于直接接触食品的包装，可利用其柔软性、加工性好的特点制作弹性拉伸膜和热收缩膜，又因其价廉、透明性、光泽度优于PE且有一定透气性而常用于生鲜果蔬的包装。硬质PVC中不含或含微量增塑剂，安全性好，可直接用于食品包装。

⑤聚偏二氯乙烯：简称PVDC，是由PVDC树脂和少量增塑剂和稳定剂制成。它阻隔性很高，受环境温度的影响较小，耐高低温性良好，适用于高温杀菌和低温冷藏；化学稳定性很好，不易受酸、碱和普通有机溶剂的侵蚀；透明性、光泽性良好，制成收缩薄膜后的收缩率可达30%~60%，适用于畜肉制品的灌肠包装，但因其热封性较差，膜封口强度低，一般需采用高频或脉冲热封合，也可采用铝丝结扎封口。目前它除单独用于食品包装外，大量用于与其他材料复合制成高性能复合包装材料，用于长期保存的食品包装。

此外，聚酰胺、聚乙烯醇、聚酯聚碳酸酯、乙烯-乙酸乙酯共聚物、乙烯-乙烯醇共聚物等也是常用的塑料，这里不做详细介绍。

3. 金属容器包装

金属容器广泛应用于食品工业，可作为罐头、饮料、糖果、饼干、茶叶等的包装容器。

（1）金属容器的特点和种类

①金属容器的特点：金属容器的优点有以下几点：对内装物有良好的保护性能，遮光和隔绝水、气的能力强；尺寸精确、形式多样，可高速加工制造；具有较高的机械强度，能耐受运输、堆码、振动；热传导性能好，用于罐头食品高温杀菌，可延长食品保存期；卫生无毒，符合食品包装卫生和安全要求。

但金属容器与塑料及纸容器相比，成本较高，自重较大，有时易与内装物起化学反应，这是它的缺点。

②金属容器的种类：包装用金属容器品种繁多，主要有罐、桶、箱、盒等类型。可大致

分类如下：罐类按容器外形分为圆形罐和异形罐，按结构和加工工艺分为三片罐和二片罐，按开启方法分为罐盖切开罐、罐盖易开罐、罐盖卷开罐。其他类金属容器分为金属桶、集装箱、铝箔容器、金属软管、18L罐等。

（2）金属包装容器常用材料　金属包装材料主要有马口铁皮、薄钢板、镀锌薄钢板、铝箔及铝合金箔等。

①马口铁皮：又称镀锡铁皮，是在薄钢板上镀上一层耐腐蚀的锡层，主要采用酸性电镀工艺，也有采用热镀锡工艺的。钢板经镀锡后呈银白色，这种锡镀层较薄，空隙很多，抗腐蚀性能差。马口铁皮的力学性能由钢基材的化学成分、轧制工艺和热处理工艺决定。生产拉深罐时，要求用软性铁皮。这种铁皮断裂时，需有相当高的伸长率，受拉时不高的抗拉强度以及表示金属塑性特征的 σ_s/σ_b 值（σ_s 为屈服强度，σ_b 为抗拉强度）。

②薄钢板：制作包装容器的薄钢板，是采用平炉或转炉生产的镀锌原板或酸洗薄钢板，常用厚度 0.25～20mm。钢板四角应切成直角，切斜和镰刀弯应不超出钢板宽度和长度的允许偏差。酸洗薄钢板应经过矫平、退火和酸洗，剪切整齐，呈矩形，表面平整、光滑，不得有氧化铁皮和泥土痕迹，并按表面质量分成两组。

③镀锌薄钢板：又称白铁皮，它是酸洗薄钢板经过热镀锌处理，表面镀上一层厚度 0.02mm 以上的锌保护层，大大提高了钢板的耐腐蚀性，用它制成容器，不必再进行表面防腐处理。因此，镀锌薄钢板广泛用来制作金属包装容器。用它制作的容器，强度高、密封性能好。

④铝箔：通常是指纯度在 99.5% 以上的，厚度在 0.2mm 以下的铝材，也有铝合金箔。铝箔具有防潮性、保香性及防异味性等重要性能。复合铝箔多用于食品包装、香烟包装、药品包装。真空镀铝多用在口香糖、冷餐纸盒等包装上。

4. 玻璃容器包装

玻璃包装容器具有质地晶莹透明、清洁美观、密封性良好、化学稳定性卓越等优点，是食品中常用的包装容器。

（1）玻璃容器的特点

①透明及各向同性：玻璃容器是透明的，可以清晰地看到内装物。玻璃在任何方向具有相同的性质，如折射率、硬度、弹性系数等。

②耐化学性：玻璃容器对于大气中的水气、水和弱酸等具有稳定性，不溶解也不生锈。适合于包装各种液体食品。

③不透过性：气体和液体都不能透过玻璃容器。

④易成型性：玻璃容器造型花样多，易于宣传和美化食品。

⑤易加工性：玻璃容器可以进行研磨、弯曲、磨刻及熔封等加工。

⑥廉价性：原材料来源丰富、价格便宜。

⑦不可变性：玻璃容器坚硬而不变形，加热至数十度也不变化，长期不变质。

⑧易碎性：玻璃容器性脆、易破碎、机械强度低。

玻璃容器除了上述特点外，还具有耐内压、无污染、易回收再生利用、密度大、制造时耗用燃料能源较多等特点。

（2）玻璃容器的基本类型　主要有细口瓶、大口瓶、罐头玻璃瓶、日用包装玻璃瓶、大型瓶、异形瓶等。

(三) 按食品包装技术与方法划分

1. 防潮包装技术

在食品流通过程中,食品不可避免地要受到环境潮气侵袭,严重者将会导致内装物变质和失效。防潮包装是为防止物品吸收湿气造成质量下降而采取的防护包装措施和方法。通常首先采用防湿材料将物品密封起来,以隔绝外界湿气的侵入,再在包装容器中加入干燥剂,将内部残存的湿气和透过防湿材料进入的湿气驱除,使包装内部环境的相对湿度符合内装物的要求,从而起到保护作用。适度的防潮包装方法要根据内装物的物性和形态、物流环境的气候条件、物流周期的长短来确定。GB/T 5048—2017《防潮包装》对防潮包装做出分级,如表3-2所示。

表3-2　　　　　　　　　　防潮包装等级与储运条件

等级	防潮期限	温湿度	内装物性质
I	2年	温度>30℃,相对湿度>90%	贵重、精密、对湿度敏感、易长霉、易生锈的产品
II	1年	温度在20~30℃,相对湿度在70%~90%	较贵重、较精密、对湿度轻度敏感的产品
III	0.5年	温度<20℃,相对湿度<70%	对湿度不甚敏感的产品

根据表3-2的三种防潮包装等级,有许多不同类型的防潮包装方法可供选用。针对某种内装物具体的防潮包装,还要基于产品性质、封合技术、机械设备、经济成本等多种因素,做出最终选择。可以选择的防潮包装类型如表3-3所示。

2. 防霉包装方法

在储运时,食品表面可能生长霉菌。在流通过程中如遇潮湿,霉菌生长繁殖极快,会从食品中吸收营养物质,并产生霉物,使食品腐烂、变质。防霉包装就是为了防止内装物霉烂造成变质而采用的一系列防护措施和方法。

GB/T 4768—2008《防霉包装》中规定了防霉包装等级。实践中防霉包装等级要根据食品性质、运输仓储环境和总成本核算来选择确定。

表3-3　　　　　　　　　　防潮包装类型

类型	序号	名称	实施方法
刚性材料	1	密封包装	采用透湿性为零的金属或非金属刚性容器,将干燥的内装物置于其中,焊接或加盖密封
	1.1	加干燥剂密封包装	将干燥的内装物与适量干燥剂同置于刚性容器内,焊接或加盖密封
	1.2	不加干燥剂真空包装	将干燥的内装物装入气密性刚性容器,抽出残留潮气再密封
	1.3	不加干燥剂充气包装	将干燥的内装物装入气密性刚性容器,抽出残留潮气,再充入干燥清洁的空气或惰性气体,再密封

续表

类型	序号	名称	实施方法
柔性材料	2	加干燥剂密封包装	用低透湿度的柔性材料制造容器，将干燥的内装物与适量干燥剂同置于容器内，然后密封，让干燥剂吸收残留潮气
	2.1	单层薄膜加干燥剂密封包装	采用低透湿度的单层薄膜包装，加适量干燥剂，然后密封
	2.2	复合薄膜加干燥剂密封包装	采用低透湿度的复合薄膜包装，加适量干燥剂，然后密封
	2.3	多层密封包装	用塑料薄膜加适量干燥剂包装后，再用蜡纸包装，然后密封
	3	复合薄膜真空包装	将干燥的产品装入防潮、防透气性较好的复合薄膜容器中，抽出容器内空气再密封
	4	复合薄膜充气包装	将干燥的产品装入防潮、防透气性较好的复合薄膜软容器中，抽出容器内空气，置换入等量干燥清洁的空气、氮气或二氧化碳，再密封
	5	热收缩薄膜包装	采用热收缩薄膜将干燥的产品包装

热空气加热，使薄膜收缩对于各种食品可以有多样的防霉方法，或者选用耐霉材料、防霉剂处理进行防霉，或者通过改变产品结构达到表面隔离而防霉，也可以通过包装结构和工艺的设计达到防霉目的，还可以考虑控制包装件储运物流小环境来防霉。目前的防霉包装技术方法大致可以分为两大类，一类为密封包装，另一类为非密封包装。

一般对于外观及性能要求高的产品可选用密封包装来防止其在运输、仓储、销售过程中霉变。例如：采用真空和充气包装、干燥封存包装以控制包装容器内的相对湿度等。而对经过有效防霉处理的产品或对长霉敏感性较低的产品可以采用非密封包装。

3. 防虫包装

食品在流通过程中，仓储环节的主要危害之一是仓库害虫对内装物的损害。防虫包装就是为保护内装物免受虫类侵害采取一定防护措施的包装。目的就是要破坏害虫的正常生活条件，扼杀和抑制其生长繁殖，以防止害虫蛀食食品，并防止其新陈代谢中排泄的污物污染食品。

食品包装通常采用调节温度、电离辐射、微波、远红外线、真空包装、充气包装、脱氧包装等技术，使害虫无生存环境，从而防止虫害。

4. 保鲜保质包装方法

在物流过程中，为了保证内装食品有足够长的货架寿命，必须采取的一系列保护措施和方法，即为保鲜保质包装方法。

（1）充气包装 充气包装（gas packaging）是采用二氧化碳或氮气等气体置换包装容器中空气的一种包装技术，又称气体置换包装。这种包装方法是基于好氧性微生物需氧代谢的特性，在密封的包装容器中改变气体的组成成分，降低氧气的浓度，抑制微生物的生理活动、酶的活动和鲜活食品的呼吸强度，达到防霉、防腐和保鲜的目的，如表3-4所示。

表3-4　　　　　　　　　　　　生鲜食品和加工食品的充气包装

类别	食品名称	气体种类	充气目的
生肉	零售用肉	O_2+CO_2	肉色素发色、抑制微生物繁殖
鲜鱼	鱼肉	N_2+CO_2	抑制微生物繁殖等
肉加工品	火腿片	N_2+CO_2	防止脂肪和肉色素氧化，抑制微生物繁殖
乳制品	乳粉	N_2	防止氧化
茶	咖啡红茶、咖啡	N_2	防止香气逸散
糕点	蛋糕	N_2+CO_2	防止霉菌繁殖
干果	花生、杏仁	N_2+CO_2	防止脂肪氧化
粉末饮料	粉末橘汁	N_2	防止维生素损失，防止香气逸散
果蔬	水果、蔬菜	$N_2+O_2+CO_2$	防止枯萎，保质保鲜

（2）真空包装　真空包装（vacuum packaging）是将食品装入气密性容器后，在容器封口之前抽成真空，使密封后的容器内基本没有空气的一种包装方法。一般的肉类食品、谷物加工食品以及某些容易氧化变质的食品可以采用真空包装。这种包装不但可以避免或减少脂肪氧化，而且抑制了某些霉菌和细菌的生长。同时在对其进行加热杀菌时，由于容器内部气体已经排除，因此加速了热量的传导，既提高了高温杀菌效率，也避免了加热杀菌时由于气体的膨胀而使包装容器破裂。

（3）收缩包装　是用收缩薄膜裹包内装物，然后对薄膜进行适当加热处理，使薄膜收缩而紧贴着内装物的包装技术方法。收缩薄膜是一种经过特殊拉伸和冷却处理的聚乙烯薄膜，由于薄膜在定向拉伸时产生残余收缩应力，这种应力受到一定热量后便会消除，从而使其横向和纵向均发生急剧收缩，同时使薄膜的厚度增加。收缩率通常为30%~70%，收缩力在冷却阶段达到最大值，并能长期保持。

（4）拉伸包装　是由收缩包装发展而来的，是依靠机械装置在高温下将被包装件用弹性薄膜围绕拉伸、紧裹，并在其末端进行封合的一种包装方法。由于拉伸包装不需进行加热，所以消耗的能源只有收缩包装的1/20。拉伸包装既可以捆包单件食品，也可用于托盘包装之类的集合包装。

（5）脱氧包装　是继真空包装和充气包装之后出现的一种新型除氧包装方法，是在密封的包装容器中，使用能与氧气起化学作用的脱氧剂与之反应，从而除去包装容器中的氧气，以达到保护内装物的目的。脱氧包装方法适用于某些对氧化特别敏感的物品，以及那些即使有微量氧气也会促使品质变坏的食品。

（6）泡罩包装与贴体包装　二者同属于塑料薄片热成型充填包装，一般都有一张大卡片作为衬底，因此又称卡片包装。这类包装是利用透明的泡罩、空穴、盘等塑料罩或塑料膜覆罩食品，可在运输与销售中避免尘埃，阻气、防潮，起到保护食品及延长保存期的作用，又有利于消费者直接观察内装物。泡罩包装与贴体包装方法极具特色，用途相当广泛。

三、食品包装的合理化和标准化

1. 影响食品包装的因素

（1）被包装食品本身的体积、质量以及它在物理和化学方面的特性。
（2）食品包装的保护性，即被包装食品在流通过程中需要哪些方面的保护。
（3）消费者的易用性。
（4）食品包装的经济性。

2. 食品包装的合理化

食品包装作为食品电子商务物流的起点，对整个物流的过程起着重要的作用。因而，在设计食品包装的时候，必须进行认真的考虑，以实现食品包装的合理化。食品包装的设计必须基于物流环境条件特性，有针对性地采取某种技术手段，来实现物流包装功能。它必须同食品的流通环境条件、材料、结构、测试、市场、环保等要素联系起来，作为一个系统问题加以考虑。

3. 食品包装的标准化

食品包装的标准化就是要制定、贯彻和修改食品包装标准。食品包装标准化对于现代企业具有重要的意义。

（1）通过食品包装的标准化，可以大大减少包装的规格型号，从而提高包装的生产效率，便于食品的识别和计量。
（2）通过食品包装的标准化，可以提高包装的质量，节省包装的材料，节省流通的费用，而且也便于专用运输设备的应用。
（3）通过食品包装的标准化，可以从法律的高度促进可回收型包装的使用，促进食品包装的回收利用，从而节省社会资源，产生较大的社会和经济效益。

第二节　食品装卸

食品装卸搬运是发生在食品物流过程中最频繁的一项操作，食品装卸搬运过程中应注意哪些问题，如何实现它的合理操作是本节讨论的内容。

一、食品装卸的功能

在企业的整个物流供应链中，食品装卸是发生频率最高的一项作业。当食品运输或食品储存等作业发生的时候，食品装卸这项作业就会发生，它的质量好坏严重影响着物流成本的高低。在食品的装卸过程中，还可能因为意外造成食品的损坏，它还会影响到食品包装成本的大小。如果因为食品装卸的原因使得企业不能如期向顾客提交食品，那么，将大大影响企业的形象，对于企业是一个非常大的损失。

二、 食品装卸搬运的特点和分类

装卸搬运是指在同一地域范围内进行的,以改变物料存放(支撑)状态和空间位置为主要目的的活动。一般来说,在强调物料存放状态的改变时,使用"装卸"一词;在强调物料空间位置的改变时,使用"搬运"一词。

1. 装卸搬运的特点

装卸搬运作业的对象复杂多变;装卸搬运作业具有重复性与多变性;装卸搬运作业具有波动性;装卸搬运作业应快速、安全。

2. 装卸搬运作业的分类

(1) 按货物形态分类 分为单件货物的装卸搬运、集装货物的装卸搬运、散装货物的装卸搬运三种。

(2) 按装卸搬运设备的作业特点分类 可分成间歇装卸与连续装卸两类。

(3) 按运输设备分类 可分为汽车装卸、铁路装卸、港口装卸、仓库装卸等。汽车灵活性大,可减少搬运活动;铁路装卸一次作业就可实现一车皮的装进或卸出。

(4) 按装卸搬运作业的种类分类 可分为堆垛作业、拆垛作业、分拣作业、配货作业、搬送作业和移送作业。

(5) 按作业手段和组织水平分类 可分为人工作业、机械化作业、综合机械化作业。

通过作业机械设备和作业设施、作业环境理想配合,对装卸搬运系统进行全面组织、管理、协调,并采用自动化控制手段(如电子计算机控制与信息传递),取得高效率、高水平的装卸搬运作业,是装卸搬运作业的发展方向。

三、 装卸搬运的原则与工艺

1. 装卸搬运遵循的原则
(1) 尽可能不进行或少进行装卸搬运作业。
(2) 充分保证装卸搬运作业的安全。
(3) 装卸搬运作业要灵活合理。
(4) 提高装卸搬运作业的连续性。
(5) 装卸搬运作业标准化。
(6) 装卸搬运的机械化、自动化、现代化。
(7) 装卸搬运组织管理合理。

2. 装卸搬运的工艺

装卸搬运工艺的基本内容有以下几种。
(1) 作业对象的特点。
(2) 工艺特征、工艺路线(工序、工步)。
(3) 每个工序、工步的操作要领。
(4) 主型机械、配套机械、辅助机械和工、属、索、辅具的性能、参数、操作要领。
(5) 货场、仓库、站台、通道、装卸线等装卸搬运设施的性能和技术参数。
(6) 人员、劳动组织、岗位责任制。
(7) 车船的装卸作业停时等各种定额。

(8) 劳动保护、安全防护、抗灾措施和用品。
(9) 堆取码拆操作和货垛、货堆的质量要求。
(10) 加固器材、加固方法、加固标准。
(11) 货运组织作业与装卸搬运作业间的配合。
(12) 各种辅助作业及其标准。
(13) 整备、验收、交接的手续、作业的标准。

四、装卸搬运机械

装卸搬运机械是进行装卸搬运作业的物质基础。装卸搬运机械化水平的提高，又为实现装卸搬运现代化创造了条件。

1. 装卸搬运车辆

装卸搬运车辆是依靠机械本身的运行和装卸机构的功能，实现物资的水平搬运和装卸、码垛（小部分车辆无装卸功能）的车辆。

(1) 叉车又称叉车装卸机，它以货叉车作为主要的取物装置，依靠液压起升机构实现货物的托取、码垛等作业，由轮胎运行机构实现货物的水平运输。

(2) 搬运车是一种用于载货，主要在物流据点内进行水平搬运的车辆。小车上的载荷平台有固定式和升降式，升降式搬运车的载荷平台很低，可以伸入货架或托盘底部，托起货架或托盘后进行搬运。

(3) 牵引车和挂车牵引车是具有机动运行和牵引装置，但本身不能载货的车辆；而挂车是无动力的车辆，必须由牵引车拖车运行。当牵引车和挂车配合使用时，构成牵引车，在较长的距离内搬运货物，具有较好的经济性和较高的效率。

2. 连续输送机械

连续输送机械是一种可以将物资在一定的输送线路上，从装载起点到卸载终点以恒定的或变化的速度进行输送，形成连续或脉动物流的机械。

(1) 带式输送机 一种既把输送带作为牵引构件，同时又作为承载构件的连续运输机，一般进行水平或较小倾角的物资输送。整个输送带都支撑在托辊上，并且绕过驱动滚轮和张紧滚筒。在连续装载条件下可以连续装载散装物资或包装好的成件物品。

(2) 斗式提升机 这种机械可在竖直方向和很大倾角时，运送散粒或碎块物资，也能运送成件的物品。它的主要构造是：固接着一系列料斗的牵引构件（胶带、链条）环绕在提升机的头轮与底轮之间闭合运转，利用料斗的装载和倾卸实现竖直方向上的物资输送。

(3) 悬挂输送机械 将装载物资的吊具通过滑架，悬挂在架空轨道上，滑架受牵引构件（链条等）牵引，沿着架空轨道悬空输送。它可以输送装入容器的成件物品，也用于企业成品和半成品的输送。

(4) 螺旋输送机 将带有螺旋叶片的转轴装在封闭的料槽内旋转，利用螺旋面的推力使散料物资沿着轴向输送的一种连续输送机械。

(5) 振动输送机械 利用某一形式的激振器（机械式或电磁式）使运料槽体沿某一方向产生振动，从而将物资由一端运送至另一端。

3. 起重机械

起重机是靠人力和动力使物资做上下、左右、前后等间歇、周期性运动的转载机械。主要用于起重、运输、装卸、机器安装等作业。

（1）轻小型起重机　是指仅有一个升降运动的起重机，如滑车、手动或电动葫芦等。其中，电动葫芦配有小车，也可以沿轨道运行。

（2）桥式类型起重机　可在矩形场地及空间进行作业的起重机。它有一个横跨空间的横梁或桥架支撑起重机构、运行机构，完成起重作业，主要类型有梁式起重机、桥式起重机等。

（3）门式起重机和装卸桥　可在矩形场地和空间进行作业的起重机，与桥式起重机不同的是有两个高支腿的门架。起重机小车既可在跨度内，也可在悬臂端完成起重作业。

（4）臂架类型（旋转式）起重机　可在环行场地及其空间作业的起重机，主要有可以旋转和变幅的臂架支撑，完成其起重作业。常用的类型有门座起重机、塔式起重机、汽车起重机、轮胎起重机等。

（5）堆垛起重机　可以在自动化仓库高层货架之间或高层码垛货场完成取送、堆垛、分拣等作业的起重机。其突出的特点是在可以升降的载货台上装有可以伸缩的货叉机构，能方便地在指定的货格或位置上放、取单元化货物。

4. 自动分拣机械

（1）横向货物分类装置　是由多条短平带输送机并联组成的分类系统，皮带机的运动方向与分类装置的运动方向垂直，每条皮带机的驱动装置独立，可分别驱动，整套装置由牵引链拖动。该装置对一般货物的分拣具有良好的适应性。

（2）活动货盘分类装置　是由圆管或金属板条组成，每块板条或管子上都有一个活动的货物托盘做横向运动，当货物到达分类装置出口时，将货物分到指定的地点实现分类。这种分类装置的分拣效率很高，但仅适于较轻小货物的分拣。

（3）翻盘式分类装置　是由牵引链牵引，翻盘到达指定的分岔道口时，向左或向右倾斜，被拣货物靠重力滑入分岔道口。这种分类对底面不平整的软包装货物有良好的适应性。

（4）滑块式分类装置　是一种特殊的板式输送机，通过货物分流来实现货物分类目的。这类分类装置的振动小、不损伤货物，是当代最新型的高速分拣装置。

五、 食品装卸搬运的基本方法

在集装作业法中，食品中瓜果、蔬菜的装卸搬运多采用托盘作业法，叉车是托盘搬运系统的主型机械。托盘搬运车和托盘移动器用于水平搬运托盘；升降机、载货电梯、板式提升机用于垂直搬运托盘；桥式堆垛机和巷道堆垛机在立体仓库内搬运、存取托盘；码盘机和拆盘机用于托盘单元货物的形成和解体，对托盘作业的全部机械化有显著作用。托盘搬运系统成套设备品种较多，新机型层出不穷，最近美国、日本等国都有将机械手用于拆码盘作业的报道。

食品中粮谷、食糖、食盐的搬运装卸多采用散装作业法，散装散卸方法可分为：重力法、倾翻法、机械法、气力输送法四种。①重力法：是利用货物的位能来完成装卸作业的方法，主要适用于铁路运输业。②倾翻法：是将运载工具的载货部分倾翻，因而将货物卸出的方法，主要用于铁路敞车和自卸汽车的卸载。③机械法：是采用各种机械，使其工作机构直接作用于货物，通过舀、抓、铲等作业方式，从而达到装卸目的的方法。④气力输送法：利用风机在管道内形成气流，依靠气体的动能或压差来输送货物的方法。这种方法主要用于装卸粮谷、

六、食品装卸搬运的合理化

装卸搬运必然要有劳动消耗,包括活劳动消耗和物化劳动消耗。这种劳动消耗量要以价值形态追加到装卸搬运对象的价值中去,从而增加了产品和物流成本。因此,应科学地、合理地组织装卸搬运过程,尽量减少用于装卸搬运的劳动消耗。

1. 装卸作业的机械化和自动化

"单位装载系统"的装卸方式:单位装载系统把许多种单件的食品集中起来放置在托盘上进行一系列的搬运、储存、装卸等作业活动。

2. "六不改善法"的物流原则

不让等、不让碰、不让动、不让想、不让找、不让写。

3. 减少装卸次数

装卸次数是指产品生产和流通过程中,发生装卸作业的总次数。

对社会物流而言,从产成品装车发运到直接进入消费,一般要经过若干环节,也要发生多次装卸。具体到任何一个物流据点,如物流中心、配送中心、中转仓库等,在整个作业流程中,都要发生多次装卸作业。

4. 缩短搬运距离

在工厂由于生产工艺的要求,原材料、半成品和产成品总要发生一定距离的水平位移,在物流据点,由于收发保管作业的要求,货物也要发生一定距离的水平位移。这种位移是通过搬运完成的。搬运距离应该越短越好,缩短搬运距离,成为人们实现搬运合理化的主要目标。其效果是节省劳动消耗、缩短搬运时间、减少搬运中的损耗。

5. 提高物料的活性指数

被装卸搬运物料的放置处于什么状态,对装卸搬运作业效率关系甚大。为了便于装卸搬运,总是期望物料处于最容易被移动的状态,物料放置被移动的难易程度,称为活载程度,又称活载性或活性。日本物流专家远藤健儿教授把物料放置的活载程度分为0、1、2、3、4五个等级,该数值称为活载性指数或活性指数。

6. 实现省力化

装卸搬运必须通过做功才能实现。随着生产力的发展和科学技术的进步,装卸搬运机械化程度有了很大的提高,少数工厂和仓库向着装卸搬运自动化迈进。但从国内外的实际情况看,有相当一部分装卸搬运作业是靠人工完成的。因此,实现装卸搬运作业的省力化,也是一个不容忽视的问题。

第三节　食品运输

食品是一类特殊的商品,它的运输一直是人们研究的内容。要想实现最廉价、最快速、最低损耗的运输就必须了解食品的特性,根据食品自身的特性采用合适的运输工具是本节重点阐述的内容。

运输是人和物的载运及输送,在这里专指"物"的载运与输送。它是在不同地域范围间

（如两个城市、两个工厂之间，或一个大企业内相距较远的两车间之间），以改变"物"的空间位置为目的的活动，对"物"的空间位移。它和搬运的区别在于，运输是较大范围的活动，而搬运是在同一地域之内的活动。

一、运输的功能

运输是物流的主要功能要素之一。按物流的概念，物流是"物"的物理性运动，这种运动不但改变了物的时间状态，也改变了物的空间状态。运输所承担的社会功能如下。

1. 运输是社会物质生产的必要条件之一

运输是国民经济的基础和先行。所以，虽然运输的这种生产活动和一般的生产活动不同，它不创造新的物质产品，不增加社会产品数量，不赋予产品新的使用价值，而只改变其所在的空间位置，但这一变动使生产能继续下去，使社会再生产不断推进。

2. 运输可以创造"场所效用"

同种"物"由于空间场所不同，其使用价值的实现程度不同，其效益的实现也不同。由于改变场所而最大限度发挥使用价值，最大限度提高了产出投入比，这就称为"场所效用"。通过运输，将"物"运到场所效用最高的地方，就能发挥"物"的潜力，实现资源的优化配置。从这个意义上讲，也相当于通过运输提高了物的使用价值。

3. 运输是"第三利润源"的主要构成

运输是运动中的活动，它和静止的保管不同，要靠大量的动力消耗才能实现这一活动；同时运输又承担大跨度空间转移之任务，所以活动的时间长、距离长、消耗也大。消耗的绝对数量大，其节约的潜力也就大。从运费来看，运费在全部物流费用中占的比例最高，一般综合分析计算社会物流费用，运输费用约占 50%，有些产品运费高于产品的生产费，所以节约的潜力是很大的。

二、运输组织的基本原则

物流企业或运输企业的运输管理，就是对整个运输过程的各个环节——运输计划、发运、接运、中转等活动中的人力、运力、财力和运输设备，进行合理组织、统一使用、协调平衡、监督完成，以求用同样的劳动消耗（活劳动和物化劳动），高质量地运输更多的货物，提高劳动效率，取得最好的经济效益。就物流而言，运输组织工作必须贯彻执行物流运输的"四原则"，即及时、准确、经济、安全。

（1）及时就是按产、供、运、销情况，及时把货物从产地运到销地，尽量缩短货物的在途时间，及时供应工农业生产和人民生活的需要。

（2）准确就是在货物运输过程中，切实防止各种差错事故，做到不错不乱，准确无误地完成运输任务。

（3）经济就是采取最经济、最合理的运输方案，有效地利用各种运输工具和运输设施，节约人力、物力和运力，提高运输经济效益，降低货物运输费用。

（4）安全就是货物在运输过程中，不发生霉烂、残损、丢失、燃烧、爆炸等事故，保证货物安全地运达目的地。

三、食品运输方式

按照所使用的主要运输工具的不同，运输方式可分为铁路运输、公路运输、水路运输、航空运输。交通运输是社会经济发展的基础设施,是国民经济的重要组成部分,也是食品工业必需组成部分。

1. 铁路运输

铁路运输是指在铁路上以车辆编组成列车载运货物的一种方式,是现代最重要的货物运输方式之一。从技术和经济角度看,铁路运输主要有以下特点。

①可以做到安全运输、高速运输和长距离运输;火车运行比较平稳,安全可靠,在各种现代化运输方式中,按所完成的货物吨公里计算的事故率,铁路运输是最低的。

②运输能力大:一列货车可装 2000~3500t 货物,重载列车可装 2 万 t 货物。

③准时性、连续性强:铁路运输一般不会受到其他交通机械的阻碍,运输过程受自然条件限制较小。

④通用性能好:适合长短途各类不同质量和体积货物的双向运输。

⑤运输成本较低:铁路运输成本没有原料支出,运输成本中固定资产折旧费所占比重较大,而且与运输距离长短、运量大小密切相关。运距越长,运量越大,单位成本越低。

⑥能耗较低:每千吨公里耗标准燃料为汽车运输的 1/15~1/11,为航空运输的 1/74,但高于沿海和内河水路运输。

⑦环境污染程度小,特别是电气化铁路。

⑧需要换载作业:除专用线单位外,一般情况下,货物的始发地与铁路的始发站、货物的目的地与铁路的到达站是分离的,在这之间必须用汽车等运输机械进行转运。

⑨缺乏灵活性和个性化:为了批量运输和利用运输空间,必须把货物拼凑成整车运输,为此车辆编组、途中摘挂、脱钩的操作会经常进行,因此要费工和费时。

铁路运输物资的方法有:整车运输、集装箱运输、小件货物运输和混装运输等。根据不同食品的性质应采用不同的运输方法,如谷物就不适合用集装箱运输,而应采用专用的粮食车运输。

2. 公路运输

公路运输主要承担短途的以及没建铁路的边远地区的长途货物运输任务。在铁路和船舶为主力的中、长干线运输的终端运输中,具有十分显著的优势和作用。特别对鲜活易腐货物如水果、蔬菜、鲜鱼、肉等,公路运输具有更大的优越性。从技术和经济角度看,公路运输主要有以下特点。

①灵活性强,可实现门对门直接运输:汽车运输不受线路、车站、港口的制约,可进行直达运输,减少中转环节和装卸次数。

②货损、货差小,安全性高:汽车运输能保证运输质量,一般不需要进行转运,可及时送达。

③时间上的自由性大:汽车运输在时间上自由度很大,通常可以在客户所要求的时间内随叫随到。

④原始投资少,回收快:美国有关资料表明公路货运企业每收入 1 美元,仅需投资 0.72 美元,而铁路则需投资 2.7 美元。公路运输的资本可年周转 3 次,铁路则需 3~4 年周转 1 次。

⑤适合中短途运输:短途运输通常指 50km,中途运输则指 50~200km。

⑥运输单位小:由于汽车的载重量有限,单车产生不了大批量运送的经济效果。

⑦交通事故及环境问题较多:汽车有废气排放污染环境的问题,也会产生一定的噪声污

染。另外，公路运输交通事故率较高。

公路货物运输种类有：整车运输、零担运输、集装箱运输。车辆运行组织方式有：多班运输、定时运输、定点运输、直达联运、零担货物集中运输、拖挂运输。

3. 水路运输

水路运输是指以船舶等为运输工具，在江河湖泊和海洋上运载货物的一种运输方式。从技术和经济角度看，水路运输主要有以下特点：

①运输能力大：在海洋运输中，杂货船的载重量一般为 0.2 万~2.0 万 t；散货船的载重量为 1.5 万~8.0 万 t，最大可达 36.5 万 t；集装箱船的载重量已达 7 万 t。

②投资省、运输成本低：水路运输充分利用江河湖泊和海洋等自然水利资源，省去道路和线路的建设投资。海上运输航道的开发几乎不需要支付费用。

③劳动生产率高：海上运输运载量大，配备人员少，人均运输货物量大，故其劳动生产率较高。

④平均运距长：水路运输的平均运距只低于航空运输。水路运输平均运距分别是铁路运输的 2.3 倍，公路运输的 59 倍，航空运输的 68%。

⑤运行速度慢：船舶行驶时水流阻力高，运行速度较低。

⑥受自然条件影响较大：远洋运输航线长，要经过不同的地理区和气候带，温、湿度差异较大，且海洋气候变化无常，易受风浪袭击。

水路运输方式有：国际航运、航线营运、航次营运、顶推营运、客货船营运方式。

4. 航空运输

航空运输作为一种国际贸易运输方式，是从第二次世界大战后才开始的，由于在很多方面较其他运输方式优越，所以发展迅速，在整个国际贸易运输中的地位日益显著。从技术和经济角度看，航空运输主要有以下特点：

①运行速度快：这一特征在物流中具有无可比拟的价值。现代喷气运输机时速一般在 900km 左右，是火车的 5~10 倍，海轮的 20~25 倍。

②机动性能好：航空运输不受地形、地貌、山川、河流的影响，几乎可以飞越各种天然障碍，只要有机场、有航空设施保证，即可开辟航线，可以到达其他运输方式难以到达的地方。

③货物安全性强：航空运输平稳、安全，货物在物流中受到的振动、撞击等均小于其他运输方式。

④航空运输建设周期短、回收快：航空运输建设主要包括飞机和机场及其他辅助保证设施。一般来说，修建机场比铁路周期短，投资回收快。

⑤物流中占的比重小：航空运输与其他运输方式相比运输量少得多。这主要是受其运量少的限制，而运量少又是空运运输成本高的原因之一。因此，在食品运输中，只适用于鲜活产品、时令产品。航空运输的缺点除运输量小外，还有飞机造价高、能耗大、技术复杂等。

航空运输的主要经营方式有：班机运输、包机运输、集中托运、航空快递。食品中的鲜活物运输主要是采用班机运输方式。

四、运输工具

（1）铁路运输工具

①铁路机车：蒸汽、内燃、电力机车。

②铁路车辆：平车、敞车、棚车、罐车、保温及冷藏车、特种车（如家禽车）。

（2）公路运输工具

①普通货车：有轻型货车，2t以下；中型货车，在2~8t；重型货车，8t以上。

②厢式货车。

③专用车辆（如运输粮食的粉粒运输汽车，运输需低温保藏、保鲜的食品的冷藏冷冻汽车）。

④自卸车。

⑤牵引车和挂车。

（3）水路运输工具 水路运输工具主要包括船、舶、舟、筏。物流领域使用的货船主要有：集装箱船、散装船（粮谷等大宗货物多用散装船运输）、滚装船、载驳船、冷藏船（专门运输易腐鲜货如新鲜的鱼、禽、蛋、水果、蔬菜和冷冻食品等的船舶）。

（4）航空运输工具 航空运输主要设施包括：航空港、飞行器和航管设施。

五、食品运输实例

以水果、蔬菜的冷藏运输为例。

近几年来，农副产品的政策开放以后，水果、蔬菜的生产量大增，由过去的主要由产地销售转向外地，有的品种要运往国外。这样，流通环节中的运输就成为急需解决的问题。如南方的柑橘、香蕉、蔬菜等，在秋季和冬季大量运往北方。相反，北方的苹果等又运往南方。冷库中存放的速冻水果、蔬菜，高温库储藏的新鲜水果、蔬菜，从冷库到销售市场也存在如何运输的问题。

随着生活水平不断提高，消费者对于水果、蔬菜的质量要求越来越高，因此，在运输中如何保持水果、蔬菜的鲜度就显得格外重要。所以，水果、蔬菜在运输中必须根据其特性，采取相应的温度、湿度等条件，不能凭经验处理，而应科学管理。应把水果、蔬菜的冷藏运输当作冷藏链的一个重要组成部分，否则，消费者无法得到优质的产品。

水果、蔬菜的冷藏运输方式主要有铁路运输、公路运输、海上运输和航空运输。

1. 铁路运输

铁路运输是我国肉类、水产、水果和蔬菜等产品运输的主要形式，保温车和冷冻车是铁路冷藏运输的基本工具。

（1）保温车 采用加冰或隔热而保持低温的车辆称为保温车。从构造上分类可以分为无冰保温车和有冰保温车。有冰保温车又分为车端式冰箱保温车和车顶式冰箱保温车。

有冰保温车是靠车厢两端或顶部冰箱中加的冰或冰盐混合物，保持车内低温。当食品运输时，在铁路沿线设有加冰站，如果食品温度上升，可在沿途补充冰量。在冬季运输新鲜水果、蔬菜时，车厢内可以用专门的升温设备防止水果、蔬菜出现冻害。这种保温车，由于冰或冰盐融化，解冻后的水和盐流到车体底部，会腐蚀货车和铁路沿线的设备。

车端式冰箱保温车是在车厢的两端设冰箱，在欧洲多用于水果、蔬菜的运输。如果靠自然循环，车厢中间的温度比两端冰箱的温度高出8~10℃。为了保持车厢内温度的均匀，必须安装鼓风设备。车顶式冰箱保温车是将冰箱装在车顶上。

无冰箱保温车，是不用冰作为冷却剂，而使用干冰（固体二氧化碳）。干冰是挂在车厢顶部，货物放在下面，靠干冰的升华吸热，而维持车内的低温。这种保温车适用于运输速冻水果、蔬菜，而新鲜的水果、蔬菜容易产生冻害。

(2) 冷冻车　在冷藏列车上安装有冷冻机的列车称为冷冻车，我国习惯上称为机械冷藏车。加冰保温车由于冷源的限制，不可能得到更低的温度，同时在途中频繁加冰，食品温度波动较大，影响食品质量。冷冻车安装有机械制冷和加温装置，因而，能有效控制车厢内温度，同时，装载量比加冰保温车大大增加，因此，运输成本低。我国的冷藏运输实践证明，保温车的成本约为冷冻车的1.34倍。所以，国内外冷冻车发展速度很快，已经逐渐代替保温车。

冷冻车可分为单辆和多辆两大类。

单辆冷冻车是在每一车内都设有独立的冷冻机、电炉及独立的电源，其余为装货容积。我国水果、蔬菜产地分散，应发展单辆冷冻车。

多辆冷冻车，一般是23辆、8辆或5辆为一列。B10型冷冻列车，中部有发电机车，一端连冷冻机车，一端连乘务车，列车的两端各有10辆冷藏车。这种23辆冷冻列车全长370m，载重600t，列车在夏天用冷冻机进行冷却，冬天则用电炉加热。这种制冷机和加热装置的冷冻车在盛夏外界气温为40℃时，车内可保持-10℃的低温；外界温度低时，车内可达-18℃以下；冬季外界温度为-50℃时，车内的温度可保持在5℃。

(3) 冷藏集装箱　随着冷藏运输的迅速发展，冷藏集装箱也被开发出来。冷藏集装箱的冷却剂，通常使用干冰。由于干冰产生的二氧化碳气体部分会被产品吸收，而使产品变味。如牛乳采用这种方法运输时就会引起质量下降。在新鲜水果、蔬菜的运输中，适量的二氧化碳会抑制水果、蔬菜的呼吸作用，但是集装箱中二氧化碳过高，也会引起水果、蔬菜的中毒。因此，设计为间接干冰冷却间，产生的二氧化碳气体直接排向外部，防止产品变味和二氧化碳中毒。

另外，有的集装箱上装有制冷机和气调机。当外界气温为40℃时，集装箱内部产品温度可保持在-20℃，运行时间可达72h。如果要进行气调运输，可将气调机开动。

2. 公路运输

在经济发达国家，由于高速公路成网，货物的运输主要靠公路运输。因此，汽车作为运输工具的发展速度比火车的发展速度更快。

(1) 保温车　这种保温车只有良好的隔热层，无制冷系统，只适用于短途运输。如从冷库往商店运货时，将冷冻产品装入汽车，门关严或加冰即可行驶。这种车又称保冷车。在我国的城市里使用的较多。

(2) 冰箱保温车　这种冰箱保温车和保温车不同的是，在保温车厢的前部有一个小的冰箱，冰箱上方安装有鼓风机，由风机向货物室内送冷风，冷风从货物和车厢底部通过再回到冰箱。融化的水由冰箱下部排出。这种方法可以使车厢内的温度保持在0℃左右。如果冰量减少，可将冰箱上部的盖打开，随时加冰，因此，温度比较稳定。另外，送入货物室内的冷风湿度较大，防止水果、蔬菜的水分蒸发。运输后的产品质量较高。这种方法在欧洲采用的较多。

冰箱保温车的缺点是由于冰箱占去一部分空间，货物室内容积小、装载量少。

(3) 冷冻车　冷冻汽车的车体和保温车基本相同，但是冷冻车上带有制冷装置。因此，其保冷性能良好，而且能维持较低的温度。

冷冻机的动力，小型车常使用汽车的发动机，而大型车具有单独的发动机，同时，发动机和电机配在同一装置中。冷冻机的制冷能力为8374~12560kJ/h，可保持冻结食品的温度在-18℃以下。如果外界温度较低，车内的温度可维持在-25~-20℃。冷冻装置通常安装在车体前端，采用强制通风方式。冷风从顶部向后方流过，从侧面和最后部返回到前端，因此，冷风把装载的产品周围包住，防止了冷量的散失。

冻结食品装载时应尽可能密一些，一方面可以增加装货量，另一方面如上所述，可以用冷风将产品封住。如果是新鲜水果、蔬菜，由于呼吸时产生热量，而使温度上升，故堆放时要留有一定空隙，使冷风顺利通过。这种冷冻车的冷冻能力，在设计时只考虑外界侵入的热量，不包括产品的冷冻能力。但是带有制冷机，并不代表装车时产品温度可以稍高，原则上，装车的品温应在-18℃以下。当然，运输新鲜水果、蔬菜时温度应在0℃以上。外界温度如果为35℃时，为了使车内温度降到-18℃以下，冷冻机开动后2h再装车。装车时车内温度至少应在-7℃以下。

冷冻汽车上都安装有自动温度、湿度调节器、指示器和记录仪。从驾驶室中就可以观察车厢内产品温度变化情况。温度波动范围通常规定为±2℃。

（4）液氮冷冻车　当液氮从喷头喷出时，利用液氮蒸发吸热而保持车内的低温。液氮高压瓶通常安装在装货物的车厢内，但大型车一般设置在车体的下方。为了保持车内规定温度，车内安装有自动温度调节器，由电磁阀控制液氮的喷射量。所以，能够保持车内规定温度，温度波动范围为±2℃。车厢内的空气由喷射出来的氮气置换，并从车体上部安装的排气管排到外部。水果、蔬菜如果长期处于这种状态，就可能产生病害和冻害，而肉类、水产类等用氮气置换可以防止脂肪的氧化。

液氮冷冻车的装置简单、使用方便、维护容易。但是如果长距离运输时液氮所用的高压瓶过大。若在沿途可以补充氮气，这个问题就可以解决。由于液氮冷冻车装置简单，最初的加工成本比冷冻车便宜，但是，液氮的消耗量比冷冻机燃料的使用量的成本要高得多，所以液氮冷冻车的使用范围小。液氮冷冻车温度下降速度极快，在盛夏时即使在35℃，20min可下降到-20℃以下。如果使用冷冻车需要2h。

无噪声是液氮冷冻车的最大优点，而冷冻车的噪声很大。如果冷冻车的数量逐渐增加，又会产生新的公害。因此，在冷冻车设计时，发动机的噪声问题要预先考虑。

（5）冷板冷冻车　在汽车厢上装有冷冻板，冷冻板中放入低温融解溶液。将低温融解溶液预先冻结，利用其融解热，使车内保持一定的低温。这些低温融解溶液的主要原料是使用乙二醇、丙二醇等二醇类和氯化钙、氯化钠等盐类。根据这些原料的组成，融解温度从-30~-3℃，可以根据冷冻产品的需要进行调整。但是，融解温度比要求的温度要低。冷冻板内的低温融解溶液冻结，一般是在停车或夜间进行，由冷冻机从冷冻板的管道供给冷量。低温融解溶液冻结后，汽车行驶13~15h，可以保持车内一定的低温。由于车内没有机械部分，所以，在运行中完全不用担心出现故障。

这种方法的缺点是冷冻板稍重。4t载重汽车，如果要保持-18℃以下，冷冻板重800~900kg，如果带有冷冻机，又增加300~400kg。

3. 海上运输

海上运输在国外发展速度很快，尤其在许多岛国，海上运输是其主要形式。如日本，主要靠海上运输从国外运回原料，又从海上运出产品。我国目前也正在大力发展海上运输。海上运输的主要工具是集装箱和冷藏船。

（1）海上集装箱　近几年来，海上运输几乎都采用集装箱，海上集装箱在国际运输中占很大比例，而在海上集装箱中，冷藏集装箱使用的相当多。今后，水果、蔬菜、肉类、水产和冷冻食品等产品将在国际运输中逐渐增多，冷藏集装箱就会迅速发展。

海上集装箱的规格、大小，一般都按照国际标准化组织（ISO）统一规定。

国际大型的冷藏集装箱，运输的时间一般都很长，因此，都有良好的隔热材料，并且都安装有冷冻机。液氮和干冰不适合长途运输，所以，在海上集装箱中几乎不使用。

冷冻机的动力电，通常是由运输船供给。当到陆地运输时冷冻机一般不进行工作。有许多集装箱不带冷冻机，由船上的大型冷冻机集中供冷。这样，集装箱装载的货物量就可大大增多，这种方式在美国和欧洲应用得较多。这种统一供冷的集装箱在海上运输很方便，但到陆地就成问题。为了解决这个矛盾，就研制出一种新的冷冻装置或液氮装置。当集装箱运到陆地时，马上安装上这种冷冻装置，就可维持集装箱的低温。这种冷冻装置安装和拆卸都很简单。

（2）冷藏船　冷藏船的运输量，适于大批量的远途运输。冷藏船既有快速冻结装置，又有冷藏间，实际上是一座活动型冷藏库。冷藏船用于海上或江河中运输一些易腐食品，其主要用于鱼类工业。从海上捕获的鱼用船上的快速冻结装置冻结，然后，放入船上的冷藏间贮藏。到码头后再运到陆地冷藏库。我国的速冻蔬菜出口主要也是靠冷藏船运往国外。

4. 航空运输

对于一些高档易腐食品，如草莓、猴头菇、松蘑等食品，为了保持其鲜度，逐渐用飞机空运。如美国用飞机将草莓运往日本和中国香港地区，获得很大利润。日本人也用飞机从我国运蒜薹至日本。

空中冷藏运输，一般用干冰作冷却剂。干冰装置简单、操作方便、质量轻、易修理、故障少，因此，是空中运输较好的冷冻方法。它的温度范围一般在 $-18 \sim 5 ℃$，可以根据冷冻产品的需要，进行自动调节。干冰装入冷却器中，从外侧和空气进行热交换，被冷却的空气，由风机送入冷藏室内。热交换结束，将二氧化碳排出飞机外。因此，干冰升华后产生的二氧化碳在飞机内不会积存，所以，不能产生飞机中的水果、蔬菜的二氧化碳中毒。这种装置既可以使用在大型的客机上，又可以用于航空货物的运输。短时间的空运，只要水果、蔬菜在装机之前保持较低的温度，无须使用冷却剂。

第四节　食品保藏

食品的保藏对于满足消费者需要具有十分重要的社会意义，了解食品保藏的含义和方法，是进行食品保藏的基础，从经济学的角度进行食品保藏是本节着重阐述的内容。

在物流系统中，食品保藏和食品运输是同等重要的构成要素，都被称为"物流的支柱"。若把食品物流系统看作是一个由线和点所构成的网络，线上的活动为动态的物流活动——食品运输，则食品保藏就是点上的主要活动。先进的保藏技术和食品保藏管理手段可以在很大程度上促进食品保藏合理化，对于降低食品物流总费用、提高物流效率具有较大影响。

一、食品保藏的概念

物流中的"食品保藏"是一个非常广泛的概念,它是包括储备、库存在内的广义的概念。和运输的概念相对应,食品保藏是以改变"物"的时间状态为目的的活动,从而在克服产需之间的时间差异中获得更好的效用。

人类社会自从有了生产剩余以来,就出现了"储备"这个概念。将暂不消费的剩余物资留存起来,以备再用的活动,都可称为储备。在原始社会末期,当某部落生产出现了自给有余时,原始的储备便产生了,这种储备完全是自发行为,其规模小、数量也少、目的单一,储备的物品以自然采集物和猎物为主。

仓库是用于物资储存的建筑物。在我国,大约5000年前就有窑穴式仓库。我国古代把储藏粮食的地方称为"仓廪",把存放兵器的地方称为"库房",后来,人们逐渐把这两个概念合二为一称为"仓库",表示任何存放物资的场所。

随着社会生产的进步和社会分工的发展,物资储备在社会生产中的作用也越来越引起人们的重视。特别是商品交换出现后,物资储备成为社会再生产中不可缺少的重要环节,其着眼点已由从储存着眼的被动观点变为从流通着眼的主动观点。

以往我们把食品保藏看作是一种储存,把仓库看作"储存仓库",也就是把夏天生产出来的产品存放到冬天,或是把秋天收获的农产品存放到下一个收获季节,并进行质量管理。而在现代物流中,食品保藏的目的、意义、功能等都有了根本的改变。

随着经济的发展,无论是生产还是消费,需求方式一改以往品种少、大批量的情况,出现了个性化、多样化、特色化,生产方式也变为多品种、小批量的柔性生产方式,物流也由少品种、大批量物流进入多品种、少批量或多批次、小批量时代,食品保藏功能从重视保管效率逐渐变为重视如何才能更顺利地进行发货和配送作业。

现代食品物流中,食品流通仓库作为物流服务的据点,在流通过程中发挥着重要作用,它也不再以单纯的储存保管为其主要目的。流通仓库包括拣选、配货、检验、分类等作业,并具有多品种、多批次、小批量等收发配送功能,以及附加标签、重新包装等流通加工功能,并配有现代电子计算机自动管理系统。这些正代表着食品保藏现代化的崭新水平。

二、食品保藏的功能

对食品保藏的功能,可以从以下几个方面加以说明。

1. 调整供应时间的功能

这是食品保藏的一项重要功能,它改变了"物"的时间状态。一般情况下,生产与消费之间均有时间差,有些产品的生产是季节性的、非连续性的,而消费是常年的、连续的;有些产品的生产是常年的、连续的,而消费却是季节性的、间断的。例如我们吃的大米是在秋天收获的,但要在全年食用。生产和消费之间时间的背离,使物资储备成为可能与必然。所以,食品保藏的主要功能之一就是在供应和需求之间进行时间调整。

2. 保持生产运作正常化的功能

食品保藏作为社会再生产各环节之中以及社会再生产各环节之间的"物"的停滞,构成了上一步活动和下一步活动衔接的必要条件。例如,在生产过程中,上一道工序生产与下一道工序生产之间,免不了有一定间隔。上一道工序的半成品,总是要到达一定批量之后,才能经济合理地送给下一道工序，而下一道工序为了保持连续生产，也总是要有一些储备保证，因此，这种食品保藏都是使生产各环节连续化、正常化的必要条件。

3. 创造"时间效用"的功能

时间效用的含义是，同种"物"由于时间状态不同，其使用价值的实现程度也会不同，因使用时间改变而使"物"的使用价值发挥到最佳水平，最大限度地提高了产出投入比。通过食品保藏，改变了"物"的时间状态，使"物"在效用最高的时间发挥作用，就能充分发挥"物"的潜力，解决了供需时间上的矛盾，实现了时间上的优化配置，提高了"物"的使用价值，从而创造了"时间效用"。

4. 调节物资运输的功能

在物流运输活动中，运输能力的大小因运输工具的不同而千差万别。一般来说，船舶的运输能力最大，火车次之，而汽车的运输能力则较小。由于运输工具运量的不同，给物资运输的衔接造成一定困难。这种由于运输能力的差异而造成的运输矛盾，可用物资的保藏来解决，这便是食品保藏调节运输的作用。例如，万吨巨轮载有几万吨的物资到港靠岸后，在较短的停泊期内，用火车和汽车直接将物资运离港口较困难，在港口货场或仓库暂存待运，则可以解决压港问题。

5. 物资配送的功能

现代物流的仓库已由原来的储存型转变为流通型，库存也由储藏库存变为流通库存。仓库除了完成物资储存的基本功能外，还要完成物资的分拣、配套、捆装、流通加工等新的作业要求。这一变化使食品保藏的功能发展为既要完成基本保管任务，又要具有物资配送的功能。食品保藏活动也因此而从静态管理转向动态管理。可以说"仓库"现在已演变为流动仓库了。

保管是一种静止的状态，也可以说是"零时速"的运输。而从动态存储的角度看，运输中的物资也可看作是一种动态的食品保藏。

三、食品保藏在物流中的地位

1. 食品保藏是物流业务的主要活动

食品保藏主要解决生产与消费之间的时间背离问题。它是流通领域的一个中心环节，也是其一项主要业务活动。在流通领域，食品流通的总过程是由食品的采购、运输、储存和销售这四个互相依存、紧密衔接的环节组成的。食品储存在食品流通过程特别是物流过程中，虽然使一部分食品暂时处于一种或长或短的停滞状态，但这种停滞对食品流通来说是完全必要的。制造商为了避免发生停工待料现象，就要储存一定数量的原料；商店为了避免缺货现象而失去销售机会，也会储存一定数量的商品。事实上，所有的公司都要保持一定的库存。因此，我们把物品停滞看作是生产连续化和销售正常化的必要条件。由于在食品流通领域，有大量的食品不间断地停留在物流过程中的各个仓库里，所以食品保藏是物流的一个重要环节，是它的一项主要业务活动。也正因为如此，在物流系统中，食品保藏和运输是并列的两大主要功能要素，称为物流的两大支柱。

2. 食品保藏是"第三个利润源"的重要源泉之一

物流被许多专家学者称为"第三个利润源"，食品保藏则是其中主要部分之一。如何获得食品保藏利润呢？这可以从以下几方面得到解答。

①有了库存保证,就可免除加班赶工,省去了增加成本的加班赶工费。
②有了食品保藏保证,就无须紧急采购,不致加重成本使该赚的少赚。
③有了食品保藏保证,就能在有利时机进行销售,或在有利时机购进,这就增加了销售利润,或减少了购入成本。
④食品保藏是大量占用资金的一个环节,仓库建设、维护保养、进库出库等要大量耗费人力、财力、物力。此外,食品保藏过程中各种损失,也是很大的浪费。

因而,食品保藏中节约的潜力也是巨大的,通过食品保藏的合理化,可以减少食品保藏时间,降低食品保藏投入,加速资金周转,以降低成本来增加利润。

四、仓库的分类

仓库的种类繁多,分类方法也有许多种,下面介绍几种主要的。

1. 按保管物品分类

(1) 原料、产品仓库是企业为了保证生产和销售的连续性,专门用于存储原材料、半成品或成品的仓库。

(2) 商品、物资综合仓库是商业、物资、外贸部门为了保证市场供应,解决季节时差,用于存储各种食品、物资的综合性仓库。

(3) 农副产品仓库是经营农副产品的企业,专门用于存储农副产品的仓库,或经过短暂存储进行加工后再运出的中转仓库。

(4) 战略物资储备仓库由国家或一个主管部门修建的,用于储备各种战略物资(如粮食、医药等),以防止各种自然灾害和意外事件发生的仓库。

2. 按保管条件分类

(1) 普通仓库用于存放一般性物资,对仓库没有特殊要求。

(2) 保温仓库用于储存对温度等有特殊要求的物资,包括恒温、恒湿及冷藏库等,如粮食、水果、肉类等的储存。这类仓库在建筑结构上要有隔热、防寒、密封等功能,并配备专门的设备,如空调、制冷机等。

(3) 特种仓库指用来储存危险品的仓库。

五、食品保藏技术与设备的发展趋势

20世纪80年代到90年代,由于工业化水平的提高,食品保藏系统搬运技术的机械化、自动化得到很大发展。20世纪90年代以后,由于计算机技术和网络技术的发展,全球化信息网和全球化市场的逐步形成,仓库成了企业采购的信息集节点,成为企业现代化和流通现代化的重要组成部分。自动识别技术、自动化技术及其装备的高质、低价的发展进程,有力推动了食品保藏设备的自动化与网络化。当前食品保藏技术与设备的发展趋势体现在如下几个方面。

(1) 计算机技术和网络技术的高速发展,使仓库的发展进入了智能储运阶段。为了实现"智能化"的食品保藏系统,必须深入研究物流处理的基本理论和复杂的食品保藏系统技术。

(2) 保藏食品的多样化,必然产生仓库形式、食品保藏设备的多样化。为使仓库的适应面宽,具有较大的柔性,有必要开发高效、柔性的出入库输送设备和库内作业机械。

(3) 现代物流食品保藏系统是集物流、信息流和价值流为一体的综合服务系统。信息在计算机及其网络中的流通是最安全、最快捷、最有效的方式。但实物往往要通过装卸、配送、运输、食品保藏等许多物理环节才能从源头流向终点。要实现信息流、实物流"互联",就需要依靠现场总线、无线通信、数据识别与融合、网络等高新技术与物流装备的有效结合,实现对库存的准确控制,缩短系统的反应时间,使物流装备得到充分利用。

(4)现代食品保藏系统是基于网络的由计算机控制的复杂系统,因此仓库管理软件、运输管理软件、车辆管理的全球定位系统(GPS)/地理信息系统(GIS)软件、销售和分销软件、物料采购软件和综合性的企业制造资源计划(MRPⅡ)、企业资源计划(ERP)软件将有较大的需求和发展。

(5)食品保藏系统是一个复杂的、昂贵的物流系统,只有组成系统的设备成套、匹配合理,系统才是最高效的、最经济的和最可靠的。而系统的可靠、高效、低成本取决于系统规划和设计方法,因此应用预测技术、最优化技术和计算机仿真技术对食品保藏系统进行工程技术经济分析的研究与应用将日显重要。

第五节 食品流通加工

食品的生产到销售是一个复杂的过程,从原材料到商品需要经过一系列的加工。在食品流通过程中进行了哪些方面的加工,如何实现这些加工过程,是值得食品工作者研究的。

一、食品流通加工的概念

流通加工是指物品从生产地到使用地的流动过程中,为促进销售、维护商品质量和提高物流效率,对其施加包装、切割、剪裁、分拣、计量、刷标志、拴标签、组装等简单作业的总称。流通加工的目的是为了克服生产加工与客户对商品要求之间的差异,更有效地满足客户需要,提高生产和流通的经济效益。同时,通过流通加工可以促进资源的合理利用,提高原材料利用率;可以提高加工质量和加工效率,使客户所需食品质量进一步得到保障;可以提高运输效率,减少流通费用。

流通加工和一般的生产型加工在加工方法、加工组织、生产管理方面并无显著区别,但在加工对象、加工程度方面差别较大。差别要点如下。

(1)流通加工的对象是进入流通过程的商品,具有商品的属性,以此来区别多环节生产加工中的一环。生产加工对象不是最终产品,而是零配件、半成品。

(2)流通加工大多是简单加工,而不是复杂加工。一般来讲,如果必须进行复杂加工才能形成人们所需的商品,那么,这种复杂加工应专设生产加工过程,生产过程理应完成大部分加工活动,流通加工对生产加工是一种辅助及补充。特别需要指出的是,流通加工绝不是对生产加工的取消或代替。

(3)从价值观点看,生产加工的目的在于创造价值及使用价值,而流通加工则在于完善其使用价值并在不做大改变的情况下提高价值。

(4)流通加工的组织者是从事流通工作的人,能密切结合流通的需要进行这种加工活动,从加工单位来看,流通加工由商业或物资流通企业完成,而生产加工则由生产企业完成。

二、食品流通加工的类型

食品流通加工的种类繁多，既有为了保鲜而进行的流通加工，如保鲜包装；也有为了提高物流效率而进行的对蔬菜和水果的加工，如去除多余的根叶等；鸡蛋去壳后加工成液体装入容器；鱼类和肉类食品去皮、去骨等。此外半成品加工、快餐食品加工也是流通加工的组成部分。

三、流通加工的作用

流通加工的具体作用：

1. 提高原材料利用率

利用流通加工环节进行集中下料，可将生产厂直接运来的简单规格产品，按使用部门的要求进行下料。集中下料可以优材优用、小材大用、合理套裁，有很好的技术经济效果。

2. 进行初级加工、方便用户

用量小或临时需要的使用单位，缺乏进行高效率初级加工的能力，依靠流通加工可使使用单位省去进行初级加工的投资、设备及人力，从而做到灵活供应、方便用户。

3. 提高加工效率及设备利用率

由于建立集中加工点，可以采用效率高、技术先进、加工量大的专门机具和设备。这样做的好处：一是提高了加工质量，二是提高了设备利用率，三是提高了加工效率。其结果是降低了加工费用及原材料成本。

4. 充分发挥各种输送手段的最高效率

流通加工环节将实物的流通分成两个阶段。一般来说，由于流通加工环节设置在消费地，因此，从生产厂到流通加工这第一阶段输送距离长，而从流通加工到消费环节这第二阶段距离短。第一阶段是在数量有限的生产厂与流通加工点之间进行定点、直达、大批量的远距离输送，因此，可以采用船舶、火车等大量输送的手段。第二阶段则是利用汽车和其他小型车辆来输送经过流通加工后的多规格、小批量、多用户的产品。这样可以充分发挥各种输送手段的最高效率，加快输送速度，节省运力运费。

5. 改变功能，提高收益

在流通过程中可以进行一些改变产品某些功能的简单加工，其目的除上述几点外，还在于提高产品销售的经济效益。

四、流通加工的形式

按加工目的不同，有三种流通加工形式。

1. 为了实现流通的加工

这种流通加工的目的在于通过各种物理、化学、机械的手段，对流通货物进行加工，使之改变形状、性能，从而更有利于流通。属于这一类型的流通加工有：水产品、肉类的冷冻加工等。

2. 为了衔接产需的加工

生产的产品品种、规格、质量与需要不相符时，通过设置中间加工环节，可以按需要对产品进行加工，然后供应给用户。

3. 其他加工形式

除以上两种目的较单一的加工外,许多流通加工着眼点在于综合效益,有一些流通加工甚至还对生产方式提出了变革要求,是生产流通一体化新技术。这一类流通加工主要有水产品去头、尾、鳞加工,蔬菜洗净、去皮、分切加工等。

五、 食品流通加工的方法与技术

1. 冷冻加工

为解决鲜肉、鲜鱼在流通中保鲜及搬运装卸的问题,采取低温冻结方式的加工。

2. 分选加工

农副产品离散情况较大,为获得一定规格的产品,采取人工或机械分选的方式加工,称为分选加工,广泛用于果类、瓜类、谷物原料等。

3. 精制加工

农、牧、副、渔等产品,精制加工是在产地或销售地设置加工点,去除无用部分,甚至可以进行切分、洗净、分装等加工。这种加工不但大大方便了购买者,而且,还可对加工的淘汰物进行综合利用。比如,鱼类的精制加工所剔除的内脏可以制成某些药物或饲料,鱼鳞可以制成高级黏合剂,头尾可以制成鱼粉等。蔬菜的加工剩余物可以制成饲料、肥料等。

4. 分装加工

许多生鲜食品零售起点较小,而为保证高效输送,出厂包装则较大,也有一些是采用集装运输方式运达销售地区。这样,为了便于销售,在销售地区按所要求的零售起点进行新的包装,即大包装改小、散装改小包装、运输包装改销售包装,这种方式称为分装加工。

六、 流通加工管理

组织流通加工的方法和组织运输、分配、交易等方法区别很大,许多方面类似生产组织和管理,因此,流通加工的管理需要特殊的组织和安排。几项主要的管理工作如下。

1. 流通加工的可行性研究

流通加工只是生产加工制造的一种补充形式,是否需要进行这种补充加工,应当进行认真的可行性研究。

(1) 研究是否可以延续生产过程或改造生产方式,使之充分与需求衔接。在技术不断进步的情况下,原来难以实现的多品种灵活生产,近些年也不断实现,因此,就无须设置流通加工来衔接。只有在生产过程确实不能满足要求或经济效益不好的前提下才可考虑设置流通加工问题。

(2) 研究是否可以在使用单位进行加工。这一研究不但要考虑技术上的制约,而且要考虑使用单位的整体组织与安排问题。只有在使用单位因技术、管理及经济效益问题无法安排的情况下才可考虑设置流通加工环节。

(3) 充分考虑技术进步因素,研究是否可通过集装、专门装运等方式,而不进行为实现流通的加工。有些加工,如增加防护性运输包装的加工,是在运输技术水平较低情况下所需进行的加工。因此,如果开拓少包装的运输技术,则可以不进行此种加工。

总之,流通加工虽有许多优越性,但毕竟造成了产需的中间环节,也存在许多降低效益的因素，因此，即使在技术上可行，也还要研究效益问题。即设置与不设置的效益比较，在流通起端与末端设置加工中心的效益比较，加工中心本身投资回收的计算等，并以此做最后的定论。

2. 流通加工的生产管理

流通加工的生产管理是指对流通加工生产全过程的计划、组织、指挥、协调与控制。流通加工生产管理的具体内容包括：生产计划的制定，生产任务的下达，人力、物力的组织与协调，生产进度的控制等。流通加工生产管理内容及项目很多，如劳动力、设备、动力、财务、物资等方面的管理，对于套裁型流通加工其最具特殊性的生产管理是出材率的管理。这种主要流通加工形式其优势就在于利用率高、出材率高，从而获取效益。为提高出材率，需要加强消耗定额的审定及管理，并应采取科学方法，如数学方法进行套裁的规划及计算。

3. 流通加工的质量管理

流通加工的质量管理，重要的是对加工产品的质量控制。由于加工成品一般是国家质量标准上没有的品种规格，因此，进行这种质量控制的依据，主要是用户要求。各用户要求不一，质量宽严程度也不一，流通加工据点必须能进行灵活的柔性生产才能满足质量要求。

此外，也可采用全面质量管理中采取的工序控制、产品质量监测岗位、各种质量控制图表等方法。

4. 流通加工的技术经济指标

衡量流通加工可行性，对流通加工环节进行有效的管理，可考虑采用以下两类指标。

第一类：流通加工建设项目可行性指标。前文已述，流通加工仅是一种补充性加工，规模、投资都必然远低于一般生产性企业，其投资特点是：投资额较低、投资时间短、建设周期短、投资回收速度快且投资收益较大。因此，投资可行性可采用静态分析法。

第二类：流通加工环节日常管理指标。由于流通加工的特殊性，不能全部搬用考核一般企业的指标。例如，八项技术经济指标中，对流通加工较为重要的是劳动生产率、成本及利润指标，此外，还有反映流通加工特殊性的指标。

（1）增值指标反映经流通加工后，单位产品的增值程度，以百分率计。增值率指标可以帮助管理人员判断投产后流通加工环节的价值变化情况，并以此观察该流通加工的寿命周期位置，为决策人提供是否继续实行流通加工的依据。

（2）品种规格增加额及增加率反映某些流通加工方式在满足用户、衔接产需方面的成就。增加额以加工后品种、规格数量与加工前之差决定。

（3）资源增加量指标反映某些类型流通加工在增加材料利用率、出材率方面的效果指标。这个指标不但可提供证实流通加工的重要性数据，而且可具体用于计算微观及宏观经济效益。其具体指标分新增出材率和新增利用率两项：

$$新增出材率（\%）= 加工后出材率 - 原出材率$$
$$新增利用率（\%）= 加工后利用率 - 原利用率$$

第六节　食品物流信息

现代社会是信息社会，即时、精确、快速的信息将为生产、流通、销售提供最有效的帮助。在物流过程中，食品信息如何进行处理、如何解决实际问题将是本节要讨论的内容。

一、 食品物流信息的概念

物流信息是指与物流活动（前面所讲到的食品包装、食品运输、食品保藏、食品装卸等）有关的一切信息。物流信息是伴随着企业的物流活动的发生而产生的，企业如果希望对物流活动进行有效控制就必须及时掌握准确的物流信息的情况。由于物流信息贯穿物流活动的整个过程中，并通过其自身对整体物流活动进行有效控制，因此，我们称物流信息为物流的中枢神经。

二、 食品物流信息在物流中的地位

物流的首要目的就是要向顾客提供满意的服务。

第二个目的就是要实现物流总成本的最低化，也就是，要消除物流活动各个环节的浪费，通过顺畅高效的物流系统实现物流作业的成本最优化。

三、 食品物流信息的特征

在电子商务时代，随着人类需求向着个性化的方向发展，物流过程也在向着多品种、少量生产和高频度、小批量配送的方向发展，因此，物流信息在物流的过程中也呈现出很多不同的特征。首先，物流信息量大幅增加。其次，物流信息的来源更加广泛。第三，物流信息的更新速度加快。第四，伴随物流活动产生的信息具有动态易变性。

四、 食品物流信息的作用

在物流的管理活动中，信息的收集与管理起着关键作用。进行物流管理时，需要大量准确、即时的信息和用以协调物流系统运作的反馈信息。任何信息的遗漏和错误都将直接影响物流系统运转的效率和效果，进而影响企业的经济效益，因此，信息在物流过程中具有不可替代的重要作用。

首先，物流信息的传送连接着物流活动的各个环节，并指导各环节的工作，起着桥梁和纽带的作用。其次，物流信息可以帮助企业对物流活动的各个环节进行有效的计划、协调与控制，以达到系统整体优化的目标。再次，物流信息有助于提高物流企业科学管理和决策水平。最后，借助物流信息系统实现动态信息管理是确保物流系统高效运转的保证。

五、 食品物流信息系统

随着物流系统的发展，物流信息量会变得越来越大，物流信息更新的速度也越来越快，如果仍对信息采取传统的手工处理方式，则会引发一系列信息滞后、信息失真、信息不能共享等瓶颈效应，从而造成整个物流系统的效率低下。因此，为了提高物流系统的整体效率，建立基于计算机和通信技术的物流信息系统将成为物流系统建设的必由之路。

（一） 物流信息系统的概念

物流信息系统是指为了实现物流目的而与物流作业系统同步运行的信息管理系统。它是以计算机和网络通信设施为基础、以系统思想为主导建立起来的为了进行计划、操作和控制而为物流经理提供相关信息及为业务人员提供操作便利的人员、设备和过程相互作用的结构体。

用系统的观点来看,物流信息系统是企业信息系统的一个子系统,它本身又可以分解成一系列的子系统。

物流作业系统的启动往往需要从物流信息系统得到信息,无论多好的物流作业系统,如果不能与信息系统相默契,也难以很好地运转。从物流系统的整体角度看,信息流和物流是同时进行的,关键是二者内容要一致,必须信息先行。

(二) 物流信息系统所要解决的问题

① 缩短从接受订单到发货的时间。
② 库存适量化。
③ 提高搬运和装卸的作业效率。
④ 提高运输效率。
⑤ 使接受订货和发出订货更为省力。
⑥ 提高接受订货和发出订货精度。
⑦ 防止发货、配送出现差错。
⑧ 调整需求和供给。
⑨ 回答信息咨询。
⑩ 提高成本核算与控制能力。

物流信息系统解决上述问题的目的都是为了提高对顾客的服务水平和降低物流总成本。需要注意的是,提高服务和降低物流总成本之间存在"效益背反"关系,而物流信息系统起着控制物流各种机能并加以协调的作用。

(三) 物流信息系统的管理

基于计算机的信息系统是一个人机系统。这个人机系统是以人为主体的系统,它对企业的各种数据和信息进行收集、传递、加工、保存,将有用的信息传递给使用者以帮助对企业的全面管理。

数据信息是一种已经被加工为特定形式的数据,这种数据形式对于接收者来说是有意义的,而且对当前和将来的决策具有明显的或实际的价值。信息处理的内容是原始数据收集。这是数据处理的第一步,也是关键的一步。因为收集的原始数据决定着所产生信息的质量,数据处理中数据收集在工作量和费用方面都占有相当大的比重。到目前为止,在数据收集这个阶段,虽然可用一些自动化设备,但靠人工收集目前还不能完全避免。人工收集数据不仅效率低,而且出错的可能性也大,而输出信息的精度完全取决于收集数据的精度,没有可靠的原始数据,要想产生出高精度的信息是根本不可能的。

数据收集是一项很复杂的工作,一般要经过三个步骤:第一,识别数据。在得到大量数据时,要选择那些有意义的、能正确描述事件的数据,把这样的数据送入数据处理系统,把那些不能真实描述事件的数据排除。第二,数据分类。把所收集的数据按特征进行分类,再进一步对数据进行加工。第三,数据检验。在数据进入处理系统以前,必须反复核对,不允许错误的数据进入系统。

另外,数据的收集在时间上要有定量的规定,应该什么时候收集,就要做到什么时候收集,不能随心所欲。对某一类数据在规定时间内应收集的数量和次数,也要做出明确规定,这一切都要有必要的制度加以保证。

1. 物流信息系统管理的内容

（1）信息的加工　信息加工是信息处理的基本内容，它要将数据进行逻辑的或算术的运算。根据数据处理的性质和实际状况不同，数据处理作业的项目及步骤也不同，但基本处理有下面几种：

①转换：输入或输出载体的转换处理。例如，将存储在磁盘上的文件通过打印机输出到打印纸上。

②排序：根据项目中包含和指定的序号或按一定的标志，将文件项目整理成逻辑序列的处理。

③核对：将两个不同文件中的同一数据项目进行核对的处理。两个同一数据项目也可以一个在某文件中，一个临时输入。例如，用户登录时输入口令，计算机将该口令和用户文件中的口令进行核对。

④更新：将原文件的数据及时进行追加、删除或修改成为新数据的处理。

⑤抽出（选择）：根据特定的需要，将原文件中有关数据取出作为新文件数据内容的处理。

⑥合并：将两个以上文件中的同类数据合并在一个文件内的处理。

⑦分配：将文件按照分配条件，分配为两个以上文件的处理。

⑧生成：不同性质的文件数据配合在一起产生所需要的新文件的数据处理。

上述处理作业都是服从于某项管理任务的。在处理过程中，常应用许多经济数学的方法，通过逻辑或算术的处理，生成符合一定管理决策所必需的信息。

（2）信息的传输　信息的传输是指用数据通信的方式，在终端上的用户与中央计算机或局部网络的用户之间交换数据，分享中央数据库及网络内部各种数据库的信息资源。在传输过程中，传输数据可以是单向的，也可以是多向的。传输过程也会影响到信息的质量。

（3）信息的存储　经处理后的信息，有的并非立即就要使用，有的信息虽属立即就要使用的，但还要留作日后的参考，因此，必须把它们存储起来。

（4）信息的检索　数据库存储着大量的信息，要查找其中需用的信息，必须拟定一套科学的，既迅速又方便的查找方法和手段，就像图书馆找书一样，这种方法和手段称为信息的检索。

（5）信息的提供　信息处理完成后，就应按管理工作的要求以各种形式将信息提供给有关单位和人员。在企业中，各种计划、统计报表、技术文件、统计分析图表等，都是输出信息形式。

2. 物流信息系统管理的要求

物流管理过程中的每一步都离不开信息。要做出正确决策和有效控制，必然会对信息提出一些要求。这种要求可归结为及时、准确、适用、经济四个方面。

（1）及时　及时有两层意思：一是对时过境迁并且不能追忆的信息要及时记录；二是信息的加工、检索、传递要快。如果信息不能及时提供给各级管理部门使用，就会失去它的使用价值。物流过程环节多，受不定因素的影响大，如果反映物流过程状态的信息不能及时传递到调度部门，那就无法对物流过程进行实时的控制，或者造成物流过程的中断。

物流过程的客观规律，要求物流和信息流同步化，即对物流状态的信息要及时记录、反馈或控制。这个要求实际上是很难达到的，而只能作为一种趋势，努力使信息流与物流接近于同步。这是因为对信息要进行记录、反馈和分析，然后采取相应的措施，对物流的进程加以控制，这中间每一步都要花费一定时间，而在这一段时间内，物流是不能等待的，所以信息流总是落后于物流，这就是所谓信息的滞后性。这样，一方面要求物流与信息流同步化，另一方面信息流又具有滞后性，这就产生了矛盾。解决这一矛盾的办法就是提高管理的效率，采用现代化的管理方法和手段，使信息流与物流尽可能接近于同步。

（2）准确　信息不仅要及时，而且要求准确地反映实际情况。有了可靠的原始数据，才能加工出准确的信息，才能保证决策者做出正确的判断。如果信息不准确，不仅不能对生产实际起到指导作用，反而会贻误时机。尤其要坚决反对弄虚作假的现象，假信息比无信息更坏，根据虚假信息而做出的决策，必然会造成经济活动的混乱。

物流活动的各个环节是相互联系和相互制约的，反映这些环节流动的信息也有其严密的相关性，企业中许多信息在不同的管理工作中将共同使用。因此，要求企业的同一个信息具有统一性（唯一性），这也是信息准确性的另一个含义。

企业中出现假信息的现象是个别的，而同一信息不统一的状况则是较普遍的。例如，企业中的技术文件、各类定额资料、原始记录和凭证等，每次管理整顿时，都要花很大力量加以整理，以保证它们的统一性。但时间一长，还是容易发生数据重复、互不一致、残缺不全等问题，重新出现混乱。这不仅是因为缺乏科学的管理制度和方法，还因为没有一个可靠的技术手段作保证。

（3）适用　各级管理部门所要求的信息，在范围、内容、详细程度和使用频率等方面都是不相同的。因此，管理信息不在于多，而贵在实用。必须设法提供适用的信息，使各级管理部门能得到与本部门工作有关的主要资料、数据，以便做出相应的决策。如果让各级领导去查阅大量重复的、无关紧要的资料，势必浪费时间，使工作遭受损失。

（4）经济　信息的及时性、准确性和适用性必须建立在经济性的基础上，企业的一切工作都要考虑其经济性，信息处理工作也不例外。信息在管理现代化中起着重要的作用，但信息处理也是现代企业中一项劳动量大、复杂而又投资较大的工作。因此，对信息处理的方法和技术手段必须进行技术经济分析，不能盲目追求自动化水平，必须符合及时、准确、适用和经济的全面要求。

上述对信息处理四个方面的要求，在不同类型的管理中都是共同的，但不同类型的管理对信息在及时、准确、适用的程度上是有差别的。因此，为了满足不同类型管理的具体要求必然会引起管理信息系统的差别，越高级的管理服务对信息系统的要求越高。

3. 物流信息系统的要求

物流信息系统的基本要求包括以下几点：

（1）开放性　便于和外部系统的连接。

（2）可扩展性　便于系统功能逐步完善，不一定一步到位。

（3）安全性　一要防止信息丢失、篡改；二要防止信息被盗。

（4）协同性　企业内部各部门之间的信息协同；和外部企业信息的协同。

（5）快速反应　争取第一时间获得信息；对不正常事件的及时预警。

（6）信息的集成性　便于统一管理。

（7）支持远程处理　适应信息网络化的要求。

本章小结

本章内容从食品包装入手,围绕食品装卸、食品运输、食品保藏、食品流通加工以及食品物流信息五个方面,介绍了食品包装材料、包装容器和包装技术对食品运输品质的影响,以及在食品装卸、运输、保藏及流通加工过程中应当遵循的原则,为食品物流操作提供参考。

思考题

1. 食品包装在食品物流活动中的作用是什么?
2. 影响食品包装的因素有哪些?
3. 食品保鲜保质包装方法有哪些?
4. 装卸搬运的原则是什么?
5. 运输的功能及基本原则是什么?
6. 简述食品保藏在物流中的地位。
7. 流通加工的类型有哪些?
8. 物流信息的概念、功能与内容。

第四章

食品保藏过程

第一节　食品入库与理货业务

一、食品入库业务

（一）食品接收（food receiving）的依据

食品入库是指接到食品入库通知单后，经过接运提货、装卸搬运、检查验收、办理入库手续等一系列作业环节构成的工作过程。食品入库的依据是：仓库同货主企业签订的仓储合同、仓库的上级管理部门下达的入库通知或物资入库计划。仓库工作人员应根据接运员或送货员递交的运单，对照实物，核对品种、数量、规格等，检查包装、食品残损，无误后签字接收。接收与验收一并进行时，不仅要有运单，而且还须具备验收的各种依据。

（二）食品接运（food carrying）的方式

食品的接运是食品入库业务流程的第一道作业环节，也是食品仓库直接与外部发生的经济联系。接运工作是仓库业务活动的开始，是食品入库和保管的前提，所以接运工作的好坏直接影响食品的验收和入库后的保管保养。食品到达仓库的形式不同，对于仓库方而言，接运食品入库的方式如下。

1. 供货业务单位送货或需货单位自提

供货业务单位送货主要是指当地或生产地点较近的货物，由供货业务单位持送货凭证，自备运输工具，把货物送到仓库。存货单位或供货单位将食品直接运到仓库储存时，应由保管员或验收人员直接与送货人员办理交接手续，当面验收并做好记录。若有差错，应填写记录，由送货人员签字证明，据此向有关部门提出索赔。这种入库形式的特点是：单货同行，随到随收，仓库交接。

自提是指企业根据订货合同的规定，按供货计划、日期和提货通知，自备运输工具，到生产厂提货。仓库应根据提货通知，了解所提货物的性能、规格、数量，准备好提货所需的机械、工具、人员，配备保管员和供方当场检验质量、清点数量，并做好验收记录，接货与验收合并一次完成。

2. 外地到货

除小部分食品由供货商直接运到仓库交货以外,大部分食品要经过铁路、公路、水运和空运等运输方式转运。凡经过交通运输部门转运的食品,均需经过仓库接运后,才能进行入库验收。外地到货是指通过铁路、水路等运输方式到达的外地或进口的货物,由运输人员接运并组织运输工具从车站、码头或专用线直接下站入库,它的主要任务是及时和准确地向交通运输部门提取入库食品,要求手续清楚、责任分明,并取得必要的证件,防止把在运输过程中或运输之前已经发生的食品损害和各种差错带入仓库,减少或避免经济损失,为验收和保管保养创造良好的条件。这种入库形式的特点:先与运输人员凭运单交接件数,待正式入库凭证到库后,经过验收,再办理正式入库手续。

由于接运工作直接与交通运输部门接触,所以做好接运工作还需要熟悉交通运输部门的要求和制度。例如,发货人与运输部门的交接关系和责任的划分,铁路或航运等运输部门在运输中应负的责任,收货人的责任,铁路或其他运输部门编制普通记录和商务记录的范围,向交通运输部门索赔的手续和必要的证件等。

现将各种接运方式的注意事项分别叙述如下。

(1) 站、码头(wharf)

①提货人员应了解所提取食品的品名、型号、特性和一般保管知识、装卸搬运事项等。在提货前应做好接运货物的准备工作,例如装卸运输工具,备出存入食品的场地等。提货人员在到货前,应主动了解到货时间和交货情况,根据到货的多少,组织相应的装卸人员、机具和车辆,按时前往提货。

②提货时应根据运单以及有关资料详细核对品名、规格、数量,并要注意食品外观,查看包装、封印是否完好,有无污染、受潮、水渍、油渍等异状。若有疑点或不符,应当场要求运输部门检查。对于短缺和损坏情况,凡属铁路方面的责任,应做商务记录,属于其他方面的责任需要铁路部门证明的应做普通记录,由铁路运输员签字,并注意记录内容应与实际情况相符。

③在短途运输中,要做到不混不乱,避免碰坏损失。危险品应按照危险品搬运规定办。

④食品到库后,提货员应与保管员密切配合,尽量做到提货、运输、验收、入库、堆码一条龙作业,从而缩短入库验收时间,并办理内部交接手续。

(2) 专用线接车

①接到专用线到货通知后,应立即确定卸货货位,力求缩短场内搬运距离;组织好卸车所需的机械、人员以及有关资料,做好卸车准备。

②车皮到达后,引导对位,进行检查,看车皮封闭情况是否良好(即车厢、车窗、铅封、苫布等有无异状);根据运单和有关资料核对到货品名、规格、标志和清点件数;检查包装是否有损坏或有无散包;检查是否有进水、受潮或其他损坏现象。如果在检查中发现异常情况,应请铁路部门派人员复查,做出普通或商务记录,记录内容应与实际情况相符,以便交涉。

③卸车时要注意为食品验收和入库保管提供便利条件,分清车号、品名、规格,不混不乱;保证包装完好,不碰坏、不压伤,更不得自行打开包装。应根据食品的性质合理堆放,以免混淆,卸车后在食品上标明车号和卸车日期。

④编制卸车记录,记明卸车货位规格、数量,连同有关证件和资料,尽快向保管员交代

清楚，办好内部交接手续。

3. 过户

过户是指货物已存入仓库，通过销售业务，使货物所有权发生转移，但仍要求在原处储存。这种入库形式的特点是单据交割、更换户名。

4. 移仓

移仓又称转库，是指由于某种原因，需改变储存地点，虽未销售，但必须通过正式入库手续，组织运力把货物从甲库运到乙库。这种入库形式的特点：单货同行，随到随收，仓库交接。

（三）食品入库交接（interchange）的程序

入库流程：订购单→送货单→点收检查→办理入库手续→物品放置到指定货位→物品标识卡加以标识。

（1）采购部门根据货源的情况，及时填写订购单，送部门经理批准，并送一份给仓库作为核对货物以及单价的依据。订购单须注明品名、规格、数量、单价以及供应商名称。

（2）供应商须凭送货单将货物送至指定地点，送货单也须注明供应商的名称、品名、数量、规格、单价、金额。

（3）仓库确认订购单、送货单无误后，将货物点收入库，如果是货运公司送货，须将送货单随货同行，并在货运单上注明货单在哪一只箱中。

（4）仓库填写入库单，送财务经理批准并分单。

（5）仓库将货物放置到规定的货架上并填写物品标识卡加以标识。

二、食品的入库验收

食品验收（inspection）是指按照验收业务作业流程，核对凭证等规定的程序和手续，对入库食品进行数量和质量检验的经济技术活动的总称。凡食品进入仓库储存，必须经过检查验收，只有验收合格的食品，方可入库保管。

（一）验收的作用

所有到库的食品必须在入库前进行验收，只有在验收合格后方能正式入库。这样做的必要性在于，一方面各种到库食品来源复杂，渠道繁多，种类和性质各异，从其生产加工结束到进入仓库前，要经过装载、运输、周转、卸载等一系列储运环节，受到储运环境条件和其他各种外界因素的影响，质量和数量可能会发生某种程度的变化；另一方面，各类食品虽然在出厂时都经过了检验，但有时也会出现失误，造成错检或漏检，使一些不合格食品按合格食品交货。食品验收的作用主要表现在以下几方面。

1. 验收是做好食品保藏的基础

食品的验收工作是做好食品保藏的基础。食品经过长途运输、装卸搬运后，包装容易损坏、散失，没有包装或包装达不到储运条件要求的食品更容易发生质量变化。这些情况都将影响到食品的保藏。所以在食品入库时，必须明确食品的实际情况，判明食品的品种、规格、质量等是否符合国家标准或供货合同规定的技术条件，数量上是否与供货单位附来的凭证相符，这样才能分类分区按品种、规格分别进行堆码存放，针对食品的实际情况，采取相应的措施对食品进行保管保养。

2. 验收记录是仓库提出退货、换货和索赔的依据

食品验收过程中，若发现食品数量不足，或规格不符、质量不合格时，仓库检验人员会

做详细的验收记录,据此由业务主管部门向供货单位提出退货、换货或向承运责任方提出索赔等要求。倘若食品入库时未进行严格的验收,或没有做详细的验收记录,而在保管过程中,甚至在发货时才发现问题,就会造成责任不分,从而丧失理赔权,带来不必要的经济损失。所以,食品只有经过严格检验,在分清了食品入库前供货单位以及各个流转环节的责任后,才能将符合合同规定、符合企业生产需要的食品入库。

3. 验收是避免食品积压、减少经济损失的重要手段

保管不合格食品,是一种无效的劳动。对于一批不合格食品,如果不经过检查验收,就按合格食品入库,必然造成损失;对于计重食品,如果不进行检斤验数,就按有关单据的供货数量付款,若实际数量不足,也会造成经济损失。

4. 验收有利于维护货主利益

改革开放使我国经济与世界经济的联系日益紧密,进口食品的数量和品种不断增加。对于进口食品,国别、产地和厂家等情况更为复杂,必须依据进口食品验收工作的程序与制度,严格认真地做好验收工作。否则,数量与质量方面的问题就不能得到及时发现,若超过索赔期,即使发现问题,也难以交涉,这就会给货主造成重大的经济损失。

(二) 验收的作业流程及其内容

食品入库验收必须以入库通知单、订货合同、调拨单或采购计划为据。入库验收是货物入库操作的第一道程序。这道操作程序主要包括以下几项工作,包括验收准备、核对凭证和检验实物三个作业环节。

1. 验收准备

仓库接到到货通知后,应根据食品的性质和批量提前做好验收前的准备工作,大致包括以下内容。

(1) 人员准备　安排好负责质量验收的技术人员或用料单位的专业技术人员,及配合质量验收的装卸搬运人员。

(2) 资料准备　收集并熟悉待验食品的有关文件,例如技术标准、订货合同等。

(3) 器具准备　准备好验收用的检验工具并检验其准确性,例如衡器、量具等。

(4) 货位准备　确定验收入库时存放的货位,计算和准备堆码苫垫材料。

(5) 设备准备　大批量食品的数量验收,必须要有装卸搬运机械的配合,因此应做设备的申请调用。

2. 核对凭证

核对凭证就是根据入库通知单、订货合同、调拨单或采购计划所列项目,与外包装标志进行核对,认真核对货物的品名、数量、规格、等级、厂牌、日期等是否相符。核对时,应严格执行"以单为主,以单核货,逐项对列,件件过目"的操作规则,以确保单货相符。

入库食品必须具备下列凭证:

(1) 入库通知单和订货合同副本,这是仓库接受食品的凭证。

(2) 供货单位提供的材质证明书、装箱单、磅码单、发货明细表等。

(3) 食品承运单位提供的运单,若食品在入库前发现残损情况,还要有承运部门提供的货运记录或普通记录作为向责任方交涉的依据。

(4) 核对凭证,也就是将上述凭证加以整理全面核对。入库通知单、订货合同要与供货单位提供的所有凭证逐一核对,相符后才可进行下一步的实物检验。

3. 实物检验

实物检验是指根据入库单和有关技术资料对实物进行数量和质量的检验。

（1）数量检验　入库货物的数量溢缺在日常收货业务中是经常发生的，其原因出于多方。例如：生产厂由于出厂数量的交接制度不健全；送货点数不准或分类不清；运输过程中，特别是外地到货因周转环节较多而发生错装、漏装和丢失等。此外，发货单位的开单工作上也时有差错。准确掌握入库货物的数量是仓储部门的基本任务之一，是保证物资数量准确不可缺少的重要步骤。一般在质量检验之前，由仓库保管职能机构组织进行。按照食品性质和包装情况，数量检验分为三种形式：计件、检斤、检尺求积。

①计件：是按件数供货或以件数为计量单位的食品，做数量验收时的清点件数。一般情况下，计件食品应全部逐一点清，固定包装物的小件食品，如果包装完好，打开包装会对保管不利。国内货物只检查外包装，不拆包检查。进口食品按合同条款进行数量验收。

②检斤：是按重量供货或以重量为计量单位的食品，做数量验收时的称重。金属材料、化工产品多数是检斤验收。

③检尺求积：是对以体积为计量单位的食品，先检尺、后求体积所做的数量验收。凡是经过数量检验的食品，都应该填写磅码单。

在做数量验收之前，还应根据食品的来源、包装的好坏或有关部门的规定，确定对到库食品是采取抽验还是全验的方式。在一般情况下数量检验应全验，即按件数全部进行点数。

按重量供货的全部检斤，按理论重量供货的全部检尺，然后换算为重量，以实际检验结果的数量作为实收数。但如果食品管理机构有统一规定时，则可按规定办理。

（2）质量检验　一般商品的质量检验包括外观检验、尺寸检验、机械物理性能检验和化学成分检验等形式。仓库一般只做外观检验和尺寸精度检验，后两种检验如果有必要，则由仓库技术管理职能机构取样，委托专门检验机构检验。对于食品而言，食品的品质包括食品的色香味、营养价值、应具有的形态、质量及应达到的卫生指标。食品从原料加工到消费的整个流通环节是复杂多变的，它会受到生物性和化学性的侵染，受到流通过程中出现的诸如光、氧、水分、温度、微生物等各种环境因素的影响。到货食品品质情况如何，对确定和合理采用保藏方式、技术条件和控制、保藏时间等具有重大的意义。因此，食品的内在质量检验和外观质量检验同样重要，入库检验时不可偏颇。

①食品外观检验：在仓库中，质量验收主要是指食品外观检验，由仓库保管职能机构组织进行。外观检验是指通过人的感觉器官，检验食品的包装外形或装饰有无缺陷；检查食品包装的牢固程度；检查食品有无损伤，如撞击、变形、破碎等；检查食品是否被雨、雪、油污等污染，有无潮湿、霉腐、生虫等。外观有缺陷的食品，有时可能影响其质量，所以，对外观有严重缺陷的食品，要单独存放，防止混杂，等待处理。凡经过外观检验的食品，都应填写"检验记录单"。食品的外观检验，即通过直接观察食品包装或食品外观来判别质量情况，大大简化了仓库的质量验收工作，避免了各个部门反复进行复杂的质量检验，从而节省了大量的人力、物力和时间。

②食品的尺寸检验：由仓库的技术管理职能机构组织进行。尺寸精度检验是一项技术性强、很费时间的工作，全部检验工作量大，并且有些产品质量的特性只有通过破坏性的检验才能测定，所以一般采用抽验的方式进行。

③理化检验：是指对食品内在质量和物理化学性质所进行的检验，主要针对进口食品。

对食品内在质量的检验要求一定的技术知识和检验手段,目前大多数仓库不具备这些条件,所以一般由专门的技术检验部门进行。技术检验部门可以根据国家标准、国际标准和客户指定的方法对样品进行检测。通常将食品的检测项目划分为一般营养成分类、元素类、农药残留和抗生素类、微生物类等类别,检测项目和内容具体如下:

a. 一般营养成分:水分、灰分、干燥失重、灼烧残渣、蛋白质、脂肪、还原糖、蔗糖、总糖、粗多糖、淀粉、碳水化合物、热量等。

b. 微量元素:钾、钙、钠、镁、铜、锌、铁、锰、镉、铬、硒、锡、镍、铅、砷、汞、锗、硼、铝、锑、氟、碘、重金属总量(以 Pb 计)等。

c. 抗生素残留:土霉素、四环素、金霉素、氯霉素、呋喃唑酮、磺胺类等。

d. 农药残留:六六六、滴滴涕、五氯硝基苯、艾氏剂、有机磷类农药、氨基甲酸酯类农药、拟除虫菊酯类农药等。

e. 微生物:菌落总数、大肠菌群、沙门氏菌、霉菌和酵母菌、金黄色葡萄球菌、其他致病菌等。

f. 一般理化指标:pH、酸价、总酸、酸度、碘价、熔点、黏度、皂苷、皂化价、过氧化值、游离脂肪酸、脂肪酸、氨基酸、氯化钠、粗纤维、不溶性膳食纤维、胡萝卜素、维生素 A、维生素 E、维生素 B_1、维生素 B_2、维生素 B_6、维生素 B_{12}、维生素 C、维生素 D_3、泛酸、烟酸、生物素、胆固醇、总黄酮、吊白块、残留甲醛、残留氨、亚硝酸盐、氰化物、黄曲霉毒素等。

g. 食品添加剂:甜味剂,如糖精钠、环己基氨基磺酸钠(甜蜜素)、天冬酰苯丙氨酸甲酯(甜味素)、乙酰磺胺酸钾(安赛蜜)、木糖醇、麦芽糖醇、山梨糖醇等;防腐剂,如苯甲酸、山梨酸、对羟基苯甲酸乙酯、对羟基苯甲酸丙酯、脱氢乙酸、丙酸钠、丙酸钙等;抗氧化剂,如叔丁基羟基茴香醚(BHA)、二叔丁基对甲酚(BHT)、没食子酸丙酯等;漂白剂,如亚硫酸盐、二氧化硫等;发色剂等。

h. 生物酶指标:糖化酶、淀粉酶、脂肪酶、酸性蛋白酶、中性蛋白酶、碱性蛋白酶等。

以上的质量检验是在食品交货时或入库前的验收。在某些特殊情况下,还有完工时期的验收和制造时期的验收,即在供货单位完工和制造过程中,由需方派人员到供货单位检验。

食品验收方式分为全验和抽验。在进行数量和外观验收时一般要求全验。在质量验收时,若食品批量小、规格复杂、包装整齐或要求严格验收,通常采用全验的方式。全验需要大量的人力、物力和时间,但是可以保证验收的质量。当批量大、规格简单、包装整齐、供货单位的信誉较好、人工验收条件有限的情况下,通常采用抽验的方式。随着食品质量和储运管理水平的提高以及数理统计方法的应用,为抽验方式提供了物质条件和理论依据。

食品验收方式和有关程序应由供货方和保管方共同协商,并通过协议在合同中加以明确规定。

三、 食品入库中的问题处理

1. 针对不同问题及时处理

食品验收过程中,可能会发现诸如证件不全、数量短缺、质量不符合要求等问题,应针对不同情况及时处理。

（1）验收中发现问题需等待处理的食品，应单独存放、妥善保管，防止混杂、丢失、损坏。

（2）在磅差规定范围内数量短缺的，可按原数入账，凡超过磅差规定范围的，应查对核实，做好验收记录和磅码单交主管部门，会同货主向供货单位办理交涉。凡实际数量多于原发料量的，可由主管部门向供货单位退回多发数，或补发货款。在食品入库验收过程中发生数量不符的情况，其原因可能是发货方在发货过程中出现了差错，误发了食品，或者是在运输过程中漏装或丢失了食品。

（3）质量不符合规定时，应及时向供货单位办理退、换货或在不影响使用的前提下降价处理。食品规格不符或错发时，应先将规格正确的予以入库，规格有误的做验收记录交给主管部门办理换货。

（4）证件未到或不齐时，应及时向供货单位索取，到库食品应作为待检验食品堆放在待验区，待证件到齐后再进行验收。证件未到之前，不能验收，不能入库，更不能发料。

（5）属承运部门造成的食品数量短少或外观包装严重残损等，应凭接运提货时索取的"货运记录"向承运部门索赔。

（6）如果价格不符，供方多收部分应拒付，少收部分经过检查核对后，应主动联系，及时更正。

（7）"入库通知单"或其他证件已到，在规定的时间内未见食品到库时，应及时向有关部门反映，以便查询处理。

2. 处理问题时注意的事项

在食品验收过程中，如果发现食品数量或质量存在问题，应该严格按照有关制度进行处理。这样有利于分清各方的责任，并促使有关责任部门吸取教训，改进工作。在对验收过程中发现的问题进行处理时应注意以下几个方面。

（1）食品入库凭证未到齐之前不得正式验收。如果入库凭证不齐或不符，仓库有权拒收或暂时存放，等凭证到齐再验收入库。

（2）食品数量或质量不符合规定，要会同有关人员当场做出详细记录，交接双方应在记录上签字。如果是交货方的问题，仓库应该拒绝接收，如果是运输部门的问题就应该提出索赔。

（3）数量验收后，计件食品应及时验收，发现问题要按规定的手续，在规定的期限内向有关部门提出索赔要求。超过索赔期限，责任部门对形成的损失将不予负责。

四、食品入库及食品入库单证的流转

（一）办理入库手续

验收合格的食品，应及时办理入库手续，建立各种资料及给送货人签验收单。

1. 立卡

"卡"是指"商品验收明细卡"（表4-1）。"卡"是直接反映该垛商品品名、型号、规格、数量、单位及进出动态和积存数的保管卡片。卡片应按入库通知单所列内容逐项填写。商品入库堆码完毕，应立即建立卡片，一垛一卡，拴放在货垛上。卡片填写时要准确齐全。填写错误时，要用"画红线更正法"更正，不得涂改、乱擦。

表 4-1　　　　　　　　　　　　　商品验收明细卡

存放位置	库	商品名称：		类别	
	排			单位	
	架	型号规格：		单价	
	层	生产单位：		出厂日期	
	位			入库日期	
时间	编号	摘要	收入	发出	结存	备注

2. 登账

为了保证准确地反映商品的进出库情况，应建立"实物保管明细账"（表4-2）。实物保管明细账按商品的品名、型号、规格、单价、用途等分别建立账户。此账采用活页式，按商品的种类和编号顺序排列。在账页上要注明货位号和档案号，以便查对。实物账必须严格按照商品的入出库凭证及时登记，填写清楚准确。记账发生错误时，要按"画红线更正法"更正。账页记完后，应将结存数结转新账页，旧账页应保存备查。登账凭证要妥善保管，装订成册，不得遗失。实物保管要经常核对，保证账、卡、物相符。

表 4-2　　　　　　　　　　　　　实物保管明细账

货物入库明细账卡				卡　号					
				货主名					
				货　位					
品名		规格型号							
计量单位		供应商名称							
应收数量		进货单位名称							
实收数量		包装情况							
单价		用途							
年				入库数量		出库数量		结存数量		备注
月	日	收发凭证号	摘要	件数	质量	件数	质量	件数	质量	

3. 建档

食品验收入库后，应建立食品储存档案。食品储存档案是按照食品的品名、型号、规格、单价、批次分别立卷归档集中保存，记录食品储存的数量、质量及证件和凭证等资料。建档工作要做到以下几点。

（1）一物一档　建立食品储存档案应该是一物（一票）一档。建档时，应将入库前的运输资料及其他凭证，出厂时的各种凭证及技术资料，入库验收记录、磅码单、技术检验证件，储存保管期间的检查、维护保养、溢短损坏等记录及其他有关资料收集归档。

（2）应统一编号　食品档案应进行统一编号，并在档案上注明货位号。同时，在实物保管明细账上注明档案号，以便查阅。

（3）应妥善保管　食品档案应存放在专用的柜子里，由专人负责保管。当食品整进整出时，有关技术证件应随食品转给收货单位或收货人；食品整进零出时，其质量保证书可复制加盖公章代用。整个食品档案应妥善长期保存。

4. 签单

食品验收入库后，应及时做好验收记录（表 4-3）。验收记录要求签回单据。签单有两个作用：一是向供货单位和超市总部表明收到食品的情况；二是如有短少等情况，可作为货主向供货方交涉的依据，所以签单必须准确无误。

表 4-3　　　　　　　　　　　　验收记录

供货单位：　　合同编号：　　运号：　　车号：
发货日期：　　到货日期：　　验收日期：　　入库单号：

品名	型号规格	应收数量		实收数量	
		件数	重量	件数	重量
验收情况					
处理意见					

（二）食品入库单证的流转

食品入库单证流转如图 4-1 所示。

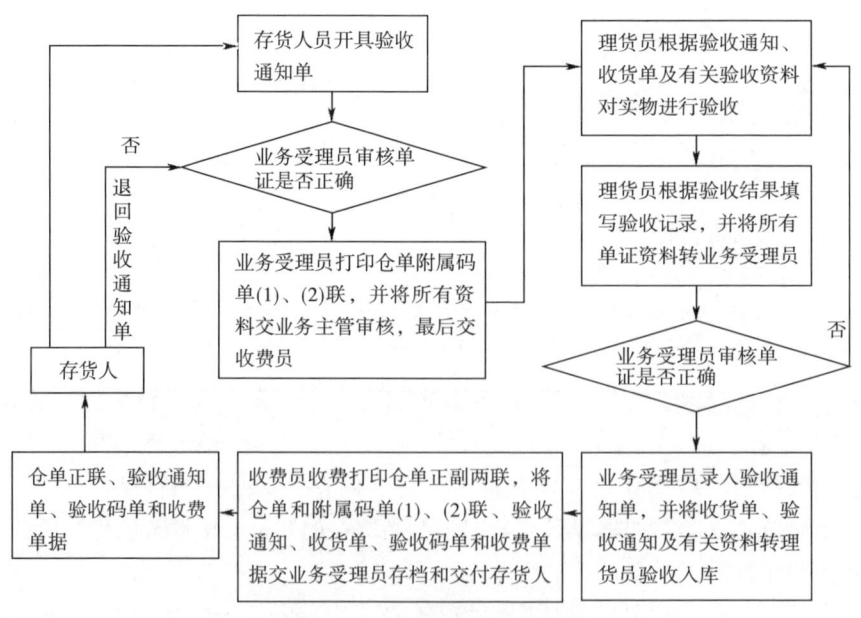

图 4-1　食品入库单证流转

第二节 保藏环境控制

一、货物堆码、苫垫

食品验收入库,根据仓库储存规划确定货位后,即应进行堆码、苫垫或密封。妥善的码垛、苫垫和密封技术是食品保藏过程中的一项重要工作,也是食品管理的一个重要环节。

（一）码垛

码垛是指根据食品的包装形状、重量和性能特点,结合地面负荷、储存时间,将食品分别堆码成各种垛形。食品的堆码方式直接影响着食品的保管。合理的堆码,能使食品不变形、不变质,保证食品储存安全,同时还能提高仓容的利用率,并便利食品的保管保养和收发。

1. 码垛的基本要求

（1）对码垛食品的要求　食品在正式堆垛时,必须具备以下条件：

①食品的数量、质量已彻底查清。

②包装完好,标志清楚。

③外表的污物、尘土等已清除。

④受潮、锈蚀以及已发生某些质量变化或质量不合格的部分,应剔出另行处理,与合格品不相混杂。

⑤为便于机械化操作,有需要的应进行打捆,可集中装箱的应装入合适的包装箱。

（2）对码垛场地的要求

①库内码垛：货垛应在墙基线和柱基线以外,垛底须垫高。

②货棚内码垛：货棚须防止雨雪渗漏,棚内的两侧或四周必须有排水沟或管道,棚内地坪应高于棚外地面,最好铺垫砂石并夯实。堆垛时要垫垛,一般垫高20~40cm。

③露天码垛：堆垛场地应坚实、平坦、干燥、无积水及杂草,场地必须高于四周地面,垛底还应垫高40cm。四周必须排水畅通。

（3）对码垛标准的要求

①合理：垛形必须适合食品的性能特点,不同品种、型号、规格、牌号、等级、批次、产地、单价的食品,均应分开堆码,以便合理保管。并要合理地确定货垛之间的距离和走道宽度,便于装卸搬运和检查。垛距一般为0.5~0.8m,主要通道为2.5~3.0m。

②牢固：货垛必须不偏不斜,不歪不倒,不压坏底层的食品和地坪,与屋顶、梁柱、墙壁保持一定距离,确保堆垛牢固安全。

③定量：每行每层的数量力求成整数,过秤食品不成整数时,每层应明显分隔,标明重量,以便于清点发货。

④整齐：垛形有一定的规格,各垛排列整齐有序,包装标志一律朝外。

⑤节约：堆垛时要考虑节省货位,提高仓容利用率。

2. 码垛的基本形式

（1）码垛的准备工作　必须先做好食品码垛前准备工作,然后才能进行码垛。准备工作主要有以下几点。

①按进货的数量、体积、重量和形状，计算货垛的占地面积、垛高以及计划好垛形。对于箱装、规格整齐划一的食品，占地面积可参考下面公式计算：

占地面积＝（总件数/可堆层数）×每件食品底面积（m²）

可堆层数＝地坪单位面积最高负荷量/单位面积重量（N）

单位面积质量＝每件食品毛重×已堆层数/该件食品的底面积（kg）

在计算占地面积、确定垛高时，必须注意上层食品的重量不可超过底层食品或其容器可负担的压力。整个货垛的压力不能超过地坪的容许载荷量。

②做好机械、人力、材料准备：垛底应打扫干净，放上必备的垫墩、垫木等垫垛材料。如需苫盖、密封货垛，还需准备苫盖和封垛材料。

（2）码垛的基本形式　码垛根据食品的性能、外形等不同，而有各种形式。基本形式有：重叠式、纵横交错式、仰伏相间式、压缝式、宝塔式、通风式、栽柱式、鱼鳞式、衬垫式和架子化等。现将较为常见式样做简单介绍。

①重叠式码垛：逐件逐层向上重叠码高而成货垛，此垛形是机械化作业的主要垛形之一。适于集装箱等食品，堆码扁方形食品时，可逢"十"略行交错，以便记数。

②纵横交错式码垛：将长短一致，宽度排列能与长度相等的食品，一层横放，一层竖放，纵横交错堆码，形成方形垛（图4-2）。如包装统一，可采用"二顶三""一顶四"等方法，在同一平面内纵横交叉，然后再层与层纵横交错堆垛，以求牢固。这种垛形也是机械码垛的主要垛形之一。

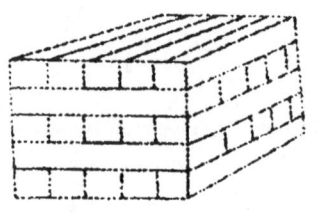

图4-2　纵横交错式码垛

③仰伏相间式码垛：对于可互扣稳合的食品，可以一层仰放、一层伏放，仰伏相间而相扣，使堆垛稳固。也可以伏放几层，再仰放几层，或仰伏相间组成小组再码成垛。

④压缝式码垛：将垛底底层排列成正方形、长方形或环形，然后起脊压缝上码。由正方形或长方形垛底形成的垛，其纵断面成层脊形（图4-3），适于陶瓷装的食品。

图4-3　筒装物压缝起脊码垛

⑤宝塔式码垛：宝塔式码垛与压缝式码垛类似，但压缝式码垛是在两件物体之间压缝上码，宝塔式则在四件物体之中心上码逐层缩小（图4-4）。

⑥通风式码垛：需要防潮湿通风保管的食品，堆码时每件食品和另一件食品之间都留有一定的空隙以利于通风（图4-5）。

图4-4　宝塔式码垛　　　　　　图4-5　通风式码垛

⑦栽柱式码垛：在货垛的两旁各栽上两至三根木柱或钢棒，然后将食品平铺在柱中，每层或隔几层在两侧相对应的柱子上用铁丝拉紧，以防倒塌。此种堆码方式多用于货场，适用于长条形材料或包装为长条耐压的食品的堆码。适用于机械堆码，采用较普遍。

⑧衬垫式码垛：在每层或每隔二层食品之间夹进衬垫物（如木板），利用衬垫物使货垛的横断面平整，食品互相牵制，以加强货垛的稳固性。衬垫物需视食品的形状而定，此种堆码方式适用于四方整齐的裸装食品。

(3)"五五化"码垛　"五五化"就是以五为基本计算单位，码成各种总数为五的倍数的货垛，即大的食品码成五五成方，小的食品码成五五成包，方的码成五五成行，矮的码成五五成堆，带眼的码成五五成串。这种码垛过目成数、清点方便、数量准确、不易出差错、收发快、效率高。适用于按件计量食品。

（二）苫垫

食品在堆码时需要整垛，露天存放的食品在整垛以后，还应妥善地苫盖，才能减轻食品受雨、露、潮气的侵蚀和受日光暴晒的危害，所以苫垫是保管食品的必要措施。

1. 垫垛

垫垛是食品在堆垛前，按垛形的大小和负重，先行垫放垫垛物，垫垛材料一般采用水泥墩或石墩、枕木、木板及防潮纸。由于垫垛是一项重复而又繁重的劳动，所以现在正在逐步推行固定式的垛基，它可以不移动地重复使用，劳动力节省，作业效率提高。可用水泥预制件代枕木用。

垫垛的目的是使食品避免地面潮气自垛底侵入，并使垛底通风。

垫垛方法：在露天货场垫垛，首先把地面平整夯实，再摆放水泥墩、石墩或建固定式垛基。墩（基）与墩（基）之间留有一定距离，以使空气流通，必要时墩上可铺一层防潮纸，而后再放置食品。垫垛的高度，露天货场可保持40cm上下。在库房和货棚内垫垛，水泥地面一般只需垫水泥条、枕木或仓板，高度20cm即可。防潮地面、楼层干燥地坪可以不垫垛，铺一层防潮纸即可。有些箱装、成包、成件食品，箱上或包上已有垫木的，也可不再垫垛。易受潮变质的食品，应尽可能加高垫层，使垛底保持良好通风。

2. 苫盖

露天货场存放的食品,除了垫垛,一般都应苫盖。为防止食品直接受雨、露、雪、风沙及阳光的侵蚀,必须遮盖适宜的苫盖物。须苫盖的食品在堆垛时要注意选择和堆成可以苫盖的垛形,一般屋脊形的堆垛容易苫盖。对有排水性能,不怕雨、雪、风及日光侵蚀的食品,也可以不苫盖。

(1) 苫盖材料　一般用铁皮、席子、油毡纸、塑料布、苫布等。仓库应尽量利用旧包装铁皮改制成苫盖材料,苫布价值较高,适于临时使用。一般的仓库多使用席子和油毡纸作为苫盖材料。苫盖时间较长的垛可用两层席子,中间夹一层油毡纸;按照适当规格预制成苫,使用时方便,拆垛后还可再次利用。

(2) 苫盖方法

①就垛苫盖法:适用于屋脊形垛和大件包装食品的苫盖。

②席片鱼鳞苫盖法:将苫盖材料自货垛的底部逐渐向上围盖,从外形看似鱼鳞状。食品如需要顶部或四周有通风条件时,可将席子下部反卷来隔离苫垛。

③活动棚架苫盖法:根据堆垛形状制成棚架,将棚架放置在货垛上,围起苫顶即成。

④固定棚架苫盖法:利用废次钢材或木材制成棚架,上盖苫布。

二、食品的在库盘点、检查与保管损耗

(一) 食品的盘点

盘点(stocktaking)是指定期或临时对储存的食品进行数量清点,检查有无残缺和质量问题等的业务活动。食品盘点是保证储存的食品货物达到账、货、卡完全相符的重要措施之一,目的在于通过盘点,各类货物的实存数量、种类、规格可随时得到真实反映;可以掌握各类食品的保管情况,以此为依据合理调节储存条件,并对不利情况做出妥善处置;查明各类货物的储备和利用情况;了解验收、保管、发放、调拨、报废等各项工作是否按规定办理。库存货物,只有经常保持数量准确和质量完好,才能更有效地为经营和流通提供可靠的库存依据。

1. 常用的几种盘点方法

(1) 动态盘点法(永续盘点)　动态盘点法是指对动态的食品商品即发生过收、发的食品,即时核对该批食品余额是否与账、卡相符的一种盘点方法。

(2) 循环盘点法　循环盘点法是指按照食品入库的前后顺序,不论是否发生过进出业务,有计划地循环进行盘点的一种方法。

(3) 重点盘点　重点盘点是指对食品进出动态频率高的,或者是易损耗的,或者是昂贵食品进行不定期清点的一种盘点方法。

(4) 全面盘点　全面盘点是指对在库食品进行全面的盘点清查的一种方法。通常多用于清仓查库或年终盘点。盘点的工作量大,检查的内容多,需把数量盘点、质量检查、安全检查结合在一起进行。

2. 全面盘点的要求

(1) 各级人员责任　仓库负责人,要在盘点前布置发动,盘点中督促检查,盘点结束进行质量验收。仓库职能部门管理人员,具体布置工作,协同各保管组和保管员调查处理盘点中发现的问题,盘点后负责汇总盘点报表。仓库账务(业务会计)应密切配合,在规定的账

面截止日全面完成出库单证的处理工作，准确统计盘点总笔数。盘点后进行一次账（保管账）表（进出存日报表）核对工作，做好分仓统计，并对账表相符负责。仓库保管员进行盘点时，必须有两人以上共同作业，并以仓库主管保管员为主。盘点结束后，在盘点情况表上签章，负卡、货相符之责。

（2）盘点笔数统计　进行全面盘点，必须准确统计记录货物盘点总笔数，统一规定账面截止日期，在规定的截止日当天业务完结后，要全面清理进出库单证；对当天付讫提单如数销账。当天的账页，如数归入账册，账册中已付清的账页，如数抽出，最后分仓、分户点清盘点笔数。全面盘点期内，账货盘点笔数计算有两种方法，一是以付清账页抽出后的全部账页数作为盘点笔数，在盘点期内进仓报账的账页不归入账册；另一种是把盘点期内进仓报账的账页随时归入账册，并纳入盘点范围，待盘点工作结束后再分仓、分户点清和汇总仓库的盘点总笔数。

（3）盘点程序　保管员进入仓间盘点时，应逐垛逐批，点货对卡，以卡对账。核对相符的，要在账页和货卡上做好盘点标志，负责签章；不相符的逐笔做好记录。逐批盘点的同时，关于货垛标量或货位调整等工作应结合进行。当一个仓间盘点完毕，保管员必须把账册仔细翻阅一遍，如发现无盘点标志的账页，应立即查明原因。在全面完成以上工作后，保管员应将盘点情况并填入货物盘点情况表，在规定期限内上报，以便逐级汇总。

3. 盘点中发现问题的处理

（1）计重货物盘点以重量为计量单位的，要全部盘点，区别不同情况分别处理。

①计重货物中件数可控制的，只要清点件数，件数相符，不再过秤。

②凡散装货物，原垛尚未出动，可复核原磅码单，结码无误，即作账货相符；原垛已经出动的，存量较大，可进行理论换算，如无较大短缺迹象，暂作账货相符，待出清后，按实际结算；零星尾数，有疑点者，应过秤计量，如不超过规定的损耗率，作账货相符。

（2）账外货物处理

①待报账货物在盘点时，对未经正式入账（因待验、需要整理、摊晾等）的入库货物和已经正式销账的待运货物，应与盘点笔数范围的库存货物严格区分，以免混淆实际库存量。

②多送货物应另行存放，不能与库存有证货物同存一起，并做好记录和抓紧处理。

③备换货物或备换包装用品，要加强管理，健全收发制度，要单独存放，分类建账，并在盘点的同时进行盘点。对供应厂商存库的物品收入时，仓库经手人应填写正式收据，收据一式两份，一份作为签收回单，一份作为入账依据。

（3）账货不符的界限　盘点中发现下列情况时，应做账货不符处理（以一张账页为一笔计算）：

①实际库存数与账面截止日的账面结存数发生溢余、短缺。

②库存货物的品种、标志与账实不符。

③错销、漏销保管账。

④委托单位配送货物与库存有证货物同存一起。

（二）　食品的检查（checking）

为保证在库储存保管的食品质量完好、数量齐全，必须进行经常和定期的查数量、查质量、查保管条件、查计量工具、查安全等全面的检查工作。

1. 检查的内容

（1）查质量　检查在库食品质量有无变化，包括：受潮、污染、锈蚀、发霉、干裂、虫蛀、鼠咬，甚至变质等情况；检查有无超过保管期限和长期积压现象；检查技术证件是否齐全，是否证物相符；必要时，还要进行技术检验。

（2）查数量　查食品的数量是否准确；查账卡的记载是否准确，核对账卡物是否一致。

（3）查保管条件　查堆码是否合理稳固；苫垫是否严密；库房是否漏水；场地是否积水；门窗通风洞是否良好；库内温湿度是否符合要求；库房内外是否清洁卫生；保管条件是否与各种食品的保管要求相符等。

（4）查计量器具　检查计量器具和工具，如皮尺、磅秤等是否准确；使用和养护是否合理。检查时要用标准件校验。

（5）查安全　检查各种安全措施和消防设备、器材是否符合安全要求；检查建筑物是否损坏而影响食品储存等。

2. 检查方法

（1）日常性检查　是指保管员每日上下班时，对所管食品的安全情况、保管状况、计量工具的准确性、库房和货场的清洁整齐等的检查。这是保管员每日必须进行的一项工作。

（2）定期检查　是指根据季节变化和工作的需要，由仓库领导者组织有关方面的专业人员，对在库食品进行定期检查。即梅雨季到来前后，组织质量和保养情况的检查；暑热季节到来前，对怕热食品的防热措施的检查；寒冬前，对冬防措施的检查；以及节假日前，组织安全措施的检查等。

（3）临时性检查　是指风雨前后，有灾害性气象预报时，所组织的临时性检查，或者是根据工作中发现的问题而决定进行的临时性检查。如在暴雨、台风到来前，要检查建筑物是否承受得住风雨袭击，水道是否畅通，露天货场苫盖是否严密牢固，风雨过后再检查有无损失等。

3. 检查中发现问题的处理

（1）食品有变质迹象或发生变质时，应按维护保养要求处理，查明原因，提出改进措施。

（2）对超过保管期或没超过保管期，但按质量要求不能继续存放的，应通知有关部门及时处理。

（3）已破损的，应查明原因，协商处理。

（4）数量有出入的，应弄清情况、查明原因、分清责任。造成短少、溢余的原因主要有：磅差、计量方法不对、自然损耗、责任损溢等。

（5）检查结果和问题应详细记录。

（三）食品的保管损耗（loss）

食品在储存过程中，因其本身性质、自然条件的影响、计量工具的合理误差，或人为的原因，发生的损耗有的可以避免，有的难以完全避免。食品的保管损耗是指在一定的期间内，保管这种食品所允许发生的自然损耗，一般以食品保管损耗率表示。其主要表现为以下几点。

（1）食品的自然损耗　主要表现为食品的干燥、风化、挥发、黏结、散失、破碎等。

（2）人为因素或自然灾害造成的损失　因工作人员的失职或保管不善和由于水灾、地震而造成的非常损失,以及包装破损而造成的大量漏损等。

(3) 装卸、搬运、上垛与磅差　食品经装卸、搬运、中转到分库验收、过磅、上垛、入库时止,都可能发生损耗。磅差是指食品在进出库时,由计量工具之间精度上的差别而造成的食品数量差异。

食品保管损耗率,全称"库存食品自然损耗率",是某种食品在一定的保管条件和保管期间内,其自然损耗量与该食品库存量之比,以百分数与千分数表示。为了判定食品的保管损耗是否合理,一般对不同情况、不同食品规定相应的损耗标准,又称标准损耗率。保管损耗率低于该标准为合理损耗,高于该标准为不合理损耗。食品保管损耗率,不仅反映在做好食品保管工作情况下的自然损耗量,也是划分仓库与送货单位数量损失责任的界限,因此它是考核仓库工作质量好坏的指标。

允许磅差,是在食品流通过程中,各环节对食品的称量所允许发生的重量差别。

三、保藏环境控制

在仓储保管工作中,搞好储藏环境的控制与调节,是食品仓储养护的重要职责,是维护食品质量的重要措施。在食品储存中,养护人员必须根据食品的特性和质量变化的规律,使仓库的储存环境经常保持在一定范围内,才能降低损耗,减少损失,达到食品安全储存的目的。

(一) 影响食品保藏环境稳定性的因素

食品保藏环境是否稳定,直接关系到在库食品的安全。气温、空气湿度、光线、外界及库内气体成分等的变化会直接作用于食品的保藏环境,致使其发生变化,而影响食品的安全储藏。因此,了解和掌握它们的变化规律,对做到食品的安全储存有着重要的意义。

1. 温度的影响

温度是表示物体冷热程度的物理量,这里所讲的温度,包括大气温度、仓内温度和食品体的温度。食品体的温度直接反映着食品安全储存的状况。仓温影响着食品体温度的升降,大气温度又影响着仓温的高低。

(1) 气温的变化　气温的变化,可分为周期性和非周期性变化。在时间上是以一日或一年为周期。非周期性变化无规律,可发生在一日或一年的任何时候,而且大多是由气团的交替、空气的平流所引起的气温冷或热。在一昼夜24h之内的变化为日变化,最高温与最低温之差为日振幅。昼间最高温在14:00~15:00时出现,此时低层大气积累热量最多;最低温在午夜,且在日出前,此时热量最少。一年中温度变化为年变化。平均最高和平均最低月份的温差,称为年振幅。

气温的日变化、年变化对食品储存养护有很大影响,必须根据气温变化的年、日振幅的不同,掌握变化规律,确保食品的储存安全。

(2) 仓温的变化　仓内空气温度一日间或一年间的变化,主要是随着气温的日变与年变而变化。

①气温逐渐升降时,仓温也随着逐渐升降,仓温主要随气温变化而变化。

②仓温变化的时间,总是落在气温变化之后1~2h。例如,气温以晨5:00时为最低,14:00时为最高;而仓温则以晨6:00时为最低,15:00时为最高。

③仓温与气温相比,则夜间仓温高于气温,白天气温高于仓温。

④仓温变化的幅度比气温变化的幅度小，假如气温变化的幅度为 7.8℃，则仓温变化的幅度仅为 4.8℃，所以仓库的最高温度值常比气温的最高值低，仓温的最低值则比气温的最低值高。

⑤仓内温度影响因素：

a. 仓房建筑材料的影响：由于仓房建筑材料的导热能力不同，导热系数大的材料容易导热，反之不易导热。

b. 仓房建筑结构的影响：不同建筑材料和结构的散热能力不同，也直接影响仓内温度的高低。在实际应用中还和使用材料及结构的厚度密切相关。

c. 仓房建筑物色泽的影响：白色对太阳辐射热能的反射能力强，吸收热能弱，仓房较难增温。黑色或深色反射能力弱，吸收太阳辐射的热能强，容易使仓房增温。所以粮仓、冷库和其他食品库房仓壁都涂以白色或银灰色，就是为了反射太阳的辐射热能。

d. 仓房建筑物传热面和光滑程度的影响：仓房建筑物传热面大、表面光滑，容易增温；传热面小、表面粗糙，难以增温。如平台屋顶都易吸收太阳辐射热，顶层仓房温度就较高；人字形屋顶受热面小，顶层仓房温度就较低。因人字形屋顶接受日光直射面小，斜射面大，早晨或傍晚只有一面受热，总的吸收热量就小，仓内温度就偏低。目前在仓房改造中常在仓内天花板吊顶，隔热效果更好。

e. 仓房建筑层次的影响：多层楼仓房，顶层和底楼仓间的温度在同一天不尽相同。夏季顶层吸收太阳辐射热多，仓间温度最高，中层稍低，底层最低。相反，在冬季，顶房散热较快，容易受到寒冷空气的影响，仓温最低。

以上分析的种种因素对仓内温度的变化都有明显影响。如钢板、铁皮仓、木板仓受外温影响最大，石墙次之，砖墙又次之。外墙抹光的受外温影响比不抹光的小，颜色浅的比颜色深的仓房受外温影响小。库房高度、墙壁厚薄、有无顶棚等，也对仓温有不同影响。其次，仓内不同部位的温度分布也不一样。仓内向阳一面温度偏高、背阳一面温度偏低；垛顶温度偏高，垛底温度偏低；靠近门窗处容易受外温影响，仓内深处温度较稳定。另外，货物堆码的垛式、货垛大小、顶距高低、壁距宽度及食品种类都会对仓温有一定影响；仓房的密闭性能、仓房所处地点和坐落的方向，库温变化都有差别。

仓温的年变化完全受气温变化的影响。在春、夏季节，气温直线上升时，仓温通常低于气温。在秋、冬季节，气温急剧下降时，仓温通常高于气温。如果这时仓温出现反常现象，说明储存的食品可能出现发热霉变，应查明原因，及时处理。

2. 湿度的变化

空气中的湿度是影响食品水分、影响食品储存安全的一个重要因素。例如，与各种粮食安全水分相平衡的相对湿度一般为 70% 左右，如果空气中的相对湿度超过这个界限，粮食水分就会增加，致使粮食的散落性、自动分级特性、孔隙度等发生变化，影响安全储藏。当然，其他食品如果相对湿度超过一定的界限，也会引起质量的变化。如食品水分含量增大，其水分活性也势必随之增大，为微生物的生长繁殖提供了条件。

仓内湿度的变化，随着大气温度的变化而变化；日变化的时间迟于仓外，幅度也较小。但是，密闭条件较好的库房受大气湿度影响较小。仓内各部位的湿度也因情况不同而异。一般来讲，仓房上部的相对湿度比接近地面的相对湿度低；仓内墙角、垛下，由于空气不易流通，相对湿度比较高。特别是没有沥青和水泥防潮层地面的仓房，湿度的差异会更大。湿度的测量工具是静止式干湿计或毛发式干湿计。一般仓内使用较多的为前者,只检查大气湿度和仓内湿度两项。

3. 食品含水量的变化

对大多数食品来说,水分是其重要的组成成分。环境温湿度的变化,必然引起食品含水量的变化,从而引起食品质量的变化,引起储存环境中微生物、虫害的繁殖和生长。所以食品的水分与储存环境的温湿度密切相关。

(1) 食品的平衡水分　食品吸湿和解吸的性能是随着大气湿度的变化而变化的,在一定的温度条件下,当食品吸湿和解吸的速度相等时,则食品的水分就会暂时稳定在一个数值上,这一定数值上的水分称为在这一温湿度条件下的平衡水分。

食品的平衡水分是一种动态平衡,会随仓储环境的温湿度变化而变化。食品的吸湿和解吸,都会使食品物性发生变化,发生开裂、破碎、枯萎、组织硬化、潮解、固化等现象,导致食品品质发生变化,直至失去商品价值。

(2) 食品的安全水分　在实际保管过程中,通常所说的安全水分,是指在一定条件下食品能安全储存的水分界限。这是因为储存食品的稳定性,除受水分条件影响外,还要受温度、湿度、气体成分、仓储条件诸多因素的影响和制约。

4. 光线和气体成分的影响

(1) 光线　光对某些食品具有破坏作用,同时又可以用来保护食品,如荧光灯、紫外线杀菌灯、红外线及微波等都可用于杀虫灭菌。紫外线对微生物有杀伤作用,并能蒸发食品中的水分,有助于食品的养护工作。但有些食品受紫外线照射后,就会发生变色、变质和加速老化等。例如,使酒类浑浊,油脂加速酸败,加速塑料包装材料老化、表面龟裂,纸张发黄变脆等。

(2) 氧气　氧对储存食品的质量变化起着极大的影响。氧存在于食品储存的周围空气中,能加速害虫生长繁殖而使食品霉变;含有不饱和成分的油脂,接触空气中的氧能逐渐氧化、酸败。另一些具有生理机能的食品如粮食、蔬菜、水果、鲜蛋等,要借助氧进行呼吸作用。特别是粮食、蔬菜、水果等植物的种子,要靠氧维持生命,保持活力。

(3) 二氧化碳　当储藏空气中的氧被生物体的呼吸作用逐渐消耗,其含量逐渐降低的同时,二氧化碳的浓度不断增高,对储藏的各种有生理机能的食品,如粮食、油料、蔬菜、瓜果及某些种子影响最大。二氧化碳浓度值的大小,依照不同品种对二氧化碳的敏感度,以及与其他气体成分(氧气、氮气)和环境因素(温度、相对湿度、水分)的相互关系而定。储藏中通过增加二氧化碳浓度,使成熟过程和叶绿素的分解延迟、呼吸强度降低、呼吸产生的热量减少,抑制储藏环境中微生物和虫害的生长和繁殖,由此延长了食品的储藏期,保持了食品的品质。但是储藏环境中的二氧化碳浓度过高,则会引起一系列有害影响,如食品色泽恶化,缺氧呼吸显著增加,有些植物组织在低氧下容易发生缺氧生理病害,抗病性大为减弱。

(二) 常规储藏环境控制

常规储藏(common storage)是指主要通过外界温湿度的变化来调节和维持一定的储藏温湿度的一类常温储藏方式。这种储藏方式历史悠久,储藏场所形式多样,一般不需要特殊的建筑材料和设备,结构简单,充分利用气候条件,因地制宜。例如粮食、果蔬等农产品常采用的沟藏、窖藏、地下储藏、通风储藏等方式。由于常规储藏主要依靠自然气候条件的调节作用来维持一定的储藏环境，会随外界环境温湿度变化而发生一定的波动，使用上受到一定程度的限制。

1. 温湿度控制的意义

各种食品按其内在特性，对其适当的温湿度范围有不同要求。如果仓库内的温湿度长期地超过这个范围，就会引起或加速食品的质量变化而降低食品的食用价值。

为了创造适宜于食品储存的环境，应采取各种措施控制仓内温湿度的变化，对不适宜的温湿度及时进行调节。当库内温湿度适宜于食品储存时，就要防止库外气候对库内的不利影响；当库内温湿度不适宜于食品储存时，就要及时利用气候有利因素或其他办法来调节库内的温湿度。

2. 温湿度控制方法

（1）密封（sealing）　密封措施是仓库内温湿度控制和调节的基础，没有密封措施，就无法运用通风、吸潮、降温、升温等方法调节温湿度。对仓库进行密封就能保持库内温湿度处于相对稳定状态。密封储存不仅能够达到防潮、防热、防干裂、防冻等目的，还可以防霉、防虫、防锈蚀、防老化等。

（2）通风（ventilating）　通风是指根据空气流动的规律，有计划地使库内外的空气交换，以达到调节库内空气温湿度的目的。这种方法是调节库内温湿度的简便易行的有效方法。要正确运用通风，不是随便开启门窗，让库内外空气自由交换就行的事，而是要掌握库内外空气自然流动的规律，根据食品性质的要求，对比库内外温湿度的实际情况和变化趋势而有计划地进行。例如在秋、冬季库外温度寒冷，空气干燥，可以进行机械或自然通风；或者在仓内温湿度大于库外的温湿度时，也可以开启门窗进行通风，保持仓内对食品适宜的温湿度，以保证食品储存的稳定性。

（3）吸潮（moisture absorption）　在梅雨季节或阴天，当库内温度过高，不适宜食品保管，而库外湿度长期过大，不适合进行通风散湿时，可以暂时采用密封仓库的办法，减少外界温湿度对仓内食品的影响。如果仓内湿度过大，比较好的办法是使用空气去湿机。

此外，还可以用吸湿剂吸潮，吸湿剂具有较强的吸湿性，能迅速吸收库内空气中的水分，从而降低仓库内空气中的相对湿度。作为吸湿剂的物质很多，现把仓库经常使用的几种吸湿剂分述如下。

①生石灰：又称氧化钙，是一种易于获得、价格便宜、使用方便的吸湿剂。其吸湿性较强，在潮湿空气中能渐渐吸收水蒸气变成消石灰。库内湿度越大，生石灰吸湿速度越快。这种吸湿剂只能使用一次，不能恢复原来状态，同时，吸湿的同时放出大量的热量，提高仓温。实际在有食品的仓中较少使用，只用于空库吸湿和窖仓吸湿。

使用生石灰吸湿时应注意：将生石灰捣成拳头大小的块，装于木箱或竹篓内。由于其吸湿后会膨胀粉化，所以容器不能装得过满。把容器放置垛底，沿墙四周或靠近出入库门处。生石灰为碱性物质，且有一定腐蚀性，耐碱能力弱的食品不宜使用。生石灰从水中吸收水分，同时放出二氧化碳，因此吸湿后应及时更换。

②氯化钙：一般使用工业无水氯化钙，为白色多孔无定形晶体，呈粒状或块状，吸水力很强，1kg 无水氯化钙可吸收 1.0~1.2kg 水。氯化钙吸湿后，即溶化为液体，可将吸湿后溶化的氯化钙溶液放在铁锅内熬煮，当溶液水分蒸发浓缩结晶、冷却凝固后仍可继续使用。

氯化钙的吸湿效果虽好，但吸湿后溶化的溶液因有腐蚀性，不能接触食品或包装。从理论上描述可以还原,但实际工作中比较麻烦,在没有还原条件的单位,不宜推广使用。

③硅胶:硅胶可分为原色硅胶和变色硅胶两种。一般仓库使用变色硅胶。经氯化钴、溴化铜等处理后成为蓝绿色、深蓝色等。吸潮时会逐渐改变颜色,以指示出吸潮程度。如深蓝色硅胶吸湿后,逐渐变为浅蓝色的,最后吸湿饱和时,变为粉红色。

1kg 硅胶可吸收 0.4~0.5kg 水,硅胶吸潮后,仍为固体,不溶化、不污染,没有腐蚀性。硅胶吸潮后在 130~150℃下烘干至恒重时,在干燥器内冷却至室温,仍可继续使用。

使用硅胶吸潮时,可用纱布或纸包成小包放在食品的包装内,吸收包装内部的水分。或在密封货架、柜内或包装物中使用。硅胶价格比较高,但性能稳定,可长期反复使用,适用于保管贵重食品。

对于粮仓内的吸湿,可用异种粮装袋压盖法。具体操作是将吸湿性较强的粮种,如甘薯干装入面袋中,压盖于受潮的粮面上,当薯干变软后,证明吸湿即将饱和,把薯干袋移出仓外,在日光下晒干,再放回仓库内,这样反复几次,可把仓内湿度大大降低。

此外,分子筛也是新型高效的吸潮剂,适用于贵重食品的包装内使用。

(三) 低温贮藏环境控制

低温贮藏(low temperature storage)是将仓房内和食品体堆内的空气进行各种冷却处理,使之保持低温状态,以达到食品安全贮存的目的。

1. 低温贮藏的意义

一般 4~8℃是害虫停止发育和活动的低温区,其出现冷麻痹,处于休眠状态,-4℃以下为致死低温区;一般微生物在 5~10℃时,可以很大程度上被抑制生长,其生命活动随温度的降低而逐渐减弱。所以,利用低温抑制它们的繁育和危害是行之有效的。低温贮藏是抑制食品、粮食和其他有机体的呼吸作用,延缓食品陈化与老化,保持营养成分和使用品质的有效途径;特别是有利于解决大米、面粉、油脂安全度夏和某些水果、食品的长期贮存等,是一种有效的方法。低温贮藏食品可以不用或少用化学药剂熏蒸处理,有利于防止污染,对保持食品卫生具有重要意义。

我国规定:低温仓可控温度在 15℃以下,准低温仓可控温度为 16~20℃。

2. 低温贮藏方法

根据技术措施的不同,低温贮藏可分为自然低温贮藏、机械制冷低温贮藏和地下仓低温贮藏。

(1) 自然低温贮藏 自然低温贮藏主要是利用低温季节的干冷空气,使食品温度降至低温或准低温标准。采用隔热保冷措施,尽可能延长低温时间,争取安全度夏。

①自然通风冷却:在低温季节,将仓库门窗打开,引进室外的干冷空气逐渐冷却食品。为了加强冷却效果,应改进堆垛方式,以利于冷风流通,扩大接触冷气的面积。对于局部高温区点,应采取扒堆、转垛等方法,促进高温散发。

②转仓或出仓冷却:我国除华南湿热区外,广大地区都具有自然低温贮藏条件。如东北和西北地区,平均气温在 0℃以下达 120 多天;华北平原 0℃以下也多达 40 多天;长江流域 5℃以下也在 40 天以上。这都是开展自然冷却的良好时机。这时可把食品转置到已冷冻一段时间的空仓里或把食品搬至干燥的晒场或空地上,经过充分冷冻达到低温标准后,再搬入仓内贮藏。

③隔热保冷:自然冷却的粮食或其他食品,要达到长期保持低温贮藏的目的,必须使仓

房具有隔热保冷功能。对仓库进行保冷改造，一般用聚苯乙烯泡沫塑料进行吊顶，上铺膨胀珍珠岩或干燥的稻壳（麦糠也可）隔热材料，使外热不易通过仓顶传入仓内。对于四周仓墙的改造，一般在仓内加筑一层内墙（12cm），内外墙之间填塞稻壳，内墙上以膨胀珍珠岩粉刷，最后以石灰刷白，以起到隔离外热的作用。库外墙粉白、将低温食品进行压盖或用塑料薄膜五面或六面覆盖，其保冷防潮的效果会更好。

（2）机械制冷低温贮藏　机械制冷低温贮藏是低温贮藏的又一形式，它是利用制冷设备产生的冷气，送入仓房，使食品处于冷藏状态的一种方法。实践证明，该方法能使食品、粮食、水果等的品质变化缓慢，色、香、味等均比其他贮藏方式好。但机械制冷的投资较大、费用较高，只能是逐步发展。

机械制冷的效果主要取决于仓房隔热保冷材料和制冷设备。

①隔热材料：外热通过仓库屋顶和墙壁进入食品堆垛而使之温度上升，所以在制冷贮藏中，隔热保冷十分重要。目前使用的隔热材料有稻壳、膨胀珍珠岩、煤渣三合土及聚苯乙烯泡沫塑料等。

有的仓库的做法是：在原墙外面加砌一道12.5cm厚的外墙，两墙间距37cm，中间灌满干稻壳，外墙外面用石灰浆抹面，里面刷水柏油一层；另一种做法是：在仓内墙面上铺一层10cm厚的膨胀珍珠岩，不另砌墙。仓顶则用10cm的聚苯乙烯泡沫钉一层平顶，或在天花板上铺30~50cm厚的干稻壳。

食品进入冷藏库后，不用的门窗全部砌实，检查食品变化情况进出的门改为双道门，门内吊挂棉帘，以防冷气散出。

②制冷设备：目前我国使用的制冷机械多是以氟利昂为制冷剂的活塞式压缩机制冷系统，仓内空气通过管道进入制冷系统冷却后，经吸湿处理，再用风机送入仓内，如此循环冷却，仓内温度便可逐渐下降。

（四）气调储藏环境控制

气调储藏（controlled atmosphere storage）是通过控制食品堆垛中的气体成分而进行储藏的方法。在良好的密封条件下，利用堆垛中有机体不断呼吸，逐渐消耗堆垛中的氧，增加二氧化碳，从而抑制虫霉的活动及危害，保持食品品质，达到安全储藏的目的。

1. 气调储藏的作用

（1）气调储藏防治害虫的作用　当氧浓度含量在2%左右，或二氧化碳含量增高到40%~50%时，都能将绝大多数的仓库害虫致死。杀虫情况取决于环境温度，温度越高，达到95%杀虫率所需的时间则越短，所以高温可以增加气调的效果。同时，在比较低的湿度下处理，害虫死亡率会明显地增加。

在低氧气体中添加二氧化碳，对成虫的死亡率有增效作用。气调除虫还具有亚致死效应，如减少增殖率、扰乱变态、降低生育能力和部分麻痹等。目前国内外的学者一致认为，用气调方法防治仓库害虫是一种特殊灭虫方法，以气调防治来代替化学防治是完全必要的。

（2）气调储藏的抑菌防霉作用　微生物中危害食品最严重的是霉菌，而霉菌都是好氧菌，当氧浓度在2%以下时，对大多数好氧菌具有一定的抑制作用。0.2%~0.5%的氧浓度抑菌作用显著，即使对少数耐低氧的微生物，如米根霉，也能抑制其生长。即使米根霉生长，但发育不良，仅生长白色菌丝，而不能长成子实体。

厌氧菌（细菌）和兼性厌氧菌（酵母菌）在储藏食品上的数量和作用较小，但在气调储藏中却因在高湿缺氧的环境中会活动起来，导致食品发热而变质。这是在气调储藏中应引起重视的。

另外，高浓度的二氧化碳（浓度增加到60%~90%）能防止黄曲霉的生长和黄曲霉毒素的形成。

（3）气调储藏降低生物体的呼吸强度　在缺氧的环境中，食品中有机体的呼吸强度显著地降低，如储存的粳米，当气温在26~30℃的情况下，其呼吸强度仅为在空气中的1/4左右。对于干燥的食品，低氧储藏可以较好地保持品质和增加储藏稳定性。但对高水分的食品或粮食，就不宜较长时间采用低氧储藏，以免因缺氧呼吸引起大量的酒精积累而影响品质。对于种子类食品来说，水分越高，含氧量越低，储存时间越长，则降低种子发芽率越严重。

2. 密封降氧的方法

密封是气调储藏的关键，只有在密封条件下，才能形成和保持良好的缺氧状态。

（1）密封材料　我国目前均采用塑料薄膜密封堆垛，常用的有聚氯乙烯和聚乙烯。密封成品粮、食品时则要用聚乙烯，密封其他食品或原粮时宜用聚氯乙烯。应用生物降氧方法密封堆垛时宜用0.14~0.20mm厚度的薄膜；应用人工气调时，则必须采用能耐压、抗拉力较强、厚度较大的塑料薄膜。

（2）方法和形式　塑料薄膜也像金属一样可以焊接，用高频热合机或电烙铁加热焊接都很方便。根据堆垛大小和密封形式计算薄膜用料，进行剪裁。下料标准是，其长、宽和高应比实际堆垛长20~50cm，并在预定部位开洞，焊上测温、测气、检查的管孔和塑料袋，以备日常检查和测报之用。根据仓库及堆垛的条件，目前应用的是一面密闭、五面密闭和六面密闭、塑料袋密封四种形式。

①一面密闭：又称一面封顶，这种密封方式是用塑料薄膜密封全仓垛顶面，它适用于仓房结构好、密封性能高、墙壁和地坪防潮性能好的仓房，进行生物降氧之用。一面密闭是焊接一个塑料罩子。以密封粮食为例，将面层15cm深的粮食全部罩着，所以塑料薄膜埋入仓库四周15cm深处，并将整个粮面全部密封。另外仓房门窗及仓内的柱子都要用薄膜密闭，只留一门进出检查。

②五面密闭：此法适用于地坪干燥的仓库。具体操作是根据仓房或堆垛大小，热合两块塑料薄膜，一块是仓房（堆垛）四周的薄膜，另一块是顶面薄膜。将前者沿仓壁四周吊挂起来，下端延长30~40cm，用沙压盖与地面结合，待食品装满后，平整顶面，顶面薄膜与四周薄膜热合起来，并引出测温、测气及检查的管孔。这样一来，堆垛的四周和面层都被薄膜包裹，所以称为五面密闭。

③六面密闭：此法适应于地坪不够干燥或成品粮堆垛储藏。具体做法只比五面密闭多一个薄膜底层，其余相同。将五面薄膜罩罩上堆垛，再将罩与底层薄膜热合或黏合即成。

④塑料袋密封：是指将食品装入塑料袋内，用热合机封口。装入的粮食、食品或其他有机体食品，由于生物的呼吸作用，使袋内的氧逐渐减少，二氧化碳含量不断增加，可以达到较短时间的缺氧密封。有的袋子可装30~50kg，有的可装1~2kg（即为小包装），适用于远途运输与零售。

各种密封方法可以单独使用，也可以结合使用。总之，要根据食品养护储存的需要，结合气候情况和储存条件，因地制宜、就地取材、灵活运用，以达到食品安全储存的目的，取得更好的效果。

（五）化学储藏环境控制

储藏的食品或包装一经发生虫害，由于在客观上存在着合适的生长条件、充裕的食物、适宜的温湿度，危害往往发展很快。为了尽快杀灭害虫，防止蔓延和危害，化学储藏（chemical storage）是一个行之有效的方法。

1. 化学储藏的原理和特定条件

化学储藏的基本原理是用化学药剂抑制食品体和微生物的生命活动，消灭害虫，从而防止食品的发热霉变，免受仓库害虫的危害。但一般只作为特定条件下的短期储藏。

2. 化学药剂的毒理

（1）杀虫剂的毒理　是指杀虫剂对于害虫有机体的毒杀作用，大致分为两部分，即杀虫药剂进入害虫有机体的穿透性和杀虫药剂对虫害的毒杀作用。

杀虫药剂的穿透性可分为四类：由表皮接触进入虫体，如触杀剂；由气管接触进入虫体，如熏蒸剂；由口服进入虫体，如胃毒剂；由气门进入虫体，如触杀剂、油剂。有时一种杀虫药剂具备几种穿透方式，但其中有一种是主要的。

当杀虫药剂施用后，害虫已接触或吞食了药剂，或通过呼吸器官而吸进药剂的气体，经过一定时间，产生一系列的中毒症状，如兴奋、不正常爬行、痉挛、呕吐、腹泻、麻痹，直至最后死亡。

（2）化学保藏剂的作用机制　保藏剂就是阻止或延缓食品发生化学和生物学劣变的物质，当达到一定浓度后才能抑菌和杀菌。其作用机理：①作用于细胞膜，导致细胞膜的通透性增加，细胞内物质外流，从而使细胞失去活力，如苯甲酸和酚类物质。②使细胞活动必需的酶失活，很多抗菌剂的作用就是通过抑制细胞中酶的活性或酶的合成来实现，如蛋白质或核酸合成的酶类。③破坏细胞质内的遗传物质或使其失去功能。

3. 施药方法

（1）减压熏蒸　应用熏蒸剂处理食品中的害虫，必须在仓房密闭条件下进行。减压熏蒸要求在施药以前用抽气装置将密闭仓房中的大部分空气抽出来，使空气量减少，压力降低。在降低压力的情况下施药，毒气分子易于扩散，促使被熏蒸食品及仓壁等吸附力达到饱和，毒气能迅速地渗入食品孔隙中，形成有效浓度，可大大缩短熏蒸时间。实践证明，减压熏蒸一般在 1.5~4.0h 即可完成毒杀害虫任务，比常压熏蒸快得多。此外，在减压状态下，氧含量减少，能促使害虫呼吸加速，吸进毒气量就多，迅速达到致死浓度，就能起到提高毒效的作用。这种方法的缺点是消耗药剂量较多，而且磷化氢不能在减压下使用，因它在减压条件下性能不稳定。

（2）循环熏蒸　在仓房密闭性能良好和有通风条件的单位，可应用机械通风作用来加速循环流动，促使毒气与空气的混合气体通过堆垛，有利于毒气在堆垛中均匀分布，并缩短熏蒸时间。一般只要 12~24h 就可结束熏蒸，然后即可散气，这不仅可以提高毒效，而且能减少用药量。但产生磷化氢气体的熏蒸剂都不能采用循环熏蒸或用机械通风方法处理。

（3）混合熏蒸　有时为了改善熏蒸剂的性能和克服某些缺点，或者要求提高杀虫毒效及扩大应用范围，常采用两种以上药剂按一定比例混合熏蒸，其方法和要求如下。

①为防止某些熏蒸的易燃现象，可加入一定比例的二氧化碳进行混合熏蒸。这样既能防止熏蒸剂的燃烧，还因二氧化碳本身具有刺激害虫呼吸的作用，可加速害虫对毒气的吸入量，从而提高杀虫效果。

②为毒杀食品堆垛中不同深度和部位的害虫，可选用具有不同熏蒸扩散速度的药剂，按合理比例混合熏蒸，以便将不同深度和部位的害虫杀死。如磷化铝与敌敌畏、二硫化碳与四氯化碳的混合熏蒸。

③当食品堆垛中混杂多种害虫，它们对不同药剂各具有不同的忍耐力，为达到良好的杀虫效果，应选用具有不同特性的药剂，互相配合，发挥多效能的威力，将害虫全部杀死。如氯化钴与碘甲烷、磷化铝与溴甲烷混合熏蒸。

（六） 仓库虫害控制

仓库虫害的防治（control of insects pest）应贯彻"以防为主，防治结合"的原则，要求做到食品进库无虫、仓内无虫。食品中发生害虫，如不及时采取措施进行杀灭，常会造成严重损失。具体防治方法如下。

（1）杜绝仓库害虫来源　通过清洁卫生防治杜绝仓库害虫的来源和传播，必须做好以下几点。

①食品原材料的杀虫、防虫处理。

②入库食品的虫害检查和处理。

③仓库的环境卫生及各种用具的卫生、消毒。要求库内经常保持清洁，洞、孔、缝隙要进行密封，堵塞鼠洞。库外要做到不留垃圾、杂草和污水，杜绝虫害的滋生条件。

（2）物理机械防治法　高温杀虫法，主要是日光暴晒、烘烤、热蒸和远红外线照射等。低温杀虫，利用天然条件进行仓库通风，使库内食品的温度降低到仓虫致死的温度范围，将仓虫冻死。对鼠害的防治可采用捕鼠机械、库内设挡门板等方法。

（3）药物防治法　使用各种化学杀虫剂，通过喂毒、触杀或熏蒸等作用杀灭害虫，是当前防治仓库害虫的主要措施。常用的防虫、杀虫剂包括驱避剂、杀虫剂和熏蒸剂等。

第三节　环境因素对食品保藏的影响

食品质量主要包括营养质量、卫生质量和感官质量（即食品的色、香、味、形、质），食品在储藏过程中其质量会发生一系列变化，品质变化除受食品本身的抗病能力、加工与处理、包装等内因影响外，还受到储藏环境条件的影响，如温度、湿度、气体成分等。品质变化的共同特点主要是食品中稳定性较高的大分子物质分解为稳定性较低的小分子物质，使食品的结构发生变化，原来的有序结构不断演变为无序结构，导致食品的稳定性不断减弱，在质量方面表现为营养价值和感官品质逐渐下降。食品质量变化的趋势随着保藏时间的延长表现为以下三种类型。

第一种类型：在一定环境条件下，食品的质量随着时间的延长而逐渐下降，但质量下降的速度是不均匀的，一般是随着时间的延长而加速，特别是到达某一阶段，食品的质量就会急剧下降。例如具有呼吸跃变的果蔬在储藏中一旦出现呼吸高峰就会迅速衰老，脆硬度下降，风味变差；许多生鲜食品和加工食品由于微生物的繁殖和水分含量变化等原因，经过一段时间，质量就会发生明显的劣变，如出现异味，甚至发霉、腐败。当然，不同的食品由于品种不同及采用了不同的保鲜技术和包装技术，它们质量下降的速度也存在较大差异。例如罐头食品、干制食品等，都能储藏比较长的时间。

第二种类型：畜、禽肉在屠宰之后的一段时间内，有一个品质成熟过程，食品质量是逐渐提高的。但随着时间的延长，肉品就进入自溶软化阶段，品质逐渐下降。一些低度酒和某些具有后熟性能的果蔬，在生产或采摘之后的一段时间里，质量也是逐渐上升的，但经过这段时间后，质量就随时间的延长逐渐下降。这一类型的食品，无论是在质量提高阶段，还是在质量下降阶段，其质量变化速度也都与食品种类和所处环境条件具有密切的关系。

第三种类型：许多高度酒的质量随着储存时间的延长而提高，其主要原因是酒中所发生的酯化反应是一种缓慢的可逆反应，因此酒中酯的含量随着时间的延长而增多，酒的品质也随之提高。但质量的提高也并非与储存时间成正比例关系，在储存初期，酯化反应速度较快，质量上升的速度也较快，如白酒在储存的头三年内。后来酯化反应的速度减慢，质量的提高也就十分缓慢。因此这类食品也应该确定适宜的储存期，既保证达到必需的质量标准，又有利于促进食品流通。

无论食品的品质变化属于哪种类型，在质量发生剧变之前或开始进入下降阶段时，都必须适当地进行食品储藏环境条件的控制。消除或减弱不利储藏条件的影响，防止品质变化的发生或降低品质变化的速度。影响食品储藏的环境因素主要有温度、湿度、气体成分、光线、微生物等，这些影响因素是作为食品品质变化的外因在起作用，其影响食品品质变化的机理和速度各有不同，而且往往不是单独起作用的，具有强烈的交互作用和综合效应。例如脂肪劣化过程中，较高的温度、氧气、光线都存在时，其劣化速度远高于单因素的影响。因此，食品储藏过程中，应充分深入分析食品特性，综合分析环境条件的影响，在此基础上合理选择和控制储藏环境参数。

一、温度对食品保藏的影响

温度是影响食品在流通中稳定性最重要的因素。温度对生物和非生物两个方面的变质都有非常显著的影响。它不仅影响食品中发生的化学变化和酶促反应，以及由此引起的鲜活食品的呼吸作用和后熟、生长过程，生鲜食品的僵直过程和软化过程，它还影响着与食品质量关系密切的微生物的生长繁殖过程，影响着食品中水分的变化及其他物理变化过程。

1. 温度升高对食品保藏的影响

（1）加快品质劣变　反应的速度一般来说，在一定温度范围内（如 10~38℃），食品在恒定水分条件下，温度每升高 10℃，许多酶促和非酶促的化学反应速度加快 1 倍，其腐变反应速度将加快 4~6 倍，如脂肪的氧化、食品酶促褐变、农产品呼吸强度、蒸腾等。

例如在新鲜果蔬保藏中，温度是影响果蔬采后寿命的最重要因素。在一定温度范围内，随着温度升高，酶活性增强、呼吸强度增大，当温度超过 35℃时，呼吸作用中各种酶的活性受到抑制或破坏，呼吸强度反而下降。此外，高温不仅引起呼吸的量变，还会引起呼吸的质变，温度升高果蔬呼吸加快，会使得外部的氧向组织内扩散的速度赶不上呼吸消耗的速度，而导致内层组织缺氧，同时呼吸产生的二氧化碳又来不及向外扩散，累积在细胞内危害代谢。对于跃变型果实，高温将促进其呼吸高峰的到来。同时，环境温度还影响果蔬的蒸腾生理，环境温度高，水分子移动快，且细胞液黏度下降，水分子所受的束缚力减小，因而水分子容易自由移动，必然有利于水分的蒸发。此外，当温度升高时，空气的饱和蒸汽压增大，可以容纳更多的水蒸气，这就必然导致果蔬更多地失水。另外，对于休眠期间的果蔬来讲，温度升高能更快地使其解除休眠。

(2) 对微生物生长繁殖的影响　微生物生存的温度范围较广（-10~90℃），根据适宜繁殖的温度范围微生物可分为：嗜冷性细菌（0℃以下）、嗜温性细菌（0~55℃）和嗜热性细菌（55℃以上）。食品在储藏、运输和销售过程中所处的环境温度范围一般正处在嗜温性和嗜冷性细菌繁殖生长威胁之中，而且侵入食品的细菌随温度的升高而繁殖速度加快，食品就越快腐败变质。

(3) 环境温度的升高还会破坏食品的内部组织结构，改变食品理化性质，破坏食品品质，如蛋白质变性、维生素损耗等。

2. 低温对食品保藏的影响

食品在流通中保持低温状态是食品保鲜、延长储藏时间最普遍采用的方法。低温在降低食品生物性和非生物性反应及抑制微生物的生长繁殖方面有显著的作用，但冷藏可以保藏所有的食品且温度越低越好的概念是不完全正确的。如果温度控制不当，也会在一定程度上影响和破坏食品品质及其耐贮性。

(1) 冷害和冻害　冷害是由于果蔬组织被冰点以上的不适低温所造成的危害，如内部组织变黑、干缩、外表凹陷、局部组织坏死等；冻害是指冰点以下的低温给果蔬组织造成的伤害。在果蔬冻结过程中，外界温度不断降低，细胞间隙的纯水渐渐形成很小的冰晶，冰晶扩大，原生质和胞液的水分不断脱出，通过胞膜进入胞间隙，使冰晶逐渐增大。如此不断，就可造成原生质脱水变性，同时大的冰晶还可造成细胞的机械伤害，最后原生质胶体体系遭到破坏，使细胞死亡，从而发生冻害。在引起冻害的温度下，温度越低，冻害越快，低温持续的时间越长，受害越重。冷敏感的果蔬在冷害温度下，糖酵解过程和细胞线粒体呼吸的速度相对加快，呼吸强度比非冷害温度时还大。所以为了抑制呼吸强度，贮藏温度并非越低越好，应该根据各种果蔬对低温的忍耐性不同，尽量降低贮藏温度，又不致产生冷害和冻害。当果蔬从冷害温度转移到非冷害温度中时呼吸强度急剧上升，这可能是为了修复冷害下膜和细胞结构的损伤，或代谢掉冷害温度下积累的有毒中间代谢物质。

(2) 低温冻结对食品内部组织结构和品质的破坏　食品冻结过程中，水分变成冰直接或间接地会给食品带来一些危害。例如果蔬冻结发生冻害时原生质和胞液的水分不断脱出，使冰晶逐渐增大，造成细胞的机械伤害；蛋白质变性；肌肉组织破坏等。

3. 温度波动

温度会刺激水果和蔬菜中水解酶的活性，促进呼吸、增加消耗、缩短贮藏时间。如将马铃薯置于0~20℃中变温贮藏，其呼吸强度在低温一段时间后，再升温到20℃时呼吸强度会比原来在20℃时增加数倍，因此贮藏水果和蔬菜时要尽量避免库温波动。温度波动还会造成冻结食品中冰晶增大，造成细胞的机械伤害。

另外，食品冻结时的冻结速度对食品品质也有较大影响，快速冻结一般优于慢速冻结。

二、湿度对食品保藏的影响

环境相对湿度对食品质量变化速度的影响，是因为它直接影响食品的水分含量和水分活度。水分在食品中具有重要的作用，它既是构成食品质量的要素，也是影响食品在流通中稳定性的重要因素。各种食品都有合理的含水量，过高或过低对食品的质量及其稳定性都是不利的，它不仅会影响食品营养成分、风味物质和外观形态的变化，而且还会影响微生物的生长发育和繁殖。

每一种食品各有其平衡相对湿度,即在既定温度下食品在周围大气中既不失去水分又不吸收水分的平衡相对湿度。若环境湿度低于这个平衡相对湿度,食品就会进一步散失水分而干燥;若高于这个湿度,则食品会从环境气氛中吸收水分。同时不同性质的食品具有不同的等温吸湿特性。食品中水溶性物质在相对湿度达到一定值之前,其试样完全不吸湿或吸湿很少,如果相对湿度超过某一定值,则开始急剧吸湿。从理论上讲,其吸湿进行到试样完全溶解且水溶液的浓度和外界的相对湿度相平衡为止。

干燥食品究竟吸收多少水分才会使之质量低劣呢?在储藏中通常用食品的临界水分值来衡量。干燥食品其临界水分值与饱和吸湿量差别很大,极易吸湿使其含水量超过临界水分值而失去原有物性并变质。所以控制环境湿度对食品保藏具有重要意义,同时采用阻湿性较好的包装材料和适宜的包装技术包装食品,降低环境湿度的影响,对保证食品品质的作用也很大。

1. 食品的脱湿和吸湿

一般食品含有一定水分,只有在保持一定水分的条件下,食品才有较好的风味和口感。当环境相对湿度小于食品的水分活度时,食品的水分就逐渐逸出,水分活度下降直至与相对湿度相等为止。含水量充足、水分活度高的新鲜食品应在相对湿度较大的环境中储存,以防止水分散失。

当相对湿度大于食品的水分活度时,环境的水蒸气就转入食品,使食品的水分活度增大,最后也是二者达到相等为止。含水量少、水分活度低的干燥食品则应在相对湿度低的环境中储存,以防止吸附水分。

2. 湿度对食品储藏稳定性的影响

农产品储藏过程中,维持一定的呼吸作用有利于保持其抗病性,提高耐储性能。湿度对呼吸的影响还缺乏系统的研究,但是储藏环境的空气湿度也会影响果蔬的呼吸强度。例如白菜、柑橘采后要稍稍晾晒,因为产品轻微的失水有利于降低呼吸强度。柑橘类果实较湿润的环境条件有促进呼吸的作用,在过湿的条件下,由于果皮部分的生理作用旺盛,果汁很快消失,造成枯水或所谓的浮皮;低湿储藏洋葱不仅有利于洋葱的休眠,还可抑制其呼吸强度。然而有些薯芋类蔬菜却要求高湿,干燥会促进呼吸,产生生理伤害。有报道说,香蕉在相对湿度低于80%时,没有产生呼吸跃变,不能正常成熟,相对湿度90%以上,才会有正常的呼吸跃变产生。

畜、禽肉类的肌肉系水力是一项重要的肉质性状,它影响肉的色香味、营养成分、多汁性、嫩度等食用品质,而且有着重要的经济价值。在储藏过程中,肌肉含水量会受到环境湿度的影响,因此储藏过程中要保持较高的环境湿度,如冻结肉冷藏过程中,相对湿度要在95%~98%为宜。

湿度对食品营养成分的变化也有间接的影响,食品脱水时,水分减少,酶的活性也随之下降。当食品水分降到1%以下时,酶的活性基本消失,对降低食品营养成分的不利反应有一定作用。但另一方面,水分降低过程中,酶和基质浓度却同时增加,它们之间的反应会随浓度增大而加速,不利于食品品质。在食品加工中可以通过湿热或化学钝化处理,使酶失活。

3. 湿度对微生物生长繁殖的影响

微生物的生长发育和繁殖不但要求有适宜的温度,大量的研究表明,各种微生物都有它自己生长最适宜的水分活度。水分是微生物生存繁殖的必要条件，大部分食品腐败细菌如乳杆菌、沙门氏菌、梭状芽孢杆菌、假单胞杆菌等，在水分活度 0.90 以上的环境中生长；大部分霉菌如青霉菌、根霉菌、毛霉菌等，在水分活度 0.8 以上的环境中繁殖。不同种类的微生物繁殖所需要的水分活度最低限不一样，有的微生物只能在水分活度较高的食品中才能繁殖，而有的却在水分活度极低的相当干燥的食品中也能生存繁殖。但食品的水分活度低于某一限度（水分活度 0.5 以下）时，其中的微生物就不能繁殖。

食品微生物在水分活度较低的干燥环境中不能繁殖，但值得注意的是干燥食品从环境中吸收水分的能力较强，一旦吸湿，水分活度又将提高而适宜微生物繁殖。

三、光对食品保藏的影响

光线具有很高的能量，波长越小，光子能量越大。在光照下，食品中对光敏感的成分能迅速吸收并转换光能，激发食品内部发生变质的化学反应。食品对光能吸收量越多、转移传递越深，食品变质越快、越严重。

光对食品品质的影响很大，它可以引发并加速食品中营养成分的分解，发生食品的腐败变质反应，主要表现在以下四个方面。

(1) 促使食品中油脂的氧化反应而发生氧化性酸败。光能明显地引发油脂的自动氧化，其中紫外线的影响最大。

(2) 光能使食品中的色素发生化学变化而变色，使植物性食品中的绿、黄、红色及肉类食品中的红色发暗或变成褐色。光线对食品的变色和褪色有明显的促进作用，特别是紫外线的作用更显著。天然色素中叶绿素和类胡萝卜素是一种在光线照射下较易分解的色素。

(3) 引起光敏感性维生素如维生素 C 的破坏，并与其他物质发生不良的化学变化。维生素对光照（尤其是紫外线）敏感。当维生素 B_2 与维生素 C 共存时，维生素 C 可抑制维生素 B_2 的光分解，而维生素 C 则因与维生素 B_2 共存而容易分解。

(4) 引起食品中蛋白质和氨基酸的变性。氨基酸中因光引起分解的是色氨酸，其溶液经日光暴晒后着色而变褐，经紫外光照射可生成氨基丙酸、天冬氨酸、羟基邻氨基苯甲酸。另外，色氨酸、胱氨酸、甲硫氨酸、酪氨酸等如与荧光物质、维生素 B_2、荧光黄素等共存时，经日光暴晒将引起光分解，但此光分解反应可在二氧化碳、氮气环境中得到抑制。硫脲、维生素 C 也可阻止此反应。

蛋白质也可因日光、紫外光照射而变化。酪蛋白溶液在荧光物质存在下经日光照射，其中的色氨酸分解而使其营养价值下降；卵蛋白经紫外光照射，其黏度虽无变化，但表面张力减小，这是与热变性不同的一种蛋白质变化。

避光保藏能有效避免光照对食品品质的影响，同时选用合适的包装材料，对降低和避免光照对食品品质的影响也很显著。对光氧化敏感的食品，只能局部或大部分地牺牲包装食品的可视性，采用避光包装材料和包装方法。可根据食品的吸光特性和包装材料的吸光特性，选择一种对食品敏感的光波具有良好遮光效果的材料作为该食品的包装材料，可有效地避免光对食品变质的影响。为了满足食品不同的避光要求，可对包装材料进行必要的处理来改善其遮光性能，如玻璃加色处理；有些包装材料采用表面涂覆遮光层的方法改变其遮光性能，在透明的塑料包装材料中，加入不同的着色剂或在其表面涂敷不同颜色的涂料，同样可达到遮光效果。

四、微生物对食品保藏的影响

作为食品原料的动植物在自然生活环境中,本身已经带有微生物,即食品的一次污染。食品原料从自然界中采集到加工成食品到被人们食用为止,整个过程所经受的微生物污染称为食品的二次污染。食品二次污染过程包括食品的运输、加工、储存、流通和销售。储运环境中存在着大量的游离菌,如城市室外空气中一般含有微生物 $10^3 \sim 10^5$ 个/m^3,其中大部分是细菌,霉菌约占 10%,这些微生物很容易污染食品。因此,在这个复杂的过程中,如果某一环节不注意灭菌和防污染,就可能造成无法挽回的细菌和霉菌污染,使食品腐败变质。同时食品含有丰富营养,是微生物繁殖的良好条件,在温度、水分、气体成分、pH 等环境条件适宜的情况下,在储藏中往往会由于微生物的污染而发生腐败、霉变和发酵等生物学变化,造成食品变质。

(一) 食品中的主要微生物

与食品有关的微生物种类很多,这里仅举出常见的、具有代表性的食品微生物菌属。

1. 细菌

细菌在食品中的繁殖可以引起食品的腐败、变色、变质而不能食用,其中有些细菌还能引起人们的食物中毒。细菌性食物中毒中,最多的是肠类弧菌所引起的中毒,约占食物中毒的 50%;其次是葡萄球菌和沙门氏菌引起的中毒,约占 40%;其他常见的能引起食物中毒的细菌有:肉毒杆菌、致病性大肠杆菌、魏氏梭状芽孢杆菌、蜡状芽孢杆菌、弯曲杆菌属、耶尔森氏菌属。

2. 真菌

主要为霉菌和酵母。霉菌在自然界中分布极广,种类繁多,常以寄生或腐生的方式生长在阴暗、潮湿和温暖的环境中。霉菌有发达的菌丝体,其营养来源主要是糖、少量的氮和无机盐,因此极易在粮食和各种淀粉类食品中生长繁殖。

大多数霉菌对人体无害,许多霉菌在酿造或制药工业中被广泛利用,如用于酿酒的曲霉,用于发酵制作腐乳的毛霉及红曲霉,用于制造发酵饲料的黑曲霉等。然而,有些霉菌大量繁殖会引起食品变质,少数菌在适当条件下还可产生毒素。到目前为止,经人工培养查明的霉菌毒素已达 100 多种。

(二) 食品的微生物腐败

1. 腐败

腐败多发生在那些富含蛋白质的动物性食品中,如肉类、禽类、鱼类、蛋品等,植物性食品中的豆制品也容易发生腐败。引起食品腐败的主要微生物是细菌,特别是能分泌体外蛋白质分解酶的腐败细菌。

2. 霉变

霉变是霉菌在食品中繁殖的结果。霉菌能分泌大量的糖酶,因此,富含糖类的食品容易发生霉变,如粮食、糕点、面包、饼干、淀粉制品、水果、蔬菜、干果、干菜、茶叶、卷烟等。霉变的食品,不仅营养成分损失、外观颜色因菌落的寄生被污染,而且带有霉味。如果被含毒素的黄曲霉菌株污染,还会产生致癌性的黄曲霉毒素,所以储存中要防止食品的霉变。

引起食品霉变的霉菌有多种,危害性较大的是:青霉属的白边青霉、扩张青霉,毛霉属的丝状毛霉，根霉属的黑根霉，曲霉属的灰绿曲霉、烟曲霉、棒曲霉和黑曲霉等。

3. 发酵

发酵在食品发酵工业中有广泛的应用，但是在食品储存中它却能引起食品的变质。发酵是在微生物的酶作用下，使食品中的单糖发生不完全氧化的过程。食品储存中常见的发酵有酒精发酵、乙酸发酵、乳酸发酵和丁酸发酵等。

（1）酒精发酵　含糖分的食品（如水果、蔬菜、果汁、果酱、果蔬罐头等）在储存中发生酒精发酵后会产生不正常的酒味。水果、蔬菜在严重缺氧的条件下由于缺氧呼吸的结果，也会产生酒味。这都表明它们的质量已发生变化。

（2）乙酸发酵　某些食品，如果酒、啤酒、黄酒、果汁、果酱、果蔬罐头等，因乙酸发酵可以完全失去食用价值。

（3）乳酸发酵　食品在储存中发生乳酸发酵不仅能使风味变劣，而且还因乳酸能改变食品的pH，造成蛋白质凝固、沉淀等变化，鲜乳的凝固就是一例。

（4）丁酸发酵　丁酸发酵是食品的糖在丁酸梭菌的作用下产生酪酸的过程。食品储存中因丁酸发酵产生的丁酸，会使食品带有令人讨厌的气味，如鲜乳、奶酪、豌豆等食品变质时就有这种丁酸气味。

（三）环境因素对食品微生物的影响

影响微生物生长繁殖的环境因素，除前面已论述到的水分、温度等外，主要的还有氧气和pH。氧气的存在有利于需氧细菌的繁殖，且繁殖速度与氧气分压有关，细菌繁殖速度随氧气分压的增大而急速增高。即使仅有0.1%的氧化，也就是空气中氧气分压的1/200的残留量，细菌的繁殖仍不会停止，只不过缓慢而已。

适合微生物生长的pH为1~11。一般食品微生物得以繁殖的pH范围：细菌pH 3.5~9.5，霉菌和酵母pH 2~11；对食品微生物最适宜的pH：细菌为pH 7附近，霉菌和酵母pH 6左右。大多数食品均呈酸性，酸性条件下微生物繁殖的下限：细菌pH 4.0~5.0，乳酸菌pH 3.3~4.0，霉菌和酵母pH 1.6~3.2。适当控制食品的pH也能控制微生物的生长和繁殖。

另外，在食品保鲜技术中常采用防腐剂来抑制或杀灭微生物，以延长食品的保藏时间。食品防腐剂从广义上讲，包括能够抑制或杀灭微生物的防腐物质。但是从狭义上即对微生物的主要作用性质讲，防腐剂是指抑制微生物繁殖的物质，或称为抑菌剂，而杀灭微生物的物质则称为杀菌剂。食品防腐剂抑菌作用主要是通过改变微生物发育曲线使微生物发育停止在缓慢增殖的迟滞期，而不进入急剧增殖的对数期，延长微生物繁殖一代所需要的时间，即所谓"静菌作用"。微生物的繁殖之所以受到阻碍，是与防腐剂控制微生物生理活动，特别是与呼吸作用的酶系有密切关系。有的防腐剂具有阻止微生物酶系统活性，有的防腐剂能与微生物酶系统中的某种基相结合，有的防腐剂同时还能阻碍或破坏微生物细胞膜的正常功能等，从而起到对微生物繁殖的静菌作用。常用到的防腐剂有苯甲酸、苯甲酸钠、山梨酸、山梨酸钾、二氧化硫、对羟基苯甲酸酯等。杀菌剂对污染食品的微生物起杀灭作用。食品杀菌剂按其灭菌特性可分为两大类：氧化型杀菌剂如漂白粉、漂白精、过氧乙酸和还原型杀菌剂如二氧化硫、亚硫酸钠等。过氧化物主要是通过氧化剂分解时释放强氧化能力的新生态氧使微生物氧化致死，而氯制剂则是利用其有效氯成分的强氧化作用杀灭微生物的。有效氯渗入微生物细胞后，破坏酶蛋白及核蛋白的巯基或者抑制对氧化作用敏感的酶类，使微生物死亡。还原型杀菌剂（如二氧化硫）杀菌机理主要利用其还原性消耗食品中的氧，使好气性微生物缺氧致死。

五、环境气体成分对食品保藏的影响

（一）保藏环境中的气体成分及其对食品的影响

对食品保藏影响较大的气体成分主要有氧气、二氧化碳、乙烯等。

1. 氧气

气体成分与食品质量变化有密切的关系，主要表现在以下方面。

（1）对微生物的生长繁殖有明显的影响　对于好氧型微生物，必须在有分子氧存在的条件下才能进行正常的新陈代谢。若环境中氧气不足或被除去，它们的生长繁殖就会受到抑制。如采用阻氧性高的包装材料对食品进行真空或充气包装，就能防止好氧型细菌的污染。厌氧型微生物的生命活动不需要分子态氧，氧气对这类微生物反而有毒害作用，如许多梭状芽孢杆菌只能在无氧状态下生长繁殖，氧气可以抑制这类微生物。对于兼性厌氧型微生物，它们既能在有氧条件下生长，又能在无氧条件下活动，如酵母在有氧条件下迅速生长繁殖，产生大量菌体；在无氧条件下，则进行发酵，产生大量酒精。由于氧气与微生物生长繁殖的关系复杂，所以在实践中如何利用氧气来抑制微生物就要考虑食品的种类和它可能污染的微生物类型。

（2）对食品中营养成分有一定破坏作用　氧气使食品中的油脂发生氧化，这种氧化即使是在低温条件下也能进行；油脂氧化产生的过氧化物，不但使食品失去食用价值，而且会发生异臭，产生有毒物质。氧气能使食品中的维生素和多种氨基酸失去营养价值；氧气还能使食品的氧化褐变反应加剧，使色素氧化褪色或变成褐色。食品因氧气发生的品质变化程度与储藏环境中的氧气分压有关。一般相对氧化速率随氧气分压提高而加快；在氧气分压和其他条件相同时，接触面积越大，氧化速度越高。此外，食品氧化程度与食品所处环境的温度、湿度和时间等因素也有关。

（3）对农产品采后生理活动有重大影响　果品、蔬菜的呼吸作用在维持自身的生命活动、抵御微生物的入侵方面具有积极的作用。但呼吸作用不断消耗呼吸底物，使果蔬的营养价值、质量、外观和风味发生不可逆转的变化。由于呼吸作用随着环境氧气分压的增减而增强或减弱，因此果品、蔬菜在流通过程中可以通过降低环境中氧气的分压来减弱其呼吸作用，以减慢果蔬质量的下降速度。但是氧气的分压又不能降得太低，否则会出现缺氧呼吸，导致果蔬产生生理病害。因此在实践中要根据果蔬的种类和品种，确定适宜的储藏温度和合理的氧气含量。

2. 二氧化碳

提高二氧化碳浓度的生理效应主要表现在以下几方面：抑制呼吸，减少呼吸底物的消耗；抑制与成熟有关的反应，如蛋白质、色素的合成；降低某些酶的活性，如琥珀酸脱氢酶、细胞色素氧化酶；干扰有机酸的代谢，特别是导致琥珀酸的积累，减少挥发性物质的产生；抑制果胶物质的分解；抑制叶绿素的转化，早采果能维持青绿不易转黄；改变各种糖的比例，尤其是在低温和高二氧化碳下，含淀粉的果实味较甜。

但要注意，过高的二氧化碳对果蔬组织会造成生理伤害，其症状主要表现为组织表面产生褐色斑点、凹陷、果皮浮肿、果肉变苦、腐烂、明显异味等。在采用气调保鲜技术确定二氧化碳浓度时，必须结合产品种类、成熟度、环境温度、其他气体成分予以综合考虑。

3. 乙烯

不管是植物体代谢过程产生的，还是外源性的乙烯（C_2H_4），对果蔬的成熟和衰老有很大的影响。乙烯是一种致熟因子，通过影响果蔬呼吸强度来达到致熟目的。对于具有呼吸跃变的果蔬来讲，影响只有一次，而且必须是在果蔬成熟之前，也即发生呼吸跃变之前，一旦经外源乙烯处理，果实内源乙烯便有自动催化作用，加速果实的成熟。然而对非跃变型果实施用乙烯时，在一定的浓度范围内，乙烯浓度与呼吸强度成正比，而且在果实的整个发育过程中每施用一次乙烯都会有一个呼吸高峰出现。另外，乙烯不仅能促进果实的成熟，而且还有许多其他的生理作用。乙烯可以加快叶绿素的分解，使水果和蔬菜转黄，促进果蔬的衰老和品质下降。乙烯还会促进植物器官的脱落。

（二）环境气体成分的相互关系

在储藏环境中，主要的气体成分是 O_2、CO_2、C_2H_4，另有少量的 C_2H_5OH、CH_3CHO 等。事实上，O_2、CO_2、C_2H_4 对采后果蔬的生理效应是同时存在的，它们相互影响、相互制约。同时，还有温度这一基本因素，温度对所有的热化学反应有着明显的影响。温度的变化还影响到 O_2 和 CO_2 在组织中的溶解度和扩散系数（diffusion coefficient），因此，适宜的气体组合会受制于温度。

气调储藏正是在对这几种因素的作用进行综合研究的基础上发展起来的，大量事实说明，它们之间存在着抵抗和增效的作用。具体说来表现在以下两方面。

一是某种不适宜的条件，可以增加果蔬对其他因素的敏感性。如不适的高 CO_2 对苹果造成伤害，这一伤害由于低温和缺氧而加重。

二是如一个因素受到限制，就会失去另一个适宜因素应有的效应。气调时如温度高，虽然控制了适宜的 O_2 和 CO_2，但乙烯仍可导致成熟。当温度接近于0℃时，乙烯的作用消失，这就表现出温度是限制因素。但在20℃条件下，如 O_2 低于1%，C_2H_4 也不能导致成熟。有时，一个不适因素的影响，可由其他因素的有利作用而抵消。如香蕉易受冷害，但在适宜的 O_2 和 CO_2 中，则可忍受较低的温度。常温下，100mg/kg C_2H_4 使香蕉致熟，但用10%的 CO_2 可抵消其功效。

大多数果实的适宜条件是：温度 0~4℃，O_2 3%~5%，CO_2 2%~4%。由于气调储藏降低了 O_2，提高了 CO_2，其作用不仅反映在果蔬上，对环境中的病原微生物的生长、繁殖也有一定的抑制作用，特别是20%的 CO_2，对真菌的抑制效果非常显著。但 O_2 过低、CO_2 过高会干扰果蔬的正常生理活动，在不适宜的低 O_2 条件下，会导致果蔬无氧呼吸而产生 C_2H_5OH、CH_3CHO 等有害物质，出现变色变味、品质降低和储藏寿命缩短等现象。不适宜的高 CO_2 同样会干扰果蔬的正常代谢而造成 CO_2 中毒。

第四节　食品出库业务

出库业务是仓库根据业务部或存货单位开出的食品出库凭证（提货单、调拨单）按其所列食品编号、名称规格、型号、数量等项目，组织食品出库一系列工作的总称。出库发放的主要任务是：所发放的食品必须准确、及时、保质保量地发给收货单位。包装必须完整、牢固、标记正确清楚，核对必须仔细。

一、食品出库的依据

食品出库必须依据货主开的"调拨通知单"。任何情况下，仓库都不得擅自动用、变相动用或者外借货主的库存食品。"调拨通知单"的格式不尽相同，不论采用何种形式，都必须是符合财务制度要求的、有法律效力的凭证。坚决杜绝凭信誉或无正式手续的发货。

二、食品出库的要求和形式

1. 食品出库的要求

应做到"三不、三核、五检查"。"三不"，即未接单据不登账，未经审单不备货，未经复核不出库；"三核"，即在发货时，要核实凭证、核对账卡、核对实物；"五检查"，即对单据和实物要进行品名检查、规格检查、包装检查、件数检查、重量检查。具体来说，食品出库要求严格执行各项规章制度，提高服务质量，使用户满意，包括对储存食品的品种、规格等方面的要求。积极与货主联系业务，为用户提货创造各种便利条件，杜绝差错事故。

2. 食品出库的形式

（1）送货　仓库根据货主单位预先送来的食品调拨通知单，通过发货作业，把应发食品交由运输部门送达收货单位，这种发货形式就是通常所说的送货制。仓库实行送货，要划清交接责任。仓储部门与运输部门的交接手续应在仓库现场办理完毕。运输部门与收货单位的交接手续是根据货主单位与收货单位签订的协议，一般在收货单位指定的到货目的地办理。

送货具有"预先付货、按车排货、发货等车"的特点。仓库实行送货具有多方面的好处：仓库可预先安排作业，缩短发货时间；收货单位可避免因人力、车辆等不便而发生的取货困难；在运输上，可合理使用运输工具，减少运费。仓储部门实行送货业务，应考虑到货主单位不同的经营方式和供应地区的远近，既可向外地送货，也可向本地送货。

（2）自提　由收货人或其代理持食品调拨通知单直接到库提取，仓库凭单发货，这种发货形式就是仓库通常所说的提货制。它具有"提单到库、随到随发、自提自运"的特点。为划清交接责任，仓库发货人与提货人应在仓库现场，对出库食品当面交接清楚并办理签收手续。

（3）过户　过户是一种就地划拨的形式，食品虽未出库，但是所有权已从原存货户转移到新存货户。仓库必须根据原存货单位开出的正式过户凭证，才予以办理过户手续。

（4）取样　货主单位出于对食品质量检验、样品陈列等的需要，到仓库提取货样。仓库也必须根据正式取样凭证才发给样品，并做好账务记载。

（5）转仓　货主单位为了业务方便或改变储存条件，需要将某批库存食品自甲库转移到乙库，这就是转仓的发货形式。仓库必须根据货主单位开出的正式转仓单，才予以办理转仓手续。

三、食品出库的程序

1. 货物出库的流程

（1）内部流程　内部流程包括：领料人填写领料单→主管签字→凭单领料→核对品名、规格、数量并发料。

（2）外部流程　外部流程包括：商务代表填写库单→用户确认→收银→出库单送到装机

处→装机人员领料→仓库发料→装机人员核对规格、数量并签字。

（3）无须装机的流程　无须装机的流程包括：商务代表填写库单→用户确认→收银→仓库发料→商务代表确认规格、数量无误后在领料人处签字。

如果内部领料使用，由各部门开列领料单，经主管签字，凭三联单到仓库领料。如果出售物品领料，商务代表将配置单送仓库，确认货物无误后，开列出库单并将收银后的出库单送装机人员；装机人员凭出库单到仓库领料，核对货物无误后，仓管和装机人员同时签字。

如有赠品，需在出库单上注明名称、规格、数量。

2. 货物出库的方式

货物出库的方式主要有三种：客户自提、委托发货、仓储企业派自己的货车给客户送货。提货的车到达仓库后，出示出库单据，在库房人员协调下，按规定做好数量记录，检斤人员按货位、品种、数量搬运货物装到车上。保管人员做好出库质量管理，严防散漏、破损；做好数量、重量记录，制作出库检斤表，由复核人员核实品种、数量和提单，制作仓库出门条。出库时交出库门卫，核实后放行。不同仓库在食品出库的操作程序上会有所不同，操作人员的分工也有粗有细，但就整个发货作业的过程而言，一般都是跟随着食品在库内的流向或出库单的流转而构成各种衔接。

3. 货物出库的程序

货物出库的程序包括：核单→复核→包装→点交→登账→清理等过程。出库采用何种方式，主要取决于收货人。

（1）核单　备料发货食品必须有正式的出库凭证，严禁无单或白条发货。保管员接到出库凭证后，应仔细核对，这就是出库业务的核单（验单）工作。首先要审核出库凭证的真实性，其次核对食品的品名、型号、规格、单价、数量、收货单位、到站、银行账号，再次审核出库凭证的有效期等。如果属于自提食品，还需要检查有无财务部门准许发货的签单。

在对食品调拨通知单所列项目进行审查之后，才能开始备料工作。出库食品应附有质量证书或抄件、磅码单、装箱单等，机电设备等配件产品，其说明书及合格证应随货同到。备料时应本着"先进先出、易霉易坏先出、接近失效期先出"的原则，根据领料数量下堆备料或整堆发料。备料的计量实行"以收代发"，即利用入库检查时的一次清点数，不再重新过磅。备料后要及时变动料卡余额数量，填写实发数量和日期等。

（2）复核　为防止差错，备料后应立即进行复核。出库的复核形式主要有专职复核、交叉复核和环环复核三种。除此之外，在发货作业的各道环节上，都贯穿着复核工作。例如理货员核对单货、门卫凭票放行、保管会计核对账单（票）等。这些分散的复核形式，起到分头把关的作用，都十分有助于提高仓库发货业务的工作质量。复核的主要内容包括：品种数量是否准确、食品质量是否完好、配套是否齐全、技术证书是否齐备、外观质量和包装是否完好等。复核后保管员和复核员应在食品调拨通知单上签字。

（3）包装　出库的货物如果没有符合运输方式所要求的包装，应进行包装。根据食品外形特点，选用适宜的包装材料，其重量和尺寸应便于装卸和搬运。出库食品的包装，要求干燥、牢固，如有破损、潮湿、捆扎松散等不能保障食品在运输途中安全的，应负责加固整理，做到破包破箱不出门。此外，若包装容器的外包装上有水湿、油迹、污损，均不许出门。另外在包装中，严禁将互相影响或性能互相抵触的食品混合包装。包装后，要写明收货单位、到站、发货号、本批总件数、发货单位等。

（4）点交　食品经复核后，如果是本单位内部领料，则将食品和单据当面点交给提货人，办清交接手续；如是送料或将食品调出本单位办理托运的，则与送料人员或运输部门办理交接手续，当面将食品交点清楚。交清后，提货人员应在出库凭证上签字并盖章。

（5）登账　点交后，保管员应在出库单上填写实发数、发货日期等内容，并签名。然后将出库单连同有关证件资料，及时交给货主，以便货主办理货款结算。保管员把留存的一联出库凭证交给实物明细账登记人员做账。

（6）现场和档案的清理　现场清理包括清理库存食品、库房、场地、设备和工具等。档案清理是指对收发、保养、盈亏数量和垛位安排等情况进行分析。

在整个出库业务过程中，复核和点交是两个最为关键的环节。复核是防止差错的重要和必不可少的措施，而点交则是划清仓库和提货方两者责任的必要手段。

四、食品出库中的问题处理

食品出库过程中出现的问题，应分不同情况区别对待处理。

1. 出库凭证（提货单）上的问题

（1）凡出库凭证超过提货期限，用户前来提货时，必须先办理手续，按规定缴足逾期仓储保管费，然后方可发货。任何白条，都不能作为发货凭证。提货时，如果用户发现规格开错，保管员不得自行调换规格发货，必须通过制票员重新开票方可发货。

（2）凡发现出库凭证有疑点，或者情况不清楚，以及出库凭证有假冒、复制、涂改等情况时，应及时与仓库保卫部门以及出具出库单的单位或部门联系，妥善处理。

（3）属于食品已进库但未验收，或者期货食品尚未进库的出库凭证，一般暂缓发货，并通知货主，待货到并验收后再发货，其提货期顺延，保管员不得代发代验。

（4）客户如因各种原因将出库凭证遗失，应及时与仓库发货员和账务人员联系挂失；如果挂失时货已被提走，保管人员不承担责任，但要协助货主单位找回食品；如果货还没有被提走，经保管人员和账务人员查实后，做好挂失登记，将原凭证作废，缓期发货。

2. 提货数与实存数不符

若出现提货数量与食品实存数不符的情况，一般是实存数小于提货数。造成这种问题的原因主要有以下几点。

（1）食品入库时由于验收问题，增大了实收食品的签收数量，从而造成账面数大于实存数。

（2）仓库保管人员和发货人员在以前的发货过程中，因错发、串发等差错造成的实际货物库存量小于账面数。

（3）货主单位没有及时核减开出的提货数，造成库存账面数大于实存数，从而开出的提货单提货数量过大。

（4）仓储过程中造成的货物毁损。

当遇到提货数量大于实际货物库存数量时，无论是何种原因造成的，都需要和仓库主管部门以及货主单位及时取得联系后再做处理。如属于入库时错账，则可以采用报出报入的方法进行调整，即先按库存账面数开具货物出库单销账，然后再按实际库存数量重新入库登账，并在入库单上签明情况。如果属于仓库保管员串发、错发而引起的问题，应由仓库方面负责解决库存数与提单数间的差数。属于货主单位漏记账而多开出库数，应由货主单位出具新的提货单,重新组织提货和发货。如果是仓储过程中的损耗,需要考虑该损耗数量是否在合理范围内,并与货主单位协商解决。合理范围内的损耗,应由货主单位自行承担,而超过合理范围之外的损耗,则应由仓储部门负责赔偿。

3. 串发和错发货

所谓串发和错发货,主要是指发货人员对食品种类、规格不很熟悉的情况下,或者由于工作中的疏漏,把错发规格、数量的食品发出库的情况。如提货单开具某种货物的甲规格出库,而在发货时错把该种货物的乙规格发出,造成甲规格账面数小于实存数,乙规格账面数大于实存数。在这种情况下,如果食品尚未离库,应立即组织人力、重新发货。如果食品已经提出仓库,保管人员要根据实际库存情况,如实向本库主管部门和货主单位讲明串发、错发货物的品名、规格、数量、提货单位等情况,并会同货主单位和运输单位共同协商解决。一般在无直接经济损失的情况下,由货主单位重新按实际发货数冲单解决。如果形成直接经济损失,应按赔偿损失单据冲转调整保管账。

4. 包装破漏

包装破漏是指在发货过程中,因食品外包装破散、沙眼等现象引起的食品渗漏、裸露等问题。这些问题主要是在储存过程中因堆垛挤压、发货装卸操作不慎等情况引起的。发货时都应经过整理或更换包装,方可出库,否则造成的损失应由仓储部门承担。

5. 漏记和错记账

漏记账是指在食品出库作业中,由于没有及时核销食品明细账而造成账面数量大于或小于实存数量的现象。错记账是指在食品出库后核销明细账时,没有按实际发货出库的食品名称、数量等登记,从而造成账实不符的情况。无论是漏记账还是错记账,一经发现,除及时向有关领导如实汇报情况外,同时还应根据原出库凭证查明原因调整保管账,使之与实际库存保持一致。如果由于漏记和错记账给货主单位、运输单位和仓储部门造成了损失,应予赔偿,同时应追究相关人员的责任。

五、 食品出库单证及食品出库单证的流转

1. 食品出库单证

食品出库单证包括领料单和出库单,见表 4-4、表 4-5。

表 4-4　　　　　　　　　　　　领料单

领料日期: 年 月 日　　　　　　发料日期: 年 月 日
领用单位:　　　　　　　　　　　领料单号:

编号	材料名称	规格	单位	领料数量	实发数量	备注

批准人:　　　　发料人:　　　　领料人:
注:此领料单一式四联,一般只填写一种物料,以便分类和统计。

表 4-5　　　　　　　　　　　　　　　出库单

客户名称：　　　　　　　　　　储存凭证号码：
发货仓库：　　　　　　　　　　仓库地址：
发货日期：

货号、规格	品名、牌号	国别及产地	包装及件数	单位	数量	单价	总价	实发数	危险品标志章及备注	运费	包装押金	总金额

审核：　　　　　　　　制单：

2. 食品出库单证的流转

食品出库单证的流转见图 4-6。

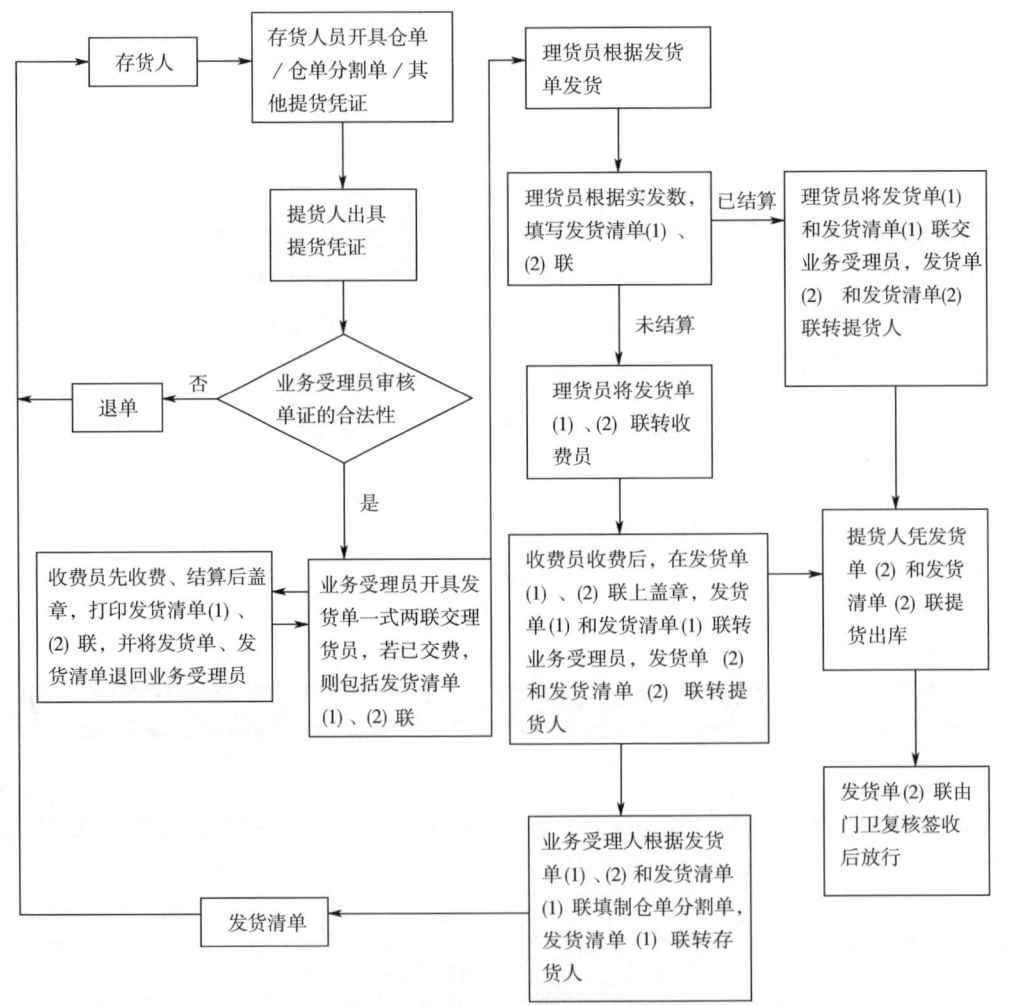

图 4-6　食品出库单证的流转

第五节　食品装卸与搬运

装卸搬运是物流系统正常工作的重要组成。物流的每一个环节的转换都离不开装卸搬运。由于装卸搬运只增加成本,而不增加产品价值,因此,通过合理利用装卸搬运设备进行有效作业,是降低成本的重要途径。本章主要通过对装卸搬运作业的学习,了解设备在装卸搬运中的作用。通过对装卸搬运设施、设备及典型设备的学习,初步具有选择和应用设备的能力。

一、装卸搬运作业概述

1. 装卸搬运的意义

装卸搬运是指在同一地域范围内进行的、以改变物的存放状态和空间位置为主要内容和目的的活动,具体地说,包括装上、卸下、输送、拣选(picking)、分类、堆垛(stacking)、入库、出库等活动。装卸搬运是伴随输送和保管而产生的必要的物流活动,但是与运输产生空间效用和保管产生时间效用不同,它本身不产生任何价值,但是物流的主要环节,如运输和存储等是靠装卸搬运活动联结起来的,物流活动其他各个阶段的转换也要通过装卸搬运联结起来,由此可见,在物流过程中,装卸搬运环节占有重要地位。装卸搬运发生次数频繁,作业内容复杂,是劳动密集型、耗费人力的作业,它所消耗的费用在物流费用中也占有相当大的比重。

2. 装卸搬运合理化(rationalization of loading and unloading)的原则

(1) 消除无效搬运　要提高搬运纯度,只搬运必要的物资,如有些物资要去除杂质之后再搬运;避免过度包装,减少无效负荷;提高装载效率,充分发挥搬运机器的能力和装载空间,中空的物件可以填装其他小物品再进行搬运;减少倒搬次数,作业次数增多不仅浪费了人力、物力,还增加了物品损坏的可能性。

(2) 提高搬运活性　物品放置时要有利于下次搬运,如装于容器内并垫放的物品较散放于地面的物品易于搬运。在装上时要考虑便于卸下,在入库时要考虑便于出库,还要创造易于搬运的环境和使用易于搬运的包装。

(3) 注意重力的影响和作用　应减少人体的上下运动,避免反复从地面搬起重物;要避免人力抬运或投送物品;应设法利用重力移动物品,如使物品在倾斜的辊道运输机上,在摩擦力作用下移动。

(4) 合理利用机械　在初期阶段,搬运机械大多在以下情况下使用:超重物品,搬运量大、耗费人力多、人力难以操作的、粉体或液体的物料搬运,速度太快或距离太长,装卸作业高度差太大。今后的发展方向是,即使在人力可以操作的场合,为了提高生产率、安全性、服务性和作业的适应性等,也应将人力操作转由机械来实现,提高机械化程度。

(5) 保持物流的均衡顺畅　物品的处理量波动大时会使搬运作业变得困难,但是搬运作业受运输等其他环节的制约,其节奏不能完全自主决定。必须综合各方面因素妥善安排,使物流量尽量均衡,避免忙闲不均的现象。

(6) 集装单元化原则　将零放物体归整为统一格式的集装单元称为集装单元化。集装化可以发挥机械效能，提高作业效率；负载的大小均匀，有利于实行作业标准化；在作业过程中有效减少物品损伤。

（7）提高综合效果　物流过程中运输、仓储、包装和装卸搬运各环节的改善，必须考虑综合效益。

二、食品装卸搬运作业的特点

从严格意义上讲，装卸搬运是两个不同方位的运动。食品装卸是指食品在空间上发生的垂直位移，食品搬运是指食品在空间上发生的短距离水平位移（长距离的水平位移则为运输）。但食品在空间上发生的绝对垂直位移或水平位移的情况极少，多数是两种位移的复合，有时以垂直位移为主（称为装卸），有时以水平位移为主（称为搬运），有时则是二者同时或交替进行，所以称为装卸搬运。

在仓储作业的各个环节，都伴有装卸搬运作业，它是仓储活动中，工作量最大、次数最多的一种作业方式。美国产业界人士明确指出，当前美国全部生产过程中只有5%的时间用于加工制造，95%则用于装卸搬运、储存等物流过程。由此可见装卸搬运作业的地位及合理组织的重要性。

装卸搬运作业是人与物的有机结合，而完全的人工装卸搬运在物流发展的今天，几乎已经不存在。现代装卸搬运表现为必须具备劳动者、装卸搬运设备设施、食品及信息、管理等多项要素的作业系统。只有依据一定的装卸信息，在作业现场合理配置各种机械设备，合理安排劳动力，才能使装卸搬运的各个环节互相协调、紧密配合，以最省的人力、物力、财力、时间资源，及时、安全、准确地完成各项装卸搬运作业。装卸搬运作业既是仓储各项活动中联系的桥梁，又不附属于其他环节，而是作为一项独立的作业存在。

装卸搬运作业的主要特点如下。

（1）作业量大　作业量不仅直接关系到仓储作业劳动强度的大小及工作效率，还关系到仓储成本的高低，因而合理选择现代化的装卸搬运方式极其重要。

（2）对象复杂　随着新经济时代的到来，食品的多样化、个性化的发展越来越明显。它们在性质（物理、化学性质）、形态、重量、体积、包装方法等方面，均有很大区别，这就给装卸搬运作业的设备、作业方式的选择上提出了许多新课题。

（3）作业不均衡　食品进入流通领域，有供需衔接、市场机制的制约问题，物流量会发生较大的波动，表现在仓储出入库数量上，也会有较大的起伏，常会出现集中到货或停滞等待的不均衡现象。

（4）安全性要求高　现代装卸搬运作业需要人与机械、食品、其他劳动工具相结合，工作量大，作业环境复杂，情况多变，这些均会导致不安全的因素和隐患。因此，必须更重视装卸搬运的安全作业，加强劳动保护，防患于未然。

三、现代装卸搬运作业的合理组织

仓储生产作业过程中，选择合适的搬运方式、设施，不仅对改善装卸搬运的作业条件有重要意义，而且对提高劳动生产率，降低搬运费用也有极其重要的作用。因此，管理人员应选择最为经济合理的搬运设施，合理组织装卸搬运方式。

装卸搬运作业的合理组织是现代仓储管理中的一个难点，也是最富有创造性和挑战性的管理活动。要实现装卸作业的合理化、现代化,必须符合作业的客观规律,运用现代化的方法和手段,如线性规划、统筹法等,寻求最佳的作业组织,力争做到以下几点:

第一,尽可能将待储食品集装单元化或散装化。

第二,尽可能不搬运或少搬运仓储食品。

第三,尽可能减少人工装卸搬运,应多采用自动化、机械化的设施、设备。

第四,尽可能以食品移动代替工人移动。

第五,尽可能利用食品的重力进行装卸搬运作业。

第六,尽可能减少交接作业、人员、设备等待和闲置的时间。

第七,尽可能采用流水作业法。

第八,尽可能缩短搬运食品的路径。

第九,尽可能合理利用空间,特别是通道面积。

1. 减少装卸作业的次数

统筹兼顾,尽量减少仓储食品装卸作业的环节、次数(特别要减少二次搬运),也就减少了装卸作业量,降低了劳动消耗和装卸费用,从而减少了货损、货差和装卸事故,加快了仓储周转。装卸作业的组织调度工作是影响装卸次数的主要因素。如食品到库后,组织调度人员根据食品的特点、储存期及出库时间等因素,及时、准确安排好库位,进行一次性装卸作业,避免二次搬运。库房、货场等建筑物的结构类型对装卸次数也会产生直接的影响。如库门尺寸应与进出库机械设备的总体尺寸相配套。此外,装卸设备的类型是否与食品配套,对装卸次数也会产生较大的影响。如选择灵活机动、适应性强、作业面广、既能装卸又能搬运的叉车,配以托盘进行出入库作业,可减少装卸作业次数。

2. 缩短装卸搬运距离

缩短搬运距离,是实现搬运合理化的主要目标。其效果是节省劳动消耗、缩短搬运时间、减少搬运中的损耗。影响搬运距离的主要因素是仓库的平面布局和作业组织工作。如库房、货场的合理分配与合理布置,对收货、发货时专用通道及货位、货架的合理确定等,都能缩短搬运距离。

3. 提高装卸搬运作业的活性

被装卸搬运食品的位置处于什么状态,与作业的效率关系很大。装卸搬运活性的含义是,从食品的静止状态转变为装卸搬运运动状态的难易程度。若待搬运的食品很容易进行下一步的装卸搬运,则活性就高;反之,活性就低。

4. 装卸搬运作业方式与食品的包装、运输车辆、作业特点相适应

装卸搬运食品的包装规格、集装单元化器具的大小、类别,食品的理化特性,运输车辆的类型、大小等,都要求有能与之相适应的装卸搬运设备配合作业。

若为通用型的仓库,因作业量往往不均衡,食品品种多、变化大,装卸搬运次数多,所以,需要通用性强、灵活机动的装卸机械设备配合作业,如中、小型叉车等,以提高适应性。若为专用型仓库,因作业对象较为固定,食品品种较少、批量较大,所以可选择一些专用的、固定的装卸设备以提高劳动效率。

5. 综合考虑装卸作业的经济效益

选择装卸搬运作业方式时还必须考虑装卸搬运设备的投资数额、使用效率、运行成本、方便性和节能性等方面的经济效益。

四、现代装卸搬运作业的分类与合理选择

（一）现代装卸搬运作业的分类

1. 按作业的手段和组织水平分类

（1）人工作业法　是指完全依靠人力和人工使用无动力器械来完成装卸搬运的作业。

（2）机械化作业法　是指以各种装卸搬运机械，完成食品装卸搬运的作业方法。该种作业方法是目前装卸搬运作业的主流。

（3）综合机械化作业法　这是代表装卸搬运作业发展方向的作业方式。综合机械化作业要求作业机械设备和作业设施、作业环境的理想化配合，要求对装卸搬运系统进行全面地组织、管理、协调，并采用自动化控制手段（如电子计算机与信息传递），以取得高效率、高水平的装卸搬运作业。

2. 按作业对象分类

（1）单件作业法　是指将食品的单件，逐件地装卸搬运，主要采用人工作业法和传送带搬运。某些食品因其本身的属性，采用单件作业法更安全，或由于体积过大，只得采用该种方法。

（2）集装作业法　是指将食品先进行集装单元化，再进行装卸搬运作业的方法。常见的有集装箱作业、托盘作业及其他集装件作业法。

（3）散装作业法　谷物、食糖等食品随着作业量的增大，为了提高装卸搬运的效率，也日益走向散装装卸。

主要的作业方法：重力作业法（漏斗车等）、倾翻作业法、机械作业法（带式输送机、链斗装车机等）、气力输送法等。

3. 按装卸设备作业特点分类

（1）间歇式作业法　是指在装卸搬运作业过程中，有重程和空程两个阶段，即在两次作业中存在一个空程准备作业的过程，如门式起重机、桥式起重机及叉车等作业。

（2）连续式作业法　是指在装卸搬运过程中，设备连续不断地作业，不存在空程阶段，如带式输送机、链斗装车机等作业。

此外，按作业内容可分为装货卸货作业、搬运移送作业、堆垛拆垛作业、分拣配货作业等。

（二）合理选择装卸方式

除了智能化的自动化立体仓库和现代化的配送中心，目前根据被包装食品的特点、性质，合理选择装卸方式，仍是仓储的主要方法。

（1）单件包装食品的装卸方式　食品单件可分为成件包装和长大重体两种。成件包装食品的包装要求为：每件食品的毛重在50kg以下，体积<0.5m^3。一般易碎、贵重的食品，可采用成件包装。它的装卸方式可选用人工装卸、小型叉车、水平输送机和垂直输送机等。长大重体的食品，采用起重量为5t、10t及以上的移动式起重机装卸，如轮胎式、轨道式起重机、大型叉车。作业量大时，还可以采用龙门式起重机和桥式起重机。

（2）集装单元化食品的装卸方式　用于集装食品的工具称为集装单元器具，它具有便于机械装卸搬运的结构。集装单元化的类型有：捆扎类、托盘类、台车类、集装箱系统等，其中最常用的是托盘、台车和集装箱。食品集装单元化是实现装卸搬运现代化的基础条件。

搬运托盘食品的主要工具是叉车，但在运量不大、运距较短，使用叉车不够经济、方便

的场合，可采用托盘搬运车。在自动化高层货架仓库，则是用自动导向车（无人小车）与自动堆垛机配套使用，进行现代化的装卸搬运。

第六节　食品仓储在物流管理中的地位

一、仓储是物流业务的主要活动

仓储主要解决生产与消费之间的时间背离问题。它是流通领域的一个中心环节，也是其一项主要业务活动。在流通领域，食品流通的总过程是由食品的采购、运输、储存和销售等四个互相依存、紧密衔接的环节组成的。在流通过程特别是物流过程中，虽然使一部分食品暂时处于一种或长或短的停滞状态，但这种停滞对食品流通来说是完全必要的。制造厂商为了避免发生停工待料现象，就要储存一定数量的原料；商店为了避免缺货现象而失去销售机会，也会储存一定数量的食品。事实上，所有的公司都要保持一定的库存。因此，我们把物品停滞看作是生产连续化和销售正常化的必要条件。由于在食品流通领域，有大量的食品不间断地停留在物流过程中的各个仓库里，所以仓储是物流的一个重要环节，是它的一项主要业务活动。也正因为如此，在物流系统中，仓储和运输是并列的两大主要功能要素，称为物流的两大支柱。

二、仓储是"第三个利润源"的重要部分

物流被许多专家学者称为"第三个利润源"，仓储则是其中主要部分之一。如何获得仓储利润呢？这可以从以下几方面得到解答。

①有了库存保证，就可免除加班赶工，省去了增加成本的加班赶工费。
②有了仓储保证，就无须紧急采购，不致加重成本。
③有了仓储保证，就能在有利时机进行销售，或在有利时机购进，这就增加了销售利润，或减少了购入成本。

仓储是大量占用资金的一个环节，仓库建设、维护保养、进库出库等要大量耗费人力、财力、物力。此外，仓储过程中各种损失，也会造成很大的浪费。因而，仓储中节约的潜力也是巨大的，通过仓储的合理化，可以减少仓储时间、降低仓储投入、加速资金周转，以降低成本来增加利润。

本章小结

食品保藏是食品物流过程中非常重要的一个环节，关系到食品的运输品质，本章内容从食品入库、理货到食品的装卸、搬运与出库，介绍环境因素对食品保藏的影响及保藏环境的控制方法，并强调食品仓储在食品物流管理中的重要地位。

思考题

1. 入库食品须具备哪些凭证？
2. 简述食品入库实物检验的重要性。
3. 影响食品保藏环境稳定性的因素？
4. 简述常规储藏温湿度控制的意义与方法。
5. 简述气调储藏在食品流通中的作用。
6. 仓库虫害的防治方法有哪些？
7. 试述环境因素对食品保藏的影响。
8. 简述食品仓储在物流管理中的地位。

第五章

食品采购与库存控制

第一节 概述

一、食品采购

对于食品企业来说,食品采购是指食品加工所需要的原材料、辅助配料、包装物等物资的采购。对于经营食品的商业企业来说,食品采购是指食品交易活动中从买方角度出发的交易行为中所发生的食品商品采购。

(1)制订食品采购计划 确定采购食品的品种、品牌、数量等相关计划安排。

(2)选择供货商 认真查验供货商的主题资格证明,保证食品的来源合法。

(3)签订供货合同 与供货商签订供货合同,明确双方的权利义务,特别是食品质量出现问题时双方的责任和义务。

(4)索取食品的相关资料 向供货商索取食品的相关许可证、商标证明、进货发票等证明材料,采用扫描、拍照、数据交换、电子表格等科技手段建立供货商档案备查。

(5)对食品进行查验 具备条件时设立食品检测室,对供货商提供的食品进行检测并做好详细记录。经查验不合适的食品,通知供货商做退货处理。

(6)建立台账 按照进货台账相关制度对购进食品的名称、规格、数量生产批号、保质期、供货者名称及联系方式、进货日期等内容进行登记,建立台账。账目保管期限为两年。

二、食品采购的特点

(1)采购具有复杂性和不确定性。

(2)风险性高,生鲜食品尤其是生鲜果蔬,经营成本高、耗损大,操作复杂,如果采购管理不慎,就有可能使超市因经营生鲜食品而出现亏损或加大亏损。

(3)规模小。

三、食品采购过程中易出现的问题

(1)食品采购人员业务不熟。

(2) 选择供应商考核不严,合作过程中监管力度不够,从而导致问题食品流入市场。

四、食品采购流程及污染防治

(1) 食品采购原则上都要做到由局部配货中心送货到指定地点。

(2) 特殊情况下,由采购人员外出采购时,必须按照相关规定索证、验证,严格查验食品质量和定型包装食品标签及卫生许可证或者检验合格证。

(3) 每天都要有专门的人员验收食品,并且做好相关记录。

(4) 验收时,一看货源是否新鲜,有无异味;二看是否有正规生产厂家、生产日期、保质期(货源是否在保质期以内)。杜绝腐败、变质、超过保质期、无检验合格证明及卫生许可证厂商供应的食品进入食堂。

(5) 食品经验收合格后,再过磅、收货。

(6) 食品储存应该分类、分架隔墙离地(至少15cm)存放,储存食品的地方应当禁止其他杂物存在,辅料缸必须加盖。

(7) 储存的食品应当标明进货日期,出库的食品应当遵循"先进先出"的原则,冰箱内的温度应当符合食品储存的温度。

(8) 用于原料、半成品、成品加工的刀、墩、板、桶、盆、框、抹布以及其他工具、容器必须标注明显,做到分开使用,定位存放,用后洗净,保持清洁。

(9) 蔬菜切配前应当冲洗,浸泡10min以上,再经充分清洗。禽蛋类在使用前应当对外壳进行清洗,必要时可进行杀毒处理。肉类、水产品、蔬菜类食品的原料必须在专用的清洗池清洗。

(10) 烧煮或者配料前应当严格检查货物的质量问题,食品必须烧透烧熟,其中心温度不得低于75℃,加工后的熟制品应当与食品原料或半成品分开存放,防止交叉污染。

五、食品采购卫生管理制度

(1) 采购人员必须熟悉本企业所用的各种食品与原料的品种及相关的卫生标准、卫生管理办法和其他法律法规要求。掌握必要的食品感官检查方法。

(2) 采购食品应遵循用多少定多少的原则。采购的食品原料及成品必须具有正常的色、香、味、形,采购肉类、水产品要注意其新鲜度。

(3) 采购人员不得采购腐败变质、霉变及其他不符合卫生标准要求如病死、毒死、死因不明、有异味的禽、畜、兽、水产动物等及其制品等;不得采购无证食品商贩或来路不明的食品。

(4) 采购人员采购时应向供应商索取发票等购货凭据,并做好采购记录,便于追溯;向食品生产单位、批发市场等批量采购食品的,还应索取食品卫生许可证、检验(检疫)合格证明等,特别是熟肉制品、豆制品、凉拌菜等直接入口食品。

(5) 采购定型包装食品和食品添加剂,食品商标(或说明书)上应有品名、厂名、厂址、生产日期、批号或者代号、规格、配方或者主要成分、保存期(保质期)、食用或者使用方法等中文标识内容。

(6) 采购酒类、罐头、饮料、乳制品、调味品等食品,应向供方索取本批次的检验合格证或检验单。

（7）蔬菜等散装农副食品及鱼类等鲜活产品应保证由正规渠道进货，最好是定点采购，确保无农药及其他有毒有害化学品污染，检查或索取检验合格证明。

（8）所采购的食品容器、包装材料和食品用工具、设备必须符合卫生标准和卫生管理办法的规定，有检验合格证。

（9）所采购的用于清洗食品和食品用工具、设备的洗涤剂、消毒剂必须符合相关的国家卫生标准和要求。

（10）运输食品的工具如车辆和容器应专用并保持清洁，严禁与其他非食品混装、混运。运输冷冻食品应当有必要的保温设备。运输过程应防雨、防尘、防蝇、防晒及其他污染。

（11）所采购食用物品入库前应进行验收，出入库时应登记，做好记录，建立台账。

（12）对所采购的各类食品、蔬菜的价格应充分通过市场了解才下价，做到物美价廉。

六、食品采购、储存、加工制作及供餐操作过程中污染控制措施

1. 食品的采购污染控制措施

（1）食品采购须符合有关卫生标准和规定。

（2）采购员采购的食品应符合下列要求。

①有检验合格证明的；

②不超过保质期限及其他符合食品标签规定的定型包装产品；

③有卫生许可证的食品生产经营者供应的食品。

2. 食品储存污染控制措施

①储存食品的场所、设备应当保持清洁、无霉斑、鼠迹、苍蝇、蟑螂；仓库应通风良好，禁止存放有毒、有害物品以及个人生活用品。

②食品应当分类、分架、隔墙、离地存放，并定期检查，处理变质或超过保质期限的食品。

3. 加工制作污染控制措施

①工作前、处理食品原料后或接触直接入口食品之前都应当用流动清水洗手，不得留长指甲、涂指甲油、戴戒指，不得对食品打喷嚏、咳嗽，不得在食品加工和销售场所内吸烟。

②加工人员必须认真检查待加工的食品及其食品原料，发现有腐败变质或其他感官性状异常的，不得加工或使用，各种食品原料在使用前必须洗净，蔬菜应当与肉类、水产品类分池清洗。

③用于原料、半成品、成品的刀、板、桶、盆、抹布以及其他工具，容器必须标志明显，并做到分开使用，定位存放，用后洗净，保持清洁。

4. 供餐过程污染控制措施

①供餐人员上班时应穿戴整洁的工作衣帽，并保持好个人卫生。

②做好店内外的环境卫生，做到每餐一打扫，每天一清洗，每周一次大清理。

七、采购流程原则

采购流程原则主要有以下几点：

①确定需求、物色供应商、检查合同履行情况；

②选择采购途径、精选供应商、采购效益总评；

③采购计划、确定供应商；

④签订合同；
⑤履行合同。

八、采购流程

（1）定型产品采购　定型产品采购流程见图5-1。

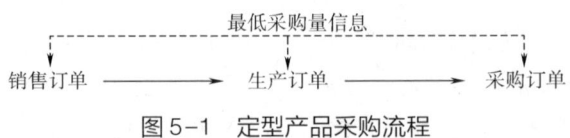

图5-1　定型产品采购流程

采购部把公司所有物料（包括原辅料、包材等）的最低采购量经负责人确认后提供给销售部和生产部，生产部根据订单给采购部下达采购订单，如有品种数量由于销售订单的数量的原因低于最低采购量，采购部则根据最低采购量采购。

（2）新包装产品采购流程　新包装产品采购流程见图5-2。

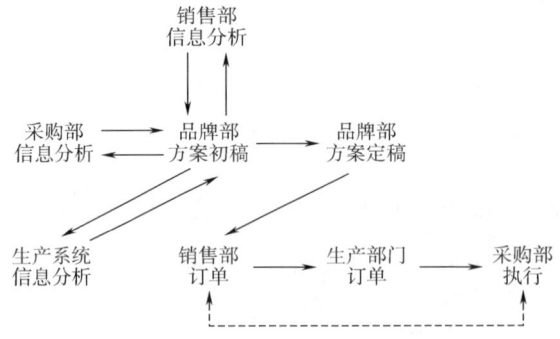

图5-2　新包装产品采购流程

品牌部根据销售部或品牌提升要求，要对现有的包材（瓶子、标签、收缩膜、纸箱等）进行升级，在定稿前，方案送生产、销售、采购部门，各部门根据各自的要求整理需要的满足条件，报总经理审查定稿，升级产品的订单由销售部下达给生产部，生产部按照销售订单计算物料采购单给采购部，采购部按照最低采购量采购。

（3）新研发产品采购流程　新研发产品采购流程见图5-3。

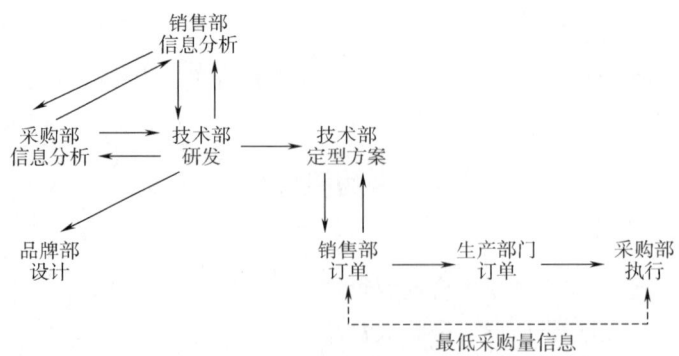

图5-3　新研发产品采购流程

如果技术部根据市场的需求研发了新产品,产品定型后,技术部收集销售部信息,并把一些技术信息和市场信息提供给品牌部设计,定稿后设计稿由技术部收集,再把物料采购信息提供给采购部,采购部做好前期采购准备工作。

(4) 食品加工企业采购流程　食品行业采购业务流程特点如下。

①采购周期的实践性要求较高:采购绩效评价关键的一项就是采购周期的控制,因为采购周期影响着企业所需采购物资供应的及时性,也影响着企业采购资金的周转。在食品行业采购中,除了以上原因强调采购的时间性外,所需采购物资特别是食品原料的存储时间较短也是重要原因。所以要求企业一方面保证所采购物资有效地满足企业经营管理需要,一方面也要降低企业运营成本。

②采购流程对原材料的供给要求较高:原材料采购是采购环节中一个重要的方面,采购量的选择是一个复杂的问题。原材料采购过多会导致原材料积压,而采购量过少会造成原材料供应的短缺。对于食品加工企业来说,积压和短缺都将带来严重问题。

③采购流程对产品的质量要求较高:采购流程节点控制的严格与否与采购材料的质量紧密相关。一般情况下,食品加工企业的原材料大都是农产品,如果采购环节缺乏严格的监督,这些原材料质量不合格,将直接导致加工出的产品质量不合格。

④采购流程对产品的成本影响较大:食品加工企业采购的原材料种类繁多,供应商参差不齐,若对供应商缺少严格的筛选,缺少信息的沟通,容易造成部分原材料价格过高,导致产品成本上升。

(5) 食品价格企业采购流程的难点和风险

①食品行业采购活动的环节较多,关系复杂:要制定控制的政策及程序,采购的完成还牵涉多个部门,由各部门提出采购申请,由供应保障部对供应商的生产能力进行评定,签订合同,此阶段需要公司管理者进行审核签字,并由质检部对样品进行质量检验,最终收到货物由仓库保管。

②采购的内部控制环境要求较高:采购涉及人财物的相互关系,食品行业采购部门的员工职业道德操守如何、企业是否建有既有利于采购工作开展又有利于监督考评采购工作的机制、企业管理者是否重视采购工作并带头在企业内部形成良好的采购控制氛围等,内部控制的环境因素决定着采购工作的质量。

③原材料供应的持续性风险:食品价格企业资金链都是很紧凑的,一旦进入生产,就要确保原材料的供应的持续性,否则会影响生产进程,引发财务风险。

④原材料质量风险:食品价格企业对原材料的质量要求较高,如果原材料质量出现问题,那加工出来的产品必然质量不合格,所以质监部门要把好质量关。

(6) 食品采购加工操作流程　食品采购与加工有如下要求。

食品采购要求:

①幼儿食品、调料统一供货,采购的食品、食品添加剂、食品相关产品等符合国家有关食品安全标准和规定的有关要求,并进行过秤验收。

②采购索取购货发票凭据,并做好采购记录,便于溯源,向食品生产单位、批发市场等批量采购的,索取许可证、检验(检疫)合格证明等。

③入库前进行验收,出入库时进行登记,做好记录。

粗加工与切配操作规程要求:

①加工前认真检查待加工食品,发现有腐败变质迹象或者其他感官性状异常的,不得加工和使用。

②食品原料在使用前洗净,动物性食品原料、植物性食品原料、水产品原料分池清洗,禽蛋在使用前对外壳进行清洗,必要时消毒处理。

③易腐烂变质食品尽量缩短在常温下存放时间,加工后及时使用或冷藏。

④切配好的半成品避免污染,与原料分开存放,并根据性质分类存放。

⑤切配好的食品按照加工操作规程,在规定时间内使用。

⑥已盛装食品的容器不直接置于地上,以防止食品污染。

烹调操作规程要求为:

①烹调前认真检查待加工食品,发现有腐败变质或者其他感官性状异常的,不得进行烹调加工。

②不将回收后的食品经烹调加工。

③需要熟制加工的食品当烧熟煮透,加工时食品中心温度不低于70℃。

④加工后的成品应与半成品、原料分开存放。

⑤用于烹饪的调料器皿每天清洁,使用后随即加盖或苦盖,不得与地面或污垢接触。

第二节 食品采购模式

一、按采购的集中程度分类

(1) 分散采购 是指企业将采购权分散到各个分支机构(包括分公司、分厂、零售分店等),由各分支机构在核定的资金金额范围内,直接向供应商采购食品。如各零售分店经营的生鲜食品。

(2) 集中采购 是指企业设有专门的采购机构和专职采购人员统一负责企业的食品在购工作,企业所属的各分支机构只负责食品的销售。

二、按采购的渠道分类

(1) 当地采购 当地采购的生鲜商品主要是因为保鲜原因不适于远途运输的生鲜食品。采购渠道又可分为农产品批发市场和城市周围农产品生产基地。

(2) 跨地区产地采购 跨地区产地采购的生鲜食品主要是可以在一定时间和距离内远途调运,或者经过保鲜加工处理的生鲜食品。

三、按采购方法分类

(1) 传统的采购 这种采购是以各个分支机构的采购申请单位依据,以填充库存为目的,属于库存采购。

(2) 科学的采购

①订货点采购:订货点法是一种使库存量不低于安全库存的库存补充方法,订货点法又

称订购点法，始于20世纪30年代。订货点法是指对于某种物料或产品，由于生产或销售的原因而逐渐减少，当库存量降低到某一预定设定的点时，即开始发出订货单（采购单或加工单）来补充库存，直至库存量降低到安全库存时，发出的订单所订购的物料（产品）刚好到达库存，补充前一时期的消耗，此一订货的数值点，即称为订货点。这种方法适合于稳定消耗独立、连续的需求，提前期是已知且固定。

②准时制采购：准时制采购又称JIT采购法，是一种先进的采购模式，是一种管理哲理，它的基本思想是：在恰当的时间、恰当的地点、以恰当的数量、恰当的质量提供恰当的物品。它是从准时生产发展而来的，是为了消除库存和不必要的浪费而进行持续性改进。

JIT采购的特点：合理选择供应商，并与之建立战略合作伙伴关系，要求供应商进入食品企业的生产过程小批量采购；实现零库存或少库存；交货准时，包装标准；信息共享；重视教育与培训；严格质量控制；产品获得国际认证。

实施JIT采购的优点：大幅度减少库存；提高采购产品的质量；降低采购原料的价格；节约资源，增强企业的适应能力。

③供应链采购：供应链采购是供应链内部企业之间的采购。供应链内部的需求企业向供应商企业采购订货，供应商企业将货物供应给需求企业。在供应链采购中，由于供应商的责任与利润相连，所以主动自我约束，其产品可以免检，大大节约了费用、降低了成本，保证了质量。

④电子商务采购：由于食品的营养性、易腐性、保质期、区域性强、价格波动大等方面的特性需求，使得企业对食品和农产品的采购模式、采购策略不断变换，须根据食品特性选择不同的采购模式、集中采购、分散采购、联合采购、协议采购、预购，农超对接等采购模式单一或组合使用。

四、 超市商品采购的模式

超市采购的模式按超市是否连锁可分为单店采购模式和连锁采购模式。其中连锁采购模式，又可按集权与分权的程度细分为集中采购模式和分散采购模式。

（一） 单店采购模式

尽管超市越来越趋向于大规模连锁型发展，但单体的超市仍广泛存在。在这种超市里，商品采购常由一个采购部负责，直接与众多的供应商打交道，一般进货量较小，配送成本较大，必须努力实现采购的科学管理，否则失败的风险很大。对于一些规模不大的超市，有时店长直接负责商品采购，但实现较为理想的商品组合仍是困难的，特别是由于进货量小，不可能取得较低的进货价格，减少流通环节，降低商品价格成为可望而不可即的事情。

这种超市的店长是企业的法人代表，可以完全按照自己的经营意愿开展经营活动。单店超市卖场规模一般比较小，经营商品通常在2000种以下，在竞争中往往处于劣势。单店超市的商品采购模式主要有如下三种具体形式。

（1）店长或经理全权负责　商品采购的权力完全集中在店长或经理手里，由他选择供应商，决定商品购进时间和购进数量。

（2）店长授权采购部门经理具体负责　超级市场店长将采购商品的工作下放给采购部门的经理，由采购部门经理根据超级市场经营的情况决定商品采购事宜。

（3）由超级市场各商品部经理具体采购　超级市场商品部经理是一线管理人员，他们熟悉商品的经销动态，比较了解消费者的偏好，可以根据货架商品陈列情况以及仓储情况灵活地进行商品采购决策，因此，这种形式比上述两种形式更为有效。

不论采用哪种形式，单店超市由于规模较小，经营商品品种较少，在商品采购数量方面不占优势，在与供应商的价格谈判中常处于劣势地位，也就不利于其实行低价格策略。

（二）集中采购模式

集中采购模式是指超市设立专门的采购机构和专职采购人员统一负责超市的商品采购工作，如统一规划同供应商的接洽、议价、商品的导入、商品的淘汰以及POP促销（现场促销宣传）等，超市所属各门店只负责商品的陈列以及内部仓库的管理和销售工作，对于商品采购，各分店只有建议权，可以根据自己的实际情况向总部提出有关采购事宜。

集中统一的商品采购是连锁超市实现规模化经营的前提和关键，只有实行统一采购，才能真正做到统一陈列、统一配送、统一促销策划、统一核算，才能真正发挥连锁经营的优势。有利于提高超市与供应商谈判中的议价能力。如今，中国的零售业不是利润最大化的行业，它现在的单体规模相当明显。如深圳万佳百货在2000年做到了全省第一，也只不过是16.2亿元的销售额，还未达到沃尔玛全球销售额的千分之一。所以，一定要在老店挖潜的同时不断开发新店，不断扩大经营规模，不断扩大企业的市场占有率，做到经营规模最大化，我国民族零售业的前景才是有希望的。而集中采购正是实施规模化经营的基本保证。连锁零售企业实行了中央采购制度，大批量进货，就能充分享有采购商品数量折扣的优惠价格，保证了超市在价格竞争中的优势地位，同时也能满足消费者求廉的心理需求。

有利于降低商品采购成本。大批量集中进货，可以大幅度减少进货费用，再辅以配套的统一配送机构与制度，就能有效控制连锁零售超市的采购总成本。

有利于规范超市的采购行为。在分散采购制度中，由于商品采购的决定权下放到各分店，对采购行为很难实施有效约束，所以采购员的种种不规范行为屡禁不止。而中央采购制度则有利于规范企业的采购行为，为超市营造良好的交易秩序和条件。

（三）分散采购模式

分散采购模式是指超市将采购权力分散到各个分店，由各分店在核定的金额范围内，直接向供应商采购商品。从超市的发展趋势来看，分散采购是不可取的，因为它不易控制、没有价格优势以及采购费用高。分散采购模式有以下两种具体形式。

1. 完全分散采购

完全分散采购形式是超市总部根据自身的情况将采购权完全下放给各分店，由各分店根据自己的情况灵活实施采购，它最大的优点是灵活，能对顾客的需求做出有效响应，比较有利于竞争。但完全分散采购的最大弊端在于不能发挥规模采购的优势，不利于压低价格，不利于控制采购。

2. 部分分散采购

部分分散采购形式是超市总部对各分店的地区性较强的商品（如一些地区性的特产就只适合于该地区销售），以及一些需要勤进快销的生鲜品实行分散采购，由各分店自行组织进货，而总部则对其他的商品进行集中采购。

这种制度具有较强的灵活性，使分店可以根据自身的特征采取弹性的营销策略，确保了分店效益目标的实现。

第三节　食品库存方式与控制

一、腌渍保藏

腌渍保藏的传统概念是，加食盐的称为腌制（如腌菜、腌肉），盐的用量较少；发酵产酸的称为酸渍（如酸渍菜）；加食糖的称为糖渍；糖渍以后，又进行干燥，除去一部分水分的称为蜜饯（如蜜饯水果）。食品的腌渍保藏，不论是用盐或是用糖，干腌或是湿腌，其基本原理都是溶液的渗透作用和扩散作用。

食品的腌渍保藏，其原理主要是将食盐或食糖渗入新鲜食物的组织内，利用其高渗透作用，微生物的发酵作用，蛋白质的分解作用以及其他一系列的生物化学作用，提高渗透压，降低其水分活度，选择性地抑制某些微生物的繁殖和增加产品的色香味，从而防止腐败的食品保藏方法，其变化过程比较复杂而且比较缓慢。

渗透作用：是指两种浓度不同的溶液在半渗透膜隔开的条件下，较稀溶液中的溶剂，通过膜的微孔，进入较浓溶液的现象。鱼、肉、果、蔬等任何细胞都有半渗透性的细胞膜，当经受食盐腌制，而且细胞膜内液体的浓度低于膜外食盐水的浓度时，膜内的水就会不断向外渗出，食物的体积缩小且组织变软，同时食物的水分活度降低，保藏性提高。微生物的细胞，是由外层细胞壁、紧贴在壁上的细胞膜以及细胞质、细胞核所组成，其细胞膜是半渗透的。渗透性的高低，取决于微生物的种类、菌龄、细胞质成分以及环境的温度和 pH 等因素。在腌渍食品的同时，微生物细胞内的水同样也通过细胞膜向外渗透，因而活性被抑制甚至丧失。此外，食盐的钠离子和氯离子达到一定浓度时，微生物中有一类嗜盐菌，如盐杆菌属、盐球菌属，仍能在高浓度的食盐溶液中生长，不过这一类的微生物极少。食糖对食品的保藏作用主要是由于糖液的高渗透压使食物脱水，降低了食物的水分活度，抑制了微生物的生长。

扩散作用：扩散是指因分子或原子的热力运动而产生的物质迁移现象，主要由温度差或浓度差引起。分子迁移时，从浓度较高的区域向浓度较低的部分扩散，逐渐进入食物的组织内部，最终使食物成为腌制品。扩散的快慢，随着溶液的浓度差、黏度和温度等因素而变化。

发色作用：新鲜肉中的红色素高铁肌红蛋白一经加热就变成深褐色，影响外观，硝酸盐却能使腌肉在加热以后呈鲜红色。硝酸盐对肉毒梭状芽孢杆菌有抑制作用，并能赋予肉制品以独特的风味。因此，尽管已知亚硝酸盐经还原等反应会产生亚硝胺（强致癌物质），但硝酸盐仍在使用，只是其用量已受到限制（见食品发色剂、肉和肉制品）。

发酵作用：黄瓜、结球甘蓝、萝卜、薤头、豇豆、花椰菜等很多蔬菜，都可通过发酵制成酸菜。成品可以散装直接出售，也可用玻璃罐或塑料袋包装并杀菌，以延长其保藏期。发酵过程中须严格控制盐水浓度、温度、pH 等因素，以获得优良的成品。以生产酸渍结球甘蓝为例，如甘蓝含糖 3.5%，食盐用量为甘蓝重量的 2.25%，温度为 25℃。在腌制开始，肠膜明串珠菌起作用，经过 2d，产酸 0.7%~1.0%，并有酸菜香味。这时，肠膜明串珠菌逐渐死亡，但植物乳杆菌和短乳杆菌生长。到第五天，酸度达到1.5%~2.0%（一般酸度为甘蓝糖分的一半），这两种乳酸菌又相继死亡。整个主发酵过程约需一星期，代谢产物有乳酸、乙酸、醇类、酯类和其他芳香物质。如果发酵开始的温度过高或过低，不适合肠膜明串珠菌的生长，就不能为两种乳酸菌提供良好繁殖条件，整个发酵过程就会有很大变化。

工艺因原料的种类和各地市场的要求不同，可采用不同的腌渍方法。

干法腌制：用干的食盐直接进行腌制。对大块鱼肉，要求均匀涂布在表面上，然后堆码在容器内；对大批蔬菜，一般将原料倾倒入大缸或水泥池，每铺放一层，撒一层食盐，重复进行。干腌以后，新鲜原料中的游离水通过细胞膜向外渗透，将食盐溶化，形成溶液。溶液中的食盐又通过扩散作用，进入腌制品的组织。干法腌制时营养素的流失少，但各部分的用盐量不易均匀。

湿法腌制：预先配制好食盐溶液，然后将原料浸没在盐液中，经过渗透与扩散，制品中水分减少而盐分增加，起到腌制作用。湿法腌制使各部分的用盐量比干法的均匀，但需要较大的容器，且原料中一部分营养素溶解于水而流失。注射腌制法是湿法的一种，通过泵和一组注射针头，将食盐溶液（或加硝酸盐的混合溶液）压送入肉的动脉或肌肉之中，然后放入转鼓，反复滚动，使盐水均匀分布。注射法能加速腌制过程，成品得率高，主要用于肉的腌制。

混合腌制：是指先用干法腌制，2~3d后再进行湿法腌制的方法。常用于鱼类。其特点是成品质量一致，成品的表面不严重脱水，保持湿润。

糖渍用高浓度糖浆保藏果蔬的方法。其特点是能基本保持果蔬原有的形态、颜色和风味。工艺方法各地不同，主要有4种。

①一次煮制法：将果蔬原料加糖液之后放入二重锅内加热，使原料组织软化，同时使糖液黏度降低，加速糖分子的扩散。待果蔬内外的糖度平衡，即告完成。组织紧密的果蔬如桃、梨、胡萝卜等需时较长，而莓果类则需时较短。完成时，糖浆的质量分数为65%~70%，温度为105~106℃。一次煮制法的成品，香味和色泽都较差。

②分次煮制法：一般先用30%~40%糖液煮水果，加热至沸，保持20~30min，停止加热，浸泡12~24h；然后提高糖液浓度再煮20~30min，停止加热，浸泡12~24h。如此重复几次，直到糖度达到要求。

③冷浸热煮法：当多汁的水果浸入浓度过高的糖液时，因浓度差过大，果实细胞内的水大量渗出，组织迅速收缩，导致糖液进入果实的通道缩小，成品干瘪。改进的方法是将水果先用热水烫透，后经30%冷糖液浸泡24h，再提高糖度，冷浸24h。如此重复，至糖液达60%~65%，最后加热煮沸，即告完成。

④真空煮制法：将果蔬和糖液放入可以密封的不锈钢锅中，加盖并进行真空处理，使真空度达到0.08MPa，同时进行加热。由于罐内压力降低，果实组织中含有的气体外逸，糖水进入水果组织，占据逸出气体原先占有的空间，因而缩短糖渍时间。真空煮制法因温度低，时间短，成品的风味和色泽远超过其他方法。

二、烟熏保藏

食品烟熏保藏是指利用木材不完全燃烧时产生的熏烟及其干燥、加热等作用，使食品具有较长时间的储藏性，并使之具有特殊的风味与色泽的食品保藏方法。

熏制过程中，熏烟中各种脂肪族和芳香族化合物如醇、醛、酮、酚、酸类等凝结沉积在制品表面和渗入近表面的内层，从而使熏制品形成特有的色泽、香味和具有一定保藏性。

(1) 原理　熏制过程中，熏烟中各种脂肪族和芳香族化合物如醇、醛、酮、酚、酸类等凝结沉积在制品表面和渗入近表面的内层，从而使熏制品形成特有的色泽、香味和具有一定保藏性。熏烟中的酚类和醛类是熏制品特有香味的主要成分。渗入皮下脂肪的酚类可以防止脂肪氧化。酚类、醛类和酸类还对微生物的生长具有抑制作用。不产生芽孢的细菌经烟熏3h，伤寒杆菌、葡萄球菌等病原菌经烟熏1h即死。

(2) 种类　烟熏食品以动物性食品为主，主要有鱼类、贝类、肉类与肉制品、禽类、蛋品（如熏蛋）、乳品（干酪）、罐头食品（如罐头香肠与火腿）以及某些豆制品（如熏豆干）等。

(3) 方法　烟熏是最古老的食品储藏和加工方法，随着渔业与肉食加工业的发展，烟熏制品的生产规模不断扩大。但后来，随着冷藏、冷冻、包装等储藏技术的发展，烟熏食品保藏的意义正在逐渐减小。现在，从食品加工的角度来看，烟熏的主要作用是赋予食品以特有的风味与色泽，并倾向减少烟熏风味，许多大规模生产的工业制品往往只含有痕迹量的熏烟。

(4) 杀菌和抗菌作用　食品在烟熏前的腌制过程中所使用的食盐与发色剂（硝酸盐或亚硝酸盐），在很大程度上抑制了微生物的生长。

熏烟是木材中的纤维素、半纤维素以及木质素的热分解产物。熏烟中含有200多种化学成分，其组成依熏材的种类与发烟温度而变化，其中重要的有酚类、酸类、醇类、酮类、醛类和多环烃类等。甲醛、酚类和酸类具有杀菌与抗菌作用。

在使用温熏法与热熏法时，烟熏过程中的加热作用具有杀菌效果。

一般来说，食品在熏制过程中的脱水与干燥，对熏制品的储藏性作用最大。使用冷熏法时，食品中的水分含量通常减少至40%，使微生物难于生长；但在使用温熏法时，由于制品的水分含量在50%以上，其储藏性较差。

在烟熏过程中，由于加热以及醛类、酸类和酚类的作用，使食品表层的蛋白质发生变性，形成一层蛋白质变性膜。在此膜的外部，又有一层由甲醛与酚类反应而形成的树脂膜。此两层膜既能防止微生物进入到制品的内部，又能防止表面污染微生物得到来自制品内部的水分与营养物质，从而具有很好的防腐效果。

(5) 抗氧化作用　熏烟中的甲酸、乙酸等酸类，不仅具有较强的抗菌能力，而且还能降低制品表面的pH，有助于熏制品的储藏。

鱼类中含有较多量的不饱和脂肪酸，但是在经过熏制后，对氧化作用却很稳定。其原因在于：熏烟中以酚类为中心的抗氧化物质在制品上附着、渗透之后，防止了油脂的酸败；此外，腌制与脱水作用提高了制品表层的氨基酸与糖的浓度，在醛的作用下，发生氨基-羰基反应，结果生成具有抗氧化作用的还原酮类。

色香味在烟熏的高温、高湿条件下，肉料中的自身消化酶被活化，从而使肉质软化；加之熏烟中的成分（主要是酚类）所具有的特有的香味，使烟熏后的食品具有特殊的风味。

加热也有促进发色的作用，并使腌制后的色泽更加稳定，使之呈深红色。熏烟中的羰基化合物与肉料中的游离氨基酸化合，形成褐色的糖醛化合物。熏制品的外观呈现出很深的红褐色。

烟熏制品的基本加工过程为：原料经预处理后腌制，经除盐、清洗、晾干后放入烟熏室进行烟熏，烟熏后经后处理即得成品。

烟熏的方法有冷熏法、温熏法、热熏法、电熏法和液熏法。

(1) 冷熏法　是以储藏为目的的烟熏方法。原料经长时间腌渍，并且含盐量稍高；在低温（15~30℃，常在22℃以下）经长时间（1~3周）烟熏处理。其成品的水分含量通常为40%左右，可储藏1个月以上，但风味不及温熏法。

(2) 温熏法　是以调味为目的的烟熏方法。原料用含有适量食盐的调味液短时间腌渍后，进行烟熏处理。温度一般为50~80℃（有时高达90℃），烟熏时间较短（2~12h）。此法为肉制品厂广泛使用。烟熏后要进行水煮。成品的水分含量为45%~60%，储藏性较差。欲长时间储藏时，则要结合冷藏、罐藏等手段。其风味优于冷熏法。

(3) 热熏法　此法在德国广为采用。烟熏温度高（120~140℃）、时间短（2~4h）。成品的水分含量高，储藏性差，通常烟熏后立即食用。

(4) 电熏法　将导线装设于烟熏室中，施以10000~20000V高电压，以产生电晕放电。电熏设备有多种设计。将原料悬挂于导线上，两排一组，构成电极。放电后，使来自烟熏室下部的熏烟带上离子，移向作为正负电极的原料，然后迅速地附着并深层渗透。电熏法与在同样温度下进行的温熏法相比，可节省1/2的时间，成品的储藏性也好。

(5) 液熏法　是用液烟（又称熏液）进行熏制的方法。熏烟中含有多种多环芳烃类化合物。其中至少有两种化合物——苯并芘与苯并蒽被认为是致癌物质。熏烟中的多环芳烃类是以颗粒状存在。在液烟的制备过程中，通过沉降、吸附以及过滤，可去除这些悬浮颗粒，从而消除致癌物质。液烟通常是硬木烟的水提取物，也有的是油提取物。一种较新型的液烟是以糊精为主剂，称为糊精液烟。液烟的使用，避免了熏烟排放造成的空气污染，可以大大简化烟熏操作，更适于连续生产。而且，液烟的风味也非常自然。

液烟的施用方法，可以是直接添加，浸渍，表面施用或热再生（使液烟通过加热系统重新产生熏烟）。

(6) 烟熏室　原始的烟熏室比较简单。随着烟熏技术的发展，烟熏室的设计日益复杂。它可以控制温度与湿度，还可以控制风量与熏烟的密度。现代设计的烟熏室，有手动控制的，也有完全自动操作的，后者是使用各种计算机进行程序控制。

三、速冻干燥

在冷冻冰箱内冷冻食品，抽出柜内的空气，冰被汽化，这一过程称为速冻干燥。该过程是在低压下通过水分升华干燥冷冻食品。升华是把冰转化为水汽而不经过液态的过程。采用速冻干燥法处理的食品损失的分量不多，但重量变得很轻，在加水后，食品又散发出天然的味道。采用速冻干燥法有许多优点，它能保持食品的干燥，可长期保藏；保藏食品所占用的仓库面积比其他方法小，一般干食品占用的储存面积仅为新鲜食品的10%；干食品容易运输和存放，并且干燥的成本和储藏所需的费用低于其他保藏方法。此外，干食品买来后没有任何损耗，容易控制分量与成本。

冻干食品具有的多孔海绵状结构，在复水时水分易进入。市场上已有的冻干产品包括蔬菜类、水果类、肉禽类、水产品类、方便食品类、饮料类、调味料类、保健食品类、食品工业原料类及其他制品。

将食品先进行低温冷冻,然后再放在真空条件下加温干燥,使食品中经冷冻而结成的水分由固态直接变成气态挥发,所以又称升华干燥食品。

这种食品的优点是营养素能完好地保存,保存的时间可以很长。由于食品是在真空条件下脱水的,食品内部的组织和脉络系统受到的破坏很少,复水后可恢复到原来食物的性状和滋味。一般都是小包装,所以携带也十分方便。

冻干食品具有的多孔海绵状结构,虽然在复水时水分易进入,但带来了新的问题。一方面,当产品暴露于空气中时易吸潮,发生氧化降解;另一方面蓬松的外观结构体积较大且易碎,不利于包装、运输和销售。因而对于冷冻干燥食品的包装、贮运和销售也同样是重要的研究方向。

市场上已有的冻干产品包括蔬菜类、水果类、肉禽类、水产品类、方便食品类、饮料类、调味料类、保健食品类、食品工业原料类及其他制品。

果蔬营养价值高,但是容易变质腐烂,一般都很难运输和长期储藏,具有较强的时令性和地域性。随着技术的革新与发展,对果蔬进行深加工形成脱水蔬菜和冻干果蔬,将果蔬中所含过多水分脱去,而果蔬中所含叶绿素和维生素仍能保存,食用时只要将果蔬浸入清水中即可复原,并保留果蔬原来的色泽、营养和风味。冻干果蔬脆片越来越流行,据相关部门统计,我国脱水蔬菜出口量迅猛增加,尤其是在世界总产量中的比例也越来越大。

果蔬脆片现在成为一类新型食品,目前已有的蔬菜包括番茄、辣椒、莲菜、卷心菜、香菜、香葱、洋葱、菠菜、香菇、山药、西蓝花、胡萝卜、甘薯等,水果也包括龙眼、香蕉、苹果、哈密瓜、草莓、菠萝、桃子、葡萄等。一些学者对冻干技术进行了研究,结果表明冻干技术能够更好地保留原材料的营养且口感较其他干燥方式更好。李裴研究了胡萝卜干燥技术,结果表明相较于热风干燥和真空干燥,真空冷冻干燥对样品品质影响最小。申江等人对龙眼进行真空冷冻干燥后,龙眼的原有风味不改变,尤其是复水后形态、风味和口感与鲜龙眼相比差异不大。黄劲松研究表明真空冷冻干燥后蘑菇复水性、维生素保留率均高于热风干燥,而形变和褐变程度均低于热风干燥。

四、冷藏

冷藏新鲜食品只是抑制食品腐烂,并不能最终组织食品腐烂,冷藏的目的是减缓食品腐败速度。在-1~8℃,冷藏室温度越低,微生物生长越慢,使食品的味道、颜色、组织及营养成分变坏的生物化学反应就越慢。食品在冷藏前不能受到污染,这一点非常重要,在这个温度范围内降低食品温度,能减少中毒的危险。

食品保藏能延缓食品变质速度并持其新鲜度,但保藏期较短。冷藏水果和蔬菜等植物食品时,保藏期可达几个月;冷藏肉、禽、乳和水产动物性食品时,保藏期一般为一星期左右。

其原理为新鲜食品的腐败变质是本身所含的多种酶和受外界污染的微生物所引起的一系列化学变化造成的。酶的催化作用和微生物的繁殖都需要适当的温度,如降低食品的温度,则二者的活性都将受到相应地抑制。

五、速冻

速冻就是将食品装在浅盒里,放入空心搁板上,通过低温制冷剂,根据食品的大小,在冻结室停留 60~90min，达到食品冷冻。

速冻食品是通过急速低温（-18℃以下）加工出来的速冻食品，食物组织中的水分、汁液不会流失，而且在这样的低温下，微生物基本上不会繁殖，食品的安全有了保证。

速冻食品是指以米、面、杂粮等为主要原料，以肉类、蔬菜等为辅料，经加工制成各类烹制或未烹制的主食品后，立即采用速冻工艺制成可以在冻结条件下运输贮存及销售的各类主食品，如速冻包子、速冻饺子、速冻汤圆、速冻馒头、花卷、春卷等。

水饺、汤圆、面点、粽子、馄饨是目前速冻市场的前五受欢迎食品，其中水饺约占整个速冻食品销售额的50%以上，汤圆约占据20%的市场份额，面点、粽子、馄饨、春卷及地方特色小吃等约占30%左右。

速冻食品是将需速冻的食品，经过适当的前处理，通过各种方式急速冻结，经包装贮存于-20~-18℃（一般要求，不同食物要求温度不同）的连贯低温条件下送抵消费地点的低温产品，其最大优点是完全以低温来保存食品原有品质（使食品内部的热或支持各种化学活动的能量降低，同时将细胞的部分游离水冻结，及降低水分活度），而不借助任何防腐剂和添加剂，同时使食品营养最大限度地保存下来。具有原食品美味、方便、健康、卫生、营养、实惠（错开季节，提升食品价值，创造更高效益）的优点。

一般来讲，速冻食品质量总是高于缓冻食品，速冻可以很好地避免冻藏过程中因冰晶体成长给冻结食品带来的不良影响，从而影响食品的口感及营养，因此不需添加任何防腐剂和添加剂。

第四节　食品采购、库存与食品安全监管

一、食品采购

采购是企业向供应商获取商品或服务的一种商业行为，企业生产经营活动所需要的物资绝大部分通过采购获得，采购是企业物流管理的起点。

采购，是指企业在一定的条件下从供应市场获取产品或服务作为企业资源，以保证企业生产及经营活动正常开展的一项企业经营活动。是指个人或单位在一定的条件下从供应市场获取产品或服务作为自己的资源，为满足自身需要或保证生产、经营活动正常开展的一项经营活动。

二、食品库存

狭义的库存是指仓库中处于储存状态的物品。广义的库存还包括处于生产加工状态、运输状态和销售状态的物品。

1. 作用

（1）缩短订货提前期。

（2）稳定作用。成品库存可将外部需求和内部生产分隔开。

（3）分摊订货费用和调整准备费用。

(4) 防止短缺。
(5) 防止中断。
(6) 需求方订货量少。

2. 分类

按照企业库存管理目的的不同，库存可以被分为以下几种类型。

(1) 经常库存　经常库存又称周转库存，这种库存是指为满足客户日常的需求而产生的。保持经常库存的目的是为了衔接供需，缓冲供需之间在时间上的矛盾，保障供需双方的经营活动都能正常进行。这种库存的补充是按照一定的数量界限或时间间隔进行的。

(2) 安全库存　为了防止由于不确定因素（如突发性大量订货或供应商延期交货）准备的缓冲库存称为安全库存。有资料表明，这种缓冲库存约占零售业库存的1/3。

(3) 加工和运输过程库存　处于流通加工或等待加工而暂时被存储的商品称为加工库存。处于运输状态（在途）或为了运输（待运）而暂时处于储存状态的商品称为运输过程库存。

(4) 季节性库存　季节性库存是指为了满足在一定的季节中出现的特殊需求而建立的库存，或指对在特定季节生产的商品、在产成的季节大量收存所建立的库存。

(5) 沉淀库存或积压库存　沉淀库存或积压库存是指因商品品质出现问题或发生损坏，或者是因没有市场而滞销的商品库存，超额储存的库存也是其中一部分。

(6) 促销库存　促销库存是指为了与企业的促销活动相配合而产生的预期销售增加所建立的库存。

(7) 时间效用库存　时间效用库存是指为了避免商品价格上涨给企业带来亏损，或为了从商品价格上涨中得到利益而建立的库存。

三、食品安全监管

监管系统是面向中小型食品经营商（超市、商店、食杂店等）的食品进销存一体化的管理系统，为经营者提供最简捷、明晰的进销存管理解决方案，达到了行政监管行为与食品经营行为的有机结合和高效运作，提升了食品安全长效监管水平。

食品安全监管的概念是国家职能部门对食品生产、流通企业的食品安全行使监督管理的职能。具体是负责食品生产加工、流通环节食品安全的日常监管；实施生产许可、强制检验等食品质量安全市场准入制度；查处生产、制造不合格食品及其他质量违法行为。全面发展食品安全监管工作和法律法规的读本，让每一位公民都意识到食品安全的重要性。

第五节　粮食类产品采购与库存控制

一、采购

采购可分为超市购买、店铺购买及农产品用户订购。

粮食作物又称"食用作物""粮谷作物"。我国对谷类作物、薯类作物（包括甘薯、马铃薯等）及食用豆类作物（包括大豆、蚕豆、豌豆、绿豆、小豆等）的总称。一般用作人类主食。在营养上，谷类作物主要提供淀粉、蛋白质、维生素等，豆类作物主要提供蛋白质、脂肪等，薯类作物主要提供淀粉、维生素等。这类作物同时也是牲畜的精饲料，需用量极大，栽培面积和比重也较大。

可由承储企业自主采购，也可由市国家粮食和物资储备局组织承储企业面向全国招标采购，或在大中型粮食批发市场内竞价采购。

采购粮食是一件繁杂的事务，因为采购人员必须将所有的粮食采购齐全，缺一不可，小至盐，大到蔬菜、肉品，不论质与量均要确切计算，多买会使得成本提高与增加背负重量，少买会使得供应不足。

收购粮食需要首先明确目的，确定需要的粮食的性质、质量，然后再找粮源，若为米厂、面粉厂、饲料厂等粮食加工企业采购，可直接找粮库，如中储粮直属库，以上均为原粮，若需要成品粮，可以粮食加工企业采购。

二、库存

粮食储存管理需要满足以下要求。

（1）低水分，一般都用该温度下的安全水分储存，可避免霉变，防止生虫、鼠、雀就基本可以了。

（2）较低的温度，较小的变化幅度。低温可以防虫、防霉变。

（3）干燥密封，水分低的粮食，密闭保管可防治害虫的感染，也可用磷化铝熏蒸杀虫后保持效果。但水分大、温度高的粮食必须通风或晾晒。

粮食类谷物应放在密闭、干燥容器内，置于阴凉处。勿存放太久或潮湿之处，以免虫害及发霉。生薯类如同水果蔬菜，处理整洁后用纸袋或多孔塑料袋套好放在阴凉处。

粮食仓库有如下几种常见的粮食保存法。

（1）无氧保存法　先将要存放的大米放在通风处摊开晾吹（注意不宜在阳光下暴晒）干透，然后将大米装入透气性较小的无毒（食品用）塑料口袋内（宜装满），扎紧袋口，放在阴凉干燥处，这样大米可以保存较长时间。

（2）花椒防虫保存法　花椒是一种自然抗氧化物，具有特殊的香味，有驱虫作用。具体方法是将20~30粒花椒放在锅内，加适量水（以能湿透盛米口袋为宜）置炉火上煮出花椒香味后端锅离火，将盛米口袋放入花椒水中湿透后取出晾干，然后将大米倒入口袋内。另用纱布包几小包花椒，分放在米袋的上、中、底部，扎紧袋口，将米袋放在阴凉通风处，即可防止大米生虫。

（3）草木灰吸湿保存法　在盛米的缸底，铺上一层草木灰（最好将草木灰装在纱布口袋内，放在缸底部），然后倒入晾干吹透的大米，并将米缸盖严，置于阴凉干燥通风处，即可保存较长时间。

（4）海带防虫保存法　干海带具有很强的吸湿能力并具有杀虫和抑制霉菌的作用。保存大米时，大米和海带以100∶1混装，经10d左右取出海带晾干、吹干，然后再放回米中，这样反复几次后即可防止米霉变和生虫。

第六节　果蔬类产品采购与库存控制

一、采购

1. 进货途径

果蔬类产品进货有以下两种途径。

①本地的大型批发市场，优点：可以直观地看到货源，送货方便。

②在网上批发购买，优点：价格便宜；缺点：产品质量无法确定。

2. 挑选

水果蔬菜在挑选的时候，注意以下几点。

①按照蔬菜水果的栽培管理和质量认证方式，可以分为普通产品、无公害产品、绿色食品产品和有机产品四类。有认证的产品，安全性会比没有认证的更好。

②大部分水果可以存放一段时间，但蔬菜贵在新鲜，特别是绿叶蔬菜。如果采收后放在室温下，维生素的分解速度非常快，有毒物质亚硝酸盐的含量却会迅猛上升。所以蔬菜应当储藏在冷柜当中，而不是露天存放。

③新采摘的瓜果和蔬菜上可能会存在农药残留，勿立即食用，可存放一定时间，来减少农药的残留量。此法适用于冬瓜、红薯等不容易腐烂的瓜果，存放 10~15d 即可。

④将购买回来的新鲜蔬菜捆好，垂直竖放，可以使蔬菜显得翠绿鲜嫩而挺拔，这样也会使蔬菜本身的维生素损失减少，对人体有益。

⑤将新鲜蔬菜上枯黄腐烂的叶子摘除，然后整齐的码放在洁净干燥的塑料袋中，将袋口扎紧，放置通风阴凉处，可以保存 2~3d。

⑥用报纸把蔬菜包裹起来，然后将蔬菜根部朝下垂直摆放入塑料袋中，可增长蔬菜保存时间。

二、蔬菜类产品储存法

除去败叶尘土及污物，保持干净，用纸袋或多孔的塑料袋套好，放在冰箱下层或阴凉处，趁新鲜食用，贮存越久，营养损失越多。冷冻蔬菜可按包装上的说明使用，不用时保存于冰冻库，已解冻者不再冷冻。在冷藏室下层柜中整理未清洗过的，可放 5~7d，清洗过沥干后，可放 3~5d。

（1）保存叶菜类最重要的就是保留水分，同时又要避免叶片腐烂。最简单的方法是利用旧报纸，在叶片上喷点水，然后用报纸包起来，根部朝下放入冰箱冷藏室，可有效延长保存时间，留住新鲜。

（2）冬季购买的韭菜、蒜黄等青菜，如果一时吃不完，可用新鲜的大白菜叶包好，放在阴凉的地方，可保鲜数天。

（3）生菜只要放一段时间就会逐渐变软并变色，可将菜心去除，然后将湿润的纸巾塞入菜心处让生菜吸收水分，等到纸巾较干时将其取出，再将生菜放入保鲜袋中冷藏。

(4) 大蒜、葱、姜、辣椒大多为调味品，保存时最好能保持原貌。大蒜的保存方式与洋葱类似，可将其放入网袋中，然后悬挂在室内阴凉通风处，或是放在有透气孔的专用陶瓷罐中。而姜分为老姜和嫩姜，老姜不适合冷藏保存，可放在通风处和沙土里，嫩姜应用保鲜膜包起来放在冰箱内保存。

三、水果类产品储存法

如同蔬菜类，先除去尘土及外皮污物，保持干净，用纸袋或多孔的塑料袋套好，放在冰箱下层或阴凉处，趁新鲜食之，贮存越久，营养损失越多。去果皮或切开后，应立即食用，若发现品质不良，即停止食用。水果打汁，维生素容易被氧化，应尽快饮用。

(1) 冷藏的水果不要洗，最好先用纸袋裹住，防止水分蒸发，如果没有纸袋也可选择塑料袋，但是需要在塑料袋上扎些小孔以便通气，避免水果蒸发的水分使微生物滋生。

(2) 注意贮藏温度，每种水果的适宜保存温度和保质期不尽相同，而一般冰箱的贮藏温度在 3~6℃，如果这个温度不是最适温度的话就会使保质期变短。所以买回来的水果最好尽快吃完，一般以一周以内最好。对于一些热带水果，比如香蕉、菠萝、木瓜、芒果等，它们的最适保存温度比较高，所以没有必要非得放在冰箱中。只要室温阴凉贮存即可。如果贮存的温度过低，反而会导致果皮凹陷或者产生斑点或褐变，比如香蕉放在冰箱，皮很快就会变黑。

(3) 某些水果在贮存时会产生乙烯，有催熟的作用。比如苹果、梨、香蕉等，最好将它们跟别的水果分开贮存，以免加速水果的成熟和老化，影响质量。

(4) 水果去皮后，如不马上吃完，过一段时间空气会对水果起氧化作用，使其表面变成浅棕色。可将削皮的水果浸泡在凉开水中，既可防止氧化而保持原有色泽，还可使水果清脆香甜。

第七节 畜禽类产品采购与库存控制

一、采购

畜禽是指可供发展畜牧业的牲畜、家禽等，是人类主要的动物蛋白来源。购买鲜、冻畜禽肉，应尽量选择证照齐全且具备冰箱、冰柜等制冷设备的商超或农贸市场。购买猪肉时，要注意查看"两证两章"（即动物产品检疫合格证、肉品品质检验合格证、动物检疫验讫印章、肉品品质检验验讫印章）；购买牛肉、羊肉、禽肉等其他畜禽肉时，要注意查看动物产品检疫合格证与动物检疫验讫印章；对于进口肉类，可索要并查看入境货物检验检疫证明。无相关证章或证章不全的，应避免购买。购买鲜畜禽肉时，应仔细观察其感官指标是否正常。如表面是否有一层微干、有光泽的外膜；表面是否微干或湿润，但不黏手；按压后凹陷是否立即恢复，无异味。购买冻畜禽肉时，应重点查看冷冻展示柜运行温度是否正常。如有包装，应选择包装完好、标识清晰的产品，避免购买解冻变软、包装袋内冰霜较多的产品。

我们在选购畜禽产品时，可遵循以下原则。

(1) 到正规的超市或农贸市场购买；
(2) 购买有明确生产单位和生产日期的畜禽产品；
(3) 购买有畜禽检疫检验合格证明的畜禽产品。

二、库存

肉和内脏应清洗，沥干水分，装于清洁塑料袋内，放在冻结层内，但也不要贮放太久。若要碎肉，应将整块肉清洗沥干后再绞碎，视需要分装于清洁塑料袋内，放在冻结层；若置于冷藏层，时间最好不要超过24h；解冻过的食品，不宜再冻结贮存。贮存在冰箱的冷冻室与冷藏室的肉类，时间的期限如下。

牛肉类：新鲜肉品如内脏，在冷藏室只可放1d，绞肉1~2d，肉排2~3d，大块肉2~4d；在冷冻室，内脏可贮存1~2个月，绞肉2~3个月，肉排6~9个月，大块肉6~12个月。

猪肉类：新鲜猪肉在冷藏室可放2~3d，绞肉1~2d，大块肉2~4d；在冷冻室，绞肉可放1~2个月，肉排2~3个月，大块肉3~6个月。

鸡鸭禽类：鸡鸭肉在冷藏室可贮存2~3d；在冷冻室可储放1年。鸡鸭肝可冷藏1~2d；冷冻3个月。

(1) 畜禽肉的种类及主要营养成分　蛋白质含量比谷类的高，脂肪含量因动物的品种、年龄、肥瘦程度、部位等不同有较大差异。碳水化合物主要以糖原的形式存在于肌肉和肝脏中。维生素主要以B族维生素和维生素A为主。矿物质的含量一般为0.8%~1.2%。

(2) 畜禽肉蛋白质和脂肪组成特点　畜禽肉蛋白质氨基酸组成接近人体组织的需要，生物价较高；赖氨酸含量较多，但甲硫氨酸相对较低。畜肉脂肪组成以饱和脂肪酸为主，熔点较高。禽肉脂肪含有较多的亚油酸、熔点低，易于消化吸收。

(3) 畜禽肉的合理利用　畜禽肉蛋白质营养价值较高，宜与谷类食物搭配食用，以发挥蛋白质的互补作用。畜肉的脂肪和胆固醇含量较高，脂肪主要由饱和脂肪酸组成，食用过多易引起肥胖和高脂血症等。

肉类买回来后，按照每顿吃的量切成小块，用保鲜膜包裹放入冰箱中，吃的时候拿一个出来化冻。如果想加快化冻的速度，可以泡在清水里，或者用微波炉的化冻功能。保存肉馅的时候，可以把包好的肉馅压成肉饼再放到冰盒里。这样化冻的时候，肉馅和外界的接触面比较大。如果是肉团的话，易出现外部化了内部还冻着的现象。肉类和水产品都需要去腥，否则腥味会影响菜的味道。可以用来去腥的东西有很多，最常用的是料酒，也就是黄酒。如果不喜欢料酒的味道，还可以用红酒、白酒代替。

在日常生活中，人们都有储藏保鲜猪肉及猪肉制品的习惯。肉与肉制品的储藏保鲜方法很多，传统方法主要有干燥法、盐腌法、熏烟法等；现代储藏方法主要有低温冷藏法、罐藏法、照射处理法、化学保藏法等。现介绍几种常见储藏保鲜方法。

1. 低温贮藏法

低温贮藏法是在冷库或冰箱中进行，是肉和肉制品贮藏中为实用的一种方法。在低温条件下，尤其是当温度降到-10℃以下时，肉中的水分就结成冰，造成细菌不能生长发育的环境。但当肉被解冻复原时，由于温度升高和肉汁渗出，细菌又开始生长繁殖。所以，利用低温贮藏肉品时，必须保持一定的低温，直到食用或加工时为止，否则就不能保证肉的质量。肉的冷藏，可分为冷却肉和冷冻肉两种。

(1) 冷却肉　主要用于短时间存放的肉品，通常使肉中心温度降低到 0~1℃。具体要求是，肉在放入冷库前，先将库（箱）温降到-4℃左右，放入肉后，保持-1~0℃，可保存 5~7d。经过冷却的肉，表面形成一层干膜，从而阻止细菌生长，并减缓水分蒸发，延长保存时间。

(2) 冷冻肉　将肉品进行快速、深度冷冻，使肉中大部分水冻结成冰，这种肉称为冷冻肉。冷冻肉比冷却肉更耐贮藏。冷冻肉一般采用-23℃以下的温度，并在-18℃左右贮藏。为提高冷冻肉的质量，使其在解冻后恢复原有的滋味和营养价值，也可采用速冻法，即将肉放入-40℃的速冻间，使肉温很快降低到-18℃以下，然后移入冷藏室。冷藏温度越低，贮藏时间越长。在-18℃条件下，可保存 4 个月；在-30℃条件下，可保存 10 个月左右。

2. 干燥法

干燥法又称脱水法，措施是减少肉内的水分，阻碍微生物的生长发育，达到储藏目的。各种微生物的生长繁殖，一般需要 40%~50%的水分。如果没有适当的水分含量，微生物就不能生长繁殖。正常情况下猪肉、牛肉、鸡肉的含水量>77%，羊肉含水量>78%，只有使含水量降低到 20%以下或降低水分活性，才能延长储藏期。

(1) 自然风干法　根据要求将肉切块，挂在通风处，进行自然干燥，使含水量降低。例如风干肉、香肠、风鸡等产品都要经过晾晒风干的过程。

(2) 脱水干燥法　在加工肉干、肉松等产品时，常利用烘烤方法，除去肉中水分，使含水量降到 20%以下，可以较长时间储存。

(3) 添加溶质法　即在肉品中加入食盐、砂糖等溶质，如加工火腿、腌肉等产品时，需用食盐、砂糖等对肉进行腌制，可以降低肉中的水分活性，从而抑制微生物生长。

3. 腌制法

腌制法历史悠久，许多年前人们就通过腌制方法在常温下保存肉类。盐腌法的储藏作用主要是通过食盐提高肉品的渗透压，脱去部分水分，并使肉品中的含氧量减少，造成不利于细菌生长繁殖的环境条件。食盐是肉品中常用的一种腌制剂，它不仅是重要的调味料，且具有防腐作用。食盐可以使微生物脱水；对微生物有生理毒害作用；影响蛋白质分解酶的活性；降低微生物所处环境的水分活度，使微生物生长受到抑制。食盐能抑制微生物生长繁殖，但不能杀死微生物，而且有些细菌的耐盐性较强，单用食盐腌制不能达到长期保存目的。因此，要防腐必须结合其他方法使用。在生活中用食盐腌制肉类多在低温下进行，并常将盐腌法与干燥法结合使用，制作各种风味的腊肉制品。

4. 烟熏法

烟熏法常与加热一起进行。当温度为 0℃时，浓度较淡的熏烟对细菌影响不大；温度达到 13℃以上，浓度较高的熏烟能显著降低微生物的数量；温度为 60℃时，无论浓淡，熏烟均能将微生物的数量降低到原数的万分之一。熏烟的成分很复杂，有 200 多种，主要是一些酸类、醛类和酚类物质，这些物质具有抑菌防腐和防止肉品氧化的作用。经过烟熏的肉类制品均有较好的耐保藏性，烟熏还可使肉制品表面形成稳定的腌肉色泽。由于熏烟中还含有某些有害成分，有使人体致癌的风险性。因此，现在人们将熏烟中的大部分多环芳烃类化合物除去，仅保留能赋予熏烟制品特殊风味的酸、酚、醇等，研制成熏烟溶液，对肉制品进行烟熏，取得了很好的效果。

第八节　水产品采购与库存控制

一、采购

水产食品是我国动物性食品的重要来源，是我们日常生活中食用比例较大的一部分食品，它富含各种氨基酸，易于人体吸收，食用价值高于一般肉类，更是高血脂、高血压患者的最佳食品。水产品质量问题主要有：药残超标、水产品增重、漂白、防腐、甲醛超标、受水质污染等。采购时应注意以下几点。

(1) 要在具有食品生产许可证或食品经营许可证，能够提供原产地证明和产品质量证明，规范化管理，有正规保鲜或冷冻保鲜条件的超市、商户处购买，并注意索要销售凭证。

(2) 尽量购买鲜活的鱼类，尤其是肌肉或内脏带有毒素的鱼类。

(3) 做好感官检查，着重观察体表、鱼鳞、鱼鳃、鱼眼、鱼肉的新鲜程度。

二、库存

(1) 冷却保鲜　保藏温度在 0~4℃，主要有撒冰法和水冰法两种。撒冰法是将碎冰直接撒到鱼体表面的保鲜方法，此法简便易行；水冰法是先用冰将清水降低至 0℃，然后把鱼类浸泡在冰水中，待鱼体冷却到 0℃ 时即取出，改用撒冰保藏，此法一般应用于死后僵硬快或捕获量大的鱼，优点为冷却速度快。

(2) 微冻保鲜　保鲜温度在 -5~-1℃，其保鲜期一般比冷却鱼延长 1.5~2 倍。微冻保鲜主要有冰盐混合微冻法和低温盐水微冻法，目前应用于生产的尚不多。

(3) 冻结和冷藏　水产品要长期储藏，就必须经过冻结处理。其冻结方法很多，主要有空气冻结、盐水浸冻结和平板冻结等。在我国，绝大多数采用空气冻结法。

(4) 加热保藏　加热保藏是利用煮熟、蒸煮、焙烘等方法进行加热，杀死水产品中的微生物和破坏本身固有酶的活性，从而达到防止水产品变质的保藏方法。同时，还必须结合其他方法（密封包装等）才能延长保藏时间。

(5) 水产品的干制　水产品的干制加工既包括晒干、风干等天然干制法，也包括焙干、烘干、真空、冷却升华干燥等人工干燥方法。

(6) 腌制保藏　腌制方法主要有干腌法、湿腌法和混合腌渍法。干腌法又称盐渍法、撒盐法；湿腌法又称盐水渍法，它是将鱼体放入容器中，注入预先配制好的食盐溶液进行腌制的方法。混合腌渍法是前两种方法的结合，在实际生产中，一种是预先将食盐擦于鱼体，装入容器后再注入饱和食盐水；另一种是先用盐水渍后再用干盐渍，或先用干盐渍后再用盐水渍。

(7) 烟熏保藏　烟熏与腌制一样也具有防止水产品腐败变质的效用，并能形成特种烟熏风味、防止腐败变质。根据烟熏过程中加热温度情况可以区分为冷熏和热熏。制品周围的熏烟和空气混合气体的温度不超过 22℃，这种烟熏过程称为冷熏；制品周围的熏烟和空气气体的温度超过 22℃，这种烟熏过程则称为热熏，常用烟熏温度为 35~50℃。

三、防止变质与中毒

鱼类因水分和蛋白质含量高，结缔组织少，较畜禽肉更易腐败变质，特别是青皮红肉鱼，如鲐鱼、金枪鱼，其组氨酸含量高，一旦变质，会引起人体组胺中毒。

鱼类的多不饱和脂肪酸含量较高，极易被氧化破坏，产生脂质过氧化物，对人体有害。

有些鱼含有极强的毒素，如河鲀，虽其肉质细嫩、味道鲜美，但其卵、卵巢、肝脏和血液中含有毒性极强的河鲀毒素，必须妥善加工处理好才可食用。

四、采购新鲜虾蟹

水产品最大的特点是不易保存。例如，虾含有大量的蛋白质，如果发生腐坏，虾中蛋白质就会分解，产生毒素。另外，腐坏的虾中还会产生大量微生物，这些都会影响健康。因此，选择水产品时，要特别注意它是否新鲜。

新鲜的虾，壳应是青灰色的，透明有光泽，头身紧密连接。如果虾壳已经变成红色，头身破碎，最好不要购买。买虾时还应用手捏一捏，通过虾肉的手感和弹性来判断虾的新鲜度：新鲜的虾肉有弹性，不新鲜的则往往发干、发软。

河蟹一定要买活的，死蟹含有大量嗜盐菌，人吃了会有恶心、呕吐甚至中毒的症状。买时可用手指逗弄河蟹的眼睛，如果它立即有反应，就表示生命力旺盛；若眼睛突出且无反应，则可能已经死亡。另外，将河蟹拿到逆光处，根据它透光缝隙的宽窄，可确定其肥瘦（透光越窄河蟹越肥）。

水产品经过长途运输容易死亡，一些街头小餐馆往往用死虾、死蟹、死黄鳝等水产品加工成菜肴。例如，小龙虾用红油炸，就能使死去多时的龙虾立马红亮起来。还有些餐馆把死黄鳝用开水烫，让它的肉色由发暗变得鲜亮，以假乱真。对此，消费者须仔细辨别。

再看口感。新鲜的水产品加工后，肉仍然会有弹性，肉质细腻；而死去的水产品，往往肉质粗糙，没有弹性，吃上去软。其次是味道，死去的水产品往往带有一股异味，即使做熟了，也不能完全消除。

如果是家中烹调水产品，一定要烹调熟透。水产品中含有的化学污染物容易挥发，加热的时间越长，毒素就越少。水产品质量新鲜非常重要，采购运输距离越短越好。

(1) 有水活养　一般像鱼类、贝类这类型的水产品会比较适合有水活养。在养水产品的容器要注意水中的氧气充足，定时换水，保持干净、整洁。如果是海鱼类水产品还要确保水中的盐分含量足够，温度的适宜和光线的亮度。

(2) 无水活养　一般像螃蟹这类型的水产品会比较适合无水活养。但是，在家中养螃蟹的时候，须把螃蟹的爪用绳子扎紧防止它们走动。有些水产品，也可放在冷藏柜中低温无水活养，比如：大闸蟹、象拔蚌等。

(3) 冷藏　在把水产品冷藏前，我们应该先把水产品处理好，把水产品的内脏去除，并且清理干净。冷藏的温度要按照水产品冷藏的时间的长短来决定。比如：像贝类可以把其肉从壳中剥离放入水中冷藏。

五、储存

(1) 鲜鱼的贮存

①若是冻鱼，先把鱼洗干净后，将鱼里所有的脏器去除干净，放入一干净的塑料袋，再

冷藏起来。若是鲜鱼,在冷藏之前还应先在80℃左右的热水中浸泡几秒钟,直至鱼的表面变白后再冷藏。

②若要存放活鱼,可用浸湿的纸贴在鱼眼睛上,这样过了半天后仍是活的。

(2) 鲜虾的储存 将鲜虾用油浸一下,鲜虾就会断生,这样其红色就不会褪掉,并能保住鲜味。

(3) 干虾籽的储存 将干虾籽装入布袋内,放2个大蒜,这样既不变质,又能防虫蛀。

(4) 活蟹的存养 将蟹放入一个敞口比较大的容器里,放进沙子、清水、芝麻和打碎的鸡蛋。装活蟹的容器应放在阴凉处。

第九节 乳制品采购与库存控制

一、采购

乳制品是指使用牛乳或羊乳及其加工制品为主要原料,加入或不加入适量的维生素、矿物质和其他辅料,使用法律法规及标准规定所要求的条件,经加工制成的各种食品。

消费者购买乳制品要尤其关注以下三点:首先,通过产品标签标识辨别所购买乳制品的种类,即巴氏杀菌乳、超高温灭菌乳、发酵乳或调制乳等。其次,通过查看配料表,确认是用生鲜乳生产的还是添加了乳粉(复原乳)。第三,查看生产日期,选择保质期内的乳制品,另外还需要注意,从乳畜乳房挤出的生鲜乳不宜直接食用,应经过巴氏杀菌工艺或超高温灭菌工艺进行加工处理后才能饮用。超高温灭菌牛乳虽可以常温保存,但开封后应尽快食用,未食用完的必须密封后冷藏保存。

(1) 查看包装是否标明市场准入相关标志、厂名、厂址、生产日期、保质期、配方标准、保存条件等。以上信息如果没有标注清楚或者缺少必要信息,说明此商品生产厂家、进货渠道可能有问题,其质量很难得到保证。

(2) 乳制品均经过灭菌后密封装,食用时如发现有胀袋、漏液、沉淀、过多的泡沫或有异味等,请不要食用,要及时要求商家退换或向工商部门举报。

(3) 尽量选择信誉较好的企业和商家的产品进行消费,不要贪图便宜而购买来路不明的乳制品。

(4) 购买商品索取销售凭证。如果发现所购买的乳制品有质量问题,销售凭证是唯一的退换货和维权的依据。

二、库存

瓶装乳最好一次用完,未开瓶之鲜乳若不立即饮用,应放在5℃以下冰箱贮藏。未用完之罐装乳,应自罐中倒入有盖的玻璃瓶内,再放入冰箱,并尽快饮用。会滚动的罐装或瓶装牛乳,最好不要放在冰箱门架上,乳粉以干净的勺子取用,用后紧密盖好,仍要尽快使用。奶油可冷藏1~2周,冷冻2个月。

乳与乳制品是营养价值很高的食品,也是糕点的主要辅料。它能提高制品营养,增进制品风味，改良面团性能。饼干、面包、蛋糕配方中常用的乳品有鲜牛乳、炼乳、全脂乳粉、脱脂乳粉以及奶油。贮藏特性与贮藏方法分述如下。

（1）鲜牛乳　含水量为87.5%~87.6%，脂肪为3.4%~3.8%。呈乳白色，具有鲜乳香味。易受微生物污染而变质。使用前需在低温条件下贮藏以免败坏。使用时要应用巴氏杀菌法杀菌，不允许使用防腐剂。鲜牛乳要在当天及时食用，冬季最长不宜超过8h，夏天要在1~2h用完。

（2）甜炼乳　含水量为26.5%，脂肪为8.5%，它是鲜牛乳经巴氏杀菌的加糖浓缩制品。含糖量高达53%~57%，贮藏期长。炼乳开罐后不宜久放，最好一星期内用完。夏天高温季节使用时间更要缩短，以免变质。

（3）乳粉　含水量为2.3%，脂肪为25%~30%，蛋白质为25%。它是经巴氏杀菌、真空浓缩、喷雾干燥制成的。呈淡黄色干燥粉状。具有鲜牛乳固有香味。分为全脂、脱脂或加糖等制品。由于是高蛋白制品，易于吸湿返潮、结块变质。贮藏期如遇高温，易于酸败。由于以上特性，塑料袋装乳粉在启封后应立即装入瓶内，罐装的同样要在用后随即盖紧密封。存放在干燥、阴凉、通风处。

（4）奶油　含水量为16%，脂肪为80%。呈微黄色，具有鲜乳香味，组织均匀、光滑、结实。在高温条件下易于酸败变质，要采用低温贮藏。鉴于以上特性，一次用不完的奶油要放在冰箱内贮藏。

以上各种乳制品，罐装的贮藏期为一年，瓶装的一般不超过九个月为宜。

三、注意

（1）分清两种灭菌乳，目前液态乳制品分为超高温灭菌乳和巴氏灭菌乳两种。前者保存时间长不易变质。后者在杀灭有害细菌的同时能最大程度保留对人体有益的菌种，但其保质期很短，多为3~4d，如果冷藏不符合要求，容易变质。

（2）贮存温度并非越低越好，贮存温度过低（-2~10℃），虽能使乳中多数细菌死亡，但对牛乳的化学结构、还原后的组织状况等都会有所影响。

（3）市场上的乳制品品种繁复，巴氏灭菌乳、超高温灭菌乳和含乳饮料的配料和营养等都有不同：巴氏灭菌乳是以生鲜牛乳为主料，不增加任何辅料；超高温灭菌乳是以生鲜牛乳或乳粉为主料，不增加任何辅料；含乳饮料是以生鲜牛乳或乳粉为主料，增加水、甜味剂、果味剂等成分配制成的产品；巴氏灭菌乳、超高温灭菌乳中的蛋白质含量一般不低于2.9%，含乳饮料一般不低于1.0%。

（4）巴氏灭菌乳一般不用加热煮沸，已做灭菌处理，能够直接饮用。

（5）超高温灭菌乳（纯牛乳）是指牛乳在超高温度（135~140℃）下灭菌数秒（一般3~4s）；经过超高温灭菌杀灭牛乳中所有微生物；无须低温保存，贮存期长。

（6）巴氏灭菌乳（鲜牛乳），是对生鲜乳选用低温（一般为72~85℃）的巴氏灭菌法加工成的牛乳。既能够达到安全饮用标准，又能最大限度保存生鲜乳的营养和风味。灭菌后仍存在部分耐热的细菌，因而要求在2~6℃的温度下保存，且只能保存2~7d。

第十节　茶叶采购与库存控制

一、采购

茶馆选购茶叶，质量是关键，价格不贵的新鲜好茶是理想的追求。下面详细说明茶叶新旧与质量好坏的区别。观形色上等的茶叶色泽、大小、长短、粗细、形状应整齐一致，不同的茶类也有各自不同的外形要求，如铁观音色泽乌润、翠绿或墨绿、带光泽、外形紧实；而陈旧劣质茶，色泽发黄灰褐、无光泽，外形较松散。

还可用摸茶的身骨来加以判断，重实光洁为佳，轻飘粗糙为次。闻香，新鲜茶叶有自然的茶叶清香气味，被誉为"天下第一香"，其天然香气非人工添加，闻起来心旷神怡；而陈旧劣质茶有陈旧味或霉味，气味古怪不自然。

选一家信誉良好的茶商作为合作伙伴也很重要，因为茶叶的购买涉及茶叶的新鲜与茶叶的保管是否恰当、茶叶的等级是否以次充好、价格是否合理等诸多问题，信誉良好的茶商在以上方面才有保障。

1. 选购茶叶

（1）看茶叶干燥程度　一般售卖的茶叶都是经过干燥处理的，在购买茶叶的时候，如果出现潮湿情况，一般说明茶叶质量已出现问题，不可购买。

（2）看茶叶新鲜度　茶叶上布满灰甚至发霉，说明茶叶已变质，不可购买。

（3）看茶叶成色　茶叶在储存过程中，由于受空气中氧气的氧化以及光的作用，色泽会有明显的老化。如绿茶中的叶绿素被破坏分解，色泽会从翠绿色慢慢地变成枯灰黄色。绿茶中的维生素 C 被氧化后会产生茶褐素，使茶汤变得黄褐不清。红茶中的茶多酚氧化后会使色泽由乌润变成灰褐色。

（4）找正规商家　一定要找正规商家购买，以保证茶叶质量。

（5）品尝味道　茶叶中氨基酸在储存过程中逐渐被氧化，茶叶鲜爽味就相应逐渐减弱或变得"滞钝"。茶叶中的酯类物质被氧化后，会使茶的滋味由醇厚变得淡薄。好的茶叶泡出的水，会有一股清新的味道，让人喝后神清气爽，而过期的茶叶，往往有怪味，所以尝茶水的味道也是很有必要的。

（6）看茶叶饱满程度　一般刚晒不久的茶叶都是饱满的，茶水的味道也很醇厚。

2. 品汤观色

好茶，特别是新鲜茶叶泡出的茶，汤色翠绿或金黄，茶味甘香可口、回甘持久；而陈旧劣质茶则汤色深褐、浑浊。选购茶叶还要依据茶客们的反馈信息，如茶好坏、新鲜与否、茶客喜好哪种茶等，由此来调整选购茶叶的种类和数量。以下以勐海茶为例说明其特点。

（1）干茶的气味很特别，比如，勐海茶的干茶味道有棉布汗衫晒干的气味，别的普洱茶味道要么类似这种气味，要么类似植物干枝的气味，尽量贴近干茶嗅气味，在打开包装时立刻闻。干茶的味道让人容易联想到阳光晒东西的气味。

（2）干茶的茶面也不尽相同，正宗普洱生茶的干茶应是青黑色以及夹杂黄白毫的组合，年头较长的为青黑色转红、转褐色，而黄白毫则转为金毫。索条应成梭状的多、片状的少，如果看到任何绿色甚至隐含绿色的茶面，则可以放弃购买。

（3）普洱茶干茶不应是银毫甚至全银毫，尤其银毫很肥大甚至整条都是银毫，普洱茶最嫩的春蕊青黑色的比例也约有一半以上。

（4）茶汤应该是淡黄色、黄色、琥珀黄色，茶汤颜色有温暖感。

（5）茶汤不应口味很淡、很清但却有较高的涩度。

（6）茶汤滋味不应以明显的香气为主导，尤其是芬芳类的香气或者较明显的蜜香。

（7）喝到茶汤有稳重深沉的木头味道，让人联想到纸张味道，这很有可能是正宗勐海茶。

（8）茶底的叶子不应一片红边的叶子或者一点红边都没有。

（9）茶底的叶子不应大多都不能展开，呈现多重褶皱或者呈现边缘卷曲。

（10）好普洱茶底的叶片颜色较统一，叶片都是黄绿（甚至就是黄的），叶面发亮，叶背批针毫且基本全部展开。

（11）茶底的叶片不应有明显的墨绿色或者暗绿色。

（12）茶底的叶片不应很软很弱甚至很透明，叶脉很清晰。

（13）茶底的叶片不应呈现白色或者粉白色。

二、库存

随着社会的不断发展，人们越来越关心自己的健康，食品已不是为了填饱肚子，人们更看重的是它的保健功能，食品从健康型到保健型已成为必然。茶叶作为走在前列的保健品，在一定时期内要保证其质量不受或最大限度地降低影响，有效延长茶叶保鲜期，让消费者能够买到色、香、味、形等保存完好的茶叶产品。茶叶储存就是在茶叶基本包装的基础上，确保茶叶保持原有品质所进行的一个过程。

茶叶吸湿及吸味性强，很容易吸附空气中水分及异味，若储存方法稍有不当，就会在短时期内失去风味，而且越是清发酵、高清香的名贵茶叶，越是难以保存。通常茶叶在储放一段时间后，香气、滋味、颜色会发生变化，原来的新茶叶消失，陈味渐露。因此，掌握茶叶的储存方法保证茶叶的品质是生活中必不可少的。

茶叶很容易吸湿及吸收异味，因此应特别注意包装储存是否妥当，在包装上除要求美观、方便、卫生及保护产品外，尚需要讲求储存期间的防潮及防止异味的污染，以确保茶叶品质。引起茶叶劣变的主要因素有：①光线；②温度；③茶叶水分含量；④大气湿度；⑤氧气；⑥微生物；⑦异味污染。其中微生物引起的劣变受温度、水分、氧气等因子的限制，而异味污染则与储存环境有关。因此要防止茶叶劣变必须对光线、温度、水分及氧气加以控制，包装材料必须选用能遮光者，如金属罐、铝箔积层袋等，氧气的去除可采用真空或充氮包装，也可使用脱氧剂。

茶叶储存方式依其储存空间的温度不同可分为常温储存和低温储存两种。因为茶叶的吸湿性强，无论采取何种储存方式，储存空间的相对湿度最好控制在50%以下，储存期间茶叶水分含量须保持在5%以下。

茶叶的特性和造成茶叶陈化变质的原因，从理论上讲，茶叶的储藏保管以干燥（含水量在6%以下，最好是3%~4%）、冷藏（最好是零摄氏度）、无氧（抽成真空或充氮）和避光保存为最理想。但由于各种客观条件的限制，以上这些条件往往不可能兼而有之。因此，在具体操作过程中，可抓住茶叶干燥这个必需的要求，根据各自现有条件设法延缓茶叶的陈化过程，再采取一些其他措施。

要在干燥、避光、通风好、阴凉的空间内存放茶叶，储存茶叶的器皿密封，不能和有异味（化妆品、洗涤剂、樟脑精等）的物品存放在一起，同时不同的茶叶要分开存放，尤其是花茶。应远离操作间、卫生间等有异味及潮湿的场所。另外，茶叶的干燥度高，取放时要轻拿轻放。茶叶也具有保质期，而且还有一定的储藏要求，其保质期一般为18个月，云南的普洱保质期可达20年，茶叶最简单的保存方法是用冰箱冷藏柜保存，茶叶数量少的话可以防潮包装后再放入冰箱。

（1）将茶叶装入布袋，外套塑料袋，增加抗潮能力，质量好的茶叶可装入衬有铝箔的胶合板箱，钉紧箱盖。

（2）将包装好的茶叶放入茶叶专用仓库，仓库必须高度干燥、清洁、无异味。并可配置吸湿机，经常吸去空气中的水汽，以利干燥，仓库内严禁存放有毒、有害、有异味的物品。

（3）条件允许的话，可建造冷藏库，以储藏名优茶与高档茶。

（4）空气潮湿季节，仓库胶门要少开，以免潮气入侵。

（5）塑料袋保存茶叶是目前家庭储茶最简便、最经济实用的方法之一。用较柔软的净纸把茶叶包装好，置入塑料袋内，将袋中空气尽量挤出并封口，反向套上一只塑料袋，用绳子扎好袋口，放置于阴凉干燥处，保存效果会更好。

（6）罐装储存法，铁罐存茶简单方便，随饮随意，是当前家庭储茶最常用的方法，只需把买回的茶叶放入洁净的铁罐即可。装有茶叶的铁罐应置于阴凉处，不能放在阳光直射或有异味、潮湿、有热源的地方，这样既可防止铁罐氧化生锈，又可减缓罐内茶叶陈化、劣变的速度。首先检查铁罐是否密闭，然后将干燥的茶叶装入。也可选用保温性良好的保温瓶，将干燥的茶叶放入，最后瓶口用白蜡封口，裹以胶布。或用干燥无异味的、密闭的陶瓷，先用牛皮纸把茶叶包好分别放置于坛的四周，中间放入石灰袋，然后在上面放入茶叶包，用棉花包紧即可。

本章小结

本章主要介绍了食品采购、食品库存控制的概念、食品采购的模式及管理、食品库存方式及管理；食品采购、库存与食品安全监管；粮食类产品的采购与库存控制；果蔬产品的特性、果蔬产品公路保鲜运输、果蔬冷链物流；畜禽产品在运输过程中的影响因素、畜禽产品在销售过程中的影响因素、提高畜禽产品质量安全水平的对策；水产品采购与库存控制管理；乳制品冷链物流系统；茶叶的特征等。

思考题

1. 什么是食品采购?
2. 采购组织有哪些职能?
3. 简述采购组织的模式。
4. 简述采购的基本流程。
5. 简述库存控制的必要性。
6. 简述库存控制方法。
7. 按不同标准仓库可以分为哪些类型?

第六章

食品的运输与配送管理

第一节 概述

一、食品运输配送的概念

食品运输配送是指在经济合理区域范围内,根据用户要求,对物品进行拣选、加工、包装、分割、组配等作业,并按时送达指定地点的物流活动。配送发挥了资源配置作用,而且是"最终配置",即配送是最接近用户的物流阶段。

配送的主要经济活动是送货,但应是现代送货,即是和当代科技相结合的,是"配"和"送"的有机结合,配送以用户的需要为出发点,但应该以最合理的方式满足用户需求,配送是有一定合理的区域范围的,配送与送货的一个显著不同是通过规模效益降低了送货成本。

二、食品运输管理

食品运输管理有如下要求:

(1) 运输工具必须清洁、干燥、无异味。

(2) 严禁与有毒、有害、有异味、易污染的物品混装、混运。

(3) 运输前必须进行食品的质量检查,在标签、批号和货物三者符合的情况下才能运输。

(4) 填写的运输单据要字迹清楚,内容正确,项目齐全。

(5) 运输包装必须牢固、整洁、防潮并符合相关的包装规定。在运输包装的两端有明显的运输标志。

(6) 运输过程中应将货物装叠稳固、防雨、防潮、防暴晒。装卸时应轻装轻卸,防止碰撞。

三、食品储存管理

食品入库前要将仓储室卫生清理干净,建立入库出库食品登记制度,食品及食品原料入库时要详细记录入库产品的名称、数量、产地、进货日期、生产日期、保质期、包装情况、索证情况，并按入库的时间分类存放，做到先进先出、以免储存时间过长而生虫、发霉。

食品入库前应确保储存食品的场所、设备保持清洁、通风良好，无霉斑、鼠迹、苍蝇、蟑螂，禁止存放有毒、有害物品（如：鼠药、杀虫剂、洗涤剂、消毒剂等）及个人生活用品。食品应当分类、分架，距离墙壁、地面均在10cm以上存放。

保管员要每天对仓车进行排查，发现问题及时汇报处理，避免造成不应有的损失。

贮存肉类食品要生熟分开，肉类和鱼类不得混放。冷库里要将冷冻的食品分类码放在不锈钢架上。冷冻温度保持在-18℃左右。

冷库间的冷柜只能专用贮存熟食品，保持柜内清洁，不得污染。冷柜食品用完后要进行清理消毒（使用过氧乳酸涂抹），打开柜门晾干。贮存食品温度应保持在0~5℃。煮熟的食品要冷藏时必须待食品自然凉透后才准放入冷柜内。

四、运输的原则

运输的原则包括：

（1）规模经济即随着装运规模的增长，单位货物运输成本下降。

（2）距离经济即单位运输成本随距离的增加而降低。

（3）时间经济速度经济的特点是指完成运输所需的时间越短，其效用价值越高。

五、运输的方式

1. 铁路运输

铁路运输是我国食品远距离运输的主要方式。铁路运输在食品运输中占有重要的地位。铁路运输从技术性能来看，其优点是运行速度快、运输能力大、连续性强、很少受自然条件的限制，因此可基本全年运行，运输的安全性高，到发时间的准确性也很高；从主要经济指标看，铁路运输成本比公路运输和航空运输低得多，突出缺点是灵活性较差。

铁路运输的种类分为三种：整车运输、零担运输和集装箱运输。

整车运输是指托运人向铁路托运一批货物的重量、体积、形状或性质需要一辆及其以上货车运输，应按整车方式办理托运手续。需要冷藏、保温或加温运输的食品，也应选择整车运输方式。

零担运输是指托运人向铁路托运一批货物的重量、体积、形状或性质均不需要单独使用一辆货车运输的货物，可按零担方式办理托运手续。

集装箱运输是指利用集装箱运输货物的方式，是一种既方便又灵活的运输措施，最适合价值大、运价高、易被盗窃的商品（如咖啡）的运输。

2. 公路运输

在我国，大多数生鲜食品采用卡车运输，基本上以中短途为主，是生鲜食品销售、收购、批发、转运的主要交通工具。公路运输与铁路、水路运输相比，其运输能力较低，能耗和运输成本较高，劳动生产率低。

公路运输最显著的优点是灵活性突出：空间上的灵活性，可以"门到门运输"；时间上的灵活性，可以实现即时运输，即根据食品的需求随时启运；批量上的灵活性，公路运输的启运批量最小；运行条件的灵活性，公路运输的服务范围不仅在等级公路上，还可延伸到等级外的公路，甚至许多乡村便道的辐射范围；服务上的灵活性，具体体现为能够根据用户的具体要求提供有针对性的服务，最大限度地满足不同性质的食品及不同服务水平的需求。

3. 航空运输

航空运输是运输速度最快的运输方式，由于飞机几乎可以飞越各种天然障碍，因此大大缩短了两地之间的运输距离，节省了时间。航空运输的安全性和准确性都很高，这是由于航空运输有比较完善的管理制度和使用了先进的科学技术。

空运食品可以在较短的时间内把产品运到很远的地方，并使产品质量损失减少，其主要缺点是成本太高。目前，国内仅用飞机运输高质量食品，并运往消费水准高的地方，以使销售这些食品的高额利润可以补偿额外的运输成本。

特点：速度快、成本高、可靠性差。一般只运输时效性强和价值较高的商品。

4. 水路运输

水路运输可以分为国际海上运输、沿海运输和江河运输三种形式。从技术性能来看，水路运输的运输能力最大，海船最多一次可载运几十万吨的物品。

从经济指标来看，由于水路运输的航道主要是利用天然的河、湖、海，除建设港口和购置船舶外，海上航道几乎不需投资，因此，水路运输成本最低。同时，与铁路运输相比，水路运输劳动生产率也较高。

水路运输受自然条件的影响很大，如河流流向与物流流向不尽一致，河流航道和一些港口受季节影响较大，难以保证全年通航。水路运输的速度较慢，由于水路运输的运输距离长，因此运输时间也长，特别是远洋运输的时间有的长达 6 个月左右，而且受运输条件的影响，运输的安全性和准确性难以得到保障。

船舶是水路运输的必要运输工具，目前海上运输的特征是船舶专业、大型化和高速化。例如，有专门运送冷冻食品的冷藏船，其吨位相对较小，航速较高（一般在 40.7km/h 以外），船上设置冷藏舱，对制冷、隔热有一定要求。

第二节　食品运输管理简述

一、食品运输的模式

（1）联合运输（combined transport）　一次委托，由两家以上运输企业或用两种以上运输方式共同将某一批食品运送到目的的运输方式。

（2）直达运输（through transport）　食品由发运地到接收地，中途不需要换装和在储存场所停滞的一种运输方式。

（3）中转运输（transfer transport）　食品由生产地运达最终使用地，中途经过一次以上落地并换装的一种运输方式。

二、食品运输的要求

①食品按品种、批次分类存放，防止相互混杂。成品库不得储存有毒、有害物品或其他

易腐、易燃品。食品成品码放时，与地面、墙壁应有一定距离，便于通风。要留出通道，便于人员、车辆通行，要设有温、湿度监测装置，定期检查和记录。

②用来运输食品的工具（包括车辆、轮船、飞机等）在装食品之前必须清洗干净，必要时进行灭菌消毒，必须用无污染的材料装运有机（天然）食品。要根据食品产品特点配备防雨、防尘、冷藏、保温等设施。

③必须根据食品的类型、特性、运输季节、距离以及产品保质储藏的要求选择不同的运输工具。生鲜食品的运输，应根据产品的质量和卫生要求，另行制定办法，由专门的运输工具进行。

④装运前必须进行食品质量检查。在食品、标签与账单三者相符的情况下才能装运。运输作业应避免强烈震荡、撞击，轻拿轻放，防止损伤成品外形；且不得与有毒有害物品混装、混运，作业结束，搬运人员应撤离工作地，防止污染食品。

⑤装运过程中所用的工具应清洁卫生，不允许含有化学物品。禁止带入有污染或者潜在污染的化学物品。要有防鼠、防虫等设施，定期清扫、消毒，保持卫生。

⑥运输包装必须符合食品的包装规定，在运输包装的两端，应有明显的运输标志，内容包括：始发站、到达站名称，品名、数量、体积、收发单位名称及有机食品标志。填写食品运输单据时，要做到字迹清楚、内容准确和项目齐全。

⑦不同种类的食品运输时必须严格分开，不允许性质相反和互相串味的食品混装在一个车厢中。食品应在低温或者冷藏条件下运输，严禁与任何化学品或者其他有害、有毒、有气味的物品一起运输。

⑧食品运输必须用专车。尤其是长途运输的粮食、蔬菜和鱼类必须有严格的管理措施。在无专车的情况下，必须采用密闭的包装容器。容易腐烂的食品（肉、蛋、鱼）必须用专用的密封冷藏车装运。运输有机活禽畜的肉制品的车辆应分开。严禁有机食品与化肥、农药以及化学物品一起运输。

⑨食品装车前，应认真检查车体状况。对不清洁、不安全，装过化学品危险品或者未按合同所规定提供车（船、箱）的必须及时提交运输部门进行清洁、消毒或调换，符合要求后才能装入食品。

第三节　食品配送管理简述

一、食品配送管理的概念

食品配送管理（food distribution management）是指在经济合理区域范围内，根据客户要求，对食品物品进行拣选、加工、包装、分割、组配、管理等作业，并按时送达指定地点的食品物流活动。

配送是物流中一种特殊的、综合的活动形式，使商流与物流紧密结合，是现代社会的产物。

（1）经济学资源配置方面　从经济学资源配置的角度来看，配送是以现代送货形式实现资源的最终配置的一种经济活动。这个概念包含四层含义。

①配送是资源配置的一部分，根据经济学家的理论认识，配送是经济体制的一种形式。

②配送的资源配置作用是"最终配置"，因而是接近顾客的配置。接近顾客是经营战略至关重要的内容。

③配送的主要经济活动是送货，这里强调的是现代送货，区别于旧式送货，以"现代"二字概括，即现代生产力、劳动手段支撑的，依靠科技进步的，实现"配"和"送"有机结合的一种方式。

④配送在社会再生产过程中的位置，是处于接近用户的那一段流通领域，因而有其局限性。配送是一种重要的方式，有其战略价值，但是它并不能解决流通领域的所有问题。

(2) 配送的实施形态方面　从实施形态角度来看，配送可表述为：按用户订货要求，在配送中心或其他物流节点进行货物配备，并以最合理方式送交用户。这个概念的内容概括了六层含义。

①整个概念描述了接近用户资源配置的全过程。

②配送实质是送货，但和一般送货有区别。一般送货可以是一种偶然的行为，而配送却是一种固定的形态，甚至是一种有确定组织、确定渠道，有一套装备和管理力量、技术力量，有一套制度的体制形式。所以，配送是高水平送货形式。

③配送是一种"中转"形式，是从物流节点至用户的一种特殊送货形式。从送货功能看，其特殊性表现为：从事送货的是专职流通企业，而不是生产企业；配送是"中转"型送货，而一般送货尤其从工厂至用户的送货往往是直达型；一般送货是生产什么、有什么送什么；配送，则是企业需要什么送什么。所以，要做到需要什么送什么，就必须在一定中转环节筹集这种需求，从而使配送以中转形式出现。

④配送是"配"和"送"有机结合的形式。配送与一般送货的重要区别在于，配送利用有效的分拣、配货、包装等理货工作，使送货达到一定的规模，以利用规模优势取得较低的送货成本。

⑤配送是从用户利益出发、按用户要求进行的一种活动。因此，在观念上必须树立"用户第一""质量第一"的观念。配送企业的地位是服务地位而不是主导地位。

⑥配送是以"最合理方式"进行送货，过分强调"按用户要求"是不妥的。用户要求受用户本身的局限，有时实际会损失自我或双方的利益。

二、食品配送管理的特点

(1) 规模化的配送　配送本身就是一个产业，产业规模化是产品安全、优质、低价的保证。规模化才能有丰富、稳定的货源；规模化才能有大量、稳定的消费客户；规模化才能建立一支精干、有能力、高水平的管理队伍；规模化才能有一个快速、准时、高素质的运输车队；规模化才有可能保证每天24h送货，以满足不同人群的需要；规模化才有可能形成庞大的销售网络，创立自己的品牌，提高竞争能力；规模化才能获得较高的经济效益。

(2) 配送的内容具有选择性　食品的种类很多，如粮油、果蔬、鲜肉、熟肉、乳品、面包、糕点等。由于各种产品的来源、生产或加工过程、产出时间、客户要求、产品对环境和运输要求等不同，以及大量的监测工作，一个配送系统要经营所有食品的配送是不可能的。因此，食品配送要有选择性，应把重点放在粮油、果蔬产品的配送上。

（3）配送的食品应达到可直接食用　由于人们工作节奏的加快，现代双职工家庭要求做饭省时、快捷和方便，能在休闲中进食。这就要求烹调用的食品原料可达到免选、免清洗；直接食用的生鲜食品要达到免清洗、免削皮、免分离等。当前我国市场出售的食品，特别是农产品，距离这个目标还较远。要使食品达到免分选、免清洗和免杀菌的水平，食品配送就要建立现代的农产品加工线。对直接生食用的果蔬，加工线要完成对产品的清洗、分选、去皮、分瓣、分级、杀菌和包装等加工；对烹调用的蔬菜，加工线应完成剔选、清洗、分拣、切分（切片、切条等）、杀菌和包装等加工；对粮食（如大米）等产品，加工线要完成烘干、除铁、清选、去石、色选、抛光和包装等加工。

（4）使配送形成一种文化　发达国家的食品配送都有自己的网站，在网上不仅宣传自己的产品，还讲述营养、保健、减肥、质量标准、食品标签和食品质量鉴别、食品卫生和环保等知识；报道国内外食品发展动态和食品方面的重大新闻；发布配送系统的年度报告；征求客户和消费者的意见；组织消费者到生产基地、配送中心参观、座谈；开展网上咨询和签订订单等。这是一种互动性的交流，商家对销售者的透明度很高。

（5）确定好食品配送客户　客户或销售点的范围很广，各种客户对配送商品的数量、内容、质量、包装、加工程度、配送时间等要求是不同的。配送系统应有重点的配送目标，以达到高质量、高水平的配送效果。就目前我国的国情而言，最好将产品直接送到使用者（如食堂、餐馆）或消费者手中，或者建立本系统的直销零售店。这样，食品到达消费者手中快，也容易得到用户对配送的反馈意见和保持供销平衡。大型超市都应建立自己的配送中心，一方面可以减少中间商的进场费，保证配送价格的优势；另一方面也加快了食品到达消费者手中的速度。

（6）配送的规范化　只有规范化才能保证配送的质量。规范化包括以下几点。

①建立原料和产品标准的档案：流入食品配送系统的原料可能是由农户送来的农产品（如牛乳），也可能是从食品加工厂送来的加工半成品或加工成品，这些原料的安全标准要与国际接轨。如果农产品原料来自本系统的生产基地，就要使基地生产管理规范化，以达到原料免检的水平。经过配送系统加工或再包装的食品，要按照国家相关标准建立企业标准。

②配送系统要建立管理规范：引入良好操作规范（GMP）或 ISO9000 和危害分析与关键控制点体系（HACCP）规范配送系统，各所属的连锁店在采购、配送、经营管理、财务、质量标准、服务诸方面执行系统要有统一的规范，各种规范条例都要详细说明。

③配送系统与客户签订合同：合同中除了有经济内容还要有详细的技术内容，如食品的内容、卫生指标、质量、包装和保鲜形式、送货时间和地点、接收人、食品保质期、降价和退货条件。

④制定营养合理的配餐：规范的配送系统还应配备食品营养学专家，由专家宣传并配制营养平衡、具有保健性的拼组式食品。为使消费者不发生偏食，还应建立配餐食谱，避免每天重复同一种食品内容。

三、按配送的组织形式不同分类

（1）集中配送　是指由专门从事配送业务的配送中心对多家用户开展的配送。配送中心规模大、专业性强，与用户可确定固定的配送关系，实行计划配送。集中配送的品种多、数量大，一次可同时对同一线路中几家用户进行配送，配送效益明显，这是配送的主要形式。

（2）集约化共同配送　从配送成本角度考虑，共同配送较厂家直送、一般配送更为经济。所谓共同配送，按照日本工业标准（JIS）所述，是为提高物流效率，对许多企业一起进行配送的方式。共同配送提高了车辆装载率，达到规模效应，是比较理想的选择。

（3）分散配送　对少量、零星货物或临时需要的配送业务一般由商业销售网点进行。商业销售网点具有分布广、数量多、服务面宽等特点，比较适合开展对距离近、品种繁多而用量少的货物配送。

第四节　食品配送类型及管理模式

一、食品配送类型

（1）少品种、大批量配送　这种配送方式适用于生产企业所需要的某个品种的食品量较大且要求供货稳定时采用。由于量大可采用大吨位车辆进行整车运输，这样运输量大，运输成本也可降低。少品种、大批量配送对配送中心来讲，涉及的内部设置、组织、计划等工作也较为简单，因此，配送成本较低。如水果、蔬菜、食品配料或半产品配送，大多采用此种配送方法。

（2）多品种、小批量配送　多品种、小批量配送是根据用户的要求，将所需的各种食品配备齐全，凑整装车后由配送据点送达用户。如每天向各种餐馆配送蔬菜、水果或其他食品，向各牛乳销售点配送牛乳，向超市配送各种食品等，都可采用多品种、小批量配送的方式送货。对现代食品生产企业来讲，采用这种方法配送不会造成用户增大库容量，反而有利于企业合理安排生产。但这种配送作业要求水平高，配送中心设备要求复杂，配货送货计划难度大，因此需要有高水平的组织工作保证和配合。

（3）成套配送　现在有许多食品生产企业都是利用其他食品公司生产的配料来进行终端食品生产与开发。如茶饮料的生产，可直接利用茶粉和其他配料加工生产，而不需要自己也设置茶粉生产线。对于这样一些企业，只要配送中心按时、按量将所需配料送达生产企业，即可生产出产品。这有利于生产企业实现"零库存"，从而专注于生产。

二、食品配送管理模式

食品配送管理模式是按照用户的要求，将货物分拣出来，按时按量发送到指定地点的过程。配送作业是配送中心运作的核心内容，因而配送作业流程的合理性及配送作业效率的高低都会直接影响整个物流系统的正常运行。

配送模式的分类有两种形式，一种是按配送的物品来划分，即划分为生产资料与生活资料的配送；另一种是按配送承担者来划分，即自营配送模式、共同配送模式和第三方配送模式。

生活资料是用来满足人们生活需要的劳动产品，它包括供人类吃、穿、用的各种食品、饮料、衣物、用具和各种杂品。生活资料的品种、规格较之生产资料更为复杂，其需求变化也比生产资料要快，因此，生活资料的配送不但必须安排分拣、配货和配装等工艺（或工序），而且其作业难度也比较大。此外，就生活资料中的食品而言，有保鲜、保质期和卫生等质量要求，根据这一特点，一部分生活资料的配送流程中也包含加工工序。

(1) 日用小杂品配送模式　日用小杂品主要是如下几类产品：小百货（包括服装、鞋帽、日用品等），小机电产品（如家用电器、仪器仪表和电工产品、轴承及小五金），图书和其他印刷品，无毒无害的化工产品和其他杂品。这类产品的共同特点是：有确定的包装，可以集装、混装和混载，产品的尺寸不大，可以成批存放在没有单元货格的现代化仓库中。

日用小杂品多为有包装物品，并且包装内的产品数量一般都不太多（即为小包装物品），故在这类产品的配送中很少有流通加工环节出现。日用小杂品的配送常要根据用户的临时需要来安排和组织，因而其配送量、配送路线和配送时间等很难固定下来。在现实生活中，往往都是采用"即时配送"形式和"多品种、少批量、多批次"配送的方法来向用户供货和发送货物。

(2) 食品配送模式　食品的种类很多，其形状各异，又都有保质、保鲜期。据此，食品配送有以下三种工艺流程。

鲜菜、鲜果、鲜肉和水产品等保质期短的货物配送经常选用上述包含有加工工序的食品配送模式。而就加工工序的作业内容而言，主要有以下几项：分装货物（将大包装改成小包装），货物分级，去杂质（如蔬菜去根、鱼类去头和内脏），配制半成品等。食品配送特别要强调速度和保质。据此，在物流实践中，一般都采用定时配送、即时配送等形式向用户供货。

三、按配送的形式划分的配送模式

(1) 自营配送模式　自营配送模式是指企业物流配送的各个环节由企业自身筹建并组织管理，实现对企业内部及外部货物配送的模式，是目前生产流通或综合性企业（集团）所广泛采用的一种配送模式。企业（集团）通过独立组建配送中心，实现内部各部门、厂、店的物品供应的配送。

这种配送模式因为结合了传统的"自给自足"的"小农意识"，形成了新型的"大而全""小而多"，从而造成了社会资源浪费；但是这种配送模式有利于企业供应、生产和销售的一体化作业，系统化程度相对较高，既可满足企业内部原材料、半成品及成品的配送需要，又可满足企业对外进行市场拓展的需求。

较典型的企业（集团）内自营配送模式，就是连锁企业的配送。许多连锁公司或集团基本上都是通过组建自己的配送中心，来完成对内部各场、店的统一采购、统一配送和统一结算的。

(2) 共同配送模式　共同配送是物流配送企业之间为了提高配送效率以及实现配送合理化所建立的一种功能互补的配送联合体，是一种物流配送经营企业之间为实现整体配送合理化，以互惠互利为原则，互相提供便利的物流配送服务的协作型模式，也是电子商务发展到目前为止最优的物流配送模式，包括配送的共同化、物流资源利用共同化、物流设施设备利用共同化以及物流管理共同化。共同配送模式是合理化配送的有效措施之一，是企业保持优势常在的至关重要的课题，是企业的横向联合、集约协调、求同存异和效益共享，有利于发挥集团型竞争优势的一种现代管理方法。

(3) 第三方配送模式　作为有着较新物流理念的产业正在逐步形成，在对企业的服务中逐步形成了一种战略关系。随着 JIT 管理方式的普及，无论是制造企业还是商业企业逐渐把配送业务交由相对独立的第三方进行管理。第三方配送企业根据采购方的小批量和多批次的要求，按照地域分布密集情况，决定供应方的取货顺序，并应用一系列的信息技术和物流技术，保证 JIT 取货和配货。跟其他配送模式不同，这种新型的物流配送模式主要有以下特点：

①拉动式（响应为基础）的经营模式。
②小批量、多批次取货。
③提高生产保障率，减少待料时间。
④减少中间仓储搬运环节，做到"门对门"服务，节约仓储费用和人力、物力。
⑤产生最佳经济批量，从而降低运输成本。
⑥通过 GPS 全球定位系统及信息反馈系统，保证了 JIT 运输及运输安全。

第五节　食品配送中心

一、食品配送中心的概念

食品配送中心为从事配送业务的物流场所或组织，应基本符合下列要求：主要为特定的用户服务；配送功能健全；完善的信息网络；辐射范围小；多品种、小批量；以配送为主，储存为辅。

食品配送中心是以组织配送性销售或供应，执行实物配送为主要职能的流通型节点。在配送中心为了能更好地做送货的编组准备，必然需要展开零星集货、批量进货等资源搜集工作和对货物的分整、配备等工作，也具有集货中心、分货中心的职能。为了更有效、更高水平地配送，配送中心往往还有比较强的流通加工能力。

此外，配送中心还必须执行货物配备后的送达到户的使命，这是和分货中心只管分货不管运达的重要不同之处。由此可见，如果说集货中心、分货中心、加工中心的职能还是较为单一的话，那么，配送中心功能则较全面、完整，也可以说，配送中心实际上是集货中心、分货中心、加工中心功能的综合，并有了配与送的更高水平。

二、配送中心的功能

配送中心应具备的基本功能为：进货和商检功能，保管和库存控制功能，受理订货功能，出库（分拣、配货、包装）功能，流通加工功能；送货功能，信息处理功能。而国际化配送中心除了具备基本功能外，为了适应各国的需求特点，还发展了其他专项功能。

具体来说，配送中心有以下六种主要功能。

（1）信息交换和处理功能　配送中心的上游是生产企业，下游是消费群体。在商品经济日益发达、消费需求更加多样化的今天，哪种产品更加适合消费者的口味，更加热销，哪些商品市场需要，而又无人开发，这对于最贴近消费者的配送中心来说是最清楚不过了。

（2）储存保管功能　任何商品为了防止缺货，或多或少都要有一定的安全库存，以保障生产或满足消费。

（3）分拣、配货功能　配送中心与传统意义上的仓库和运输的最大区别还在于要对所配送的货物进行分拣、加工、分装、配装。作为物流节点的配送中心，其服务对象少则几十家，多则数百家。

(4) 货物集散功能　在物流实践中，配送中心以其特殊的地位和先进的设施设备，可以把分散在各类生产企业的产品集中起来，再经过分拣、配装向众多用户送货；与此同时，还可把各个用户所需的多种货物组合在一起，形成经济、合理的货运批量，集中送达分散的用户。

(5) 流通加工功能　为了提高服务水平，扩大经营范围，提升竞争力，国内外许多配送中心均配备了一定的加工设备，由此而形成了一定的配送加工能力。它们按照用户的要求，将货物加工成必要的规格、尺寸和形状等，为用户提供方便。

(6) 衔接功能　通过开展货物配送活动，配送中心能把各种生产资料和生活资料直接送到用户手中，起到了连接生产的功能。此外，通过发货和存储，配送中心又起到了调节市场需求、平衡供求关系的作用。

三、当前我国配送中心存在的问题

(1) 规模较小，发展不平衡　配送的优越性必须在形成规模经济后才能发挥出来，然而我国长期以来受行业限制、地域分割的影响，物流网点没有统一布局，小、散、差的分散状态还普遍存在，层层设库、行行设库的现象严重，造成物流不合理布局，在此基础上建造的配送中心，规模达不到提高社会总体效益的程度，无法形成规模优势，导致配送双方的积极性受挫。

(2) 现代化程度低　首先，我国配送中心计算机的应用程度较低，仅限于日常事务管理。其次，机械化水平较低，基本上是原有物流设施转变而来的，无论是技术还是设备都比较陈旧，有的配送中心实质上等于原来的仓库，功能也仅限于原有仓库的储存、保管。

(3) 功能不健全　配送中心的基本功能远超出了仓储与运输的范围，它通过购销功能疏通流通渠道，协调供需矛盾，调剂产品余缺；通过合理化的配货、运输，消除重复运输、空载运输，提高运输工具利用率；通过集中库存减少仓库基建费用和资金占用；通过装卸搬运的现代化，加快物流速度；通过流通加工提高客户服务水平和资源综合利用程度，增加流通附加值；通过包装便利流通，促进销售；通过信息处理与反馈发挥对整个流通的指导作用，实现联动效应，并为企业和社会客户开展信息咨询服务。

目前，配送中心存在功能上的两大缺陷：一是流通加工功能上的缺陷；二是信息处理与信息反馈功能上的缺陷。此外，由于建设配送中心的资金不足，从而影响配送中心建设的规模和发展。

四、食品配送中心的类别

市场经济越发展，商品流通的规模和流通量就越大，配送中心的服务对象、服务形式、服务范围和服务功能也不尽相同。根据国内外已构建的配送中心情况来看，大体上可以分为下述几种类型。

(1) 按配送中心的经济功能划分

①供应型：供应型配送中心，顾名思义是向用户供应货物，行使供应职能的配送中心。其服务对象有两类，一是组装、装配型生产企业，为其供应原材料或半成品；二是大型商业超级市场、连锁企业以及配送网点。其特点是：配送的用户稳定，用户的要求范围明确、固定。因而，配送中心集中库存的品种范围固定，进货渠道稳固，都建有大型现代化仓库，占地面积大，采用高效先进的机械化作业。

②销售型：以配送为手段，商品销售为目的的配送中心属销售型配送中心。这种配送中心按其所有权来划分可有三种情况：一种是生产企业为直接将自己的产品销售给消费者，以提高市场占有率而建的配送中心；二是专门从事商品销售的流通企业为扩大销售而自建或合建的配送中心，我国目前拟建或在建的配送中心多属此类；三是流通企业和生产企业共建的销售型配送中心，这是一种公用型配送中心。这类配送中心的特点是用户不确定，用户多，每个用户购买的数量少，因此不易实行计划配送，集中库存的结构比较复杂。销售型配送中心往往采用共同配送，才能取得较好的经营效果。

③储存型：这是一类具有强大的储存功能的配送中心，主要是为了满足三方面的需要而建造的。一方面是企业在销售产品时，难免会出现生产滞后的现象，要满足买方市场的需求，客观上需要一定的产品储备；另一方面在生产过程中，生产企业也要储备一定数量的生产资料，以保证生产的连续性和应付急需；第三方面是在配送的范围越大、距离越远时，或者满足即时配送的需要时，客观上也要求储存一定数量的商品。

④流通型：流通型是一种只以暂存或随进随出方式运作的配送中心。其运作方式是成批进货，按用户订单要求零星出货，在进货的同时，货物经分拣机直接分送至各用户的货位或配送运输工具上，货物在中心滞留时间很短。

⑤加工型：加工型是一种根据用户需要对配送物品进行加工，而后实施配送的配送中心。这种配送中心行使加工职能，其加工活动主要有：分装、改包装、集中下料、套裁、初级加工等。麦当劳、肯德基的配送中心就是提供加工服务后向其连锁店配送的典型。

⑥集货存储配送型：这类配送中心主要是便利连锁店为满足自己的供求需要而自己建立的，其主要功能是为了代替特定批发商，分别在不同的区域统一集货、统一配送。

（2）按服务范围来划分

①城市配送中心：向城市范围内的用户提供配送服务的配送中心称为城市配送中心。这类配送中心有两个明显的特征：一是采用汽车将货物直接送达用户，因为运距短，最经济；二是开展少批量、多批次、多用户的配送，实行"门到门"式的送货服务。因为汽车送货机动性强、供应快、调度灵活。

②区域配送中心：向跨市、跨省（州）范围内的用户提供配送服务的配送中心称为区域配送中心。这类配送中心有三个基本特征：其一，辐射能力较强，经营规模较大，设施和设备先进；其二，配送的货物批量较大；其三，配送的对象大多是大型用户，如城市配送中心和大型工商企业，采用"日配"或"隔日配"的服务方式。虽然它也给批发商、企业用户、商店零星配送，但不是主体对象。

③国际配送中心：向区域、国际范围内用户提供配送服务的配送中心为国际配送中心。其主要特征是：经营规模大，辐射范围广，配送设施和设备的机械化、自动化程度高；配送方式采用大批量、少批次和集装单元；配送对象主要是超大型用户，如区域配送中心和跨国工商企业集团；存储吞吐能力强。

五、配送中心的基本模式

1. 基于销售的配送中心模式

一种集商流和物流为一体的模式。这种配送中心模式的行为主体是生产企业或销售企业，配送仅作为一种促销手段而与商流融合为一体。

以这种模式构建的配送中心，由于可以直接组织到货源并拥有产品的所有权和支配权，所以有其资源优势，也便于配送中心扩大业务范围和服务对象，便于向生产企业提供多元化的后勤服务（如物料的配套供应）。

按照这种模式构建的配送中心，要投入较多的资金和人力、设备，而且资金、人力分散。只有具有一定的经济实力，方可形成一定的规模。尤其是对于生产企业来说，如果都建这种模式的配送中心，势必造成新的资源浪费，也不利于企业把主要注意力集中在核心竞争力的提高上。

2. 基于供应的配送中心模式

这种配送中心模式的主体是拥有一定规模的库房、站场、车辆等物流设施和设备以及具备专业管理经验和操作技能的批发、仓储或运输企业。其本身并不直接参与商品交易活动，而是专门为用户提供诸如货物的保管、分拣、加工、运送等系列化服务。

这类配送中心的职能通常是从工厂或转运站接收所有权属于用户的货物，然后代理客户存储，并按客户提出的要求分拣货物，即时或定时地小批量、多批次地将货物分拣配送至指定的地点。

这类配送中心所从事的配送活动是一种纯粹的物流运动，其业务属于交货代理服务。从运作形式来看，其活动是与商流活动相分离的，只不过是仓储、运输企业服务项目的增加和服务内容的拓展而已。

3. 基于资源集成的配送中心模式

这是以资源集成为基础，集商流、物流、信息流和资金流四流合一的配送中心模式。这类配送中心的行为主体是虚拟物流企业，其服务对象是大中型生产企业或企业集团，其运作形式是由虚拟物流企业和供应链上游的生产、加工企业（供方）建立广泛的代理或买断关系，并和下游的大中型生产企业（需方或用户）形成较稳定的契约关系。

这种基于资源集成的配送中心所开展的是一种典型的规模经营活动，这种模式也是一种完整意义上的配送中心模式。它有如下几个特点。

①规模大，服务范围广。可以有效地组织国内外若干个供应商资源、配送资源并对若干个用户进行共同配送，以其规模优势来降低成本。

②有完善的信息系统和网络体系服务于用户的变换需求，以互联网和企业内部网为平台，既可以让用户了解市场、价格、制度、政策以及物料资源情况，又可以了解配送中心的物流系统的组织运作情况，实时进行跟踪、查询、反馈，自动进行数据动态分析，进而优化调配方案。

③具有物流领域的专业化优势。配送中心以专业化的人员、专业化的设施设备、专业化的运作方式来提高配送效率。

④其物流配送设施设备不全是属于自己所有，既有自有的，又有公用型的，分布地域广，因而所提供的是一种社会化的配送服务，所追求的是物流合理化。

六、食品配送中心按经营形式来分

1. 配送中心

配送组织者是专职的配送中心，规模较大，有的配送中心需要储存各种商品，储存量比较大。也有的配送中心储存量较小，货源靠附近的仓库补充。

配送中心专业性较强，和用户有固定的配送关系，一般实行计划配送，需配送的商品有一定的库存量，一般情况很少超越自己的经营范围。配送中心的设施及工艺流程是根据配送需要专门设计的，所以配送能力强，配送距离较远，配送品种多，配送数量大。可以承担工业生产用主要物资的配送及向配送商店实行补充性配送等，配送中心是配送的重要形式。

从实施配送较为普遍的国家看，配送中心是配送的主体形式，不但在数量上占主要部分，而且是某些小配送单位的总据点，因而发展较快。

配送中心覆盖面较宽，是大规模配送形式，因此必须有整套的实施大规模配送的设施。如配送中心建筑、车辆、路线等，一旦建成便很难改变，灵活机动性较差，投资较高，在实施配送时很难一下子建立大量的配送中心。因此，这种配送形式有一定的局限性。

2. 仓库配送

仓库配送是以一般仓库为据点进行配送的形式。可以是仓库完全改造成配送中心，也可以是保持仓库原功能的前提下，增加一部分配送职能。由于不是专门按配送中心要求设计和建立，所以，仓库配送规模较小，配送的专业化较差，但可以利用原仓库的储存设施及能力、收发货场地、交通运输路线等，所以是开展中等规模配送时可选择的配送形式，也是较为容易利用现有条件而不需大量投资，起步较快的配送形式。

3. 生产企业配送

组织者是生产企业，尤其是进行多品种生产的生产企业，可以直接由本企业开始进行配送而无须再将产品发运到配送中心进行中心配送。生产企业配送由于避免了一次物流中转，所以有一定的优势。但是生产企业，尤其是现代生产企业，往往是进行大批量低成本生产，品种较单一，因而不能像配送中心那样依靠产品凑整运输取得优势。因此，在实际中生产企业配送并不是配送主体。

4. 店铺直接进货

店铺直接进货是指生产厂家不经过仓库和配送中心直接将所生产的食品运输给零售商。这种方式一般是高频率、小批量的配送，其优势在于：食品零售商避免了经营配送中心的费用，缩短了产品交货期。

对前置期有特别要求而又极易腐烂的食品采用这种配送比较合适，如货架寿命只有一到两天的新鲜面包，厂商可将出厂后的面包直接运往零售店进行销售；同时对品种少而批量大的某些产品运用直接运输也是经常采用的配送方式，如啤酒的直送战略。

早期产品处于大量产销、大量运输的时代，配送作业并不怎么困难，经过经销商、零售店，自然就能把商品销售出去。随着消费者对食品的要求逐渐个性化，在提倡物流强度三角（即质量/快速/灵活性和具有竞争力的价格三要素）的国际化大背景下，采用店铺直接进货已很难满足顾客的复合要求。这种配送方式的应用越来越少。

采用店铺直接进货会存在以下问题：

①高频率、小批量配送使人工费用增加，库内作业的配送费用也增加。

②由于食品配送要求的准时性，运输相对集中，使交通紧张。

③带来大气污染、公害等问题，与目前全球提倡的绿色食品、绿色消费、绿色物流是不相符的。

5. 共同配送

（1）共同配送与食品物流的关系　共同配送是实行物流合理化的一种很有效的、很有发展前途的模式，目前在世界发达国家中已被广泛使用，此模式主要是能解决长途运输车辆空载、运费上升和接收货物成本的问题。

日本 7-11 集团是采用食品共同配送的典型例子，按照不同的地区和商品群来划分，组成共同配送体系。即在首都圈附近 35km，其他地方市场为中心的方圆 60km，各地区设立一个共同配送中心，这样真正实现了高频度、多品种、小单位配送。

同时，还需要考虑另外一个问题：在采用集约化共同配送方式中配送中心的职能问题。例如，海尔集团把仓库并不看作一个可以储存产品的机构，而是看成"一条流动的河"。对于食品行业来说，由于一般食品的保鲜期和保质期比较短，再加上食品消费中生鲜食品占有很大比重，更应该考虑时间的缩短问题。我们应该设法缩短前置期。因此，食品配送中心主要有两项功能：库存协调点和流通加工，即将食品从供应商不断地流经仓库配送到顾客处，仓库只是作为一个临时集中地，同时兼具流通加工的任务。一般来说，食品在仓库停留的时间不要超过 10~15h。

这样我们可采取直接转运的方式进行。当食品从制造商到达仓库，立即进行最后几道工序（比如包装、分类等），然后转移到服务于零售商的车辆上进行运输。为达到这样的转运方式，需要具备以下条件：

①食品配送中心、零售商和供应商必须用先进的信息系统连接起来，保证在要求的时间范围内完成食品的挑选和运输。

②为了使直接转运系统有效运转，必须有一个快速反应的运输系统。食品杂货占很大比重的沃尔玛成为世界上最大和利润最高的零售商之一，直接转运是其成功的关键因素之一。沃尔玛利用直接转运技术运送约 85% 的商品。

（2）食品共同配送效益分析　通过集约化共同配送，使具有多品种、小批量特点的多家企业的食品集合，形成规模效应，保证到达直接转运机构的食品能够以整车数量立即运输到零售商店，无论是对食品生产企业还是零售商其好处是十分明显的。

①对食品制造商来说节约人力、冷冻与运输车辆的投入，降低销售成本。

②食品零售商进货车辆明显减少。如日本 7-11 零售集团，1974 年每天接待 70 多辆车，而 1990 年实施共同物流后，下降为每天接待 12 辆车。

③由于保证开业前交货，食品的鲜活程度明显提高。

④大批量进货、批发，零售业可享受让利，降低售价。

⑤有利于改善城市交通环境，促进绿色食品物流的发展。

同时，采用共同配送可能带来一些问题，如可能使某些不能装在一起的食品混装，导致食品质量下降；不可避免泄漏企业间的商业秘密；食品运输核算的协调问题等。

6. 一体化配送

（1）一体化配送的定义和特点　所谓一体化配送，是 20 世纪 90 年代产生于日本的一种新配送战略，又称"一揽子物流"，是将货物和信息实现一元化高水平管理的物流。由配送中心把从批发商进来的商品全数检验，确定不存在质量和数量的问题，在店铺仅是分类点数这一简单的验收。陈列作业迅速，大大提高了配送的服务水平。

随着连锁零售业在中国的发展，占很大比重的食品配送问题显得更为关键。有一个问题就是作为零售业极力反对的"后方作业"需要较多的人工和时间。例如，日本某一生活合作社的店铺对职员的作业进行分析，结果表明食品类商品陈列作业占全部作业时间的 2/5 以上。

因此，我们有必要引入高效率运营的一体化配送。日本伊藤洋华堂公司很早以前就引入了"窗口批发商制度"，将若干个批发商的业务集中于作为窗口的批发商，以简化向店铺配货体制。其新加工食品物流系统对"窗口批发商制度"进行了进一步精简，将6所在库型批发中心集中于4所，全部为在库型的"一揽子物流"，大大减少了作业量。

（2）一体化配送的效益分析　一体化配送在降低成本的同时提高了服务水平。店铺直接进货、共同配送、一体化配送的作业类型对比如表6-1和表6-2所示。

表6-1　　　　　　　　　　　　店铺作业情况

作业项目	店铺直接进货	共同配送	一体化配送
接收货物次数	批发商数	1次	1次
检验货物	必要	必要	不必要
货架陈列	1箱多货架	1箱多货架	1箱货架

表6-2　　　　　　　　　　　　配送作业情况

作业项目	店铺直接进货	共同配送	一体化配送
配货地点数	店铺数	1次	1次
发送单位	1个店铺	1个店铺	全部店铺

在配送中心进行配货时，是将店铺的所有货物总量一揽子发出，店铺逐一进行分拣和验货、汇总后，送达店铺的每个部门，可以使发货作业减轻。一体化配送系统是一体化配送中心将生产商和零售业店铺货架连接起来形成最有效的供应链。从表中可以看出，无论是配送还是店铺验收，一体化配送使作业程序明显减少。

但并不是所有连锁经营企业都能采用一体化配送，主要是因为一体化配送要求比较高，需要高度信息化、店铺的货架分类也必须标准化等。

七、目前我国食品零售业应采取的配送战略

根据我国目前食品零售业和物流业状况，在提高配送服务质量的同时，主要应解决现代化零售业物流费用高涨的问题。

因此，对食品物流业来说，在目前我国连锁企业资金紧张的情况下，推行共同化配送具有很大的现实意义。应以集约化共同配送为主，实力雄厚的企业可采取一体化配送，一体化配送是食品零售业配送的战略发展方向。同时，食品企业还可根据实际情况，采取直接运输、一般配送等配送方式。

对此，我们有必要做好以下工作。

（1）对多种鲜活产品的经营，可根据不同的温度来建立配送体制。如将生鲜食品类的商品按温度管理可分为冷冻型、微冷型、恒温型、温暖型四种形式，对每一种形式采用不同的运输工具进行运输。

（2）建立"门对门"的冷链系统，要发展冷冻食品和生鲜食品流通业，主要是建立食

品冷藏供应链，使易腐、生鲜食品从产地收购、加工、储藏、运输、销售，直到消费的各个环节都处于适当的低温环境之中，以保证食品的质量，减少食品的损耗，防止食品的变质和污染。以生鲜食品为特色的上海新天天配送中心建立了这样的冷链服务，即从商品生产—运输—仓储—客户的全程保持同样低的温度，同一温度使生鲜食品的品质得到了充分保证，对客户降低物流成本、减少库存量、确保物流准确畅通起到了积极作用。

（3）推进食品绿色配送，由于绿色化是全球的主要消费趋势，绿色物流正是绿色食品、绿色消费的重要保障。因此推进绿色食品配送是食品物流的发展趋势，主要从三方面入手：运输绿色化、流通加工绿色化和包装绿色化。

（4）建立健全食品配送质量管理系统如引入食品良好操作规范（GMP）和危害分析关键控制点（HACCP）质量管理模式，推进食品标准化（品质、规格、包装），建立食品零售商满意度标准等。

第六节　粮食类产品的运输与配送管理

一、粮食类产品的运输管理

随着粮食流通体制改革逐步深入，整个系统的运输业务也发生了变化。

一是在程序上由以前的从计划、发运、接收、提供结算数据等程序，到目前的运输资金、计划、发运、接收等程序，具体体现是经营实行预付资金。可见，资金占据运输环节之首，预付后方可进行下步操作，货款或运杂费用的测算无疑应列入运输工作范畴，至于实际财务结算中涉及的运输工作，在计划经济体制时就已存在，可见运输、财务工作在部分环节已经融合，运输没有这方面管理，是一种欠缺。

二是政策性粮食方面：①运输量减少，就辽宁省来讲，近几年几乎没有大量粮食调动，运输量平均约占过去的 1/20 或更少；②严格检查计划执行结果，而具体执行过程，方式由企业自行掌握；③一改过去集中编制计划，采取省下达总计划、具体计划由调拨双方协商编制等。这三点变化，从实践看，起到了较好的作用，这恰恰说明了我们的管理应该加以完善。

我国储运的粮食包含两方面：一是国家的专项储备粮，它由主管部门调配，用以确保平抑粮食市场、应对突发性事件及粮食进出口的需要；二是我们常说的贸易粮，由粮食经营者组织运输，力求运用最佳运输工具、选择最佳运输路线取得理想的经济效益。随着国内粮食物流与国际接轨，一些先进的技术和思想被引入到粮食运输当中，交通条件的日趋改善也为粮食运输组织提供了便利的条件，以往长期的运力紧张局面也逐渐好转。

二、粮食运输现状分析

我国粮食运输不外乎包装运输和散装运输两类，二者比较，包装运输占较大比重。其原因是长期以来我国粮食运输设施不够完善，专用运输工具缺乏，粮食散装、接卸环节衔接不配套，加之缺乏必要的计量设备，使粮食散装运输无法推广，包装运输就成为粮食实体运动特别是成品粮运输的主要类型，市场上流通的成品大米、大豆大都采用包装运输。

近年来，随着交通运输条件的改善，专用运输工具使用量的增加以及制约散装运输发展的计量设备、装运接卸设备问题的解决，特别是粮食流通与国际市场的接轨，粮食散装运输显示出强大的优势，而粮食包装运输的弊端日趋明显，具体表现在以下几个方面：

①难以适应大批量运输的需要。我国每年有30%~40%的粮食需要经过运输最终实现其价值，而包装运输不能在粮食装运的作业环节实现原有散装状态的粮食与运输工具之间直接衔接，这就限制了粮食方便快捷的发运；

②粮食包装发运作业环节多，人力、物力、财力消耗大，经营成本高，损失浪费严重；

③发达国家"四散"（即散装、散运、散卸、散储）化技术已经很发达，未来我国粮食流通必然会与国际接轨，因此也要求我国粮食流通尽快实现"四散"化。

粮食在世界货运量中占有相当大的比重。目前粮食已经成为继煤炭矿石之后的第三大数货货种。粮食运输方式主要有袋装运输、散装运输和集装箱运输三种运输方式。

1. 袋装运输

袋装运输是指将粮食装到塑料麻袋或编织袋中变成包粮然后进行运输的一种方式，是最传统的运输方式。

我国公路、铁路等国内陆路粮食运输主要是采取袋装运输方式。用麻袋、编织袋等将农民生产的粮食装运到基层粮库，经过检验、过秤、拆包等过程后堆放在仓库中。需要外运时，再由人工或机械灌包、称量、装车运到火车站或者码头，到达目的地后，人工装卸、搬运和入库。包粮流通中间环节多，工作效率低下，需要大量的包装材料和人力。以吉林省为例，每年仅运输玉米就需麻袋6000万~8000万条，占用资金2亿元左右。虽然通过在车站安装装卸搬运机械可以在一定程度上降低工人的劳动强度，但是无法从根本上解决包粮流通系统中由多环节搬运造成的低效率和粮食散落浪费大等缺陷。

在水路方面，粮食的袋装运输属于件杂货运输。件杂货通常是指有包装和无包装的散件装运的货物。在进行袋粮装卸的时候，主要是靠门机或船舶吊杆等起重设备配合吊钩、吊索、网络、货板等工装夹具进行吊入或吊出船舱。为了充分利用起重机的起重量，就需要工人在码头和船舱中进行袋粮的堆码作业，由此耗费了大量的人力。并且，这也是制约袋粮装卸效率不能提高的主要瓶颈。在装卸过程之中，袋粮还容易因为外力的破坏造成包装破裂，以致粮食发生散落、遗失、污染等问题。另外，在袋装运输过程中，由于同一船舱当中往往载有多票货物，很容易造成混票等情况，以致理货过程缓慢还容易造成丢货情况的发生。

由此，粮食在国际运输方面，基本不采用袋装方式。

2. 散装运输

鉴于袋装运输方式存在的诸多缺点，从20世纪50年代开始，国际粮食的运输开始采用散装方式进行。与袋装方式比较，散装运输具有如下优点。

①节约了袋装粮食的包装费用，这包括散粮包装灌包机械成本和工人灌包人力成本两个方面。

②易于实现粮食装卸的专业化、机械化。由于物理性质相近，所以粮食的储存、运输、装卸容易使用专业机械。

③提高了粮食装卸的效率。采用散装方式运输之后，可以在码头使用吸粮机，夹皮带机、链斗卸船机等连续型卸船机械，能够大幅提高装卸效率。袋装运输时，门机的装卸效率

每台时仅60t左右。而散装运输后，采用专业卸船机每台时不会小于300t，是袋装方式的5倍。

④降低了工人的劳动强度。散装运输可以把工人从舱内、车内、库内解放出来，从事更加轻便的工作。降低了工人的劳动强度，同时也消除了原有的瓶颈。

3. 集装箱运输

粮食集装箱运输，是指集装箱作为粮食的包装物和运输工具的一个组成部分。在农村或基层粮库中，将农民生产的粮食直接装入集装箱封好。集装箱可以选择通用集装箱或者是专用粮食集装箱，如果是通用的集装箱，则应当进行适当的处理，保证密封，然后将集装箱运到火车站或集装箱码头，运往全网各地的用户手中或国外的买主手中。与袋装运输和散装运输相比较，粮食集装箱运输具有以下各种优点：

①使用机械化作业，减轻了工人的劳动强度，封装效率大大提高。

②手续简化，减少了运输环节上的理货交接程序，利用集装箱多式联运缩短在途时间，保证市场供应。

③适应粮食多品种，小批量以及多种质量等级运输的要求。可以采用公路铁路和水路不同的运输工具，满足不同的时间要求。

④不必另建专用的粮食流通设施，充分利用现有的通用集装箱装卸设备，大大减少基本建设投资。

⑤不受恶劣气候条件的限制，可以全天候作业，保证车船正常运输。

⑥节约包装材料和包装费用，减少粮食损耗和经济损失保证运输安全。

⑦实行门到门运输，提高服务质量。

第七节　果蔬产品的运输与配送管理

一、果蔬产品的特性

区别于其他一般产品，果蔬产品具有其自身特性，主要表现在鲜活性、时效性、季节性、易腐易损性以及环境敏感性等方面。

（1）鲜活性　鲜活性是果蔬产品自身具备的不同于其他产品的特性，本文研究果蔬冷链物流过程中的果蔬产品质量安全问题，就果蔬产品的鲜活性而言，鲜活程度越高，说明其质量越高。

（2）环境敏感性　温度和湿度是影响果蔬质量安全的两大重要因素，果蔬产品必须严格按照其所需的温度和湿度进行存贮，若任一条件不达标就会出现质量安全问题。一般果蔬所处环境的温度应该要控制在 5~8℃，相对湿度应该控制在 90%~95%，周转天数 1~7d。

（3）时效性　时效性表现在果蔬产品本身具有一定的生命周期，保鲜期很短，果蔬产品随着时间的推移，其产品损耗程度会越来越高，产品质量也会越来越低。要尽可能保持果蔬产品原有的鲜活程度、色泽和营养，就必须确保其送入顾客手中的高效率。如果存贮、运输配送时间过长，果蔬产品鲜活性降低，虽然仍可以食用，但产品质量就会降低，被销售出去的概率也会越来越低。

（4）季节性　季节性是果蔬产品的一个生长特性。果蔬产品品种多样、种植区域广，但由于其自身具备的自然特性和其生长所需的光照、降雨量等条件决定了它的生产具有较强的季节性。虽然随着科技的不断发展，已经实现了部分果蔬产品的反季节种植，如一些蔬菜水果采取温室大棚种植，但这也只是小面积的，产量小，无法实现大规模种植。

（5）易腐易损性　果蔬产品因其生理特性导致其在装卸、运输等过程中容易受损。果蔬产品的鲜活性和时效性导致果蔬产品会随着时间的推移而出现腐蚀现象。中国物流网资料显示：我国每年由于保鲜和流通环节的落后所造成的果蔬损耗量近 2.5 亿 t，损耗率在 25%~30%，浪费总值约 700 亿。据统计，若将中国果蔬损耗率从 30% 降至 5% 左右，就相当于可以节约 1 亿亩（1 亩 = 666m^2）的农田，可提供 1.5 亿人一年的口粮或 20 亿人一年所需的果蔬量。

二、果蔬产品公路保鲜运输

按照果蔬公路保鲜运输中制冷方式分类，目前国内运输方式主要有泡沫箱加冰保鲜、机械冷藏保鲜、蓄冷板冷藏保鲜、液氮冷藏保鲜运输 4 种。为探索每种运输方式的能耗情况，本研究将泡沫箱加冰保鲜运输加冰量、机械冷藏保鲜运输燃油消耗量、蓄冷板冷藏保鲜运输耗电量以及液氮冷藏保鲜运输的液氮消耗量统一量化为能量单位，分别对 4 种果蔬公路保鲜运输方式建立以单位质量果蔬运输 100km 能耗 [kJ/（kg·100km）] 为评价指标的能耗计算模型，并且建立泡沫箱加冰保鲜运输加冰量计算模型和液氮冷藏运输液氮消耗量计算模型，以期为果蔬公路保鲜运输节能和果蔬公路保鲜运输管理提供参考。

三、果蔬冷链物流

冷链物流又称低温物流，泛指冷藏冷冻类食品在生产、储藏、运输、销售等在消费前的各个环节中始终处于规定的低温环境下，以保证食品质量，减少食品损耗的一项系统工程。是以冷冻工艺学为基础、以制冷技术为手段的低温物流过程。冷链物流是以保证易腐食品品质为目的、以保持低温环境为核心要求的供应链系统，所以对物流要求更高、更复杂，建设投资也要大很多，是一个庞大的系统工程。由于易腐食品的时效性要求冷链各个环节具有更高的组织协调性，所以食品冷链的运作始终是和能耗成本相关联的，其有效控制运作成本与食品冷链的发展密切相关。

所谓"果蔬冷链物流"是指水果和蔬菜采摘后，在贮藏、运输、包装、加工、配送、销售及消费者短暂存放的全过程中，始终保持果蔬新鲜所要求的温度、相对湿度和氧气含量，即果蔬从离开田间的那一刻起，到消费者的餐桌前都在"冷链"状态下流通。

根据果蔬冷链物流相关定义和果蔬物流的特性可以得出果蔬冷链物流有以下几点特性。

（1）配送货物的易腐性　由于果蔬类农产品的含水量高，保鲜期短，极易腐烂变质。在冷链物流配送的过程中由于各种原因会使货物品质逐渐下降，其中"温度"是影响其品质最重要的因素，因此果蔬在运送过程中保存环境的温度越适宜，品质越能保持长久。

（2）冷链物流的时效性　果蔬类农产品生产和销售都是具有季节性的，生命周期短，要保证产品的质量，冷链应从收割、加工及运输每个环节都发生作用。产品从农场到餐桌所需时间的长短不仅影响果蔬的新鲜和质量，而且也会造成物流成本的增加及销售利润的损失。

（3）运输装备要求的特殊性　一个严格管理的冷链系统是维持果蔬新鲜和质量不可缺少的一环。冷链物流要求在各个环节中始终维持果蔬在适宜的低温，这就需要采用特定的低温运输设备或保鲜设备等组织冷链物流。一个完整的冷链系统可包括预冷、冷冻贮藏、冷柜集装箱、冷藏冷冻卡车、冷藏冷冻仓库、零售端冷柜和冷藏等一系列设备，并需要果蔬的经营人员、加工人员、物流服务商和零售商组成的网络协同参与。

（4）建设投资大，系统庞大复杂　由于冷链物流配送的果蔬具有易腐性及对温度、时间、贮藏和运输条件的要求，使得冷链物流比一般常温物流系统对于各环节要求更加严格，比常温物流建设投资大，是一个庞大的系统工程。如果冷链物流各个环节信息传递不畅，产品在贮存、保管及运输等环节缺乏透明度，必然会增加物流成本，这就要求冷链物流各环节要具有更高的组织协调性。

第八节　畜禽产品的运输与配送管理

一、畜禽产品在运输过程中的影响因素

（1）温度　温度影响生鲜产品的品质。畜禽产品绝大部分是屠宰后运输，具有易腐败变质、较难保鲜的特点，对贮运条件要求高，常温运输（特别是在夏季）容易被致病性微生物污染，因此在运输过程中一般采用低温密闭运输，贩运人员使用不具条件的运输工具或违反操作要求可造成畜禽产品的微生物污染。

（2）运输设备清洁度　在运输过程中，常由于运输车辆不清洁、在使用前未经彻底清洗和消毒、交叉连续使用等原因引起畜产品连环污染。

二、畜禽产品在销售过程中的影响因素

（1）缺乏冷藏设备　在一些农贸市场，一些畜（禽）产品经销户无冷藏和其他专用设备，畜禽产品在销售过程中始终暴露在外部环境之中，与其他物品接触也可引起污染。

（2）缺乏监管　一些商户为了追求利益的最大化，以次充好，掺杂使假严重影响了畜禽产品的质量安全。此外，某些传统的食品加工方法也可造成畜禽产品的污染。

三、提高畜禽产品质量安全水平的对策

畜禽产品的安全已成为当今影响广泛而深远的社会性问题，并且备受社会各界关注。加强畜禽产品质量安全监管，既是促进畜牧业健康发展的需要，也是保证食品安全的需要；既是促进社会进步的需要，也是保障人民健康的需要。

（1）加快畜牧业生产方式的转变，推进规模化养殖　提升畜牧业的组织化程度，逐步转变千家万户的饲养模式，倡导、鼓励和扶持现代化、标准化、集约化、专业化的养殖小区、综合示范区、示范农场建设，统一饲养、统一管理、统一防疫、统一用药，促进畜禽排泄物的循环利用，发展优质、高效、生态、安全的畜牧业。

（2）建立畜产品准入和认证制度　实施认证和准入制度，设置市场准入门槛，对有问题

的产品实行警示追诉和退出制度。严厉打击见利忘义、知假造假危害消费者身心健康的不法分子；将低层次畜产品供给者排斥在市场之外，从而保证经过严格认证、达到畜产品质量安全标准的企业的市场份额和相应的经济效益。

(3) 实施畜禽产品品牌战略工程　通过无公害食品、绿色食品、有机食品认证，完善产品的溯源体系，逐步打造畜禽产品的品牌形象，培育和引导龙头企业成为畜禽产品生产、销售市场的主要力量，成为提高畜禽产品质量安全的主角。

(4) 加强畜禽产品的监管力度　加强对畜禽产品生产全过程的监管，从畜禽养殖、产品加工、储存运输、市场销售等环节着手，层层把关、环环监测，逐步把好畜禽产品质量安全关。

(5) 完善畜产品质量标准，提高基层检测机构监测能力　目前的畜禽产品标准种类繁多，包括国家标准、农业农村部行业下发标准、农业农村部下发公告、国家卫生健康委员会下发标准等，规范性和实用性有待提高，应加强对标准的统一、修订、完善和补充，力争尽快与国际先进标准体系接轨。同时应加大对畜禽产品检测机构投入，培训人员、更新设备，提高基层检测机构监测能力。

(6) 建立畜（禽）产品质量安全监管机制　建立畜产品质量安全预测预防机制、信息披露机制、责任追究机制、事件紧急处理机制等各种机制，提高畜（禽）产品质量安全监管水平。

第九节　水产品的运输与配送管理

一、常规鱼苗、鱼种及成鱼运输技术

活鱼运输是渔业生产的一大难题，要取得较高的运输效率、成活率及效益，必须具备运输设备与技术。

(1) 尼龙（塑料）袋充氧密封运输技术　加水和装鱼在尼龙袋内加入总容量 1/4~1/3 的水，装入鱼苗或鱼种。充氧和装箱放入鱼种后排出袋内空气，氧气充入量以使袋有弹性为度，充氧后用橡皮筋扎紧袋口，不漏气。装进长 50cm、高宽各为 30cm 的硬纸箱即可启运。

(2) 帆布桶或大木桶运输技术　帆布桶或大木桶适于中短途大批量运输，途中可换水。常用汽车、火车、轮船、拖拉机运输，装鱼容器容积 0.8~1m^3，装水 2/3。装载密度视水温、路途远近、鱼类品种及规格而定。每桶可装鱼苗 100 万尾、鱼种 2 万~3 万尾。途中注意鱼苗、鱼种情况，要不停地击水或送气、淋水增氧，无效时应立即换水。载重 5t 的汽车，每车可装帆布桶或木桶 8 只，分列两侧，中央留通道，4 人照管。

(3) 活鱼运输机运输技术　运前准备装鱼前拉网锻炼，鱼停食 2~3d。带足氧气瓶，按每 10h 配一瓶氧气计算用量。检查启动动力系统。注满清水后装鱼，加盖。装鱼密度视鱼类品种、规格、水温而定。运途中常照看动力系统，定时加油，观测鱼情，更换氧气瓶。每 5~10h 换水 1 次，换水温差不超过 5℃。由 2 个以上驾驶员轮换驾车。卸鱼用网兜捞鱼，再从卸鱼孔排放。

（4）活水船运输技术　活水船是重要运输工具，船内几个活水舱底两侧各开一列圆孔，孔径约2cm，用麻布或尼龙网布遮拦，使水不断流动保持水质清新。

二、特种水产品运输技术

（1）黄鳝运输技术　黄鳝运输用湿蒲包、木桶、机帆船或尼龙袋充氧装运。运前剔出伤、病黄鳝。

①蒲包装运：装运1000kg以下，途中不超过24h，洗净浸湿蒲包，每包装黄鳝30kg入筐加盖。炎夏筐中放冰块。

②木桶装运：用圆木桶，桶口用杉木板做盖，留若干孔通气。水温25℃以下、运程1d以内的，桶内装鳝量与加水量相当，闷热天气每桶装水量应减少。定时换水，常搅拌，气温高时每2~3h换清洁活水1次。

③机帆船装运：运途24h内，水路畅通的用机帆船装运黄鳝和水各占50%。

④尼龙袋充氧装运：每袋10~15kg，加水充氧紧扎袋口，用汽车、火车、飞机运输。

（2）泥鳅运输

①稚鳅运输：用塑料袋盛水充氧运输。

②成鳅运输：短途用平阔容器加少许水敞口运输；中、远程用灌足氧气的塑料袋，加少许冰块装箱运输，成活率可达90%以上。

（3）河蟹运输技术　包括蟹苗箱干法运输、尼龙袋充氧运输和塑料袋充氧运输。

①蟹苗箱干法运输：

a. 蟹苗箱结构：蟹苗箱用木材或泡沫塑料做成，规格为60cm×30cm×6cm或60cm×40cm×10cm。箱底用16目筛绢或网目为0.1cm的聚乙烯网布固定。箱壁四周各开一长方形气窗。

b. 蟹苗装箱：装苗前浸湿苗箱，箱底放些洗净的鲜水草或浸过的丝瓜筋、棕叶，每箱装苗0.25~0.50kg。

c. 蟹苗运输中的管理：夜间运输可避免阳光曝晒。要专人押车。气温30℃以上要勤喷水，每半小时检查喷水1次或加冰。如运输24h以上，需清水塘暂养蟹苗，每次10min，让蟹苗活动，漂洗黏液泡沫。途中防止风吹、日晒、雨淋、颠簸。

②尼龙袋充氧运输：用10kg尼龙袋，先装1/5的清水和0.5kg的水草，再装入0.5kg蟹苗，充氧后扎紧袋口放入专用纸箱中运输。此法适于长途运输和空运。

③塑料袋充氧运输：在规格为30cm×28cm×60cm的双层塑料袋内装入5kg新鲜淡水，每袋装入优质蟹苗250~500g，立即充氧，用橡皮筋扎紧袋口放入纸盒运输。

第十节　乳制品的运输与配送管理

一、乳制品的特殊性

乳制品一般分为鲜乳和常温乳两种。鲜乳即巴氏灭菌乳，是将牛乳加热到75~80℃，瞬间杀死致病的微生物，却能保留有益菌群，同时充分保持牛乳的营养和鲜度，但是只能在低温环境下保存几天。而低温巴氏乳的保质期较短，通常是十几天，甚至有的产品保质期只有几小时，而且运输过程需要冷藏。常温乳是在135~150℃的温度下对产品进行0.5~4s的灭菌处理，优点是可以在常温下保存几个月的时间，且在运输的过程中不需要车辆具有冷藏功能。

在我国，乳制品冷链基本由乳制品生产企业控制，保证从生鲜牛乳的采集至最终到达消费者手中的全程适宜温度控制，但是运输途中能否保证全程低温，以及销售等能否在适宜的低温环境中，仍然是其薄弱环节。在某地区，消费者在购买时也相对比较重视乳制品的生产日期和保质期限，大部分的农产品市场和超市等销售场所都对乳制品的供货与柜台展示等提出一定的要求。从这两方面都可促进了乳制品配送企业的规范化配送。

二、乳制品的冷链物流配送

乳制品冷链物流是一个复杂的系统工程，需要各种设施、设备和技术等软硬件有机的系统的支持。乳制品冷链物流要应用的设施设备，包括冷藏设施、冷藏运输设备、冷藏销售设备等，都与一般的物流配送设备不同，因为它们都需要有制冷功能。

支持乳制品冷链物流的核心技术，如地理信息系统、配送线路优化技术、移动定位技术等，都较一般的物流配送复杂，因为乳制品保质期时间较短对配送时间的要求较高。

三、乳制品冷链物流的特点

所谓冷链物流泛指冷藏冷冻类食品易腐物品在生产加工制作、贮藏运输配送、销售等到消费者前等中始终处于规定的低温环境下以保证食品质量，减少食品损耗的一项系统工程。

第一，与常温的物流相比冷链物流要比常温物流的投资大很多，包括冷藏车冷藏设备等。

第二，因为乳制品的保质期通常都比较短，因此乳制品更注重的是时效性，这就要求在乳制品的生产、运输乃至销售等整个过程更要具有组织的协调性。

第三，乳制品冷链物流更重要的是整个过程的能耗控制，所以有效控制运作成本很重要。

四、乳制品冷链物流的简介

乳制品冷链物流是以冷冻工艺为基础、通过制冷等手段，对牛乳采集以及生产加工之后的成品在仓贮、货运、配送、销售的整个流程中，一直保持现制品所要求的温度环境的物流活动。

乳制品冷链物流的关键要求是全程温度控制，该过程较为复杂、成本较高、并且需要先进的技术手段。通过不断发展的科学技术、制冷技术而建立起来的冷冻工艺学和制冷技术，使乳制品始终能够处于规定的低温环境下，以保证乳制品质量，减少其损耗并实现保鲜的效果。

目前，乳制品分为很多类别，包括液态乳、乳粉、炼乳、乳脂肪、干酪、乳冰激凌等。他们对仓贮温度的需要也是不同的，所有各个类别的乳制品对物流的要求也有很大的不同。

根据不同类型的产品对温度控制要求，对乳品物流可大致分为下三种情况：首先是液体乳类、乳类饮品物流，其次是乳冰激凌类等乳制品冷链物流；再次是巴氏乳、酸奶和其他乳制品冷链物流。

五、乳制品冷链物流系统

乳制品冷链物流的流程分别包含了从牛乳采集、原乳运输、贮藏加工、冷藏输送和配送分销等过程。

（1）初始原料的采集　从现在的调研情况看，我国乳制品制造商在乳制品生产过程中的原材料获得，主要集中的两个方面，一是乳农；二是大型乳牛养殖场。在大多数情况下，乳农和牧场工人每天早晨和傍晚挤乳，集中以后，马上装入冷罐并迅速送到当地乳站。

（2）贮存　原乳收集之后应该快速预冷。在第一时间将新鲜的牛乳降温至4℃左右，我国大部分企业都是将收集好的生乳迅速降温都是通过保温管将其传到急速预冷容器中进行的。而经过迅速降温的鲜乳必须要在最短的时间内通过保温管转送带乳车上的专业贮乳罐中。

（3）运输　鲜乳在运输的过程中，在抵达原乳加工区域直接送到贮乳罐之前，冷藏车的储乳罐必须在整个运输过程中保持温度在0~4℃。

（4）加工　在乳制品的加工过程中，无论是人工操作还是机器加工区域，对于区域环境的温度要求都是极为严格的，一般维持在10℃以下。而新鲜的牛乳加工处理的过程中也是一定要在低温容器中进行的，乳制品的加工成品的储藏对于环境的温度要是−18℃以下的冷冻环境。乳制品从贮藏区域装车运输的过程中，尤其是装车环境，在保证温度的前提下，冷藏车的冷藏车厢在与贮藏乳制品的贮存罐的衔接过程中也要求保持密封。

（5）冷藏运输和配送　冷藏运输和乳制品装卸的冷链控制点有两个重要方面：一是车辆接收乳品车厢温度要提前控制在符合乳品需要控制的温度，然后在密封和低温环境中转运货物；卸车的过程中要保持密封和低温，需要在乳制品卸完之后可终止车厢内部的制冷系统，二是车辆在整个运输过程中应保持低温，不中途回温。在之后的乳制品配送和分层销售过程中，要求需要冷藏的成品在所有运输过程中贮存环境的温度都要控制在0~4℃，需要冷冻的成品，运输贮存温度要在−18℃以下。

第十一节　茶叶运输与配送管理

一、茶叶的运输

第一，装载茶叶的运输装置要注意保持干燥、避光。所有衬垫的物品也要符合干净无异味、干燥遮阴等要求。装运茶叶的货舱应保证完整性和密封性，远离湿热的地方，同时，舱内的排水系统应保持通畅和正常使用。在茶叶的储存和运输的任何环节，都不能出现任何纰漏，否则都将影响茶叶的品质。

第二，由于茶叶的品种繁多，各个品种的茶叶不能混杂在一起，花茶更是不能同有异味的东西放在一起，不同品种的茶叶之间不能混装运输。当装载茶叶的货舱遭受来自外界的湿气和异味的影响时，要及时打开货舱进行通风和搬离茶叶，将影响降到最低。

第三，要严格控制货舱的温度与湿度，一旦出现货舱内壁有雾气，马上打开货舱进行通风换气处理，同时必须先将拟换入的空气做干燥处理。在装运茶叶的时候，要注意堆放茶叶的周围放置干草、帆布等做铺隔。

第四，在茶叶的装载和卸载的过程中，要防止茶叶受到挤压和撞击，避免出现茶叶包装的破损和茶叶散落，要保证茶叶的形色味不受影响。

（1）运输成本的产生途径　我国茶叶产地大多处于山地，在连接产地和市场时首先需要进行干线运输。由于茶叶的单位价格较低，在开展干线运输时多采取规模化运输方式，这样可以降低物流成本。因此，铁路运输、公路运输等便成了干线运输的主要方式。这里的运输成本主要是指常规运费。运输成本的大小受到干线距离远近决定。

（2）仓储成本的产生途径　物流管理范畴下的仓储活动，其主要起到暂时储存和中转的作用。其成本产生的途径包括：仓库使用费用、因管理不善而被动物所破坏的损失。这与茶叶货物数量所占的空间体积与地租有关；茶叶在仓储过程中的货损。为此，控制仓储成本则需从这两个方面来进行思考。

（3）配送成本的产生途径　茶叶作为一种大众消费品，从厂商仓库运出，通过支线运输送达到中间渠道商的货架上，后者的支线运输便体现为配送。这里的成本分别产生于"配"和"送"两个环节。在配货过程中会产生人工成本，若出现错配还须承担违约成本；在送货过程中会产生常规运输成本，路线选择失误、空返的发生，将会导致配送成本出现虚高。

（4）流通加工成本的产生途径　流通加工包括：第一，根据下游客户的需求进行拆包和组配，产生的人工成本和原料消耗成本；第二，通过物流包装和销售包装而产生的人工和原料消耗成本。

二、茶叶物流配送中心的含义及其特征

1. 茶叶物流配送中心

广义的物流配送中心是一种面向全社会的服务体系。将物流中心与配送中心整合在一起，形成一种更加智能、高效和便捷的物流组织。而茶叶物流配送中心由于确定了交易对象，因而属于狭义范围内的物流配送中心。简单地说，茶叶物流配送中心是以促进茶叶商品在生产、销售与服务等环节高效流通为目的，且对茶叶流通的各个环节进行综合管理、监督和分配的机构。现代物流业的快速发展要求茶叶物流配送中心能够建立一种以科技为支撑，电子信息技术全方位覆盖的物流体系，从而在控制人力成本的基础上实现经济效益的最大化。

在传统的茶企经营模式下，茶叶物流配送充当的只是一种执行和监督功能，而现代茶叶物流配送中心将在茶企经营中获得更多的主动权和分配权。某种意义上，茶企物流配送中心也是从企业物流板块对茶叶生产经营进行指挥和调控，信息技术在中心的投入使用也让茶叶物流信息全部整合于智能化的网络平台，从而兼顾了茶叶流通的效率和质量。

2. 茶叶物流配送中心的特征

茶叶物流配送中心的特征主要体现在其应用功能上。作为物流配送的核心部分，茶叶企业物流配送中心体现出来的是有别于传统配送机制的高度专业化的服务功能，即除了传统物

流配送具有的基本功能之外，还新增了茶叶商品结算、茶叶品种展示、专业知识培训以及电话客服功能。

茶叶物流配送中心仍然是以"配"和"送"为主要内容，因此，保留了传统物流配送体系下的诸如茶叶采集、仓储控制、包装、茶叶质量检测、集散、运输以及物流线路分配等功能。茶叶商品的结算在物流配送中心的内容是对于茶叶物流费用结算以及代替茶商向收货方结算欠款。茶叶品种展示是指在茶叶物流配送中心另外构建一个茶叶展厅用来宣传经典和最新的茶叶产品。

第十二节 快餐行业运输与配送管理

一、快餐行业中食品原材料运输环节管理

从食品原材料的生产到加工成食材，需要必要的运输途径将食品原材料运输至餐饮企业。目前，餐饮企业对运输环节的关注重点主要包括两个方面：一是食品原材料的运输成本，二是食品运输的时效性。对于食品原材料中容易腐败变质的食材，如海鲜和新鲜蔬菜等，必须采用冷藏的方式进行运输，以延缓食品原材料的腐败程度。如果没有条件进行低温保藏运输，就必须采用更为快捷的物流方式进行运输，必要时可以采用高铁或飞机进行运输，以尽量减少食品原材料在运输环节的时间，提高食品原材料的安全性。而对于某些比较容易保藏的食品原材料，如胡萝卜、马铃薯等，则不必过分追求时效性，重点应放在适度节约食品原材料的运输成本，以利于快餐企业的平稳发展。

快餐企业应着重完善食品原材料的物流运送环节。成熟稳定的物流管理体系是快餐企业巩固物流环节食品原材料质量的基础。因此，大型快餐企业应当注重自身仓储物流管理团队的建设。例如，快餐企业永和大王就有着专业化的仓储物流管理团队以及成熟的运输团队。该企业对车辆密闭性、清洁卫生均有着严格要求，并实现了食品原材料运输环节温度、湿度的时时监控，从而保证了食品原材料的品质，并降低了食品原材料在物流运输环节的时间成本。

二、快餐连锁企业物料配送管理的实践价值

（1）建立快餐连锁物料配送体系，可将独立的冷链物料配送体系引入快餐配送行业体系中，从而确保食品安全。

国内的快餐连锁企业大部分门店的食材都是由总部统一配送的。总部拥有统一的加工基地，采用标准化的操作模式生产，这样既可以控制门店的食材成本，也有利于食品质量的保证，各门店因此避免了因食材供应差异而产生的质量纠纷。在配送的过程中，餐饮食品的温度控制十分重要，将冷链物料配送体系与快餐物料配送核心功能加以整合，建立集效率与质量兼优的快餐连锁物料配送体系对于保障广大消费者利益和促进企业健康发展具有重要价值。

（2）加强快餐连锁物料配送精益化管理，通过统一配送、优化路径，节约企业配送成本，提高企业竞争力。

快餐连锁企业食材供应管理采取"总部统一配送模式"，通过第三方物流承运商专业化

服务，统筹管理物料需求订单、优化配送方案、优化配送路径，节省总部的配送成本，最大限度地控制门店的食材采购成本，提高了企业利润空间。与此同时，第三方物流承运商也应提高企业的服务水平，增加企业运作的灵活性，为进入更大市场增强了市场应变能力，有利于提高企业在同行中的竞争力。

三、快餐连锁物料配送模式的特点

物料配送是快餐连锁企业连锁经营、门店扩张发展的重要业务环节，高效的物料配送是保证快餐连锁企业经营绩效的关键环节，是门店销售和采购供应、物流操作的桥梁，为快餐连锁企业的正常销售和市场布局提供了保障。物料配送能力的强弱决定着连锁企业经营成本的高低，影响企业的利润和效益。

四、快餐连锁物料配送模式分类

（1）企业自有车辆配送模式　企业自有车辆配送模式是大规模快餐连锁企业的基本物料配送模式。企业通过自行组建独立的物料配送中心，实现对企业内部各部门、各分店的物品供应。这种物料配送模式有助于企业有效控制自身原材料供给，运作风险小，响应能力强，对于当前快餐连锁企业规模化、网络化经营发挥了重要的作用。但是其源自自给自足的经营思想，形成了"大而全""小而全"的资源配置局面，资源利用率低，浪费也很严重。

（2）第三方物流企业物料配送模式　该模式是指交易甲、乙方把本企业需要完成的配送业务委托给第三方专业化物流企业来完成的一种配送运作模式。在供应链管理理念下，通过物料配送外包，快餐连锁企业致力于自身核心业务的提升和服务水平提高，成为电子商务时代快餐连锁企业的首要选择。该模式的服务内容非常广泛，涉及报表的管理、信息的管理、仓储管理、运费支付等各个环节，甚至还包括如何设计物料系统、进行电子数据交换谈判等内容。

（3）供应链一体化配送模式　供应链物料一体化模式是通过构建生产企业、物料供应企业、连锁经营企业和消费者四者之间的功能性网链结构，整合物料配送需求和第三方物流企业资源，实现供应链一体化配送目标。当快餐连锁企业分店数量较为分散时，以供应链所创建的物料配送系统为核心，由多家快餐连锁企业共同投资，实现一体化配送需求管理，设计一体化配送方案和车辆路径安排，在配送体积、数量、时间、线路、重量等方面做出最优选择，避免了车辆的重复运输和无效运输，有效控制了配送成本。这种配送模式对于连锁餐厅信息共享、调剂余缺、充分利用资源等方面具有比较大的优势。

本章小结

本章主要介绍了食品运输配送的概念、食品运输管理、食品运输的模式及要求、食品储存管理、运输的原则、运输的方式；以及粮食类、果蔬类、畜禽类、水产品、乳制品和茶叶制品农产品的运输管理、运输现状分析；并介绍了快餐连锁企业物料配送管理的实践价值、快餐行业中食品原材料运输环节管理、快餐连锁物料配送模式的特点、快餐连锁物料配送模式等。

思考题

1. 铁路运输设备包括哪几部分？铁路线路等级怎样划分？
2. 简述铁路货物运输组织过程，铁路货物运输的种类有哪些？
3. 按交通量及其使用任务、性质，公路被分为哪几个等级？高速公路每级服务水平的含义是什么？
4. 长途汽车运输有什么特点？如何确定长途汽运的合理使用范围及应采取怎样的运输组织？
5. 物流配送中心的定义？它应具备哪些基本功能？
6. 配送作业的作业流程？并以流程图详细说明？
7. 进货作业应考虑哪些影响因素？安排进货流程的注意事项？
8. 货物编码的原则有哪些？有哪几种编码方法？
9. 为什么要进行货物验收？验收货物的标准是什么？
10. 指定存储位置的原则有哪些？存储形式有哪几种？
11. 盘点作业的目的是什么？描述其作业流程？
12. 简述食品运输工具的种类。

第七章 食品流通加工业务

第一节 概述

由于食品具有一些特殊性，食品流通加工活动可以说是食品物流中一个至关重要的环节，它关系到日常生活中人们所食用食品的新鲜度、营养性和多样化。食品行业主要是通过流通加工来保持并提高食品的保存性，使提供给消费者时保持新鲜。同时，食品的流通加工也担负着提高物流系统的服务水平、提高物流效率和使物流活动增值的作用。

一、食品流通加工的概念及作用

（一）食品流通加工的概念

食品流通加工（food distribution processing）是指发生在食品流通过程中的加工活动，包括在途加工和配送中心加工，是为了方便食品流通、方便食品运输、方便食品储存、方便食品销售、方便顾客以及资源的充分利用和综合利用而进行的加工活动。流通加工能有效地完善流通；方便用户购买和使用，降低了用户成本；提高加工效率及设备利用率；充分发挥各种输送手段的最高效率；可实现废物再生、物资充分利用、综合利用，提高物资利用率；是物流中的重要利润源泉，在物流中的地位是必不可少的，属于增值服务范围。食品流通加工以保存产品为主要目的，为适应多样化的需要、方便消费、提高产品利用率、实现配送而进行，合理的食品流通加工能显著提高食品附加值、提高物流效率、降低物流损失、衔接不同输送方式、使物流更加合理。

食品企业经常采用配送与流通加工一体化的策略来提高食品配送效率和效益，如属于低温保鲜食品范畴的生鲜食品，对质量、鲜度、营养均有很高要求，因此在物流上可采取"当天加工，当天配送"的原则，设置一条从进货、分割、加工、包装、配送运输直至零售店销售的供应链，使流通加工与配送一体化。这种组织形式无论是对流通加工的有效运转，还是对配送活动的完善与发展，都有积极推动作用。

（二）食品流通加工的作用

1. 方便流通

方便流通，包括方便运输、方便储存、方便销售、方便用户。例如在流通加工中肉类产品的分割加工技术,是将生产企业直接运来的整包装、标准化产品,分割成适合用户需要的规格、尺寸或包装的物品。例如牛肉的分割加工,选取符合分割要求,即无病变、肉质新鲜清洁且修割平整美观的牛肉,分割为符合分割规格的牛腱、牛前、牛胸、西冷、牛柳、牛脯、针扒、尾龙扒、会牛扒、膝圆肉、三角肌肉和牛碎肉。为了方便销售、方便用户,分割后的牛肉被包装成适合家庭购买的小包装,标上价签,贮存在超市冷柜中等待顾客选购,顾客买回去后根据个人口味进行简单的加工即可食用。因此肉类的分割加工就起到了方便流通、方便运输、方便贮存、方便销售、方便用户的作用。其他如肉类的腌制、切碎、斩拌、烟熏等都具有这样的作用。

2. 提高生产效益和流通效益

由于采用了流通加工环节,生产企业就可以进行更具规模效应的标准化和整包装的生产方式,从而提高生产效率,节省包装费用和运输费用、降低成本;对于流通企业来讲,通过采用流通加工环节可以促进销售,增加销售收入,提高流通效益。

3. 方便用户购买和使用,并降低用户成本

需求小或需求零散的用户,往往缺乏进行高效率初加工的能力,因此依靠流通加工可使用户省去初加工设备方面的投资和人力,降低用户的成本。目前在食品行业发展较快的初加工有:净菜加工、肉类的分割加工、各种水果的保鲜加工、水产品的冷藏加工等。

4. 提高加工效率和设备利用率

由于可以采用效率高、技术先进、加工量大的专用机具和设备,所以加工质量、设备利用率和加工效率都得到了极大提高,加工费用及原材料成本自然也进一步降低。

5. 充分发挥各种运输手段的最高效率

可以将流通加工环节看作生产企业至流通加工和流通加工至消费者两个阶段。如果流通加工环节设置在消费地,那么从生产企业到流通加工的距离就会比较长,可采用船舶、火车等大运量的输送方式;而从流通加工到消费环节这一阶段距离比较短,则可利用汽车和其他小型车辆来配送经过流通加工后的多规格、小批量、多用户产品。这样,可以充分发挥各种输送手段的最高效率,加快输送速度,节省运费运率。

6. 实现废物再生利用,提高物资利用率

例如肉类分割可以实现优材优用、小材大用、合理包装,具有明显提高原料利用率的效果。

7. 改变功能,增加商品价值,提高收益

在流通过程中进行一些改变商品某些功能的简单加工,其作用除上述几点外还可提高商品销售的经济效益。例如,将一些蛋类产品加工成松花蛋、咸蛋、糟蛋、冰蛋等蛋制品,经过这些简单的加工,既改变了产品的功能,又增加了商品价值,提高了收益,所以,流通加工是提高物资附加价值的活动。

二、食品流通加工的类型

根据目的和作用的不同,可将流通加工分为多种类型。

1. 以保存产品为主要目的的流通加工

如水产品、蛋、肉的保鲜、保质的冷冻加工、防腐加工;各种干果的防潮、吸湿加工等;果蔬的采后冷藏处理,并采用气调储藏、减压储藏等各种储藏方式。

2. 为适应多样化需要的流通加工

为了满足客户对产品多样化的需求，同时又保证高效率的社会化大生产，可将生产出来的标准产品进行多样化的改制加工。例如，蛋类产品的腌制、糟渍加工，肉类产品的腌制、烟熏、蒸煮等加工。

3. 为了省力、方便消费的流通加工

如根据需求将肉类产品分割加工，并包装成合理的小包装；将各种蔬菜、肉类直接切割、调配并包装，顾客只需加热或热炒即可食用等。

4. 为提高产品利用率的流通加工

例如，鸡肉产品的分割加工，将符合分割要求的鸡分割为翅、腿、爪、头、脖及胸腔架，实行差别定价，顾客可根据个人喜好购买，就达到了加工效率高、加工费用低的目的。

5. 为提高物流效率、降低物流损失的流通加工

例如，肉类产品在消费地的流通加工可防止由于需求信息不足、需求预测不准确导致的库存积压或销售损失，零售商可根据需求情况，灵活调整各种肉制品的加工量；将各种鱼类加工成罐头，也可提高运输工具的运载效率，并降低由于鲜鱼易变质导致的损失。

6. 为衔接不同输送方式、使物流更加合理的流通加工

例如，各种散装的谷物、面粉等在中转仓库中进行小包装，将大规模散装谷物转化为小规模散装谷物的流通加工，就衔接了谷物大批量运输和需求小批量的需要。

三、 食品流通加工技术介绍

（一） 农产品的流通加工

1. 农产品流通加工要点

农产品是指水果、蔬菜以及粮食等。采收后的农产品，虽然离开了母体，但其生命活动仍在不断进行，如呼吸、蒸腾等生理活动。在采后进行的生理活动中，有些可以提高或维持农产品的品质，有些则降低其品质，通过流通加工适当地控制其生理活动有利于保证农产品在流通过程中的品质。

（1）呼吸作用（respiration）　关于农产品的呼吸作用，在前面章节中已讲到过，这里不再赘述。

（2）蒸腾作用（transpiration）　农产品的组织内都含有一定量的水分，尤其是新鲜的果蔬，其含水量可达65%~96%。果蔬采收后其蒸腾作用依然存在。因蒸腾作用失去过多水分不但会造成果蔬失重、口感、脆度、颜色和风味下降，还会破坏果蔬正常的新陈代谢过程，刺激乙烯合成，加速器官衰老和脱落，降低果蔬的耐储性能和抗病性。影响蒸腾的因素主要有：产品表面组织结构、产品细胞持水力、产品比表面、环境温度、环境湿度、空气流速、气压、光线照射等。

（3）农产品的休眠（dormancy）　植物在生长发育过程中遇到不适宜的环境条件，如严寒、酷暑、干旱等恶劣的环境时，为了适应环境，有的器官产生暂时停止生长的现象，这就是休眠。一些块茎、球茎、鳞茎、根茎类蔬菜，木本植物的芽或植物种子都有休眠现象。进入休眠状态的植物，积累在其机体内的营养物质的消耗和水分的蒸腾等各种代谢活动都降到最低水平，对储藏保鲜十分有利。休眠可分为两种：①生理休眠（自发性休眠）：这是器官内在因素引起的休眠，即使给予适宜的条件，仍要休眠一段时间而不发芽。比较典型的有洋

葱、大蒜、马铃薯、生姜等。②被迫休眠（他发性休眠）：由于环境条件中的不适因素所造成的暂停发芽生长，当条件得到改善便可恢复生长。如大白菜、萝卜、莴苣、花椰菜及其他二年生蔬菜没有生理休眠阶段，在贮藏中常用低温等条件抑制发芽而使其处于强制休眠状态。

影响休眠的除了低温外，还有湿度、气体成分、化学药剂和辐射等因素。

2. 农产品流通加工技术

农产品采收之后，产品中常会混有一些病、虫、伤的个体，这些个体如不挑选剔除，在以后的储藏、运输及销售等流通过程中会成为病害的传染源，造成果蔬大量腐烂损失。同时未经处理的果蔬产品，特别是叶类蔬菜，常带有许多非食用部分，进入流通市场后，经过销售或消费后可能将作为垃圾运出市区，既污染环境，又造成人力、车辆和能源的极大浪费，并增加了消费者的不便，影响产品的商品价值，而且这些非食用部分也常成为果蔬病害的传染源。另外，刚刚采收的果蔬带有大量的田间热，温度较高，再加上采收对产品的刺激，呼吸作用很强，释放出大量的呼吸热，需要通过预冷等处理使之迅速降温，否则对储藏或运输等流通过程中的果蔬保鲜不利。果蔬产品只有经过一系列的采后处理过程，才能从农产品转化成为商品，做到清洁、整齐、美观、销售和食用方便，从而提高果蔬商品价值和生产者的信誉。果蔬采后处理技术是为保持及改进果蔬产品质量并使其从农产品转化成为商品所采取的一系列措施的总称，包括采收、挑选、修整、清洗、分级、涂被、包装、预冷、催熟、储藏、运输、销售等。根据不同的果蔬产品的特性和商品要求，有的需要采用上述全部方法，有的则只需要其中几种处理方法。

（1）采收（picking）　采收是水果和蔬菜种植生产上的最后一个环节，也是预冷储藏保鲜开始的第一个环节，这一环节的主要任务是保护生产成品，保持采后农产品的营养品质和数量，减少质量和数量的损失，以完成生产的最终目的。

采收的确定，与其产量、品质及耐储运性有着密切关系。该时间主要依据以下几点来确定。

①农产品的成熟度：农产品种类繁多，其食用部分是植物的不同器官，采收成熟度要求很难一致，不便做出统一。但农产品在成熟阶段都有一定特殊的生理特征和理化性质，实践中可以根据产品表面色泽的显现和变化、果梗脱离的难易度、主要营养成分的含量、质地和硬度、果实形态、生长期和成熟特征并结合种类、品种特性、生长情况、气候条件、栽培管理等综合因素加以考虑，以掌握适当的采收期。

②储藏条件：储藏时间长，可适当提前采收；储藏方法和设备条件较好时，可适当晚采。

③运输距离的远近、销售期的长短。

水果和蔬菜的采收方法、采收工具、采收时间等应根据产品种类来决定。水果和蔬菜的采收方法可分为人工采收和机械采收两种。

①人工采收：作为鲜销和长期储藏的水果及蔬菜最好是人工采收。人工采收可以任意挑选，准确地掌握成熟度，分批分次采收，确保采收成熟度一致；可以减少机械损伤，保证产品质量。

其他水果和蔬菜的采收应根据种类选用适宜的工具，并事先准备好采收工具如采收袋、篮、筐、篓、箱、梯架等。包装容器要结实并实用，容器内要加上柔软的衬垫物，以免损伤产品。

水果和蔬菜采收时需重点注意尽量在一天中气温最低的清晨采收，这样可减少水果和蔬菜所携带的田间热，降低其呼吸强度。相反，不要在暴晒的阳光下采收；避免在雨后和露水很大时采收，这种条件下采收极易引起水果和蔬菜腐烂，降低品质，不利于贮藏和运输。采收时要轻拿轻放，尽量避免机械损伤；要做到有计划性，根据市场销售及出口贸易的需要决定采收期和采收数量。

②机械采收：机械采收适用于那些成熟时果梗与果枝间形成离层的果实，一般使用强风压或强力振动机械，迫使果实由离层脱落，在树下布满柔软的帆布篷和传送带，承接果实并将果实送到分级包装机内。机械采收的效率高，节省人工及劳务费。但对很多品种，如樱桃、苹果等，机械采收损伤比人工采收的要高。

(2) 预冷 (precooling)

①预冷原理和作用：预冷是将新鲜采收的产品在运输、贮藏或加工以前，尽早迅速除去田间热，冷却到预定温度的过程。预冷可以抑制腐败微生物的生长，抑制酶的活性和呼吸作用，控制水分损失和减少产品释放的乙烯。

预冷通常是单独进行的，需要特殊的装置或库房。商业上常用的预冷方法有以下几种：水冷却、真空冷却、空气冷却和加冰（包装中加冰），方式虽各不相同，但都能迅速将产品中的热传递到冷的介质如水、空气或冰中。适当冷却产品所需要的时间一般为 20min~24h 或 >24h。产品的冷却速度与制冷介质和产品的接触、产品和制冷介质的温差、制冷介质的周转率、冷却介质的种类四个因素有关。

②预冷方法：常用的预冷方法有以下几种。

a. 冷水冷却：水冷是用冷水冲、冷水喷淋或将产品浸泡在冷水中来进行的。目前使用的两种基本水冷系统为：流水系统和传送带系统。商业上经常用水冷方法预冷的水果和蔬菜有芦笋、芹菜、网纹瓜、菜豆、桃、萝卜、酸樱桃、豌豆和甜玉米等。有时黄瓜、青椒、其他瓜类和早熟马铃薯也用水冷却。

b. 真空冷却：真空冷却是将蔬菜放在气密的容器中，迅速抽出空气和水蒸气，使水分在真空容器的低压下蒸发，产品因表面水分的蒸发而冷却。当容器中的压力减小时，蒸发可以连续进行，如果压力减少到 613Pa，产品就将连续蒸发冷却到 0℃。真空冷却非常适用于叶菜类蔬菜，目前广泛应用于商业领域预冷加工蔬菜。

c. 空气冷却：空气冷却包括室内低温冷却或强制通风系统冷却及差压通风冷却。空气冷却时容易造成水果和蔬菜失水，但用高湿空气可以限制失水，目前常使用 95% 或以上的相对湿度。

室内冷却或强制通风冷却又称普通冷却，它是将包装的产品放在有制冷设备的冷库中进行的冷却。像苹果、柑橘和梨就可以在其做短期或长期贮藏的冷库中来进行预冷。当有足够的制冷量，并保证库内各处冷却均匀，且空气以 1~2m/s 的流速在容器周围和容器间循环时，冷却的效果最好。该种冷却方法缺点是冷却速度及效率都较低。

差压通风冷却，是在通风包装箱垛的两个侧面造成空气压差进行的冷却。包装箱必须开孔，冷风能从包装箱内穿过，将被冷却果蔬的热量带走，使其降温。快速冷却时须加大制冷系统的制冷量，并加大每个货堆的风速流量。差压冷却所用的时间一般只占普通冷却所用时间的 1/10~1/4，但比水冷和真空冷却所用的时间至少长 2 倍。差压冷却解决了不适用于冷水冷却同时也不适于真空冷却的水果和蔬菜的预冷问题，差压冷却适合于任何水果和蔬菜，但在草莓、葡萄、甜瓜和慢熟番茄上的使用效果最好，有时也用于黄瓜、花椒和花椰菜。

d. 加冰冷却：包装中加冰冷却是一种传统方法，就是在运输容器中或包装箱中加入冰屑或细碎的冰块。它适用于那些与冰接触不会产生伤害的水果和蔬菜，如菠菜、羽衣甘蓝、青花菜、花椰菜、抱子甘蓝、胡萝卜和网纹瓜等。目前顶部加冰只是作为上述几项基本预冷方法（冷水冷却、真空冷却、强制通风冷却）的辅助措施，常用于木板箱包装的甜玉米、芹菜、其他叶菜和事先包装在薄膜袋中的萝卜和胡萝卜及聚苯乙烯泡沫箱包装的西蓝花和芦笋。

（3）分级（grading） 各类农产品，由于在生产栽培期间受到自然和人为因素的影响和制约，所以产量和品质离散情况较大。分级是指按一定的品质标准和大小规格将产品分为若干等级的措施，是水果和蔬菜产品商品化和标准化不可缺少的步骤。水果和蔬菜产品分级的意义在于挑选和分级后的产品在品质、色泽、大小、成熟度、清洁度等方面基本一致，便于包装、储运，有利于减少损耗，同时也利于果蔬在流通过程中按质论价，优质优价。

①分级的标准和方法：水果和蔬菜产品分级一般需按国家或地方标准进行。世界各国都有自己的分级标准，我国也已发布了部分水果和蔬菜的国家标准。具体的分级标准因水果和蔬菜的种类、品种而有所不同。水果和蔬菜产品的分级包括品质和大小两项内容。品质等级一般根据品质的好坏、形状、色泽、损伤和病害的有无等质量情况分为特等、一等、二等、三等等。大小等级则根据重量、果径、长度等分为特大、大、中、小、特小（用英文字母2L、L、M、S、2S 分别表示）等。

分级的方法有手工操作和机械操作两种。叶菜类蔬菜和草莓、蘑菇等形状不规则和易受损伤的种类多用手工分级；苹果、柑橘、番茄、洋葱、马铃薯等形状规则的种类除了手工操作外，还可采用机械分级。分级一般与包装同时进行。

手工分级时应预先熟悉掌握分级标准，可辅以分级板、比色卡等简单的工具。手工分级的优点是可避免果蔬产品受到机械伤害，缺点是效率低和误差大。

机械分级常与挑选、洗涤、打蜡、干燥、装箱等联成一体进行。以苹果、柑橘的分装设备为例，先将果实放在水池中洗刷，然后由传送带送至吹风台上，吹干后放入电子秤或横径分级板上，不同重量的果实分别送至相应的传送带上，在传送过程中，人工拿下色泽不正和残次病虫果，同一级果实由传送带载到涂蜡机下喷涂蜡液，再用热风吹干，送至包装线上定量包装。机械分级需要较大的设备投资但工作效率和分选精度大大提高。

②自动化分选装置：水果和蔬菜的种类和品种繁多，大小、形状、质地差异很大，难以设计出通用的分选装置，目前也难以实现全部过程的自动化，一般都是以人工与机械结合进行分选。应用较多的是重量、形状（大小）分选机和颜色分选装置。

a. 重量分选装置：根据产品的重量进行分选，按被选产品的重量与预先设定的重量进行比较分级。重量分选装置有机械秤和电子秤等不同的类型。重量分选装置多用于苹果、梨、桃、番茄、甜瓜、西瓜、马铃薯等。

b. 形状分选装置：按照被选果蔬的形状大小（直径、长度等）分选。有机械式和光电式等不同类型。

机械式形状分选装置多是以缝隙或筛孔的大小将产品分级。当产品通过由小逐级变大的缝隙或筛孔时，小的先分选出来，最大的最后选出。适用于柑橘、李子、樱桃、洋葱、马铃薯、胡萝卜、慈姑等。

光电式形状分选装置有多种，有的是利用产品通过光电系统时的遮光，测量其外径或大小，根据测得的参数与设定的标准值比较，进行分级。较先进的装置则是利用摄像机拍摄，经电子计算机进行图像处理，求出果实的面积、直径、高度等。例如黄瓜和茄子的形状分选装置，将果实逐一整齐地摆放到传送带的托盘上，当其经过检测装置部位时，安装在传送带上方的黑白摄像机摄取果实的图像，通过计算机处理后可迅速得出其长度、粗度、弯曲程度等，实现大小分级与品质（弯曲、畸形）分级同时进行。光电式形状分选装置克服了机械式分选装置易损伤产品的缺点，适用于黄瓜、茄子、番茄、菜豆等。

c. 颜色分选装置：根据果实的颜色进行分选。果实的表皮颜色与成熟度和内在品质有密切关系，颜色的分选主要代表了成熟度的分选。例如，利用彩色摄像机和电子计算机处理的红、绿两色型装置可用于番茄、柑橘和柿子的分选，可同时判别出果实的颜色、大小以及表皮有无损伤等。当果实随传送带通过检测装置时，由设在传送带两侧的两架摄像机拍摄。果实的成熟度根据测定装置所测出的果实表面反射的红色光与绿色光的相对强度进行判断。表面损伤的判断是将图像分割成若干小单位，根据分割单位反射光的强弱算出损伤的面积，精确可判别出 0.2~0.3mm 大小的损伤面。果实的大小以最大直径表示。红、绿、蓝三色型机则可用于色彩更为复杂的苹果的分选。

③非破坏性内部品质检测：非破坏性内部品质检测技术的目的是在不损伤产品的前提下对其内部品质做出评价并分出等级。目前国外已实际应用的非破坏性内部品质检测装置也多是就某一产品某一重要单项进行检测的。尽管如此，这些技术的应用对保证产品质量，促进销售与生产起到了积极的推动作用。如利用敲诊和透视方法检测西瓜空洞；利用瓜果成熟时散发出特殊香味的气体，检测瓜果的成熟度；通过糖度测定确定瓜果成熟度等。

（4）包装（packaging） 包装是农产品商品化的重要环节，其目的在于保护产品、方便运输、促进销售和提高产品附加值。适宜的包装可以减少产品的呼吸消耗和水分蒸发，减少因相互摩擦、碰撞、挤压而造成的损伤，减少病害的传染蔓延，保持品质和增加美观，便于储藏、运输、销售。同时规格化的包装还便于搬运和堆码管理，降低储运成本。农产品的包装按不同用途和形式可分为运输包装、储藏包装、销售包装和外包装、内包装、大包装、小包装等多种类型，采用什么方式包装，要视产品的具体情况而定，一般应遵循以下原则：①对应性原则：根据农产品不同的适用范围和场所，不同档次的农产品选用不同档次的包装材料和技术。②适用性原则：根据农产品的各自特性、储运条件、流通因素等合理选择包装，做到最大限度地保护产品、减少损耗。同时还要考虑不同地区、民族、国家对包装材料的不同要求和限制。③经济性原则：包装材料应取材容易、成本低廉、便于周转回收或使用后易于处理。包装的设计、选材、制作、包装工艺技术选择等应进行综合分析和比较，力求达到最好的经济性。在防止包装不足的同时，也要避免包装过度。④美学性原则：优质的产品需要精美的包装相配。包装的美学性是包装装潢设计、材料、印制工艺等的综合体现，是决定产品能否畅销的关键因素之一。⑤科学性原则：根据加工要求和设备条件、消费心理和市场需求、经营者和用户要求、环境保护等要求，综合分析和考虑包装材料和工艺技术。

目前，我国已制定出多种农产品的包装技术标准，这些标准涉及包装材料选用、工艺技术选用和包装检测，在实际应用中可以参考。

①大包装：大包装是指将较多的产品或若干个小包装单位集中在一起进行包装。大包装主要用于运输或储藏。目前我国常用的大包装容器有以下几种。

a. 软包装容器：如麻袋、网袋等，这种包装无支持力，只起到便于搬运的作用，多用于应变力强的产品。

b. 条筐或竹筐：透气性好，不怕潮湿，成本低，但不能很好地防止水分蒸发，易刺伤产品；需在包内衬垫蒲包等物，不易堆码，易变形。

c. 木箱：包括木板箱、条格箱和胶合板箱。支撑力强，坚固耐用，可码高垛，但成本较高。

d. 瓦楞纸箱：用硬纸板和瓦楞纸黏合而成，重量轻、外形整齐，便于堆码，箱上留有孔以利通风，可对水果和蔬菜产品起很好的保护作用。纸箱可折叠，空箱运输方便。

e. 塑料箱：支撑能力较强，便于刷洗和消毒，可反复使用，但返回运输时，体积过大，多用于近距离装运。

f. 集装箱：体积较大，是上述包装的母容器，只用于运输。集装箱种类很多，有通风式集装箱、冷藏集装箱和冷藏气调集装箱等，由于容量大，需要机械化装卸。

②小包装：小包装是以单个或少量产品为单位进行包装，运输时放在外包装内（可称为内包装），销售时可作为一个单位（又称销售包装）。

小包装主要是为了保护产品个体和方便产品集合。常采用单果包纸、个体装塑料小袋、托盘、分层隔板、分格定位衬垫等方式。小包装的材料很多，可采用质地轻及柔软的白纸、泡沫塑料网袋、塑料薄膜袋，也可以是纸浆托盘或瓦楞纸隔板或格子板。小包装中最重要的方式之一是塑料薄膜包装，它的主要作用是减少产品水分蒸散，防止萎蔫，有的还可起到自发气调的作用。塑料薄膜包装有多种形式，如有孔包装、不封口包装、密封包装、黏着膜包装和收缩包装及真空包装等。薄膜的厚度一般为 0.02~0.07mm。

（二） 水产品的流通加工

1. 水产品流通加工要点

我国是一个渔业大国，邻近渤海、黄海、东海、南海四大海区，海域总面积约 3540 万 km^2，有超 1.8 万 km 的海岸线，浅海滩涂可养殖面积 260 万 km^2，有约 1747 万 km^2 的内陆水面。年总渔获量约 4000 万 t，是世界上第三个超过千万吨的国家，占世界渔获量的 1/7。我国的淡水和海水鱼产量几乎各占一半。

渔业生产季节性很强，受自然环境中的风力、海流、赤潮、水温、季节等因素影响更大，生产具有较高的不稳定性，同时渔获物也呈多样性。近年来随着水产养殖业的发展，养殖产量占到了总渔获量的 50%左右。养殖品种也不胜枚举，海水养殖除大黄鱼、小黄鱼、带鱼、乌贼等传统海产品以外，已形成规模的还有河鲀、牡蛎、蛤蜊、海参、鲍鱼、海蟹等；淡水养殖的品种更多，有淡水白鲳、罗非鱼、鲤鱼、青鱼、鲫鱼、鲢、鳙鱼、黄鳝、甲鱼、牛蛙等。

水产品具有丰富的营养价值，从氨基酸组成和蛋白质的生物价来看，鱼贝类蛋白质的营养价值可与鸡蛋、肉类等优质蛋白媲美。同时一些鱼体中还含有一定的生理活性物质，具有一定的保健功能。

水产品具有易腐败的特性，主要是由于：①鱼贝类相对于畜肉来说，个体小、组织疏松、表皮保护能力弱、水分含量高、易腐败；②鱼体在消化系统、体表、鳃丝等处都黏附着细菌，鱼体死后这些细菌开始向纵深渗透，造成水产品的腐败和污染，且细菌种类繁多；③鱼体内含有活力很强的酶，如内脏中的蛋白质、脂肪等分解酶，肌肉中的腺嘌呤核苷三磷酸（ATP）分解酶等；④一般鱼贝类栖息的环境温度较低，当它们被捕获后往往被放置在温度稍高的环境中，酶促反应大大提高，加快了腐败的进程。因此，研究水产品的流通加工技术对缓解渔业收获的季节集中性、减轻在短期内对大量渔获物的保鲜压力、提高水产品质量具有重大的意义。

(1) 鱼贝类的物理变化　鱼贝类死后其体内酶类进行无氧降解，糖原和 ATP 减少到一定程度，鱼体变硬，直到达到最大值。僵硬期过后，糖原、ATP 进一步减少而代谢产物乳酸、次黄嘌呤、胺不断积累，硬度也逐渐降低，直至恢复到活鱼时的硬度，这个过程称为解僵，主要是由于体内酶的作用使成分发生一定变化，故又称自溶作用。这一阶段仍被认为是新鲜的，煮熟后口感肉质紧密、多汁而富有弹性。通常所说的保鲜就是要尽可能延长鱼从死后到解僵的持续时间，影响这一时间长短的因素主要有：鱼的种类、鱼体大小、生理状况、贮藏温度等。

鱼贝类在保鲜和加工时其肉质会发生物理方面的变化。一般对鱼肉物性的测定常采用应力缓冲测定、蠕变测定等所谓的非破坏性试验和剪切力、破断度、深入度等破坏性测定。通过测定这些物理指标可以判定鱼肉是处于僵硬、解僵等阶段，进而研究鱼贝类肉质的结构和组成，研究贮藏和保鲜方法对鱼贝类肉质的物理影响等。虽然鱼种不同，但鱼体死后在冰藏过程中肌肉硬度变化的趋势是相近的，即随着鱼体僵硬，插板深度逐渐减小；鱼体软化后，插板深度逐渐增加，依此可作为鉴定鱼体鲜度的根据。

(2) 蛋白质的变性（denaturalization）　蛋白质的某些性质在外界条件影响下会发生变化。原因很多，如 pH、氧化还原反应、尿素、有机溶剂、界面活性剂等化学因素以及冻结、加热、干燥、辐照、高压等物理因素。肌原纤维蛋白是鱼贝类肌肉中蛋白质的主体，比其他蛋白质更易变性。

持续冻藏过程可加剧鱼肉蛋白质的变性，使得肉质硬化，解冻后细胞内汁液流失使肉质硬化更加严重。蛋白质变性后，鱼贝类的食品属性有所下降，一般认为在鱼肉中添加一些化合物（如木糖醇、山梨糖醇、半乳糖、乳糖、麦芽糖等）可使蛋白质变性程度减轻。

(3) 脂肪的劣化　鱼贝类在贮藏过程中的脂肪劣化有氧化和水解两种。脂质氧化后，鱼贝类会产生不愉快的刺激性臭味、涩味和酸味等而发生酸败（acidfication）。随着酸败的加剧，制品的脂质和部分肉质往往发生褐变，这种变色称为油烧。在低温贮藏时，脂质的氧化可以有所抑制，但某些水解酶在低温下仍然有一定的活性，也可引起脂质的水解和品质劣化，故又称冻结烧。

①脂肪的氧化（oxygenation）：脂肪是由甘油和脂肪酸组成的，脂肪酸中的双键特别容易与空气中的氧结合而被氧化，海水产品比淡水产品和陆生动植物的脂肪酸不饱和度更高，所以特别容易被氧化而产生低分子的脂肪酸、醛、醇等。

鱼油仅因氧化还不会发生变色，但氧化后的鱼油与鱼肉中的胺、氨、血红素化合物、碱式金属氧化物、碱等组分中的任何一种作用时，就会发生严重的褐变，未氧化的鱼油与胺等物质不发生褐变。这种褐变最终引起鱼贝类腹部、鳃部等含脂较多的部位变成黄色或橙红色，肉质同时也被着色，这种变化即油烧。

②脂肪的水解（hydrolysis）：鱼贝类的肌肉和内脏器官中含有脂肪水解酶和磷脂水解酶，在贮藏过程中这些酶会对脂质发生作用，引起脂质的水解。只要是酶未被钝化和失活，酶的水解反应就会发生，只不过在冷藏、干藏、盐藏、气调保藏等处理中保鲜条件不同，水解的

速度不同罢了。脂质水解后造成了鱼贝类品质的低下，所生成的游离酸能够促进蛋白质的变性，并且它与氧结合的速度大于其与甘油和脂肪酸结合的速度，更多更快地产生了小分子的醛或酮，使水产品的色、香、味及营养劣化。

采用密封遮光包装或真空包装、低温贮藏、加热或辐射以钝化酶、添加抗氧化剂等方法，可以降低脂质水解的速度。

(4) 色、香、味的变化

①颜色（color）：新鲜的红肉鱼的肉色是鲜红色，在常温或低温下贮藏时会逐渐变成褐色，这是因为肌红蛋白的血红素中的Fe^{2+}被氧化成Fe^{3+}，产生褐色的正铁肌红蛋白的缘故。氧化速度受温度、pH、氧分压、盐和不饱和脂肪酸等的影响，其中温度是最显著的因素。有些鱼（旗鱼、青鲨等）腹部肌肉有时会变绿色，这是因为微生物繁殖产生了硫化氢，与鱼肉中的肌红蛋白和血红蛋白产生了绿色的硫肌红蛋白等。要防止此类绿变的发生，就得控制好鲜度。类胡萝卜素（虾黄素）发生了氧化后，鱼的红色肌肉在冷藏过程中颜色会慢慢变浅，如鲑、鳟等。

由于甲壳类体液中含有酚酶，能将酪氨酸氧化成黑色素，即使在低温下，该反应也能缓慢进行，使得虾类在冷藏过程中头胸部和尾部产生黑色的斑点。防止的方法为用抗坏血酸或酸性亚硫酸盐等还原剂进行处理。

新鲜的鱿鱼、乌贼等软体动物的体表上分布着均匀的色泽，随着贮藏期的增加和鲜度的降低，体表逐渐变成了白色。原因是新鲜时的色素细胞松弛，体表面呈均匀分布的黑褐色斑点。保鲜过程中鲜度下降，色素细胞收缩，此时体表变成白色，随着鲜度继续下降，当pH达到6.5以上时，色素细胞中的色素溶出细胞并扩散，使肉中褐色斑点消失，造成体表颜色发白。所以，根据其颜色的变化可以判断软体动物的鲜度。

冷冻蟹鱼肉的褐变、冷冻扇贝柱的黄色变化等都是糖与氨基的结合（美拉德反应）所致。美拉德反应不仅影响了鱼贝类的外观颜色，还随之产生焦糖气味、二氧化碳，引起蛋白质消化率的下降等。要防止美拉德反应很难，因为它受很多因素的影响，如油脂氧化也能促其反应，现多采用低温的办法，因为降低温度可以减缓几乎所有的化学反应速度。另外添加一些无机盐（亚硫酸氢钠等）据称也可以阻断、减弱美拉德反应。

有一些干制品中，表面往往会析出一些白色粉末，这些是具有营养性或一定生理活性的物质。干鱿鱼和干鲍鱼表面上的白斑，其主要成分是牛磺酸，这是一种具有降血压等多种功能的含硫氨基酸，此外，还含有甜菜碱、谷氨酸钠、组氨酸等成分。干海带、裙带菜等表层的白色粉末主要是甘露醇，也是一种重要的生理活性物质。另外还有很多海产干制品表面都覆盖着一层白色粉末，这些粉末在烹调前往往都被洗掉，实在是很可惜。

②气味（aroma）：气味是指人的嗅觉器官接受物质刺激的一种心理现象。水产品特别是鱼类会散发出特殊的腥气味，即使在接近0℃条件下这一过程也不会停止。水产品气味散失和腐变的过程实际上是质量丧失的过程，而且还会对周围环境带来污染。

胺类化合物是臭味的主成分。新鲜鱼鲜度下降后会产生腐败的胺臭味。新鲜的鱼与鲜度下降或长期贮藏的鱼的气味有着很大的不同。

③滋味（taste）：水产品的呈味物质有氨基酸、核苷酸、次黄嘌呤、甘氨酸、甜菜碱、氧化三甲胺、有机酸、无机盐等。在保鲜贮藏过程中，这些呈味成分及其含量都会有所变化。

(5) 生物性变质　水产品死亡后在酶和微生物的作用下变质。蛋白酶穿透肠壁而作用于肌肉，造成腐败；同时细菌也大量繁殖，侵袭肌体，加重了水产品风味、气味和组织的变化。因此，为了抑制生物性变质需要及时对水产品进行必要的清理，并采用适宜的低温处理。

(6) 水分散失　新鲜的水产品含有大量的水分，在流通过程中由于包装不当、贮藏技术不合适，容易造成水产品过分脱水而干燥，导致组织、气味和颜色的改变。

2. 水产品流通加工技术

鉴于鱼贝类的易腐败变质特性，水产品流通加工主要就是应用物理、化学、生物等手段对原料进行处理，从而保持或尽量保持其原有的新鲜程度，控制和降低由于酶、微生物的作用，以及氧化、水解等化学反应造成的产品鲜度下降。例如使酶钝化，使微生物失活，以及使各种化学反应速度变慢甚至停止等。目前实际应用于水产品中的保鲜技术已有低温保鲜、高压保鲜、辐照保鲜、气调保鲜、化学保鲜、生物保鲜等多项技术。

(1) 低温保鲜加工技术（low temperature）

①冰藏保鲜：冰藏保鲜是目前渔船作业最常用的保鲜技术。它是历史最悠久的传统保鲜方法之一，也是使渔获物的质量最为接近鲜活品生物特性的方法。冰藏保鲜的对象最好是刚刚捕获的或者鲜度较好的渔获物。将清理干净的渔获物整齐、紧密地铺盖在冰层上，然后在鱼层上均匀地撒上一层冰，如此一层冰一层鱼一直铺到舱顶部，在最上面一层要多撒一些冰，铺得厚一些。这样渔获物可被冷却到0~1℃，一般在7~10d鲜度能够保持得很好。

②冷海水保鲜：冷海水保鲜是把渔获物保藏在0~1℃的冷海水中，从而达到贮藏保鲜的目的。这种方法适合于围网作业捕捞所得的中上层鱼类。该方法优点在于鱼体降温快、操作简单迅速，如再配以吸鱼泵操作，则可大大降低装卸劳动强度，渔获物新鲜度好。其不足之处是需要配备制冷装置，随着贮藏时间（5d以上）的增加，鱼体开始逐渐膨胀、变色。所以在实际应用中还存在着一些有待解决的问题。

③微冻保鲜：微冻保鲜的基本原理是利用低温来抑制微生物的繁殖和酶的活力，是将渔获物保藏在其细胞汁液冻结温度以下（-3℃左右）的一种轻度冷冻的保鲜方法，又称过冷却或部分冷冻。在微冻状态下，鱼体内的部分水分发生冻结，微生物体内的部分水分也发生了冻结，这样就改变了微生物细胞的生理生化反应，一些细菌的生长繁殖受到抑制，甚至死亡，从而使鱼体在较长时间内保持鲜度而不发生腐败变质，与冰藏相比较，能延长保鲜期。微冻保鲜不仅能有效抑制细菌繁殖，同时可有效减缓脂肪氧化，减少解冻时汁液流失，保持鱼体表面色泽，而且降温耗能少等。但操作的技术性要求高，特别是对温度的控制要求严格，稍有不慎就会引起冰晶对细胞的损伤。

微冻保鲜常用的方法有加冰或加盐混合微冻、制冷机冷却微冻、低温盐水微冻。

④冻结保鲜：把鱼体的温度降到其冰点以下，温度越低可贮藏时间就越长，-18℃可贮藏2~3个月，-30~-25℃可贮藏1年。当然这还与原料的新鲜度、冻结方式、冻结速度、冻藏条件等有关。水被冻结成冰后，鱼体内的液体成分约有90%变成了固体。随着水分活度的降低，微生物本身也产生生理干燥，造成不良的渗透条件，使微生物无法利用周围的营养物质，也无法排出代谢产物。没有水，大多数化学反应及生物化学反应不能进行或不易进行，因此冻结是解决产品长期保鲜的一种方法。加工中常用的冻结方法有空气冻结法、鼓风冻结法、隧道式送风冻结、连续式吹风冻结、接触式冻结法、钢带连续式冻结法、盐水浸渍冻

结、液化气体冻结法。

⑤冻藏保鲜：水产品冻结后要想长期保持其鲜度，还要在较低的温度下贮藏，即冻藏。冻结物的品质受冻藏过程中温度、氧气、冰晶、湿度等的影响。

冻藏温度对冻品品质影响极大，温度越低品质越好，贮藏期限越长。但考虑到设备的耐受性及经济效益以及冻品所要求的保鲜期限，一般冻藏温度设置在-30~-18℃。我国的冷库一般是-18℃以下，有些国家是-30℃。冻藏温度应稳定，防止出现大的波动，造成大冰晶出现而使水产品细胞受机械损伤、蛋白质变性，解冻时汁液流失增加，水产品的风味和营养价值下降。

⑥冷藏链保鲜：水产冷藏链是指水产品从水中被捞起后，一直到食用之前，始终处于较低的温度环境中，从而保持其鲜度不发生变化，或少发生变化。冷链环节具体包括：渔船冰藏→陆上冻结→冷藏库→冷藏运输车、船等→调剂冷藏库→冷藏或保温车→商场冷藏展示柜→家用冰箱→解冻→食用。

⑦解冻：在水产品食用前，通过水、空气、真空水蒸气、电阻加热、高频电磁波加热等方法，使冻品融化恢复到冻前的新鲜状态的过程称为解冻。解冻是冻品中的冰晶还原融解成水的过程，可看作为冻结的逆过程。解冻过程中，由于冰晶的逐渐融化，会使组织遭受机械损伤、细胞脱水和分子空间结构遭破坏，造成汁液的流失、重量减少、冻品不能完全复原，同时随温度的逐渐升高，微生物生命活动也逐渐增强。因此解冻时要综合考虑冻品冻结时的温度、速度、冻品特性等，合理选择解冻方法，降低冻品解冻时的品质下降。

(2) 超冷保鲜技术（super fast cooling） 超级快速冷却是一种新型保鲜技术，又称超冷保鲜技术。具体的做法是把捕获后的鱼立即用-10℃的盐水做吊水处理，根据鱼体大小的不同，可在10~30min使鱼体表面冻结而急速冷却。这样缓慢致死后的鱼处于鱼仓或集装箱内的冷水中，其体表解冻时要吸收热量，从而使得鱼体内部初步冷却，然后再根据不同保藏目的及用途确定贮藏温度。

(3) 高压保鲜技术（high-pressure） 高压在这里一般是指100MPa以上的压力。高压对微生物的细胞形态有影响；对细胞内的新陈代谢产生影响，同时高压下酶的失活抑制了微生物的生化反应；对微生物遗传基因也有影响，使微生物不会正常生长与繁殖；另外高压可造成微生物细胞壁机械损伤，对细胞膜通透性也有影响。

水产品风味独特，含细菌多，常规的保鲜方法很难保持其鲜度，高压则可以有效地保留其原有的风味、色泽、口感，同时还可以杀菌。高压对水产品保鲜的作用主要表现在以下三方面。

①高压处理对鱼肉制品物理性质的影响：向鱼肉内加1%~3%的食盐并研磨搅拌20min，然后制成2.5cm厚的块状，在100~600MPa，0℃下处理10min，发现在400MPa下处理的鱼糜凝胶强度最大。一般可选用鳕鱼、沙丁鱼、鲤鱼和金枪鱼等。

②高压解冻：通常冷冻水产品的解冻方法有自然解冻、流水解冻、加热解冻、电磁波解冻等。前三种方法解冻时有温度梯度，而电磁波解冻可能会有过热现象或不宜解冻完全。将冷冻品在高压下解冻，冻品中的冰晶瞬间就会液化，减小了冰晶对细胞的损伤，从而使汁液的流失量也下降。高压解冻的速度远快于自然解冻法。

③水产品的高压冻藏：在常压下进行冻藏会使水产品组织内形成冰晶，引起组织的破坏，造成汁液流失，蛋白质失水过多而变性严重等，在高压条件下这个问题可以得到有效解

决。当选择-15℃，170MPa的条件冷藏水产品时，则微生物活动停止，酶反应速度下降，只有肌苷和次黄嘌呤等生成。

（4）气调保鲜技术（controlled atmosphere technology） 水产品的气调保鲜机理在于以下几点。

①低氧环境可以抑制鲜活水产品的呼吸作用，降低鲜活品中营养成分的新陈代谢，抑制酶系的活力。

②保持鱼肉色泽：保持肉色的关键在于控制甲基肌红蛋白生成。气调保鲜采用高浓度的氧气使肌红蛋白形成氧合肌红蛋白，能有效控制甲基肌红蛋白的生成，则可以保持鱼肉良好的色泽。

③脂质氧化的防止：鱼油中含有大量不饱和脂肪酸，极易氧化产生令人生厌的酸臭味和哈喇味。采用阻绝空气的气调保鲜则可以有效避免氧化劣变的发生。

保持鱼肉肉色鲜艳和防止脂肪劣化是一对矛盾，气调保鲜时应根据不同情况进行处理。即使是同样的鱼肉，也要根据其商品形态、要求的保质期限等采用最适合该商品的气体组合。

④防止微生物性腐败：好气性微生物在低氧环境下，其生长繁殖就会受到抑制，在氧气为6%~8%的环境中，某些霉菌就停止了生长或发育受阻。低温是抑制细菌繁殖的最好办法，但温度波动常造成其抑菌效果降低，如果在0~10℃则保鲜效果显著。气调时适用的气体为N_2、CO_2或二者的混合物，CO_2的浓度越高抑菌效果越好。不论鱼种、温度如何，40% CO_2和60% N_2包装都能得到较理想的抑菌效果。使用时应根据不同鱼类、不同微生物和不同保鲜要求采用不同的气体组成。如低脂性和中脂性鱼类可采用有氧气调，而高脂性鱼类可采用无氧气调保鲜。

（5）化学保鲜（chemical） 化学保鲜就是在水产品中加入对人体无害的化学物质，延长保鲜时间、保持品质的一种保鲜方法。

①防腐剂：从广义上讲，能够抑制或杀灭微生物的化学物质都可以称为防腐剂。其作用机理是控制微生物的生理活动，使微生物发育减缓或停止。常用的有苯甲酸钠、山梨酸钾、二氧化硫、亚硫酸盐、硝酸盐等，使用量都在1g/kg以下。

②杀菌剂：杀菌剂就是能够有效地杀灭食品中微生物的化学物质，分为氧化型和还原型两大类。

氧化型杀菌剂的杀菌机理是通过氧化剂分解时释放强氧化能力的新生态氧[O]，使微生物被氧化而致死。常用的有过氧乙酸、漂白粉、漂白精等。

还原型杀菌剂的杀菌机理是利用还原剂消耗环境中的氧，使好气性微生物缺氧致死，同时还能阻碍微生物生理活动中酶的活力，从而控制微生物的繁殖。常用的还原剂有亚硫酸及其钠盐、硫黄等。

③抗氧化剂：抗氧化剂是防止或延缓食品氧化变质的一类物质。抗氧化剂种类很多，其机理也不尽相同，有的是消耗环境中的氧而保护其品质；有的是作为氢或电子供给体，阻断食品自动氧化的连锁反应；还有的是抑制氧化活性而达到抗氧化效果。常用的抗氧化剂分为油溶性和水溶性两种。油溶性的包括二丁基羟基甲苯、维生素E、没食子酸丙酯等，水溶性的包括异抗坏血酸及其钠盐、植酸、EDTA等。

④抗生素保鲜：某些微生物在新陈代谢过程中能产生一种对其他微生物有杀灭或抑制作

用的物质，这些物质即称为抗生素。抗生素的抗菌效能是普通化学防腐剂的几百倍甚至上千倍，但其缺点是抗菌谱带窄，只能对一种或几种菌有效。利用抗生素保鲜应充分注意产品的安全性。

⑤糟醉保鲜：糟醉保鲜是指用酒糟、酒进行加工，以提高水产品的风味和耐藏性。其基本原理是利用少量的盐脱去小部分水分，再利用酒糟或酒抑制腐败菌生长，同时增加了产品的风味。密封对糟醉制品至关重要，因为当隔绝空气时，好气性细菌就不能繁殖，有利于延长保藏期。如糟鲤鱼、醉蟹、醉泥螺、酒渍海胆酱等。

(6) 水产品包装 根据水产品特性选用合理的保鲜技术、包装材料和包装工艺进行包装，可以有效抑制各种不利因素对水产品品质的影响，在储藏、运输、销售等物流环节中保持产品品质。水产品包装可分为生鲜水产品包装、加工水产品包装，也可按目的和用途分为销售包装、运输包装。

①生鲜水产品包装：

a. 生鲜水产品的销售包装：生鲜水产品的销售包装应维持在适宜的温度范围内（如0~3℃），并采用透湿率低的材料，以防止水分散失、保持鲜度。结合低温，可采用MAP包装、真空包装等方法。

生鲜水产品的包装材料主要有以下几种：聚乙烯（PE）薄膜袋；涂蜡或涂以热熔胶的纸箱（盒）；采用纸盒包装，并在纸盒外用热收缩薄膜包裹；将鱼放在用聚氯乙烯（PVC）、聚苯乙烯（PS）、聚苯乙烯泡沫（EPS）制成的塑料浅盘中，盘中衬垫一层纸以吸收鱼汁和水分，然后用一层透明的塑料薄膜裹包或热封；生鲜的鱼块或鱼片也可直接用玻璃纸或经过涂塑的防潮玻璃纸包裹；高档鱼类、对虾、龙虾、鲜蟹等由于对保鲜要求比较高，可采用气调、真空包装，包装使用的材料主要有聚对苯二甲酸乙二醇酯（PET）/PE、双向拉伸聚丙烯薄膜（BOPP）/PE、PT/Al/PE、PET/聚偏二氯乙烯（PVDC）/PE、尼龙等高阻隔复合材料。

鱼、虾的冷冻小包装袋一般用低密度聚乙烯（LDPE）薄膜制作，涂蜡纸盒或涂以热熔胶的纸箱（盒）包装也比较普遍。分割的鱼肉、对虾在市场上的陈列包装除了袋装以外，为了保持色泽、外形和鲜度，也有托盘外罩收缩薄膜包装的。

b. 生鲜水产品的运输包装：运输包装要求具有较高的强度，能承受规定的重量和堆码压力；重量轻且空容器便于套叠，以节省空间和降低运输费用；具有良好的隔热性能，以防包装内温度的快速升高；容器顶盖应开有排水槽，以便及时排出箱中流出的融化水、鱼液和黏液等液体；容器表面卫生、干净平整，不得有大的缝隙和凸边，且便于清洗和除污；容器侧面的表面结构应能防止在冷冻温度下相邻容器互相黏结，难以分开等现象发生。

运输包装容器主要有普通包装箱和保温包装箱，其中普通包装箱有铝合金箱、塑料箱和纤维板箱等；保温箱有钙塑泡沫片复合塑料保温箱、EPS或聚氨酯（PUR）泡沫片复合塑料保温箱和EPS复合保温纸箱等。

冻结的鱼货必须用冷藏车运输，在销售点还需要设置冷库。保温箱包装水产品可以用普通车辆在常温下运输，零售点可在常温下保持2d左右堆放和销售，不会变质。

c. 其他生鲜水产品的包装包括以下几种。

虾类水产品的包装：虾类产品在包装前去头、去皮和分级，再装入涂蜡的纸盒中进行冷藏或冻藏，有的纸盒有内衬材料。为防止虾的氧化和丧失水分，可对虾进行包冰衣处理，用

PE、PVC、PS 等热成形容器包装，也可用聚酰胺（PA）/PE 膜进行真空包装。鲜活虾类产品可放在冷藏桶的冰水中并充氧后密封包装，以防止虾类死亡。

贝类水产品的包装：通常贝类捕获后去壳并将贝肉洗净冷冻，用涂塑纸盒或塑料热成形盒等容器包装，低温流通。扇贝的活体运输包装常采用假休眠法，将扇贝放入有冰块降温的容器内保持温度 3~5℃，使扇贝进入假眠状态，待运输结束，将扇贝恢复到它本身所栖息的海水温度即可苏醒复活。这种方法运输扇贝可存活 7d。

牡蛎等软体水产品的包装：牡蛎是软体动物，极易变质败坏，一旦脱离壳体应短时间内加工食用。牡蛎肉中含有嗜冷性的"红酵母"等微生物，这种微生物在 -17~7℃甚至更低的温度下仍能生长。生鲜的牡蛎可采用玻璃纸、涂塑纸张、氯化橡胶、PP、PE 等薄膜包装，涂蜡纸盒再用玻璃纸、定向聚丙烯（OPP）等薄膜加以外层裹包（防泄漏），是较理想的销售小包装。

②加工水产品包装：

a. 加工水产品的普通包装：

· 盐渍类水产品的包装：盐渍类水产品由于食盐溶液的高渗透压，在一定程度上抑制细菌等微生物的活动和酶的作用，包装主要是防止水分的渗漏和外界杂质的污染。因此盐渍水产品通常用木材或塑料制成的桶、箱包装，木制容器可内衬一层塑料袋以提高抗渗透性能。

· 干制水产品的包装：品种有乌贼鱼干、鱿鱼干、虾米、海参等，水分含量很低，在包装上要注意防潮。由于干制水产品的蛋白质、脂肪、矿物质含量高，易遭受微生物的侵染而霉变或氧化变质，普通销售包装可用彩色印刷的 BOPP/PE 膜进行密闭包装，高档产品包装要求避光隔氧，可采用铝塑复合薄膜真空或充 N_2 包装。

· 水产制品的罐装：有软罐头、金属罐头和玻璃罐头三种。水产品在生产软罐头时（如熏鱼产品），应去除原料中的骨、刺等尖锐组织，以免戳穿包装袋。

· 其他加工水产品的包装：

鱼松：原料经预处理后蒸煮取肉、压榨搓松、调味炒干而成鱼松，其味道鲜美、营养丰富、携带方便、保藏期长。成品鱼松含水量控制在 12%~16%，多用 BOPP/PE、PET/PE 或 BOPP/Al 箔/PE 等复合薄膜袋包装，或再用纸盒做销售包装。

鱼香肠：鱼香肠是以鱼肉为主要原料经破碎调味后灌入外包衣（肠衣）而制成。鱼香肠比肉香肠含水量高，故一般应放置在低温下保存，并应及时销售完。用于鱼香肠制作的外包衣与肉类香肠制品相同。

熏鱼、鱼糕、鱼火腿、鱼香肠等水产熟食品：这类产品极易腐败变质，一般都需要真空包装并在封装后加热杀菌。若采用软塑包装，则应选用具有高阻隔性且耐高温或具有热稳定性的复合薄膜材料，如 BOPP/PE、PET/PE 等；在要求较高的场合，可选用 PP/PVDC/流延聚丙烯（CPP）共挤膜或 PET（PA）/Al/氯化聚乙烯（CPE）复合膜包装。滚黏面包屑的鱼通常采用蜡纸裹包并用纸盒包装，纸盒中衬垫羊皮纸，也可采用热成形-充填-封口包装。

b. 加工水产品的气调包装：

· 低水分水产食品：干海苔和一些干燥的调味菜等都属于低水分食品，细菌在这样低的水分活度下难以生长繁殖。气调包装主要是充氮除氧包装，目的是保持水产品原有的颜色，防止脂质氧化和防虫。

水分稍多的半干制品如晒竹荚鱼片、鱿鱼丝等，使用除氧包装易发生褐变，用亚硫酸盐处理再用充氮包装可防止变色，使用充二氧化碳包装防止氧化变色效果会更好。用高浓度二氧化碳包装生鱼片会产生发涩的感觉，但对半干制品影响不大。这是由于半干制品水分含量低，二氧化碳很难溶于水生成碳酸，且一般还要再加热，加热后碳酸会自行挥发。

·高水分水产食品：如生鱼片、鱼糜制品、明太鱼子、鲑鳟鱼子等。气调包装可延长其保鲜期，如新鲜烤鱼卷可保鲜2d，用二氧化碳包装可保鲜6d。鱼糕保鲜期是4d，用气调包装可保鲜8~9d。

水产品气调包装保鲜的目的主要是防止氧化变色等，抑制微生物可采用其他更有效的方法，如降低pH、提高盐分、添加防腐剂等，但用二氧化碳气调包装对抑制微生物也有效果。气调包装用于水产加工食品时气体抑菌效果只能限定在食品表面，如果适量添加乙醇和盐，其抑菌保鲜效果可明显提高。

（三）畜禽产品的流通加工（livestock product）

1. 畜禽产品流通加工要点

近几年肉类加工经历了从冷冻肉到热鲜肉到冷却肉的发展轨迹。速冻方便肉类食品发展迅速，成为许多肉类食品厂新的经济增长点；传统肉制品逐步走向现代化，传统的作坊制作向现代化工厂挺进；西式肉制品发展势头强劲；利用肉制品腌制、干燥成熟和杀菌防腐处理等高新技术，开发出低温肉制品、保健肉制品。

畜禽产品流通加工主要包括屠宰、分级、分割、冷却与冷冻及部分深加工，目的在于提高物流效益、提高产品价值、延长贮藏期，保持肉品的风味、营养和安全卫生。在此主要介绍畜禽肉品的流通加工。

（1）肉的主要化学组成　畜禽胴体由肌肉组织、脂肪组织、结缔组织和骨骼组织四大部分组成，这些组织的构造及其含量直接影响肉品质量、加工用途和商品价值。肉的主要化学成分包括水分、蛋白质、脂肪、矿物质及维生素。

①水分：水分是肉的主要组成之一，肉块含水量为55%~70%，不同组织中水分含量不同，肌肉含水为70%，皮肤为60%，骨骼为12%~15%，脂肪组织含水甚少。肉中的水分含量及其持水性能直接关系到肉及肉制品的组织状态、品质。

②蛋白质：肌肉中蛋白质约含20%，由肌原纤维蛋白、肌浆蛋白、结缔组织蛋白组成。肌原纤维蛋白占总蛋白的40%~60%，肌浆蛋白占20%~30%，结缔组织蛋白约占10%。这些蛋白质的含量因动物种类、部位等不同而有一定差异。

③脂肪：脂肪是肌肉中另一种重要组分，对肉的食用品质影响很大，肌肉内脂肪的多少直接影响肉的多汁性和嫩度，脂肪酸的组成则在一定程度上决定了肉的风味。脂肪组织中，中性脂肪90%，水分为7%~8%，蛋白质为3%~4%，此外还有少量的磷脂和固醇脂。肌肉组织内的脂肪含量变化很大（1%~20%），主要取决于畜禽的肥育程度、品种、解剖部位、年龄等因素。

④矿物质及维生素：肌肉中含有多种矿物质，其中钾、磷含量最多，100g生猪肉中含钠45mg，钾400mg，钙4mg，镁26.1mg，铁1.4mg，磷223mg，铜0.1mg，锌2.4mg。烹调后由于水分的变化及添加腌制剂，矿物质含量发生变化，100g生腌猪肉中含钠975mg，钾268mg，钙14mg，镁12.3mg，铁0.9mg，磷94mg，铜0.1mg，锌2.5mg。肉中维生素主要是B族维生素，尤其是烟酸及生物素含量较高，动物脏器中含有很多脂溶性维生素。

（2）肉的特性及品质变化

①肉的颜色：肉的色泽是促进销售的重要外观因素，肌红蛋白和血红蛋白状态是决定肉的颜色的主要因素。肌红蛋白呈紫红色，与氧结合生成氧合肌红蛋白，为鲜红色，是新鲜肉的象征；肌红蛋白和氧合肌红蛋白均可以被氧化生成高铁肌红蛋白，呈褐色，使肉色变暗。肉在贮存过程中因为肌红蛋白被氧化生成褐色的高铁肌红蛋白，使肉色变暗，品质下降。所以防止和减少高铁肌红蛋白的形成是保持肉色的关键。影响肉色的因素主要有氧气分压、温度、光线、微生物、pH等。

肉色的评分一般采用比色板法、色差仪等方法。我国目前多采用五级分割的肉色标准图板来评定猪肉颜色，1级：灰白色（异常肉色）；2级：轻度灰白色（倾向异常肉色）；3级：正常鲜红色；4级：稍深红色（属正常肉色）；5级：暗黑色（异常肉色）。此法简便易行，适合于现场操作，并能有效区分正常肉和劣质肉。

也可采用仪器测色法，用来测定颜色的仪器有色度仪、波长测定仪、色差计和白度仪等。色度仪是通过测定肉表面的亮度、红色度和黄色度来评定肉色，此方法能全面反映肉的色泽。另外可以采用化学测定法测定总色素（含肌红蛋白和血红蛋白），测定肌红蛋白的量。

②肉的嫩度：肉的嫩度是肉的主要食用品质之一，是消费者评判肉质优劣的最常用指标。嫩度由肌肉中各种蛋白质结构特性所决定。影响肉的嫩度的因素有动物种类、品种、动物年龄、性别及动物肌肉部位等因素。另外，宰后僵直和解冻僵直也会影响到肉的嫩度。

肉嫩化的方法有酶法、电刺激、高压处理等。常用酶类有无花果蛋白酶、木瓜蛋白酶等。电刺激可以引起肌肉痉挛性收缩，导致肌纤维结构破坏，同时电刺激可以加速家畜宰后肌肉的代谢速率，使肌肉尸僵发展加快，有利于改善肉的嫩度。给肉施加高压可以破坏肉的肌原纤维结构，使肉变嫩。同时由于高压破坏了肌肉的膜，使大量Ca^{2+}释放，从而激活了组织蛋白酶的水解功能，一些结构蛋白被水解、变性，进一步导致了肉的嫩化。

除根据肉柔软性、易碎性和可咽性等主观评定肉的嫩度外，对肉嫩度的评定是借助于仪器来衡量。常用指标有剪切力、穿透力、咬力、剁碎力、压缩力、弹力和拉力等，最通用的是剪切力，一般来说剪切力>4kg的肉口感比较老，难以被消费者接受。

③肉的风味：肉的风味大都通过烹调后产生，生肉一般只有咸味、金属味和血腥味。当肉加热后，前体物质反应生成各种呈味物质，赋予肉以滋味和芳香味。这些物质主要是通过美拉德反应、脂质氧化和一些物质的热降解这三种途径形成。熟肉中与风味有关的物质已超过1000种。

与肉的基本组成类似，风味也是由这些物质反应生成。肉的风味由滋味和香味组成，滋味的呈味物质是非挥发性的，香味的呈味物质主要是挥发性的物质，主要靠人的嗅觉细胞感受。

肉的滋味物质包括甜、鲜、咸、酸、苦，甜味来自于葡萄糖、核糖和果糖等；咸味来自于系列无机盐和谷氨酸盐及天冬氨酸盐；酸味来自于乳酸和谷氨酸等；苦味来自于一些游离氨基酸和肽类；鲜味来自于谷氨酸钠（MSG）以及肌苷酸。另外MSG、次黄嘌呤核苷酸（IMP）和一些肽类除给肉以鲜味外，同时还有增强以上四种基本味的作用。生肉不具备芳香性，烹调加热后，一些芳香前体物质经过脂化、美拉德反应以及硫胺素降解产生挥发性物质，赋予熟肉芳香性。

④肉的系水力：肌肉系水力是一项重要的肉质性状，它影响肉的色香味、营养成分、多

汁性、嫩度等食用品质，而且有着重要的经济价值。利用肌肉有系水潜能这一特性，在其加工过程中可以添加水分，从而可以提高产品出率。影响系水力的因素很多，屠宰前后的各种条件、品种、年龄、身体、脂肪厚度、肌肉的解剖学部位、宰前运输、囚禁和饥饿、屠宰工艺、pH 的变化、能量水平、尸僵开始时间、蛋白质水解酶活性和细胞结构、胴体储存、熟化、切碎、盐渍、加热、冷冻、融化、干燥、包装等，都影响肌肉系水力，而最主要的是乳酸含量（pH）、能量水平（ATP）、加热和盐渍。

肌肉系水力的测定方法可分为三类：不施加任何外力测定，如滴水法；施加外力，如加压法和离心法；施加热力，如测定熟肉率来反映烹调水分的损失。

⑤肉中微生物及变化：屠宰后的肉中不可避免存在一些微生物，微生物的生长繁殖不仅使肉的颜色、气味、质地等发生严重恶化，还会破坏肉的营养成分，甚至还会产生大量的微生物毒素，使肉失去食用价值。肉中生长的微生物除一般杂菌外主要是一些致病菌和腐败菌，如肉毒梭菌 E 型、沙门氏菌和金黄色葡萄球菌等。影响肉中微生物生长繁殖的因素主要有温度、环境气体组成、pH 等。

⑥其他变化：除了前述的变化外，肉还会发生催化下的脂肪氧化、水分蒸发引起的重量损耗和肉色变化、肉组织结构破坏、持水力下降引起的汁液渗出等。

2. 畜禽产品流通加工技术

（1）屠宰（butchering）

①猪的屠宰工艺：

a. 带皮猪：待宰、饮水→淋浴→致昏→刺杀→放血→头部检验（颌下淋巴结检验）→猪体清洗→浸烫→刮毛→燎毛→体表检验→剖腹→取内脏、旋毛虫检验→胴体与内脏一同进入检验台、检验盖章→下头，带皮猪→锯半→摘去肾脏、板油→胴体整理→冲淋复检→分级→过磅→进入冷加工或分割加工

b. 去皮猪：待宰、饮水→淋浴→致昏→刺杀→放血→头部检验（颌下淋巴结检验）→猪体清洗、拔鬃→去头→去蹄、尾→人工预剥→机器剥皮→体表检验→剖腹→取内脏→旋毛虫检验→胴体与内脏一同进入检验台、检验盖章，去皮猪→锯半→摘去肾脏、板油→胴体整理→冲淋复检→分级→过磅→进入冷加工或分割

加工牛、羊的屠宰工艺与猪的相同，但没有刮毛，只有剥皮工艺。

②家禽的屠宰工艺：宰杀放血→烫毛、拔毛→去绒毛（用于鸭子）→净膛

（2）宰后检验（after butcher checkout） 宰后检验是屠宰场中兽医的重要工作，其目的就是防止病肉及其内脏进入市场。宰后检验的方法是以感官检验为主，微生物和理化检验为辅。

宰后检验主要包括：头部检验、内脏检验、肺部检查、胴体检验、旋毛虫检验等。

（3）原料肉的分级及分割（grading and division） 经宰后检验合格的原料肉，应立即进行分级，分级的标准和方法，各国各地区都不尽相同。分级的形式有胴体分级和部位切割分级，胴体分级适合于生产规划和商贸批发，按部位切割分级对于肉品加工更有意义。

①猪的半胴体分级：我国原来以皮下脂肪厚度来分级。日本对猪半胴体的分级标准是以

半胴体的重量与 9~13 胸椎处最薄的背部皮下脂肪厚度、外观等综合评定,将猪肉分为五个等级,其中外观及肉质的具体指标有胴体的匀称性、脂肪及肌肉在整个胴体的附着性、宰杀处理状态、肉的纹理和致密性、肉的色泽、脂肪的色泽及质量、脂肪在肌肉内或肌肉间的沉积状态等。半胴体的分级由经过训练的专门人员负责。

②牛的胴体分级:

a. 一级品:肌肉发育良好,全身骨骼不突出,由肩胛至臀部布满脂肪层,肋腹部脂肪层较薄,腿部有少许不显著的肌膜,在后 1/4 腰部切面上肉中脂肪交杂明显。

b. 二级品:肌肉发育完整,除脊椎骨、髋骨、坐骨结节部位外,其他部位略有突出,皮下脂肪成层。

c. 三级品:肌肉发育中等,脊椎骨、髋骨及坐骨结节稍有突出,前八肋骨至臀部布满皮下脂肪,筋膜突出,颈部、肩胛、前肋及后腿部位均有小部分脂肪。

d. 四级品:肌肉发育较差,骨骼显著突出,后肋、腰部及坐骨结节处,有面积不大的可见脂肪层。

③半净膛或全净膛鸡肉的分级:

a. 一级:肌肉发育良好,胸骨尖稍露,尾部和背部皮下脂肪丰满,胸部两侧有条形脂肪。

b. 二级:肌肉发育中等,胸骨露出,尾部和背部有脂肪分布,胸部两侧有少许脂肪。

c. 三级:肌肉发育较差,胸骨突出明显,尾部有少量脂肪。

④我国猪肉的切割分级:目前零售带皮鲜猪肉,分切为六大部位三个等级,六大部位是肩颈、背腰、臀腿、肋腹、前颈以及前、后肘子。

其中三个等级为:

一等肉:臀腿部、背腰部;

二等肉:肩颈部;

三等肉:肋腹部,前、后肘子;

等外肉:为前颈部及修整下来的肋腹部的肉。

内、外销分割部位肉规格如下:

一号肉(颈背肌肉):>0.80kg;

二号肉(前腿肌肉):>1.35kg;

三号肉(脊背大排):>0.55kg;

四号肉(臀腿肌肉):>2.20kg。

⑤牛肉部位切割分级:我国国内销售切割牛肉一般分为三等。

一等肉:背腰肉、臀腿肉、胸肉;

二等肉:肩部肉(俗称上脑、哈力巴)、肋条肉;

三等肉:颈肉、下腹部肉、小腿和前臂肉。

出口牛肉部位切割规格一般分为如下几种:

牛腿(又称小腿肉):切取牛前腿肘关节至腕关节处的精肉,后腿在膝关节至跟腱处的精肉,去掉外露脂肪、筋膜,保持肉质新鲜、形态完整,包装规格 25kg。

牛前(又称颈背部肉):在第 12~13 肋间靠背最长肌下缘,直向颈下切开,但不切到底,取其上部精肉,包装规格 25kg。

牛胸（又称胸部肉）：取自牛前直切线下部与切线未切割余下的精肉，保持肉质新鲜、形态完整，包装规格25kg。

西冷（又称腰部肉）：在第5~6腰椎处切断，沿背最长肌下缘切开，取上部精肉，包装规格25kg。

牛柳（又称里脊肉）：取自牛腰大肌，带里脊头的里脊，去掉外露脂肪、筋膜，保持肉质新鲜、形态完整，包装规格25kg。

牛脯（又称腹部肉）：自第13肋骨断体处至后腿肌肉前缘，上沿腰部西冷下缘切开，取其精肉，去掉外露脂肪、淋巴结，保持肉质新鲜、形态完整，包装规格25kg。

针扒（又称股内肉）：沿缝匠肌前缘连接间膜处分开，取含有股薄肌、缝匠肌和半膜肌的肉，去掉外露脂肪、筋膜，保持肉质新鲜、形态完整，包装规格25kg。

膝圆肉（又称和尚头）：取自牛股四头肌，保持肉新鲜、色泽正常。

尾龙扒（又称臀部肉）：沿半腰肌上端至髋结节处与脊椎平直切断取上部精肉，包装规格25kg。

会牛扒（又称股外肉）：自半腱肌上端至髋结节处与脊椎平直切断取下部精肉，包装规格25kg。

(4) 肉的冷却与冷冻（cooling and freezing） 冷却与冷冻可以在屠宰后迅速降低畜禽肉品的温度，抑制大部分微生物的生长与繁殖，甚至可导致微生物的死亡。同时低温也可以抑制肉中的酶类的活动，从而延长了肉的保存时间和维持肉品品质，达到调节原料肉供应与加工以及平衡市场的作用。

①冷却：肉冷却至0~4℃，可以有效抑制微生物的生长繁殖及酶的活性，从而可以使肉能短期贮藏，一般可达两周左右。经冷却处理后，肉的颜色、风味、柔软度都变好，这也是肉的"成熟"过程。这一过程对于牛肉生产更为重要，也是现在许多牛肉生产中必不可少的过程。同时冷却也是冻结的准备过程。

肉类冷却一般采用空气作为介质进行，冷却的速度取决于肉体的厚度和热传导性能，一般以后腿最厚的部位为标准判断冷却效果。目前国外较为先进的肉冷却方法是快速冷却加普通冷却的两段快速冷却法，其特点是冷却温度低、冷风流速快、冷却肉外观好，肉表面干燥、风味良好，而且冷却的干耗少，比普通方法干耗减少40%~50%。

冷却肉如不能在短期内加工或销售完，就应做短期冷藏，冷藏的放置方法与冷却时的完全相同，温度以-1~1℃，相对湿度保持在85%~90%，冷藏库内的空气保持自然循环为好，库内空气流速为0.05~0.1m/s为宜。

②肉的冻结：肉中绝大部分水分（80%以上）冻成冰晶的过程称为肉的冻结。肉冻结的主要目的在于防止肉类的变质，延长贮藏时间，适合长途运输。要求在肉的冻结过程中，尽量减少冻结对肉的质量的影响。肉类冻结温度通常为-18~-15℃。在冻结过程中应适宜提高冻结速度及低温冻结，保证形成最小的冰晶，同时选择最佳的冻结时期，最大限度地保持肉品品质。

目前在肉类冻结中主要采用空气冻结法，它是用空气作为热传导介质，将氨液蒸发出的冷传递给肉胴体。这种方法经济、方便，但空气的热传导较慢，因此，也影响肉的冻结速度，一般在空气中的冻结速度比盐水中的慢。空气冻结法一般采用-25~-23℃的温度（国外采用-40~-30℃），相对湿度为90%左右进行冻结，风速在1.5~2.0m/s，冻肉的最终温度以-18℃为宜。

经过冻结的肉在冷藏过程中会发生一系列的变化，如冻结时的小冰晶逐渐变大，会破坏细胞结构，使蛋白质变性，解冻后汁液流失，风味和营养价值下降等。要克服这些问题，除采用快速冻结外，在冻藏中温度也应尽量降低，少变动，特别要注意避免在-18℃左右温度的变动。在冻藏过程中肉还会进一步发生干耗，水分进一步减少，使肉的营养成分、消化率降低，外观颜色变化（瘦肉会变褐，脂肪会变黄褐色）等。影响冻藏干耗的主要因素：肉类品种、形状、表面积大小、空气介质、冷藏空间大小及库门开启次数等。

③冻结肉的解冻：经冻结的肉类在使用前须先解冻。影响解冻肉质的因素有冻结温度、冷藏温度、肉的pH、解冻速度及不同的解冻方法等。冻结温度高、贮藏温度高、温度变化大，解冻时肉汁流失多。不同成熟期，肉的pH不同，冻结再解冻肉汁流失也不同。禽肉易流失汁，其次是猪、牛、羊肉。如果用水解冻，水量多、用时少，但对肌肉状态影响大；在干燥空气中缓慢解冻，重量损失大，肉色发暗，并形成硬的薄膜；在水中解冻，肉色变淡，重量增加2%~3%。目前常用解冻方法有空气解冻法、水浸或喷洒解冻法、微波解冻法。

(5) 分割肉加工技术 (processing)

①分割猪肉加工技术：肉品加工中，由于种类繁多，制品的加工方式、原料的利用价值和要求不尽一致，因此，各厂对分割肉的加工方式往往视具体情况而定，但出口分割肉的加工要求是一样的。下面简单介绍远洋冻猪分割肉的规格要求和分割要点。

远洋冻猪分割肉品名规格要求：a. 每片猪肉分割为4块冻猪颈背肌肉（Ⅰ号肉），冻猪前腿肌肉（Ⅱ号肉），冻猪大排肌肉（Ⅲ号肉），冻猪后腿肌肉（Ⅳ号肉）。b. 每块肉均除去皮、皮下脂肪及骨骼。c. 每块肌肉表面上剩余下来的脂肪要尽可能的少，肌膜尽量不破，Ⅱ、Ⅲ号肌肉的腱膜允许保留，肌肉保持完整。Ⅰ号颈背肌肉表面两条沟间脂肪要用直刀修除，但不需往肌肉底下深挖。d. 每块肌肉内的筋腱和脂肪是允许存在的。Ⅱ、Ⅳ号肉露出边沿的脂肪应修去，去骨后露出的内部脂肪、骨膜、小血管、腱不修。Ⅳ号肉三角筋腱如隔层无脂肪可不修，如有脂肪即修去上面筋腱及脂肪，但要求底层肌膜不破。e. 每块肉修整后的净重Ⅰ号肉≥0.8kg，Ⅱ号肉≥1.35kg，Ⅲ号肉≥0.55kg，Ⅳ号肉≥2.20kg。

远洋冻猪分割肉操作要点：a. 分割第一刀，一般从第5或6肋骨（前、后可差1根肋骨）中间斩下颈背前腿部位为颈背肌肉和前腿肌肉的原料。第二刀，从腰椎与荐椎连接处（允许带腰椎一节半）斩下的后腿部位为后腿肌肉原料，腰肌一条可连着后腿用作后腿肌肉原料。第三刀，在脊椎骨下4~6cm肋骨处平行斩下脊椎部位为大排肌肉原料。第四、第五刀，将前腿骨腕关节上方斩去1~2cm，后腿骨关节上方斩去2~30cm。b. 去皮及皮下脂肪：每块肉均要去皮，并尽量修去肌肉表面的脂肪。c. 剔骨修整。d. 操作时必须注意修割伤斑、出血点、碎骨、软骨、血污、淋巴结及脓包等。e. 检验及加工时不要损坏四部分的肌肉，操作时力求刀法平直整齐，保持肌膜完整，保持商品美观。f. 操作过程力求在短时间内完成，不要将肉堆积时间太久，以免影响肉质新鲜。分割肉自宰杀起至进入冷却间，整个加工过程原则上不超过2h。g. 加工操作时，发现刀尖断、缺，该操作人员应立即停止生产，寻找刀的断、缺部分。如找不到，对可疑部分的肉不得出口。h. 在加工操作时，可采取每头猪8块肉编同一号码的方法，如在一块肌肉中发现囊虫，应立即会同卫生检验人员挑出同号的另外7块肉，不予出口。

②分割牛肉的加工技术：分割牛肉的加工技术见前文出口牛肉切割规格的内容。

分割要求：a. 分割牛肉不得有炎症、水肿、脓肿、瘀血、伤斑等病变。b. 肉质新鲜、清洁卫生、整形美观、冷冻适宜，无血污、粪便、浮毛、杂质、碎骨、软骨等。c. 修去全部皮下脂肪及切面外露脂肪，修掉筋腱、筋头及肉表的大血管、外露淋巴结、疏松结缔组织等。修割应平整美观，不得深修或透腔，保持肌膜和肉块完整。

③分割鸡肉加工技术：每只鸡的质量要求在 1.25~1.75kg。低重或超重、打残、急宰的鸡只进行其他形式（按需要）的分割加工。

分割鸡各部位名称为翅、腿、爪、胸腔架、颈、头。

翅：从肩关节处割下，翅尖伤允许修割，但不得超过腕关节。

腿：在背部到尾部居中和两腿与腹部之间各划一刀，从坐骨开始切断髋关节，取下鸡腿。肉与骨和肉与皮不得脱离，剔除骨折、畸形腿。

爪：从肘关节处截下。

头：从第一颈椎处将头割去。

脖：齐肩胛骨处剪颈，颈根不得高于肩骨，截下的鸡脖不得有皮肉脱离现象。

胸腔架：除去上述各部位后剩下的部分为胸腔架，包括胸肉。

(6) 肉制品加工技术（meat processing）

①肉的腌制：无论是西式肉制品还是中式肉制品，腌制都是一项重要的加工方法及加工工序。腌制加工工序的主要目的是抑制微生物的繁殖，提高肉制品的保存性，稳定肉的颜色，改善制品的风味，提高肉制品的质量。

在肉类腌制中，主要的腌制材料有食盐、硝酸盐、亚硝酸盐、抗坏血酸、磷酸盐等。腌制方法主要有干腌法、湿腌法、快速盐腌法和混合腌制法。

②切碎、斩拌和搅拌：除生产火腿和培根类制品外，切碎、斩拌和搅拌是决定制品质量的重要工序，起到将原料肉切碎，并将切碎的肉与香辛料、调味料等辅助料混合均匀的作用。绞肉的目的是将不同原料、不同嫩度的肌肉和脂肪按要求大小切碎。斩拌的目的是使原料肉馅产生黏着性，在斩拌的同时，将各种辅料混合，对于灌肠制品，斩拌工序是很重要的。搅拌没有切碎功能，对于制作不需切碎的肉制品，搅拌是必不可少的工序，主要是使肉之间产生摩擦，并使原料混合均匀。

③灌肠、结扎：将混合好的肉块、肉馅填充到天然肠衣，如猪小肠衣、猪直肠、猪大肠、牛小肠和人造肠衣如塑料肠衣中的过程称为灌肠或充填。将原料充填到肠衣中后，为了不让肉馅从肠衣中漏出来，防止细菌进入，隔绝空气，必须用线绳或铝线将肠衣打结。一般将填充前的结扎称为一次结扎，填充后的结扎称为二次结扎。

④烟熏：烟熏在中西式肉制品加工中广泛应用。烟熏目的在于赋予肉制品特殊的烟熏气味和烟熏颜色；使肉制品脱水干燥，同时烟熏过程产生的一些物质有杀菌防腐作用，使肉制品更耐贮藏；另外烟熏可以使肠衣表面适度干燥，增加肠衣牢固度，蒸煮时不易破裂。

烟熏的材料最好选择树脂含量少、烟味好而且防腐物质含量多的材料。一般来说，硬木、竹类风味较佳，软木、松叶类风味较差，也可采用稻壳、玉米芯作为烟熏材料，效果也较好。

烟熏方法有直接烟熏法和间接烟熏法。直接烟熏法是在烟熏室内使用木片燃烧直接烟熏肉类的方法。在烟熏时，按温度高低又可分为冷熏、温熏、热熏、焙熏等。间接烟熏法是一种不在烟熏室内发烟，而将烟雾发生器发生的烟送入烟熏室对肉品进行烟熏的方法。近年来,又出现了一种速熏法,速熏法可以分为液熏法和电熏法。

⑤蒸煮:加热蒸煮的作用是使肌肉黏着、凝固,提高肉的硬度,软化结缔组织,使肉制品产生独特的香味。稳定肉的颜色,杀灭微生物,提高肉制品保存性。加热蒸煮是许多肉制品加工的必需工序。加热方法一般分为热水煮和蒸汽蒸两种。

⑥干燥:脱水干制是一种有效的食品加工方法和储藏手段。通过除去鲜肉中的大部分水分,能有效抑制微生物的生长繁殖,便于储藏、运输、销售。同时干燥可以改变食品本来的性状,产生了新的食品,进一步提高了肉制品的嗜好性。脱水干制肉制品的缺点是:干制过程中某些芳香性物质和挥发性物质会丧失掉,同时由于高温而产生氧化作用,破坏肉制品原有的风味。

干燥的方法有:自然干燥,是利用自然条件进行干燥的方法,包括日光干燥、阴干、冷干、风干等;人工干燥法,有常压、加压、真空干燥等几种方法,在肉制品中应用也较广泛。

⑦罐头制品:罐头食品是将食品密封在容器中,经高温加热,使内部达到接近灭菌状态。同时采用气密性极好的罐藏容器,如马口铁罐、玻璃罐、高压杀菌复合塑料袋等,防止外界微生物再次侵入。罐头食品即使是常温条件下,也可长期储存。

四、流通加工的要求

流通加工是在流通领域进行的对生产的辅助性加工,从某种意义上来讲它不仅是生产过程的延续,也是生产本身或生产工艺在流通领域的延续。这个延续可能有正、反两方面的作用,一方面可能起到有效的补充完善的作用,另一方面也可能对整个过程产生负效应。因为各种不合理的流通加工都会产生抵消效益的负效应,所以实现流通加工合理化主要考虑以下几方面。

1. 加工和配送结合

就是将流通加工设置在配送点中,一方面按配送的需要进行加工,另一方面又是配送业务流程中分货、拣货、配货之一环。加工后的产品直接投入配货作业,这就无须单独设置一个加工的中间环节,使流通加工有别于独立的生产,而是把流通加工与中转流通巧妙结合在一起。同时,由于配送之前有加工,可使配送服务水平大大提高,这是当前对流通加工作合理选择的重要形式,在生肉、蔬菜等产品的流通中已表现出较大的优势。

2. 加工和配套结合

在对配套要求较高的流通中,配套的主体来自各个生产单位。但是,要实现完全配套,有时无法全部依靠现有的生产单位。如果进行适当的流通加工,不仅可以有效促进配套,还可以提高流通作为桥梁与纽带的能力。

3. 加工和合理运输相结合

流通加工能有效衔接干线运输与支线运输,并促进两种运输形式的合理化。利用流通加工,在支线运输转干线运输或干线运输转支线运输这本来就必须停顿的环节,不进行一般的支转干或干转支,而是按干线或支线运输合理的要求进行适当加工,从而提高了运输及运输转载水平。

4. 加工和合理商业流通相结合

流通加工能有效促进销售,使商业流通更加合理化,这也是流通加工合理化的考虑方向之一。加工和配送相结合，通过加工，提高配送水平，强化销售，这是加工与合理商业流通相结合的一个成功的例证。此外，通过简单的包装加工改变包装，形成方便的购买量，也是有效促进商业流通的例子。

5. 加工和节约相结合

节约能源、节约设备、节约人力、节约耗费是流通加工合理化需要考虑的重要因素之一，也是目前我国设置流通加工点、考虑流通加工合理化的比较普遍的形式。

6. 流通加工绿色化

流通加工绿色化的含义是：一方面变消费者分散加工为专业集中加工，以规模作业方式提高资源利用效率，以减少环境污染，如餐饮服务业对食品的集中加工、配送中心对生鲜蔬菜的附加工等；另一方面是集中处理消费品加工中产生的边角废料，以减少消费者分散加工所造成的废弃物污染。

第二节　食品包装标记和标志

食品包装是指用合适的材料、容器、工艺、装潢、结构设计等手段将食品包裹和装饰，以便在加工、运输、储存、销售过程中保持食品品质或增加其商品价值。因此，食品包装关系到包装材料的性能与选择、包装容器的结构造型、包装工艺、包装机械以及包装的防护措施和包装装潢的设计等领域。食品包装的发展与化学工业、机械工业等行业技术的发展也密切相关，各种包装材料在应用上的竞争与发展，使包装材料的保护功能性增加，食品包装越来越有利于环境保护和生态平衡。

一、食品包装的分类及功能

食品包装材料是指用于包装食品的一切材料，包括纸、塑料、金属（表 7-1）、玻璃（表 7-2）、陶瓷、木材及各种复合材料以及由它们所制成的各种包装容器及辅助品。

表 7-1　　　　　　　　　金属食品罐的结构特点及用途

结构特点名称	罐体成形方法	主要形状	金属材料	主要用途
三片罐	锡焊	圆、方形	镀锡板比较少用	一般食品、饮料、油类等
	粘接	圆、方形	镀锡板、镀铬板、铝板	
	熔焊	圆形	镀锡板、镀铬板	一般食品、饮料、油类
二片罐	深冲	圆、方、椭圆形	镀锡板、镀铬板、铝板	一般食品
	冲拔	圆形	镀锡板、铝板	含气饮料、啤酒（铝板）
	冲压	圆形	铝（锌）板	啤酒（铝板）

表 7-2　　　　　　　　　　　　　玻璃瓶种类、特性及应用

分类	品种	特性	包装食品
普通玻璃瓶	小口瓶	吹制方式成形，封口多采用金属瓶盖（皇冠盖）、塑料瓶盖（塞）或其他软木塞	软饮料、啤酒、黄酒、白酒等饮料、酒类，酱油等调味品
	广口瓶	吹塑冲压成形，封口采用易开式、中间封闭、螺旋盖式或金属密封盖	牛乳、果酱、果蔬、罐头、速溶咖啡等
轻量瓶	小口瓶	采用窄颈压吹法（NNPB），瓶重比一般瓶减轻 33%~55%	啤酒
轻量强化瓶	小口瓶	化学强化玻璃瓶，瓶重为原玻璃瓶的 50%~60%，瓶表面经热涂或冷涂处理	酱油、番茄汁等调味品，果汁饮料或碳酸饮料
塑料强化瓶	小口瓶	在玻璃表面涂敷聚氨酯类的树脂以提高强度、防止破裂	可口可乐等碳酸饮料

（一）食品包装的分类

1. 按包装的功能和层次分类

（1）普通的分类法

①个体包装（individual packaging）：是指对单个食品的包装，即为保护每种食品的形态、质量，或为提高其商品价值，使用适当的材料、容器和包装技术把单个食品包裹起来的状态。

②内包装（inner packaging）：是指包装货物内部的包装。考虑到水、湿气、光线、热以及冲击等环境条件对物品的影响或是将分散的个体集合成一小单元以便销售，而采用适当的包装材料、容器和包装技术把食品包裹起来的状态。

③外包装（external packaging）：是指包装货物外层的包装，即将物品装入箱、袋、桶（带盖）、罐等容器中或直接捆扎起来，并标明符号、商标等标志的状态。

按照包装顺序可分为初级包装、二级包装和三级以及三级以上的包装。初级包装与个体包装相似，包装材料直接与食品接触，对包装材料要求严格；二级包装相当于内包装，是以运输、分配、销售为目的的包装形式；三级或三级以上包装相当于外包装，主要是以运输、储藏为目的的包装。

（2）按食品包装功能要求分类

①销售包装：销售包装具有个体包装和内包装的基本保护功能，是一种促进销售、方便消费者选购的包装形式。它具有保护和美化商品的作用，包装的食品作为整体销售，在这种包装上附有商标、图案、文字、说明等食品标签内容。

②运输包装：运输包装相似于外包装，通常是将若干个体包装按规定数量组成一个整体。如将 27 包软包装饮料组成一纸箱，24 瓶（罐）装饮料组成一箱；或采用集装包、集装袋、集装箱、托盘等集合包装形式。这种包装便于长途运输、装卸、暂时存放，以提高商品流通效率、缩短运输时间并减少包装食品的损坏。

2. 按包装材料和容器的性质分类

（1）按包装材料的品种分类　可分为纸类包装、金属类包装、玻璃和陶瓷容器，以及木材、塑料和复合材料包装等。

按包装容器的柔软性，可分为软包装和硬包装，按包装的外形状态可分为有角度包装及圆筒形包装。不同材料适用的包装形式不同。

按包装材料的阻隔性，可分为防湿（潮）包装、阻气包装、隔光包装等。

（2）按包装容器的使用次数分类　可分为一次性包装，如纸、塑料、金属、复合材料构成的容器；复用性包装，如可直接清洗、消毒、灭菌再使用的玻璃瓶。有些包装材料和容器使用后可以再生，经一系列的加工制成新的包装材料，如纸回收制浆，铝和玻璃再熔炼，某些塑料再塑化等回收处理，则称为可再生材料。某些用过的包装材料废弃后，可被自然界生物及环境因素（如光）降解成低分子并可进入自然循环，这种材料称为可降解性材料。某些包装材料具有可食用性能，称为可食性包装。

3. 按包装食品的状态和性质分类

按包装食品的状态可分为液体包装和固体包装，如饮料、酒、食用油、酱油等液体食品包装，可用小口的瓶（玻璃或塑料）、罐、桶或袋等包装。固体食品包装种类较多，有粉状、颗粒状、块状等，一般采用袋、盒及广口的瓶、罐、桶等包装。

某些食品包装，需结合该食品生产工艺特征，对包装材料或容器有特殊的要求。按其性质分类，可分为新鲜食品包装、热杀菌食品包装、冷冻食品包装、干燥食品包装、微波或辐照食品包装等。

按食品包装操作的工艺特点和要求可分为真空包装、充气包装、气调包装、无菌包装、收缩包装等。

4. 按包装的特殊要求分类

按包装的销售地区和对象不同，可分为内销包装、出口包装、中性包装和特殊包装。内销包装产品在国内流通。出口包装的装潢设计、产品的标签要适合出口国的民族、生活习惯、风土人情以及其食品法规要求。中性包装是不标明原产地的包装，以便该商品能在受限制的地区销售，是推销出口商品的一种市场策略手段。特殊包装是为适合特殊使用对象而专门设计的食品包装，如军用食品、宇航员食品包装等。

（二）食品包装的功能作用

（1）包装是保持食品品质的重要手段　采用合适的包装，能防止或减少食品在储运、销售过程中发生微生物及其他生物引起的危害，防止化学性的危害（在直射光、荧光灯或者高温、有氧环境下，食品中的脂肪、色素等物质将会发生各种化学反应，引起食品变质），防止物理性的危害（干燥或焙烤食品，容易吸收环境中的水分而变质；新鲜果蔬中的水分易蒸发失鲜或变质）。采用合适的包装材料或包装设计，可以保护食品，避免或减轻食品在储运、销售过程中因摩擦、振动、冲击等机械力所造成的危害。

（2）包装有利于食品储运、销售和使用　合理的包装具有多种方便功能，如便于密封、方便运输、装卸、堆码、陈列、销售、携带、开启、使用和回收处理，具有省时、省力、宜人的特点。如现代运输包装能适应车、船等运输工具的特点，充分利用空间，提高运输能力和经济效益。集合式包装的优点在于加快装卸运输速度，减轻工人劳动强度，节省运输费用，更有效地保护商品、减少破损、防止被盗，促进装卸作业机械化和标准化。经专门设计的包装食品,具有明显的识别性、信赖感和高级感。如单元组合包装、购买点广告(POP)牌、开窗盒等包装,有利于立架陈列和销售的管理。包装标签上的商品代码的实施,使商场进出货核算、销售计价、统计等操作能采用现代化的计算机管理。合适包装的食品便于消费者的选购、携带和使用。包装上的标签说明,如营养成分、食用方法等可指导消费者正确选择使用。各种便于开启食品的包装结构,如罐装婴儿乳粉,其全密封的罐装结构适于储运过程对食品的保护要求(隔绝性)。但包装开启后,可采用辅助(配套)的塑料盖及配上的计量匙,既有利于保护食品,又使消费者便于控制婴儿的食量。通过包装标签上的特殊标记,便于消费者的确认、选择商品,如"绿色食品""有机食品""学生饮用乳"等。采用防盗、防伪包装及标识,并在包装结构设计及包装工艺上进行改进,如防盗盖(封条)、防伪全息摄影、收缩包装、集装运输等均有利于防止盗窃和偷换。

(3)包装是一种有效的宣传工具 包装是"无声销售员"。销售包装比较显著地突出商品的特征及标志,对顾客(购买者)有足够的吸引力,有利于宣传产品和建立生产企业的形象。尤其是无人售货的超级市场日益普及,商品销售几乎全靠包装装潢的美观、大方、简要的说明等来吸引顾客。包装装潢及设计通过包装商品的外部设计、标签、图形、色调、文字、符号、包装材料质量与印刷技术等措施的综合效果反映出来。印刷精美、包装动人,可"先声夺人",引人注目,再加上文字的宣传,使顾客产生购买欲,促进产品销售。

二、物流包装标记及标志

1. 物流包装标记

物流包装标记是根据物品自身的特性用文字、图形、表格等按有关规定标明的记号。通常要标明物品的名称、数量、质量、规格尺寸、出厂时间等,进口物品还要标明进口单位、商品类别、贸易国及进口港等。物流包装标记分为以下几类。

(1)基本标记 用来说明物的实体的基本情况,例如名称、规格、型号、计量单位、数量、净重、出厂日期、地址等。对于时效性较强的物品还要写明成分、保质期等。

(2)运输标记(又称唛头) 主要标明起运、到达地点、收货单位等。对于进口物品,由外经贸部门统一编制向国外订货的代号,主要作用是加强保密性,有利于物流物品的安全;减少签订合同和运输过程中的翻译工作;减少错发错运等事故。

(3)牌号标记 牌号标记一般只标明物品的名称,不提供有关物品的其他信息,应印制在包装的显著位置。

(4)等级标记 用来说明物品质量等级的记号,常用"一等品""优质产品""获×××奖产品"等字样。

2. 物流包装的标志

物流包装标志是用文字和图像说明包装物品的特性、物流活动的安全及理货分货和提醒注意事项。它分为以下几种。

(1)识别标志(又称收发标志) 物流包装的识别标志包括分类标志、体积、收发货地点及单位、运输号、件数等。

(2)指示标志(又称物流图示标志、安全标志) 指示标志主要是根据物品的特性提出在物流过程中注意事项。例如:小心轻放、禁用手钩、由此吊起、重心点、向上、怕湿、禁止翻滚、堆码极限、温度极限等。此类标志的图形、颜色、形式、位置、尺寸按照国家标准 GB/T 191—2008《包装储运图示标志》的规定执行。

（3）警告性标志（又称危险品标志） 用文字和图形的标志引起人们特别警惕，采用特殊的色彩或黑白菱形图形。危险品标志必须标明危险品的类别及等级，此类型的图形、颜色等按照国家标准 GB 190-2009《危险货物包装标志》执行。

3. 对包装标记和标志的要求

（1）物流包装标记、标志中使用的文字、符号、图形等必须符合国家有关规定，不能随意改动，必须简明清晰、易于辨认。

（2）涂刷、拴挂、粘贴的标志与标记的部位要适当。

（3）要选用适应的色彩制作标识和标志。

（4）拴挂的标志要选择合适的规格尺寸。

（5）中国出口危险品，除印制中国的危险品标志外，还应印制联合国海事协商组织规定的符号，否则到达外国港不准靠岸。

三、食品包装标记和标志示例

我国颁发的 GB 7718-2004《食品安全国家标准 预包装食品标签通则》，对食品标签的术语、基本原则、标签的基本内容、标签要求等条款都有严格的规定和要求，是食品包装设计必须遵守的通用法规。原则上要求食品标签的所有内容，不得以错误的、引起误解的或欺骗性的方式描述或介绍食品；不得以直接或间接暗示性的语言、图形、符号导致消费者将食品或食品的某一性质与另一产品混淆；必须符合国家法律和法规的规定，并符合相应产品标准的规定；必须通俗易懂、准确、科学。如绿色食品、有机食品、农业转基因生物及其加工品、饮料及特殊营养食品的标签都有标识要求。目前市场上的许多食品标签标识比较混乱，标签弄虚作假的现象时有发生。比如被标识为"酸奶"的产品实际上是含乳饮料，二者在蛋白质含量上差别很大。有的甚至将不合格的食品按照合格产品标注重要成分的含量。再比如，一些厂家超期使用绿色食品标识。由于绿色食品的标志认证使用期为 3 年，个别企业拿到"绿证"后降低了标准，致使产品中污染物超标，影响了"绿色食品"整体品牌的声誉。国家有关部门出台这项强制性标准，就是为了规范包装标识，以帮助消费者正确识别产品的内在品质，并为执法部门提供执法依据。

1. 主要标注内容

（1）食品名称 必须采用表明食品真实属性的专用名称。当国家标准或行业标准中已规定了某食品的一个或几个名称时，应选用其中的一个。不得使用使消费者误解或混淆的常用名称或俗名。在使用"新创名称""奇特名称""牌号名称"或"商标名称"时，必须同时使用该食品的专用名称。为避免消费者误解或混淆食品的真实属性、物理状态和制作方法，可以在食品名称前加或在食品名称后注明相应的词或短语。

（2）配料表 除单一配料的食品外，食品标签上必须标明配料表。配料表的标题为"配料"或"配料表"。各种配料必须按加入量的递减顺序逐一排列。如果某种配料本身是由两种或两种以上的其他配料构成的复合配料，必须在配料表中标明复合配料的名称，再在其后加括号，按加入量的递减顺序逐一列出原始配料。当复合配料在国家标准或行业标准中已有规定名称，其加入量小于食品总量的25%时，则不必将原始配料标出，但其中的食品添加剂必须标出。各种配料必须使用具体名称。食品添加剂必须使用 GB 2760—2014 规定的产品名称或种类名称。当加工过程中所用的原料已改变为其他成分时（指发酵产品，如酒、酱油、醋等），为了表明产品的本质属性，可用"原料"或"原料与配料"代替"配料"。

（3）净含量及固形物含量　必须标明容器中食品的净含量，按以下方式标明：①液态食品，用体积；②固态食品，用质量；③半固态食品，用质量或体积。容器中含有固、液两相物质的食品，除标明净含量外，还必须标明该食品的固形物含量，用质量或百分数表示。同一容器中如果含有互相独立且品质相同、形态相近的几件食品时，在标明净含量的同时还必须标明食品的数量。

（4）制造者、经销者的名称和地址　必须标明食品制造、包装、分装或销售任一单位经依法登记注册的名称和地址。进口食品必须标明原产国、地区（指我国香港、澳门、台湾地区）名及总经销者在国内依法登记注册的名称和地址。

（5）日期标志和储藏指南　必须标明食品的生产日期、保质期和（或）保存期。日期的标注顺序为年、月、日。如果食品的保质期或保存期与储藏条件有关，必须标明食品的储藏方法。

（6）质量（品质）等级　产品标准（国家标准、行业标准）中已明确规定质量（品质）等级的食品，必须标明食品的质量等级。

（7）产品标准号　必须标明产品的国家标准、行业标准或企业标准的代号和顺序号。

（8）特殊标注内容　经电离辐射或电离能量处理过的食品，必须在食品名称附近标明"辐照食品"。经电离辐射或电离能量处理过的任何配料，必须在配料表中加以说明。

（9）推荐标注内容　批号、食用方法、热量和营养素等。

食品标签还必须满足以下基本要求：食品标签不得与包装容器分开；食品标签的一切内容，不得在流通环节中变得模糊甚至脱落，必须保证消费者购买和食用时醒目、易于辨认和识读；食品标签的一切内容，必须清晰、简要、醒目、文字、符号、图形应直观、易懂，背景和底色应采用对比色；食品名称必须在标签的醒目位置，食品名称和净含量应排在同一视野内；食品标签所用文字必须是规范的汉字，可以同时使用汉语拼音，但必须拼写正确，不得大于相应的汉字；可以同时使用少数民族文字或外文，但必须与汉字有严密的对应关系，外文不得大于相应的汉字；食品标签所用的计量单位必须以国家法定计量单位为准。

2. 绿色食品标志

绿色食品标志（package sign for green food）是国家工商行政管理局注册的质量证明商标，用以标识、证明无污染的安全、优质、营养类食品及与此类食品相关的事物。企业或个人要使用绿色食品标志，必须按照相应程序进行申报，获得批准后方能使用。具备绿色食品标志使用权的产品，必须同时符合下列条件：产品或产品原料的产地必须符合绿色食品的生态环境标准；农作物种植、畜禽饲养、水产养殖及食品加工必须符合绿色食品的生产操作规程；产品必须符合绿色食品的质量和卫生标准；产品的标签必须符合《绿色食品标志管理办法》中的有关规定。

绿色食品生产企业在产品内、外包装及产品标签上、宣传广告中使用绿色食品标志时，绿色食品标志的标准图形、标准字体、图形与字体的规范组合、标准色、编号规范必须按照《中国绿色食品商标标志设计使用规范手册》要求执行，并报中国绿色食品发展中心审核、备案。包装、标签上必须做到"四位一体"，即绿色食品标志图形、"绿色食品"文字、编号及防伪标签须全部体现在产品包装上。凡标志图形出现时，必须附注册商标符号"R"，在产品编号正后或正下方须注明"经中国绿色食品发展中心许可使用绿色食品标志"的文字,其规范英文为"Certified China Green Food Product"。同时产品标签还必须符合GB 7718—2011 的要求。

企业或个人使用绿色食品标志时必须严格履行《绿色食品标志商标使用许可合同》,按期交纳标志使用费,对于未如期交纳费用的企业,中国绿色食品发展中心有权取消其标志使用权,并公告于众。不得擅自改变生产条件、产品标准及工艺。企业名称、法人代表等变更须及时报发展中心备案。绿色食品标志防伪标签由中国绿色食品发展中心统一委托定点专业生产单位印刷,企业不得自行生产或从其他渠道获取防伪标签,也不可直接向中心委托的防伪标签生产企业定货。绿色食品标志许可使用有效期为三年,到期后如继续使用绿色食品标志,须在使用期满前三个月重新申报。

3. 保健食品标识与产品说明书的标示内容及其标示要求

根据GB 7718—2011《食品安全国家标准 预包装食品标签通则》,凡企业生产的保健食品除符合食品标签通用标准外,概括来说还应标注以下内容:

(1) 保健(功能)食品名称 按规定使用表明食品真实属性的保健(功能)食品的准确名称,使用"新创名称""奇特名称""牌号名称"或"商标名称"时,应同时使用表明食品真实属性的准确名称或经批准认可表明功能作用的名称,如延缓衰老食品、减肥食品、抗疲劳食品等。不得以药品名称或类似药品的名称命名产品,不得只标注外文缩写名称、代号名称或汉语拼音名称。

(2) 功能成分和营养成分表 列表标明每100g 或100mL 保健(功能)食品中起主导作用和辅助作用的功效成分含量。含有活性生物体(如活性乳酸菌等)的保健(功能)食品,应标明每100g 或100mL 各种活性生物体的数量。现代科学技术难以确定功效成分的产品,应标明起主导作用和辅助作用的原料名称及加入量。按有关规定,列表标明营养成分(营养素)的含量。

(3) 保健功能 标明的保健功能应与批准确认的功能相一致,不得描述、介绍或暗示产品的"治疗"疾病作用。

(4) 标明保健(功能)食品制造、包装或分装单位 经依法登记注册的名称和地址,进口保健(功能)食品可以免除(标明制造、包装或分装单位经依法登记注册的名称和地址),但应标注原产国或地区(指我国香港、澳门、台湾地区)名称,以及总经销或代理商在国内依法登记注册的名称和地址。

(5) 储藏方法(条件) 如果保健(功能)食品的保质期或保存期与储藏方法(条件)有关,必须标明储藏要求。

(6) 食用方法 标明产品的食用对象,即适用于的特定人群,按有关规定标明食用方法。每日或每次的适宜食用量,应按产品适于的特定人群分别标注。标示保健食品食用前的调制、勾兑、加工等方法,可用图形或符号辅以说明。

(7) 产品标准号和审批文号 标明产品的国家标准、行业标准或企业标准的代号和顺序号以及审批文号,进口保健(功能)食品可以免除产品标准号。保健食品批准文号分为上下两行,上行为"卫食健字( )第 号",下行为"中华人民共和国卫生部批准"。由卫生部颁发的保健食品标志与保健食品批准文号应并排或上下排列标于"主要展示版面"的左上方。

(8) 特殊标注内容 含有兴奋剂或激素的产品,应标明兴奋剂、激素的准确名称和含量。

4. 美国食品药品监督管理局（FDA）对食品标签的一般规定

美国食品药品管理局对食品标签的管理规定体系庞大，标示要求明确，极为细化。这里简单介绍其一般规定。

(1) 食品名称　标于标签的前面或主展示面及任一备用主展示面。若食品有普通用名或俗名，则可作为名称使用；若没有，则使用一描述性、无误导性的名字。当消费者了解该食品的特性，该名称已被广泛接受、理解时可使用奇特的名字作为食品名称，若食品有普通用名或俗名，则必须使用，因为再重新设定新名称易对该食品造成误解。当食品符合名称有关规定时，必须按规定命名。如果食品以任一形式（切片、整块、半块等）销售，须在标签上注明该食品的构成形式。

标注时使用印刷或打印字体，字体粗大，并且该字体必须是正面所有字体最为明显的部分，也最能体现主展示面的特点之一。通常情况下，使用的字号不小于标签上最大字的1/2。食品名称应与包装底部平行、成行标注。仿真食品标注时必须注明"仿真"字样，且"仿真"字体和醒目程度与该产品上标注的产品名称要求相一致。

(2) 净含量　净含量是指标签上注明容器或包装内食品的重量，只需标明容器或包装内食品的重量，不包括容器、外包装及包装材料的重量。通常情况下，净含量内容应包括食品中添加的水和其他液体物质，有时这些物质可以去除，分别标出它们的重量。在净含量标签中不得使用任何夸大食品数量的修饰词汇。

净含量应标于距主展示面底部30%之内明显处，并与容器底部平行。净含量必须注明公制单位（g、kg、mL、L）和美制单位（oz、lbs、fl oz）。净含量的最小字体是指根据主展示面空白面积大小可以标注的最小号的字体。在使用混合字母或偏下位置的字母时以字母"O"为准确定其字母高度，若只使用偏上位置的字母则以这些字母高度为准。净含量标注的设计要求使用显著的印刷字体，字母高度不得超过其宽度的3倍以上，且字母必须与背景对比明显，便于阅读。不得将净含量内容与图案或其他标签内容挤放在一起（规则中已定出净含量与其他标签内容的最小距离）。

(3) 成分表　食品标签上的成分表是指各种成分按主次顺序而排列的列表，各成分按照使用量由多到少的顺序排列。食品中添加了水，则水应视为一种成分，并按用量的多少排列在成分表上。各成分在通常情况下使用其俗名或普通用名，有特殊规定时除外。对于微量成分的标注取决于该种成分是否用量很大，并对成品起决定作用。若此成分是非主要成分，对成品也无任何影响，就不必在标签上说明；若此成分虽是非主要成分，但它是另一种成分的构成部分，则应标明。在食品中添加相对少量的脂肪和油，并且生产商不能断定他使用的是何种具体的脂肪和油时可标出笼统的脂肪和油的成分。当食品中添加了已经批准使用的化学防腐剂，则成分表上必须注明防腐剂的俗名和普通用名及功能，应使用诸如"防腐剂""延缓腐败""腐败抑制剂""有助于保持风味""保持色泽"等词语。

成分表标在标有生产商、包装商及代理商名字和地址的一面，可以是信息面或主展示面。它可以在营养标签和生产商、包装商及代理商名字和地址之前或之后标出。成分表上使用的字体高度应至少为0.16cm（1/16 in）（以字母"O"为准），字体应显著、易辨。

(4) 营养素　自1994年5月8日起，美国食品药品监督管理局规定绝大多数食品标签都应注明营养素的内容，要求字体及整体布局清楚、明显，但也有特殊规定，具体强制性规定详见有关规定。

"营养素"一栏可与成分表、名称与地址（是指生产商、包装商、代理商的名称和地址）共同标于主展示面。此三栏也可标于信息面（指紧挨主展示面的右侧面，若此面无空处，则紧挨其右侧面标）。如果在主展示面和信息面均无处可标，可将"营养素"标于消费者可视的任一面。整个"营养素"栏应设计得合理、紧凑、清楚（具体详见有关规定），如该栏应用黑色或其他同一颜色的字标注在白色或非彩色背景上，使用6点或更大的Helvetica黑体字或者是Helvetica常规字体。有时为了格式和排版的需要，将字体压缩4个点（过于紧凑会降低清晰度）。主要营养素名称及其日摄入值（%）用8点Helvetica黑体（"%"用Helvetica常规字体标注），"营养素"三个字使用Franklin & nbsp、Gothic& nbsp、Heavy或Helvetica黑体字，并与标签左右两侧对齐。"小包装含量""每个大包装内的小包装数"用8点Helvetica常规字体，开头字母大1点字，表格项目部分（如"每份小包装数量"）用6点Helvetica黑体字等。

（5）标签内容置于容器或包装的位置　将所有标签内容标在标签前面（主展示面或正面）或将一些重要、特殊的内容标于主展示面，其他内容标于信息面。

（6）主展示面或正面是包装标签的一部分，消费者购买时可直观看见。有许多容器被设计成两个或多个面，可备用作为正面展示，它们被称为备用主展示面。

（7）主展示面及备用主展示面必须标注产品特性或食品名称、净含量或产品数量。有关字体、字号和整体设计均有严格规定。

（8）紧挨着展示给消费者正面的右侧面的信息面标注的内容包括厂名和厂址、包装商、代理商、成分表及营养素指标等。

（9）字体、字号及整体设计的规定信息面标签应使用显著的印刷或打印字体。使用的字母以小写"O"为衡量标准，高度至少在0.16cm（1/16 in）以上，且高度不得超过其宽度的3倍以上，字母必须与背景对比明显，便于阅读。不得将必需标签内容与图案或无关紧要的标签内容挤放在一起。

（10）标签必须注明生产商、包装商或代理商的名称及地址。若不能提供实际生产商，则必须标明产品与公司关系（例如专供××生产、专供××代理）的修饰词语。若公司名称和地址未列在目前城市通讯录或电话号码簿上，则标明街道地址，标明城市名，标明州（若是美国以外的其他国家，还需注明国名），标明美国的邮政编码（或其他国家的邮编）。

第三节　托盘及组成方法

托盘（pallet）是指用于集装、堆放、搬运和运输的放置作为单元负荷的货物和制品的水平平台装置。托盘是方形或长方形的一种水平的平台，其最小高度适合于托盘车和（或）叉车或其他相应的装卸设备的装卸和搬运。它通过捆扎、裹包或胶黏等方法加以固定，形成组合包装单元，随货物一起装卸与运输。其主要特点是装卸速度快、货损货差少。

托盘是最基本的物流器具，是静态货物转变成动态货物的载体，是装卸搬运、仓储保管以及运输过程中均可利用的工具，与叉车配合利用，可以大幅度提高装卸搬运效率；用托盘堆码货物，可以大幅度增加仓库利用率；托盘一贯化运输，可以大幅度降低成本。托盘的利用最初用于装卸搬运领域，现在，托盘单元化包装、托盘单元化保管、托盘单元化装卸搬运、托盘单元化运输已在整个物流系统活动中得到广泛应用。

一、托盘的类型及规格

1. 托盘的类型

托盘的种类繁多，结构多样、材料多样，就目前国内外常见的托盘种类而言，可做如下划分。

（1）按用途分类

①重复使用托盘：可多次重复使用的托盘。

②一次性使用托盘：在一次使用后即废弃的托盘。

③专用托盘：仅限用于某个公司或某闭合的流通系统中循环使用的托盘。

④互换托盘：根据双方协议可与同类托盘互换的托盘。

（2）按材质分类　可分为木制托盘、金属托盘、塑料托盘和瓦楞纸板托盘等。

（3）按结构形式分类

①平托盘：一般所说的托盘，主要是指平托盘。平托盘使用范围最广、利用数量最大、通用性最好。平托盘又可细分为四种类型。

a. 根据台面分类：有单面型、单面使用型、双面使用型和翼型四种。

b. 根据叉车叉入方式分类：单向叉入型、双向叉入型、四向叉入型三种。

c. 根据材料分类：木制平托盘、钢制平托盘、塑料制平托盘、复合材料平托盘以及纸制托盘五种。

d. 胶板制平托盘：用胶合板钉制台面的平板型台面托盘，这种托盘质轻，承重、耐久性稍差。

②柱式托盘：柱式托盘分为固定式和可卸式两种，其基本结构是托盘的四个角有钢制立柱，柱子上端可用横梁连接，形成框架型。柱式托盘的主要作用，一是利用立柱支撑重物，往高叠放；二是可防止托盘上放置的货物在运输和装卸过程中发生塌垛。

③箱式托盘：箱式托盘是四面有侧板的托盘，有的箱体上有顶板，有的没有顶板。箱板有固定式、折叠式、可卸下式三种。四周栏板有板式、栅式和网式，因此，四周栏板为栅栏式的箱式托盘又称笼式托盘或仓库笼。箱式托盘防护能力强，可防止塌垛和货损；可装载异形不能稳定堆码的货物，应用范围广。

④轮式托盘：轮式托盘与柱式托盘和箱式托盘相比，多了下部的小型轮子。因而，轮式托盘显示出能短距离移动、自行搬运或滚上滚下式的装卸等优势，用途广泛、适用性强。

⑤特种专用托盘：由于托盘作业效率高、安全稳定，尤其在一些要求快速作业的场合，更突出了利用托盘的重要性。所以各国纷纷研制了多种多样的专用托盘，如平板玻璃集装托盘、轮胎专用托盘、长尺寸物托盘、油桶专用托盘等。

2. 托盘的规格

托盘的规格较多，国际标准化组织推荐的尺寸有：1200mm×800mm、1200mm×1000mm、1000mm×800mm。此外，还有1600mm×1200mm、1800mm×1200mm的大型托盘。

我国 GB/T 2934—2007《联运通用平托盘主要尺寸及公差》和 GB 4892—2008《硬质直方体运输包装尺寸系列》规定平托盘系列为：800mm×1000mm、800mm×1200mm、1000mm×

1200mm 三种。近年，我国已出现了 1.1m×1.1m 的托盘。

托盘面积大约在 $1m^2$，其上集装货物体积约为 $1m^3$，堆码高度在 1100~2200mm，常取 1400~1500mm，载重量 0.5~2.0t。

二、托盘包装方法及装卸的形态

1. 托盘包装方法

（1）堆码方式　食品货物在托盘上堆码应充分考虑食品属性、外包装状态和条件等，其基本方式如图 7-1 所示。堆码在托盘上的物品需要进行固定，其固定方法如图 7-2 所示。

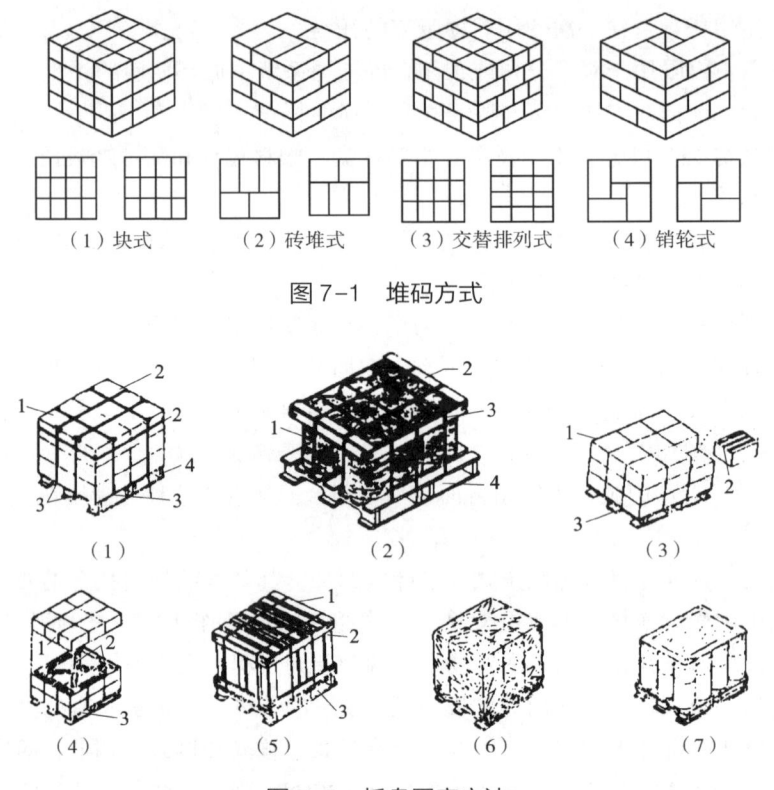

图 7-1　堆码方式

图 7-2　托盘固定方法

①捆扎瓦楞纸箱的集合包装见图 7-2（1）。其中：1—货物（瓦楞纸箱包装），2—护角，3—捆扎带，4—木制托盘。

②柔性成卷材料的集合包装见图 7-2（2）。其中：1—货物（柔性卷材），2—框式盖板，3—捆扎带，4—木制托盘。

③涂胶黏合的集合包装见图 7-2（3）。其中：1—货物（纸箱），2—涂胶（条状），3—木制托盘。

④用胶带黏合的集合包装见图 7-2（4）。其中：1—货物（纸包装），2—胶带（两面涂胶），3—木制托盘。

⑤安装框架和盖板的集合包装见图 7-2（5）。其中：1—盖板，2—框架，3—木制托盘。

⑥托盘收缩包装如图 7-2（6）所示。

⑦托盘拉伸包装如图7-2（7）所示。

2. 托盘装卸的形态

从托盘装卸形态来分，托盘可分为保管装卸、终端装卸及托盘运输中的装卸三大类。一般常用的方法是：在保管装卸中，用叉车将托盘单元直接进行多层堆放保管的方法；利用托盘货架、内部进车货架、流动货架的方法；利用中层货架和侧面装卸叉车配合的方法以及利用高层货架和升降吊车配合的方法。这些方法按保管质量的大小、品种多少大致分类如下。

①托盘货架：大规模、多品种。
②中层货架：中规模、多品种。
③可进车货架：中规模、中品种。
④流动货架：中规模、中品种。
⑤高层货架：大规模、多品种及少品种。

托盘货架是可以将托盘单元分两层或三层装载的简单货架。想要从托盘上取出部分货物，或使不是一个托盘单位的货物进出库，可利用这个设备。

可进车式货架是叉车可以出入货架的一种设备。当采用这种货架时，必须注意叉车和货架的相关尺寸。这种形式的货架有叉车不能穿行的进入式货架和可以穿行的贯穿式货架两种，在进入式货架中，不能实现货物的先进先出，而在贯穿式货架中可以实现先进先出。

流动货架是将输送机稍微倾斜，依靠托盘载货的自重向货架另一侧滑动的货架，所以有可能实现先进先出。但是，在木制平托盘中，经常接触输送机的部位，在使用过程中易发生变形而停止滑动，所以有的地方采用这一部位镶有铁板的托盘。

中层货架和侧面装卸叉组合的方法，是介于小规模托盘和大规格托盘货架的中间规模货架，侧面装卸式叉车可以把通道两侧的托盘货物送进或从货架上取出，所以通道面积可以小些。在高层货架仓库中用电子计算机自动操纵升降吊车、输送机等设备，以实现省力化。

关于终端的装卸，在运输联节点终端中，为了对干线输送和集配输送做时间上的调整，需要将货物暂存时，则使用辅助装卸作业的托盘。这项工作通常用叉车进行。

托盘的运输，即采用一贯托盘运货法时，根据运输手段不同，可采用多种装卸方法。货车及平板卡车可以用叉车从侧面装卸，但箱式卡车及集装箱在装卸时，由于常从后方进行装卸作业，所以需要使用托盘移动器等移动设备。此外，国际大型集装箱可以驶入叉车装卸。

在船舶中，由于船的构造不同，其装卸形式也不同。有用网络式L形吊具与吊车配合进行装卸的旧型货船；有叉车直接驶入船内进行装卸的RO/RO型货船；有在船体侧面设进出货物口，岸上叉车和船内叉车通过此口进行交接装卸的，即船侧开口装卸系统等。

三、托盘的使用要点

在使用托盘时应注意的问题有以下几个方面。

1. 货物在托盘上的堆码

从货物在托盘上堆码时的行列配置来看，有以下四种基本堆积模型。

（1）多层不交错堆码是以最简单的排列形式，在托盘上将包装箱向一个方向并列，而且从最下层到最上层是完全一致的堆码模型［图7-1（1）］。这种模型的堆码，由于各层间的货物未能完全啮合，会引起垛间分离，稳定性较差。

（2）层间纵横交错堆码是奇数层的货物之间成90°交叉堆码的模型［图7-1（3）］。在方形托盘一边长度为货物的长、宽尺寸的公倍数的情况下，可以采用这种模型。

（3）砖砌体堆码是将货物纵横排列，组合成一层，而奇数层和偶数层之间成180°进行堆码的模型［图7-1（2）］。这个模式多用于长方形托盘装运袋包装货物的堆码。

（4）中心留孔堆码是用风车形的堆码形式，在各层中改变货物的方向进行堆码［图7-1（4）］。在正方形托盘中，可以一层摆放四个货物，且货物的长度与宽度尺寸之和与托盘的一个边长吻合时，可采用这种模型。其特点是适用于这种模型的货物尺寸范围广，但在长度和宽度尺寸相差过大时，中央部分的无效空间也过大，致使托盘的表面利用率降低。

此外，这些模型中，层间纵横交错堆码、砖砌体堆码和中心留孔堆码三种模型是上下咬合堆码，所以总称为联锁堆码。但是，从瓦楞纸箱的耐压强度方面考虑，为减少最下层纸箱的破损，也采用下面三层不交错堆码，上部层纵横交错堆码和中心留孔堆码的方法。

2. 防止散垛的措施

在卡车货台上装载托盘货物时，由于托盘和车厢内壁有间隙以及托盘与托盘之间有间隙，所以防止散垛是重要课题之一。

防止散垛的措施分为直接对托盘货物作处理和在运输车辆等设备中安装防止散垛装置或插入防止散垛工具两种方法。一般多同时采用两种方法。

（1）托盘载货本身的防散处理

①扎带方式：在防止箱形货物散垛时用得较多［图7-2（1）、（2）］。这种方式按扎带方式分为水平扎带方式和垂直扎带方式两种。但这种方式存在着扎带部分防止货物移动，未扎带部分容易发生货物脱出的缺点。且由于保管时多层货物的堆压以及输送中振动而使带子变松，会降低防止散垛效果，这是需要注意的。

对货物托盘采取处置措施的技术：最常用的方法有两种，一是将托盘四周加高，使货物在托盘内倾斜而不散垛的方式。当托盘装运袋装货物时，由于袋内货物的充填特性，垛下部袋和上部袋比较，有向四周分离的倾向，所以如果将袋装货物的下部靠托盘外侧堆放，会使货物有向内倾斜的特性。二是在货物间插入止滑板的方式。但箱式包装货物在采用这种方式时，和袋装货物相比，由于在运输中的振动容易使止动板跳起来，所以效果较差。

②涂胶黏结方式：这种方式对水平方向滑动的抵抗能力强，但在分离托盘的货载时，从垂直方向容易分开［图7-2（3）］。这种方式的主要缺点是胶的黏度随温度发生变化，在使用时应选择合适温度条件的胶的种类（例如，水剂胶在低温使用时，胶冻结成冰，难于使用）。另外，在使用时必须根据货物的特性（重量、包装形态等）来决定胶的分量和涂布方法。与这种方式相近的，是在货物表面涂以耐热树脂，货物间不相互胶接而靠增加摩擦力防止散垛。

③特殊包装方式：在运输车辆的车厢中基本不需要防止散垛的有箱框式托盘方式、热缩包装和拉张方式［图7-2（5）、（6）、（7）］。热缩包装方式使用热缩性塑料薄膜覆盖在托盘货物上，在热缩炉中加热使塑料薄膜和托盘货物形成一体。由于这种方法有极好的防尘防水效果，所以也可以在雨天装卸和露天保管。但是，由于通气性不好，又由于在高温下加热处理，所以有的商品及容器材料不能适应而不采用这一方法。将塑料薄膜用拉伸包装机卷包在托盘货物表面以束紧货物的方式称为拉张方式，这种方式因为不经过像热缩包装那样的热处理，对需要防止高温的货物是有效的。可是因为使用塑料薄膜透气性较差，所以对需要透气的水果等货物，也有用网络树脂薄膜代用的方法。类似箱式托盘，在托盘上安装箱形框，

成为防止散垛的箱框方式，也有非常好的防护效果。

（2）在运输车辆等设备上采用的防止散垛措施　基本可将这种方法分为篷布、绳索捆扎方式，在托盘货物间隙中填塞某种材料的方式和使用带特殊装置的车辆等。

平板托盘装载时用篷布捆扎和绳索捆扎是很有效的，但像箱式货车、篷车、集装箱等用绳索捆扎较困难的车辆，防止散垛可采用在托盘间隙中填塞材料的方式。这种方式的出发点是如果能够减少托盘货物的移动间隙，则可降低散垛。按这一原则，可采取的方法有预先在托盘货物间插入各种厚度的"泡沫聚乙烯板"，使其成为防止货物靠拢的"隔板"，从而减少间隙的办法；由于发泡苯乙烯强度较低，所以有同时使用层板和泡沫乙烯的方法；有使用者称为"气囊"的空气袋的方法等。应用气囊方法时，也有时和层板共同使用而使货物受到均匀的作用力。

从防止托盘散垛和方便装卸作业这两方面考虑，有时采用特殊装备的车辆。在顶棚的侧面是一个整体，可依靠液压机构上下开闭的翼式车中，顶板和侧面的角部安装橡胶或罩布制的防止散垛设备，成为把托盘货物的上面棱角从上方勒紧的结构形式。还有将车辆的顶板制成上下移动的液压升降装置，用顶板本体压住托盘货物，以防止散垛的带顶板稳定器的车厢。从防止散垛效果来看，后者较好。但无论哪种方式，如果托盘货物高度不一，效果也不佳，这是其缺点。与上述类型车辆不同，也有像清凉饮料专用车那样，把车厢划分成和托盘货物尺寸适合的若干小室以防止散垛的方式。

3. 托盘的维修保养

在托盘保养管理中，最重要的一点是不使用破损状态的托盘。如果托盘不经修理而照常使用，不仅会缩短托盘的寿命，而且还有可能造成货物的破损和人身事故。托盘的破损大多是因下列原因产生：叉车驾驶员野蛮的驾驶操作，货叉损伤盘面等；人工装卸空托盘时跌落而造成的损伤。

木制托盘破损最多的部位是盘面。从修理的实例看，盘面的重钉修理占总数的60%～80%，所以托盘的物理寿命除了因叉车操作不当，使横梁损伤报废之外，更取决于盘面的重钉次数。盘面靠三个钉子钉在横梁上，考虑到横梁的钉穴，重钉修理次数仅限为3次左右，如果从目前修理的实际情况为每两年一次来考虑，其寿命为8年。对厂内保管用的托盘，应当以提高寿命为目标，进行有益于降低成本和有效利用资源的努力。实际工作中，也有的地方对横梁采取增强措施，将使用寿命提高到10年以上。从一般的实际使用情况来看，运输用托盘的寿命平均为3年；厂内保管用托盘，寿命平均为6年左右。

第四节　食品集装箱运输

一、集装箱与集装箱运输

1. 集装箱

关于集装箱（container）的定义在各国的国家标准、各种国际公约和文件中，都有具体的规定，其内容不尽一致。不同的定义在处理业务问题时，就可能有不同的解释。关于集装箱应具备的条件，国际标准化组织在 ISO 830-1981《集装箱术语》中作了规定：集装箱定义为是一种运输工具，它应具备下列条件：

①具有足够的强度，能反复使用。

②途中转运时，不必搬动箱内货物便可换装运输工具。

③箱上备有装卸装置，便于快速装卸。

④便于货物的装满和卸空。

⑤具有 1m³ 以上内容积。

2. 集装箱运输

集装箱运输是以集装箱作为运输单位进行货物运输的一种先进的运输方式。具有装卸效率高，车船周转、货运速度快等显著优点，可极大地降低货运成本、货运时间。同时，集装箱作为独立的货运单元，具有较高的强度，能有效保证货物完整，避免货损货差，节省包装费用和运杂费用，提高货运质量。

3. 集装箱规格及类型

（1）集装箱规格　集装箱规格按使用范围分为国际标准、国家标准、地区标准和公司标准 4 种。

①国际标准集装箱是国际标准化组织（ISO）第 104 技术委员会制定的，见表 7-3。

表 7-3　　　　　　　　　　　国际标准集装箱

规格	箱型	长度	宽度	高度	最大总质量/kg
3m（10ft）	1D	2.99m（9ft9.75in）	2.44m（8ft0in）	2.44m（8ft0in）	10160
	1DX			<2.44m（8ft0in）	
6.1m（20ft）	1CC	6.05m（19ft0.25in）	2.44m（8ft0in）	2.59m（8ft6in）	24000
	1C			2.44m（8ft0in）	
	1CX			<2.44m（8ft0in）	
9.1m（30ft）	1BBB	9.12m（29ft11.25in）	2.44m（8ft0in）	2.9m（9ft6in）	28400
	1BB			2.59m（8ft6in）	
	1B			2.44m（8ft0in）	
	1BX			<2.44m（8ft0in）	
12.2m（40ft）	1AAA	12.2m（40ft0in）	2.44m（8ft0in）	2.9m（9ft6in）	30480
	1AA			2.59m（8ft6in）	
	1A			2.44m（8ft0in）	
	1AX			<2.44m（8ft0in）	

②国家标准集装箱一般是各国政府按国际标准的参数，考虑到本国的具体技术条件而制定的。我国现行的集装箱标准 GB/T 1413—2008《系列 1 集装箱　分类、尺寸和额定质量》见表 7-4。

表 7-4　　　　　　　　　　　　　　　我国集装箱标准

型号	长度		宽度		高度		最大质量/kg
	尺寸/mm	极限偏差/mm	尺寸/mm	极限偏差/mm	尺寸/mm	极限偏差/mm	
1EEE	13716	0~10	2483	0~5	2896	0~5	30480
1EE					2591	0~5	
1AAA	12192	0~10	2438	0~5	2896	0~5	30480
1AA					2591	0~5	
1A					2438	0~5	
1AX					<2438		
1BBB	9125	0~10	2438	0~5	2896	0~5	30480
1BB					2591	0~5	
1B					2438	0~5	
1BX					<2438		
1CC	6058	0~6	2438	0~5	2591	0~5	30480
1C					2438		
1CX					<2438		
1D	2991	0~5	2438	0~5	2438	0~5	10160
1DX					<2438		

③地区标准集装箱是由地区组织根据该地区的特殊情况制定的，一般仅适用于该地区。

④公司标准集装箱是某些大的船务公司根据本公司的具体情况和条件制定的集装箱标准。

(2) 集装箱类型

①按用途分类：

a. 杂货集装箱：杂货集装箱又称干货集装箱，是一种通用集装箱。这类集装箱是用于装载除流体货和需要调节温度的货物外，以一般杂货为主的集装运输。其使用范围极广，它占全部集装箱总数的 70%~80%。

b. 散货集装箱：散货集装箱是适用于装载豆类、谷物等各种散堆颗粒状、粉末状物料的集装箱，可节约包装且提高装卸效率。散货集装箱是一种密闭式集装箱，有玻璃钢制和钢制两种。前者由于侧壁强度较大，一般用于装载麦芽等相对密度较大的散货；后者原则上用于装载相对密度较小的谷物。散货集装箱顶部的装货口应设置水密性良好的盖，以防雨水侵入箱内。有些国家对进口粮食要求在港外锚地进行熏蒸杀虫，故有的集装箱上设有投放熏蒸药品用的开口以及排除熏蒸气体的排出口，熏蒸时要求箱子能保持完全气密。散货集装箱也可用来载运杂货，为了防止装载杂货时箱内货物移动和倒塌，在箱底和侧壁上也设有系环，以便能系紧货物。

c. 冷藏集装箱：冷藏集装箱是专为运输途中要求保持一定温度的冷冻货或低温货，如鱼、肉、新鲜水果、蔬菜等食品进行特殊设计的集装箱。目前国际上采用的冷藏集装箱基本上分两种：一种是集装箱内带有冷冻机的称为机械式冷藏集装箱，它能使经预冷装箱后的冷冻货或低温货通过冷冻机的供冷保持在一定的温度下进行运输，箱内温度可在-25~25℃调整；另一种是箱内没有冷冻机而只有隔热结构，即在集装箱端壁上设有进气孔，箱子装在舱内，由船舶的冷冻装置供应冷气的称为离合式冷藏集装箱。

d. 罐装集装箱：罐装集装箱适用于装运食品、酒品等流体货物，主要由罐体和箱体框架两部分组成。框架一般用高强度钢制成，其强度和尺寸应符合国际标准，角柱上装有国际标准角配件。罐体材料有钢和不锈钢两种，罐体外采用保温材料形成双层结构，使罐内液体与外界充分隔热。对装载随外界温度下降而增加黏度的货物，装载时需加热，故在罐体的下部设有加热器，罐上设有反映罐内温度变化的温度计。罐上还设有水密的装货口，货物由液罐顶部的装货口进入，卸货时，货物由排出口靠重力作用自行流出，或者由顶部装货口吸出。

e. 牲畜集装箱：它是适用于装载活的动物而具有特殊结构的集装箱。

此外，还有动植物集装箱、平台集装箱、汽车集装箱等专用集装箱。

② 按制造材料分类：可分为钢（含不锈钢）、铝合金、玻璃钢等。

③ 按载重量分类：可分为 5t 箱、10t 箱、20t 箱和 40t 箱。

④ 按结构分类：可分为开顶式、活顶式、无顶式、一端开门、二端开门，也可分为拆装式和不拆式两大类或折叠式和框架式等。

二、集装箱标记

对集装箱进行永久标记，目的是便于海关及有关关系方对集装箱进行识别、监督和管理。

1. 集装箱标记内容

根据 ISO 790—1973 和我国国家标准（GB/T 1836—2017）的规定，集装箱的标记内容包括必备标记和自选标记两部分。

（1）必备标记内容　箱主代码与设备识别码应紧密联系在一起，与箱号至少有一个字符的间隔。箱号与校验码之间应有一个字符的间隔。

① 箱主代号：集装箱所有者的代码，它由三个大写拉丁字母组成，具备唯一性，且应在国际集装箱局（BIC）注册。

② 设备识别码：由 1 个大写拉丁字母表示：

"U"代表所有集装箱；

"J"代表集装箱所配置的挂装设备；

"Z"代表集装箱拖挂车和底盘挂车。

③ 箱号：为集装箱编号，按国家标准规定，用 6 位阿拉伯数字表示，不足 6 位，则以 0 补足 6 位。

④ 校验码（核对数字）：用于核对箱主代码与箱号传递的准确性。核对号一般位于顺序号之后，用 1 位阿拉伯数字表示，并加方框以醒目。

⑤ 最大质量和自重：最大质量又称额定质量，是集装箱的自重与最大允许装货质量之和。自重是指集装箱的空箱质量。集装箱最大质量和自重的标记要求用千克和磅两种单位同

时标出。

(2) 自选标记内容

① 国家代号：用3位拉丁字母表示，说明集装箱的登记国，也可用两位字母表示。国际代码可从表7-5中查得，如PRC或CN表示中华人民共和国，USA或US表示美国。

② 尺寸代号：由两位字符组成，第1位，用数字或拉丁字母表示箱长；第2位，用数字或拉丁字母表示箱宽和箱高。

③ 箱型代码：由两位字符组成，第1位，由1个拉丁字母表示箱型；第2位，由1个数字表示该箱型特征。

例如："CN22G1"，其中"CN"代表集装箱登记所在国的代号，"22G1"为集装箱尺寸与类型代号，用4个字符表示。其中"22"表示箱长为6068mm（20ft），箱宽为2438mm（8ft），箱高为2591mm（8ft6in）；"G1"表示上方有透气罩的通用集装箱。

2. 集装箱代号标记位置

代号标记位置分布在集装箱顶部、两侧、门端、封闭端（盲端）等5个面上，ISO 6346—1995标准对国际集装箱代号的具体标记位置作了规定。我国集装箱代号的标记位置与国际标准基本一致，区别在于要求在箱门右下角空箱质量下方标出集装箱制造厂名和出厂日期，在出厂日期下面标出大修厂名和日期，另外在必备标记中要求标出内容积。标记中汉字字体要符合GB/T 14691—2008《技术制图》标准，并采用国家正式公布的简体字，字体要求端正、排列整齐、均匀。汉语拼音字母及拉丁字母采用大写直体字母，数字用阿拉伯直体数字，集装箱质量、尺寸、体积的计量单位采用国际单位制，其字体与计算数字相同。

表7-5 部分国家和地区代号表

国家和地区	三字母	二字母	国家和地区	三字母	二字母
澳大利亚	AUS	AU	丹麦	DKX	DK
奥地利	AXX	AT	芬兰	SFX	FI
比利时	BXX	BE	法国	FXX	FR
巴西	BBX	BR	加纳	GHX	GH
加拿大	CDN	CA	希腊	GRX	GR
智利	RCH	CL	中国香港	HKX	HK
中国	PRC	CN	匈牙利	HXX	HU
塞浦路斯	CYX	CY	秘鲁	PEX	PE
菲律宾	PIX	PH	黎巴嫩	RLX	LB
波兰	PLX	PL	墨西哥	MEX	MX
葡萄牙	PXX	PT	荷兰	NLX	NL

续表

国家和地区	三字母	二字母	国家和地区	三字母	二字母
新加坡	SGP	SG	新西兰	NZX	NZ
西班牙	EXX	ES	尼日利亚	WAN	NG
南非共和国	ZAX	ZA	挪威	NXX	NO
斯里兰卡	SLA	LK	巴基斯坦	PAK	PK
瑞典	SXX	SE	巴拉圭	PYX	PY
印度	IND	IN	瑞士	OHX	CH
印度尼西亚	RIX	ID	中国台湾	RCX	TW
伊朗	IRX	IR	土耳其	TRX	TR
意大利	IXX	IT	越南	VNX	VN
爱尔兰	IRL	IE	赞比亚	RNR	ZM
以色列	ILX	IL	英国	GBX	GB
日本	JXX	JP	美国	USA	US
韩国	ROX	KR			

三、食品集装及运输

（一）集装箱货物的装箱

1. 集装箱的选定

在选用集装箱时，必须考虑以下问题。

（1）运输线上的外界环境和特殊要求

①在国际多式联运中，如要通过欧洲大陆，则集装箱从卸货经过陆上运输进入另一国时，必须满足"国际公路运输公约"（TIR 条约）的规定。该条约规定了有关公路上运行的车辆或该车辆上装载的集装箱，在国境上进行换装和通过国境线的货物，必须办理海关手续。其内容之一是要求公路上运行的车辆或集装箱，必须有一定的技术条件，并事先要得到有关部门的同意，方能运行通过。

②在澳大利亚航线上运输的集装箱，由于澳大利亚政府有关部门的规定，集装箱上所使用的木材，如未经防虫处理不得使用。因此选用集装箱时，必须确实掌握该集装箱上所用的木材是否经过防虫处理。

③集装箱在横穿大路或通过个别山区地带时，有时其温湿度相差较大，对于运输某些温湿度十分敏感的货物，要尽量选用隔热性能良好的集装箱，或在箱内铺设具有吸湿性的衬垫材料，或采取其他措施，保证货物不受损坏。

(2) 装货作业上的要求　根据货物的特性，必须用木材来固定货物时，应尽量避免选用玻璃钢集装箱和箱底无木制底板的金属底集装箱，以免钉钉子后破坏集装箱的水密性。

(3) 装卸机械上的要求　有些重货不使用机械就不能装载，而在拆箱地点又无装货平台时，就需要使用开顶集装箱利用吊车进行装载，但必须注意开顶集装箱无水密性。

(4) 物流条件　有些航线上由于物流的不平衡，或者来回航向的货种不同，可能会造成某些专用集装箱回空，所以应尽可能选用回程时也能装载另一种货的集装箱，避免集装箱回空运输。

2. 装载方法和固定方法的考虑

集装箱货有整箱货和拼箱货之分。整箱货是指货批量能装满一个集装箱以上的货物，装箱工作原则上由货主进行，货主装箱后将集装箱运到集装箱场，这种装箱方式称为托盘运入装箱方式。拼箱货是指货批量不能装满一个集装箱的零星小批量货，通常由货运站负责装箱，这种装箱方式也就是承运人装箱方式。由于装箱地点和装箱人的不同，装箱设备、装箱技术等装卸条件也会有较大差别，而且货物在箱内存放的时间和运输过程中外界运输条件，有时也有很大差别。因此，在装箱前应根据具体条件来考虑其装载方法和固定方法。对于运输条件长、外界运输环境差的货物，要考虑箱内会不会发生水滴而产生水湿事故，固定货物的强度是否满足运输形式中技术状态的要求。在装载方法上，有时在装箱底由于有较高的技术和良好的机械设备，货物能很顺利装入箱内，但如在偏僻的地区拆箱卸货，既没有装卸经验，又无装卸设备时，货物难以取出。如强行取出货物，有时会损坏集装箱，或者损坏货物。经常发生的情况是，在固定货物时，装货地可能很容易固定，但在卸货地却无法拆卸固定用具。在这种情况下，装货时即应周密、细致地考虑卸货地的具体条件，即使知道这样装载和固定货物需要花费很多时间，也要为在卸货时顺利取出货物创造必要的条件。

3. 装卸量的确定

为使集装箱能达到最大的装载量，必须进行精确计算。装载技术的好坏，有时会影响到装载件数。如果一定货物装满若干个集装箱，只剩下一小部分时，由于不能将不同卸货港的货物混装在一个集装箱内，所以剩下的货物件数不多，也只能另装一个集装箱。因此，装箱前必须要正确地掌握装载量。

集装箱的装载量就是集装箱的最大载货质量，它是集装箱的总重与集装箱的自重之差。集装箱的总重是一个定值，按国际标准除动物集装箱外，20ft 型钢质集装箱的总重为24000kg，40ft 为30480kg。但集装箱的自重，根据不同集装箱的种类和不同设计，即使是同一种类、同一箱型集装箱，也有一定差别。如上海远洋运输公司的 20ft 钢箱，其自重在2060~2360kg，平均为2210kg。40ft 钢箱平均自重为3850kg，而20ft 开顶箱的自重一般为2520kg，20ft 台式集装箱一般为2770kg。

集装箱货大多数属于轻货，容积装满后，通常达不到最大载货质量指标。

4. 货物密度

货物密度是指货物单位容积的质量，简称单位体积质量，它是货物积载因素（单位质量体积）的倒数。

对于集装箱来说，把集装箱的最大载货质量除以集装箱的容积，所得之商就是箱的"单位体积质量"。要求集装箱的容积质量都能装满，就要求货物的密度等于集装箱的单位体积质量。实际上集装箱装货后，箱内容积或多或少会产生空隙，集装箱内实际利用的有效容积为集装箱容积乘上箱容利用系数。

5. 集装箱数量的计算

在计算集装箱所需数量之前，先要判定货物是重货还是轻货，再求出一个集装箱的最大装载量和有效容积，就可算出货物所需的集装箱数。

计算时如果货物是重货，则用货物总质量除以集装箱的最大载货质量，即得所需装箱的数量。如果是轻货，则用货物总体积，除以集装箱的有效容积，也可求出所需装箱数量。如果货物密度等于箱的单位体积质量，则无论按质量计或是容积计，均可得出集装箱的需要量。

对于一时不能判定是重货还是轻货的货物，则先按体积计算，求出每个集装箱的最大可能装载件数，用件数乘每件货物的质量，再与该集装箱的最大载货质量相比较。如果小于集装箱的最大载货量，则可用该质量来除以该批装箱货物的总质量求出集装箱数；如果箱内所装件数的总质量大于集装箱的最大载货量，则以集装箱的最大载货质量来除以该批装箱货物的总质量，求得所需要的集装箱数。

6. 装箱时注意事项

（1）质量的配置　装箱时尽可能使质量均匀地分布于集装箱底板上。过分的集中负荷或偏心荷重，在装卸集装箱时，会有倾斜或翻倒的危险。此外，当货物是重物或难以避免负荷集中分布时，可采用衬垫等方式使负荷分散。

另外，在使用大型国际集装箱时，要将叉车驶入集装箱内装卸货物，要求底板有一定的强度，其强度大体上满足 2t 叉车装载 2t 货物驶入。质量超过上述情况的设备应避免使用。

（2）货物紧固　在可能因运输振动而使货物移动的情况下，要固定货物，称为紧固。紧固方式有以下三种，分别进行组合使用。

①固定材料紧固：是用角钢等材料将货物固定在集装箱内的方法。

②充填紧固：是在货物和货物之间、货物和集装箱内壁之间用角钢等支柱在水平方向上固定的方式，包括插入阻隔物或垫子以防止货物移动的方式。

③捆索：是在集装箱侧壁设捆索环，用缆绳和皮带固定货物的方法。

（3）货物的装配　不同货物在同一集装箱中时，要注意货物的性质或质量、包装对其他货物的有害影响，这是在装货地点应考虑的问题。货重在箱内应均匀分布，不允许偏载。要按货物标定的"不可倒置""平放""竖放"等标志装箱。箱内堆垛时，要采用全自动起升叉车在箱内作业。装拼箱货时，要注意包装强度弱的压包装强度大的，清洁货压污货，同形状和同包装货放在一起，有异味、潮湿等货物用塑料薄膜包妥后与其他货隔开，有尖角棱刺的货物应另加保护，以免损伤其他货物。

（二）　冷藏集装箱运输

冷藏集装箱运输有着冷藏汽车运输无可比拟的优点。目前，我国有 40 多家集装箱生产企业，总生产能力达到 100 万标准箱。但国内至今还没有路运集装箱专用的半挂车。中国远洋运输公司拥有数千个冷藏集装箱，另外还向国外租赁了近万个国外的集装箱，大多是海运集装箱，主要用来运输进出口的易腐食品，对内销食品来说没有起到太大作用。目前，国内只有一家企业试制成功了柴油发电制冷机组陆用集装箱，其余的厂家都只生产海运冷藏集装箱，这与我国的冷冻食品运输现状是不符的。只有公路、水路和铁路冷藏运输共同担负起我国易腐食品的冷藏运输任务，我国食品冷藏链的冷藏运输环节才能进入世界先进水平行列。

1. 冷藏集装箱运输的特点

（1）更换运输工具时，不需要重新装卸食品，不会造成食品反复升温，从而避免了食品质量下降。

（2）箱内温度可以在一定范围内调节，箱体上还设有换气孔，因此能适应各种易腐食品的冷藏运输要求，而且温差可以控制在1℃之内，避免了温度波动对食品质量的影响。

（3）集装箱装卸速度很快，使整个运输时间明显缩短，降低了运输费用。

（4）与铁路冷藏车相比，冷藏集装箱在产品数量、品种和温度上的灵活性大大增加。铁路冷藏车，大列挂20节冷藏车厢，小列挂10节冷藏车厢，不管货物多少，只能有两种选择，而集装箱的数量可随意增减。铁路冷藏车的温度调节范围较小，而冰冷藏车的车厢内温度就更难控制了。

（5）由于柴油发电机的开停也受箱内温度的控制，避免了柴油机空转耗油，使集装箱在7d运行期间，中途不用加油。陆运集装箱的箱体构造轻巧、造价低。

（6）冷藏集装箱能最大限度地保持食品质量，减少运输途中的损失。如运输新鲜蔬菜时，损耗率可从敞篷车的30%~40%降低到1%左右。

冷藏集装箱应保证冷空气在箱内循环，使温度均匀。集装箱内部应容易清洗，且不会因用水洗而降低隔热层的隔热性能。底面应设排水孔，能防止内外串气，保持气密性。对机械制冷的冷藏集装箱，应保证制冷压缩机既可用自备的动力机驱动，也可以用外部电源驱动。

2. 冷藏运输的发展趋势

（1）采用新材料、新技术　采用新材料、新技术，提高冷藏运输设备的技术性能，保持易腐食品原来的质量，同时，降低其设备的造价和运输成本。广泛采用如自动化、计算机技术、数字控制等新技术，优化冷藏运输设备结构，提高设备可靠性和自动化水平，强化运输管理工作。

（2）采用新的制冷方法　积极应用新的制冷方法，利用不同的冷源。目前在冷藏运输中除了机械制冷外还利用液化气体如液氮、液化二氧化碳、液化空气等来制冷。

（3）广泛采用冷藏集装箱　冷藏集装箱的迅速发展，实现了易腐货物的联运网络。冷藏集装箱广泛应用于铁路、公路、水路和空中运输，是一种经济合理的运输方式。近几年来，冷藏集装箱的发展速度已超过其他冷藏工具的发展速度，它具有装卸效率高、人工费用低、调度灵便、周转速度快、运输能力大、简化理货手续、大大减少运输货损和货差等优点，并具有冷藏运输通用性和国际标准化的特点，可在世界范围内流通使用。冷藏集装箱的尺寸和性能也正日趋标准化、完善化。

总之，随着食品冷藏链的地位与日俱增，作为冷藏链的一个重要环节的冷藏运输，目前正处在一个围绕保持食品品质和提高效率为中心的迅速发展阶段。为了保持食品在运输流通过程中具有良好的品质，冷藏运输的方方面面将日趋完善。

第五节　食品分拣

分拣作业是指根据订单，将顾客订购的食品货物从保管区或拣货区取出，或直接在进货过程中取出,并运至配货区的作业过程。配货作业指配送中心人员对分拣出来的货物根据用户或配送路线进行分类,集中放置在集货暂存区的作业过程。食品种类、品种繁多,性质各异,包装多样,一直以来,拣货作业和配货作业都是配送中心各作业环节中最费时、占用人工最多的作业之一。近年来,随着配送中心配送货物数量以及配送范围的不断扩大,拣配货作业量也成倍增加了。为了提高拣配货作业的效率,很多配送中心一方面合理选择拣配货作业的方法和工艺,另一方面通过引进自动分拣货系统来提高拣选效率。本章根据食品行业的特点,分析了在分拣作业中的一些方法。

在物流中心内部所涵盖的作业范围内,食品拣货作业是其中十分重要的一环,拣货作业的目的在于正确且迅速地集合顾客所订购的食品。从成本分析的角度来看,物流成本约占最终售价的30%,其中包括配送、搬运、储存等成本项目。一般而言,拣货成本约是其他堆叠、装卸、运输等成本总和的9倍,占物流搬运成本的绝大部分。因此若要降低物流搬运成本,由拣货作业上着手改进可达到事半功倍的效果。从人力需求的角度来看,目前大多数的物流中心仍属于劳动力密集的产业,其中拣货作业直接相关的人力更占50%以上,且拣货作业的时间投入也占整个物流中心的30%~40%。由此可见规划合理的拣货作业方法,对于日后物流中心的运作效率具有决定性的影响。

一、食品拣货作业的流程

配送中心内分拣系统的流程如图7-3所示。它包括了两种分拣方式,其中下部流程为按单拣选分拣作业流程,上部为批量拣选分拣流程。不管采用哪种分拣方法,都包括在仓库或保管货架内进行拣选的环节。

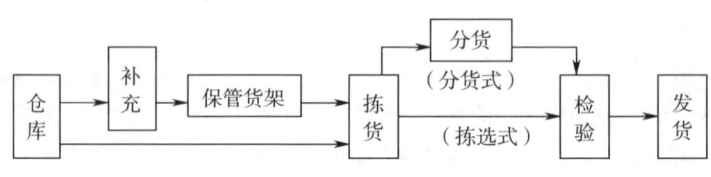

图7-3 分拣作业流程

拣选的方式通常有两种,即按单拣选和按品种拣选(批量拣选)。一般按品种拣选,从货架分拣完毕为一次操作,之后还进行分货作业,即为二次作业。这种方式分拣的人力虽可减少,但其后的分货作业又增加了人力,因此省人力效果不大。过去为了提高出库准确性,采用"拣选总量-分货总量=0"来复查,这种方法使用较多。近年来用户需求品种越来越多,为提高效率,解决劳动力不足,各种效率更高的按单拣选方式被开发出来。例如拣选指示系统、拣选小车等,对小批量的用户也可以高效、准确地出库,因此按品种拣选方式的应用就逐渐减少了。

拣选作业过程如图7-4所示,由生成拣货资料、行走或搬运、拣取和分类与集中几个环节组成。

1. 拣货资料的形成

拣货作业开始之前,指示拣货作业的单据或信息必须先行处理完成。虽然有时配送中心直接利用顾客的订单或公司的交货单作为人工拣选指示,但因此类传票在拣货过程中容易受

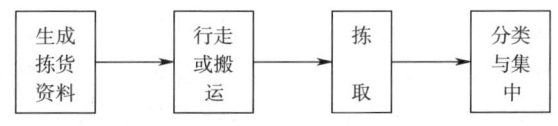

图 7-4 拣选作业流程

到污损，导致错误发生，同时无法指示产品的货位，引导拣选员缩短拣选路径，所以必须将原始的传票转换成拣选单或电子信号，以使拣选员或自动拣取设备进行更有效率的拣选作业。

2. 行走或搬运

进行拣选时，要拣取的货品必须出现在拣选员面前，可以通过以下两种方式实现。

（1）人至物方式　拣选员通过步行或搭乘拣选车辆到达货品储存位置的方式。该方式的特点是货品采取一般的静态储存方式，如托盘货架、轻型货架等，主要移动的一方为拣取者。

（2）物至人方式　与上述方式相反，主要移动的一方为被拣取物，也就是货品，拣取者在固定位置内作业，无须去寻找货品的储存位置。该方式的主要特点是货品采用动态方式储存，如负载自动仓储系统、旋转自动仓储系统等。

3. 无人拣取方式

当货品出现在拣取者面前时，接下来的动作便是抓取与确认。确认的目的是为了确定抓取的物品、数量是否与指示拣选的信息相同。实际作业中都是利用拣选员读取品名与拣选单做对比。比较先进的方法是利用无线传输终端机读取条码由计算机进行对比，或采用货品重量检测的方式。准确的确认动作可以大幅度降低拣选的错误率，同时也比出库验货作业发现错误并处理更直接而有效。

4. 分类与集中

由于拣取方式的不同，拣取出来的货品可能还需按订单类别进行分类与集中，拣选作业至此告一段落。分类完成的每一批订单的类别和货品经过检验、包装等作业后出货。

在选取拣货方法时，需要从多方面对其进行明确。例如，在确定每次分拣的订单数量时，可以对订单进行单一分拣，也就是"摘果式"分拣，也可以进行批量分拣，也就是"播种式"分拣；在人员分配上，可以采用一人分拣法，也可以采用数人分拣或分区分拣；在货物分拣单位确定上，可以按要求进行以托盘、整箱或单品为单位的分拣；在人货互动方面，可以采取人员固定、货物移动的分拣方法，也可以采用货物固定、人员行走的分拣方法。

5. 实施拣货作业

分拣方法确定以后，就可以进行具体的拣货作业了。在实施拣货作业时，首先要准确找到货位，确认货物，然后将货物挑选、搬运到指定地点。

二、拣选作业的分类和方法

按订单的组合可以分为按单拣选和批量拣选；按人员组合，可以分为单独拣选方式（一人一件式）和接力拣选式（分区按单拣选）；按运动方式，可以分为人至货前拣选和货至人前拣选；按拣选信息的不同又可以分为拣选单拣选、标签拣选、电子标签拣选、RF 拣选等。

1. 按单拣选

(1) 按单拣选作业原理　拣选人员或拣选工具巡回于各个储存点，按订单所要求的物品，完成货物的配货。这种方式类似于人们进入果园，在一棵树上摘下已成熟的果子后，再转到另一棵树上去摘果子，所以又形象地称为摘果式。

(2) 按单拣选作业方法的特点

①按订单拣选，易于实施，而且配货的准确度较高，不易出错。

②对各用户的拣选相互没有约束，可以根据用户需求的紧急程度，调整配货先后顺序。

③拣选完一个货单后货物便配齐，因此，货物可不再落地暂存，而直接装上配送车辆，这样有利于简化工序，提高作业效率。

④用户数量不受限制，可在很大范围内波动。拣选作业人员数量也可随时调节，在作业高峰时，可以临时增加作业人员，有利于开展即时配送，提高服务水平。

⑤对机械化、自动化没有严格要求，不受设备水平限制。

2. 批量拣选作业方法

(1) 批量拣选作业原理　批量拣选作业是由分货人员或分货工具从储存点集中取出各个用户共同需要的某种货物，然后巡回于各用户的货位之间，按每个用户的需要量分放后，再从储存点集中取出共同需要的第二批货物，如此反复进行，直至用户需要的所有货物都分放完毕，即完成各个用户的配货工作。这种作业方式类似于农民在土地上播种，一次取出几亩地所需的种子，在地上巡回播撒，所以又形象地称为播种式或播撒式。

(2) 批量拣选作业方式特点

①由于是集中取出共同需要的货物，再按货物货位分放，这就需要在收到一定数量的订单后进行统计分析，安排好各用户的分货货位之后才能反复进行分货作业。因此，这种工艺难度较高，计划性较强，和按单拣选相比错误率较高。

②由于是各用户的配送请求同时完成，可以同时开始对各用户所需货物进行配送，因此有利于车辆的合理调配和规划配送路线，与按单拣选相比，可以更好地发挥规模效益。

但对到来的订单无法做及时的反应，必须等订单达到一定数量时才做一次处理，因此会有停滞的时间产生。只有根据订单到达的状况做等候分析，决定出适当的批量大小，才能将停滞时间减至最低。

3. 其他拣选作业方式

除了以上两种常用的拣货方法外，还可以采用以下两种拣选方式。

(1) 整合按单拣选　主要应用在一天中每一订单只有一种品项的场合，为了提高配送效率，将某一地区的订单整合成一张拣选单，做一次分拣后，集中捆包出库。它属于按单拣选的一种变通形式。

(2) 复合分拣　复合分拣是按单拣选和批量分拣的组合运用，按订单品项、数量和出库频率决定哪些订单适合按单拣选，哪些适合批量分拣。

三、拣选信息

拣选信息是拣货作业的原动力，主要目的是指示拣货的进行，而拣货资料的源头来自客户的订单，为了使拣货人员在既定的拣货方式下正确而迅速地完成拣货，拣货信息成为拣货作业中重要的一环。利用拣货信息来支持拣货系统，除使用传统的单据传送信息外，还有一些自动传输的无纸化系统都已逐渐导入。以下介绍一些利用各种拣货信息来辅助拣货的应用方式。

常见拣选信息传送方式有传票拣选、电子标签辅助拣选、RF 拣选、IC 卡拣选与自动拣选等方式，这里简要介绍常见的几种方式。

1. 传票拣选

传票拣选是最原始的拣选方式，直接利用客户的订单或公司的交货单作为拣选指示。依据顾客的订货单拣选，拣选员一面看着订货单的品名，一面寻找货品，拣选员需来回多走才可拣足一张订单。

（1）优点　无须利用计算机等设备处理拣选信息，适用于订购品项数少或少量订单的情况。

（2）缺点

①此类传票容易在拣选过程中受到污损，或因存货不足、缺货等注释直接写在传票上，导致作业过程中发生错误或无法判别确认。

②未标示产品的货位，必须靠拣选人员的记忆在储区中寻找存货位置，更不能引导拣选人员缩短拣选路径。

③无法运用拣选策略提升拣选效率。

2. 拣选单拣选

拣选单拣选是目前最常用的拣选方式，将原始的客户订单输入计算机后进行拣选信息处理，打印拣单。拣选单的品名系按照货位编号重新编号，让拣选员来回一趟就拣足一张订单；拣选单上印有货位编号，拣选员按其编号寻找货品，使不识货品的新员工也能拣选。

（1）优点

①避免传票在分拣过程中受到污损，在检验过程中使用原始传票查对，可以修正拣选过程中发生的错误。

②产品的货位显示在拣选单上，同时可以按到达先后次序排列货位编号，引导拣选人员按最短路径拣选。

③可充分配合分区、订单分割、订单分批等拣选策略，提升拣选效率。

（2）缺点

①拣选单处理打印工作耗费人力和时间。

②拣选完成后仍需经过货品检验过程，以确保其正确无误。

3. 拣选标签

这种拣货方式，由拣选标签取代了拣选单，拣选标签的数量与分拣量相等，在分拣的同时将标签贴在物品上以便确认数量。其原理为当接单之后经过计算机处理，依据货位的拣货顺序排列打印拣货标签，订购几箱货品则标签就打印几张，标签张数与定购数一样，拣货人员根据拣货标签上的顺序拣货。拣货时将货品贴标签之后放入拣货容器内，当标签贴完，代表该项货品也已经拣货完成。

标签拣货是一种可以防错的拣货方式，主要被应用在高单价的货品拣货上，可以应用在商店拣货及货品别拣货上，但货品别拣货的应用例较多，因为可以利用标签上的条码来自动分类，效率非常高。

这种方式中，标签贴上物品的同时，物品与信息立即建立了一种对应关系，所以拣选的数量不会产生错误。这种拣选方式拣选的优缺点如下：

（1）优点

①结合分拣与贴标签的动作，可以减少流通加工作业与往复搬运核查的工作，缩短整体作业时间。

②可以在分拣时清点分拣数量，提高拣选的正确性。若分拣未完时标签即贴完，或分拣完成但标签仍有剩余，则表示分拣过程有错误发生。

（2）缺点

①若要同时打印出价格标签，必须统一下游客户的货品价格和标签形式。

②操作环节比较复杂，拣货费用高。

4. 电子标签辅助拣选

电子标签辅助拣选是一种计算机辅助的无纸化拣货系统，又称电子标签拣货。其原理是每一个货位安装数字显示器，利用计算机的控制将订单信息传输到数字显示器内，拣货人员根据数字显示器所显示的数字拣货，拣完货之后按确认钮即完成拣货工作。

目前电子标签拣货系统在国外连锁超市和便利店已得到广泛应用。电子标签拣货系统自动引导拣货员进行拣选作业，任何人不需特别训练即能立即上岗作业，从而大大提高了商品处理速度，减轻了作业强度，而且差错率大幅度下降。

电子标签辅助拣选的优点如下：

①沿特定拣选路径，电子标签灯亮即停下来，并按显示数字拣选，不容易拣错货，错误率可少至 0.02%。

②可省去来回寻找待拣货品的时间，拣选速度可提高 30%～50%。

③只要寻找到电子标签灯亮的货位，并按显示数字拣选即可，使不识货品的新员工也能拣选。

四、拣选策略

拣选策略是影响拣选作业效率的重要因素，对不同的订单需求应采取不同的拣选策略。决定拣选策略的四个主要因素是：分区、订单分割、订单分批及分类。这四个主要因素交互运用可产生多个拣选策略。

1. 分区策略

分区是指将拣选作业场地做区域划分。按分区原则的不同，有以下四种分区方法。

（1）货品特性分区　货品特性分区是指根据货品原有的性质，将需要特别储存搬运或分离储存的货品进行区隔，以保证货品在储存期间保持一定的品质。

（2）拣选单位分区　将拣选作业区按拣选单位划分，如箱装拣选区、单品拣选区，或是具有特殊货品特性的冷冻品拣选区等。其目的是使储存单位与拣选单位分类统一，以方便分拣与搬运单元化，使分拣作业单纯化。一般来说，拣选单位分区所形成的区域范围是最大的。

（3）拣选方式分区　不同的拣选单位分区中，按拣选方法和设备不同，又可以分为若干区域。通常以货品销售的 ABC 分类为原则，按出货量的大小和分拣次数的多少做 ABC 分类，然后选用合适的拣选设备和分拣方式。其目的是使拣选作业单纯一致，减少不必要的重复行走时间。在同一单品拣选区中，按拣选方式的不同，又可分为台车拣选区和输送机拣选区。

(4) 工作分区　在相同的拣选方式下，将拣选作业场地再做划分，由一个或一组固定的拣选人员负责分拣某区域内的货品。该策略的主要优点是拣选人员需要记忆的存货位置和移动距离减少，拣选时间缩短，还可以配合订单分割策略，运用多组拣选人员在短时间内共同完成订单的分拣，但要注意工作平衡问题。

接力式分拣就是工作分区的一种形式，只是其订单不做分割或不分割到各工作区，拣选人员以接力的方式来完成所有的分拣动作。这种方式比一位拣选员把一张订单所需要的物品分拣出来效率高，但相对投入的人力较多。

以上的拣选分区可同时存在于一个配送中心内，或是单独存在。除接力式分拣外，在分区分拣完后仍需将拣出的货品按订单加以结合。

2. 订单分割策略

当订单上订购的货品项目较多，或是拣选系统要求及时快速处理时，为使其能在短时间内完成拣选处理，可将订单分成若干子订单交由不同拣选区域同时进行拣选作业。将订单按拣选区域进行分解的过程称为订单分割。

订单分割一般是与拣选分区相对应的，对于采用拣选分区的配送中心，其订单处理过程的第一步就是要按区域进行订单的分割，各个拣选区根据分割后的子订单进行分拣作业，各拣选区子订单拣选完成后，再进行订单的汇总。

3. 订单分批策略

订单分批是为了提高拣选作业效率而把多张订单集合成一批，进行批次分拣作业，其目的是缩短分拣时平均行走搬运的距离和时间。若再将每批次订单中的同一货品品项加总后分拣，然后再把货品分类给每一个顾客订单，则形成批量分拣，这样不仅缩短了分拣时平均行走搬运的距离，也减少了重复寻找货位的时间，而使拣选效率提高。但如果每批次订单数目过多，则必须耗费较多的分类时间，甚至需要有强大的自动化分类系统的支持。订单分批原则如下。

(1) 总合计量分批　合计拣选作业前累计所有订单中每一货品项目的总量，再根据这一总量进行分拣以将分拣路径减至最短，同时储存区域的储存单位也可以单纯化，但需要有功能强大的分类系统来支持。这种方式适用于固定点之间的周期性配送，可以将所有的订单在中午前收集，下午做合计量分批分拣单据的打印等信息处理，第二天一早进行分拣分类等工作。

(2) 时窗分批　当从订单到达至拣选完成出货所需的时间非常紧迫时，可利用此策略开启短暂而固定的时窗，如5min或10min，再将此时窗中所到达的订单做成一批，进行批量分拣。这一方式常与分区及订单分割联合运用，特别适合于到达时间短而平均的订单形态，同时订购量和品项数不宜太大。

各拣选区利用时窗分批同步作业时，会因分区工作量不平衡和时窗分批拣选量的不平衡产生作业的等待，如能将这些等待时间缩短，可以大大提高拣选效率。此分批方式适合密集频繁的订单，且较能应付紧急插单的需要。

(3) 固定订单量分批　订单分批按先到先处理的基本原则，当累计订单量到达设定的固定量时，再开始拣选作业。适合的订单形态与时窗分批类似，但这种订单分批的方式更注重维持较稳定的作业效率，而在处理的速度上较前者慢。

(4) 智能型分批　智能型分批是将订单汇总后经过较复杂的计算机计算，将分拣路径相近的订单分成一批同时处理,可大量缩短拣选行走搬运距离。采用这种分批方式的配送中心通常将前一天的订单汇总后,经计算机处理在当天下班前产生次日的拣选单据,因此对紧急插单作业处理较为困难。

除以上的分批方式外,还有其他可能的方式,如按配送的地区、路线分批,按配送的数量、车趟次、金额分批或按货品内容种类特性分批等。

4. 分类

当采用批量拣选作业方式时,拣选完成后还必须进行分类,因此需要相配合的分类策略。分类方式大概可以分成两类。

(1) 分拣时分类 在分拣的同时将货品按各订单分类,这种分类方式常与固定量分批或智能型分批方式联用,因此需要使用计算机辅助台车作为拣选设备,才能加快分拣速度,同时避免错误发生。较适用于少量多样的场合,且由于拣选台车不可能太大,所以每批次的客户订单量不宜太大。

(2) 分拣后集中分类 分批按合计量分拣后再集中分类。一般有两种分类方法,一是以人工作业为主,将货品总量搬运到空地上进行分发,而每批次的订单量及货品数量不宜太大,以免超出人员负荷。另一种方法是利用分类输送机系统进行集中分类,是较自动化的作业方式。当订单分割越细,分批批量品项越多时,常使用后一种方式。

以上四大类拣选策略因素可单独或联合运用,也可以不采用任何策略,直接按单拣选。

五、 分拣作业合理化的原则

(1) 存放时应考虑易于出库和拣选 就是要了解和记忆各种货物存放位置,存放时对出入库频繁的货物应放在距离出口较近的地方,这样可以缩短取货时间。

(2) 提高保管效率,充分利用存储空间 在现实中存储空间不能充分利用的情况是常见的,除了提倡立体化储存之外,可以通过减少通道所占用的空间来提高保管效率,还可以采用一些有特色的保管和搬运设备。

(3) 减少拣选错误 拣选作业中,误发货往往是不可避免的,然而这是最大的浪费,应加以避免。为解决这一问题,除了实现机械化和自动化之外,还要求作业者尽可能减少目视及取货操作上的错误。为此,在作业指示和货物的放置方面要仔细研究。

(4) 作业应力求平衡,避免忙闲不均的现象 必须重视收货入库、接受订单后出库等作业和进、出卡车的装卸作业时刻表的调整。通常卡车卸货到入库前的暂存,以及出库和卡车装载之间的理货作业,是作业不能均衡调节的重要因素,其他作业也应周到考虑合理安排。这样做可以减少忙乱,节约人力。

(5) 事务处理和作业环节要协调配合 也就是要调整物流和信息流,这两方面的作业都没有等待时间。通常在物流作业之前要进行信息处理,例如在发货时先要根据发货通知将货物取出,在出库区进行理货作业,再填写出库单,这些事务工作完成后,配送车辆的司机再拿着出库单来提货。

(6) 分拣作业的安排和配送路线的顺序一致 向配送车辆装货时必须考虑配送顺序,而在出库区理货时又要考虑装载方便。在分拣货物时也要依据这个原则,即分拣作业的安排要和配送路线的顺序一致。

(7) 缩短配送车辆的滞留时间 缩短滞留时间是减少运输成本的重要因素。首先,如前述作业均衡化，事务处理和作业环节协调配合对缩短车辆等待时间是必要的。其次，减少卡车的装卸时间也是很重要的，为了减少装卸时间应尽可能采用单元化集装系统，有效地应用各种托盘进行装卸作业。还应在理货时考虑配送顺序，便于卡车在短时间内完成装卸作业。如果想进一步提高效率还可以采用大型集装箱，使卡车的等待时间减少到最低限度。

六、拣货设备

在拣货过程中所使用的设备相当多元化，有储存设备、搬运设备、分类设备、信息设备等，这里分三部分探讨。

1. 人至物的拣货设备

（1）储存设备　轻型货架、橱柜、流动货架、高层货架和数位显示货架等。

（2）搬运设备　无动力台车、动力台车、动力牵引车、堆高机、拣货堆高机、搭乘式存取机、无动力输送带、动力输送带、电脑辅助拣货台车。

2. 物至人的拣货设备

（1）储存设备　单元负载自动仓储、轻负载自动仓储、水平旋转自动仓储、垂直旋转自动仓储和梭车式自动仓储。

（2）搬运设备　堆高机、动力输送带和无人搬运车。

3. 自动拣货系统

除了以上人至物、物至人两种形态外，拣货设备还有一类就是自动拣货系统，其拣取的动作完全是由自动的机械负责，无须人力介入。如今已有一些完全自动拣货设备研制成功。

（1）箱装自动拣货系统　IHI所研发的Ordematic设备，IHI所研发的Pickruner设备，美国西部电机所研发的Casepicker设备。

（2）单品自动拣货系统　IHI所研发的适合小物用的S形拣货设备、TKK所研发的适合乳品专用的Autopicker NA1设备等。

客户多样少量订货已是如今流通业所面对的不可避免的趋势，因而为追求效率及精确，近来配合信息发展，适用于多样少量的拣货设备也逐渐被开展研发，在此列举几种热门信息化拣货设备来做介绍：

（1）附加显示装置的流动棚架　这种附加显示装置的流动棚架，是配合前述数位系统来进行拣货的设备，一般被用于多样少量的拣货。当拣货员开始拣货时，主电脑即传达拣货信息，当拣货需求到达时，所需拣取的商品位置的灯号会自动亮起，使拣货员能够不经考虑地进行作业，增加拣取效率。

（2）旋转货架自动仓库　旋转货架自动仓库是属于"物至人"的拣货设备，其利用电脑操纵控制，使欲存放或拣取的货架储位自动旋转至拣货员的前面。此种系统使存取效率提高很多，且与电脑连线，可大幅减少人为过失。除此之外，旋转自动仓库的设计不需留出走道，储区空间可相对地节省。旋转货架适用于高频率出入库的小物品的储位管理。其移动速度约可达30m/min，存取效率很高，且能依照需求自动存取物品，同时层数不会受到高度限制，故能有效地利用空间。下面介绍旋转自动仓库3种类型。

①一段式水平旋转货架自动仓库：这种仓库仅由一台电动机带动，让整个仓库依水平轨迹旋转。水平旋转仓库已从原来的四层1~8m，增加至6~15m的高层化货架，发挥了省空间的高度储存效率。但必须备有能在货架上自动存放物品的装置及升降装置。

②多段式水平旋转货架自动仓库：这种系统由电脑控制，水平上下层各有一台电动机，动力可同时且独立地依照指令水平旋转，以达到迅速入出货的目的。

由于多段式水平旋转货架各层的单独旋转，且此系统旋转速度为 5~30m/min，出入库装置做连续的上下往复动作，指示所花费的升降时间较长。水平旋转货架的各层出库资料若用库存电脑按栅位编号顺序来分类，并做出库准备，则各层的旋转等待时间将从 30s 缩短至 15s。

③垂直旋转货架自动仓库：此系统与水平旋转仓库最主要的不同在于整个仓库是依垂直方向旋转。因所占体积较小，速度也稍慢，为 130~140cm/s。垂直旋转货架可以有许多纵行，且各行能单独垂直旋转。其存取检索方向能以最近路径来旋转，如此可缩短作业时间，且具有扩充弹性，容易变更配置、移设、增设等。

（3）电脑辅助拣货台车　在拣货台车上设置辅助拣货的信息系统，拣取前在台车上输入货号，通过红外线通信，主电脑会将拣货信息（储位、数量等）显示于台车的终端机上，拣货人员就可按电脑荧幕上的指示进行拣取货品，不但可免除拣货单的使用，同时功能完备的电脑辅助拣货台车，甚至可检测拣取商品的重量或数量，当有拣取错误发生时会自动发出警告信号。更先进的还有，拣货人员可直接站在拣货台车上，输入货号启动按钮后红外线会引导台车自动运转，在欲拣取的货架前停止，拣货员只要依数量指示取出所需的商品即可，节省行走找寻的时间。

（4）自动货品分类输送机　作为货品分类作业的自动分类输送机，通常采用以配送区域类别、车辆类别或顾客类别来分类物品。另外，利用旋转棚架来分类货品的方法也少量被采用。

本章小结

本章主要讲述了食品流通加工业务、流通加工方法与技术、流通加工合理化等；食品流通加工的概念、作用、类型、技术介绍以及流通加工合理化措施。

思考题

1. 何为食品流通加工？
2. 食品流通加工有何作用？
3. 食品流通加工的类型？
4. 流通加工与生产加工有何差别？
5. 如何做到食品流通加工合理化？

第八章 食品物流系统

第一节 食品物流系统概念

一、系统的定义

系统的一般定义是：由多个元素有机地结合在一起，并执行特定的功能以达到目标的集合体。如食品物流管理信息系统、销售管理系统、生产系统、采购系统、食品加工过程系统、食品供应链管理系统、食品安全全程控制系统、质量管理系统、低温运输系统、分销资源计划管理系统及其他各类系统。系统与系统的关系是相互依赖、相互制约的，一个系统可能是另一个更大系统的组成部分，而一个子系统也可以继续分为更小的系统。一个食品加工车间、一个食品包装车间、一个食品采购计划、一个食品研究项目、一个销售计划、一套管理制度均可看作一个系统。由此看来，系统的形成应具备如下条件：一是由两个或两个以上要素组成；二是各要素间相互联系、相互制约、相互依赖，使系统保持相对稳定；三是系统是相对外部环境而言的，环境的制约是系统形成和存在的条件；四是系统具有一定结构，保持系统的有序性，从而使系统具有特定的功能。

1. 系统的特点

（1）整体性　系统通常是由多个子系统组成，彼此之间又形成多层次的关系，相互构成一个完整的集合体。每个系统受各种要素的影响，系统与系统之间、系统与子系统之间总是形成庞大的横向和纵向的联系，因此系统是由多个要素组成的统一的有机体、综合体。如一个食品物流管理系统就包括了信息系统、运输系统、采购系统、销售系统、配送系统、库存管理系统以及电子商务系统等。

（2）相关性　系统的组成是极其复杂的，各要素之间并不彼此独立，而是相互联系、相互制约、相互影响、相互作用，而且有一定秩序，形成一个完整的统一体。各要素之间若是没有相互联系，就构成不了系统，这便是系统的相关性。

（3）目的性　系统的存在总是带有目的性，系统的各个组成部分都围绕着一个共同的目标进行活动。不论是自然界存在的自然系统，还是人工建立的人工系统都有明确的目的。如加工系统的各个组成部分都是围绕着实现原料的最有效利用和生产出品质最佳、产量最大化的目标进行的。物流系统是由物资、包装设备、装卸搬运机械、运输工具、仓储设施、人员和通信联系等若干相互制约的要素所构成的跨区域、时间、行业的复杂而动态的大系统。物流系统的目标是提供快速、及时、低成本、高质量的物流服务。

(4) 系统的环境适应性　任何系统都存在于一定的物质环境之中，因而也必然受到环境因素的影响，与外部环境产生物质和信息交换。系统要正常地运行就必须使自己的工作适应环境，这便是系统的环境适应性。

2. 系统三要素

系统是由"输入、处理、输出"三个要素组成。

(1) 输入系统所处的外部环境向系统提供资源、能量、手段、劳务、信息，称为"输入"。

(2) 处理与转化系统将"输入"的内容进行必要的处理与转化，使之成为有用的产品。

(3) 输出最后将经过处理后的内容向外部输出供外部环境使用，从而完成"输入、处理、输出"的基本功能。如信息系统的目的就是围绕信息的收集、处理、整合、传递及反馈等，使之最终为相关部门决策、控制、交易和战略决策时使用。

系统是一组交互作用的组成部分，这些部分为了共同的目的而行动，对外来的刺激能作为一个整体产生反应。一个系统不会直接受到自己的输出的影响，它具有明确的界限。

二、食品物流系统概述

1. 食品物流的特点

食品物流与其他物流相比，具有特殊性，表现为：食品物流对产品交货时间即前置期有严格标准，对外界环境有严格要求（比如适宜的温度和湿度），要求高度清洁卫生，必须有合适的冷链，某些食品的特殊要求（如不同品种的水果不能混装以免催熟，水产品鲜货与陈货不能混装，生熟食品要分开）等。这些是属于食品本身对物流提出的要求。

为了应对新环境所带来的机遇和挑战，需要物流业有效解决食品多品种小批量的流通问题、前置期最小化问题、与电子商务的配套合作问题、绿色食品消费的流通问题、与世界接轨的标准化问题等。而食品行业面临的众多问题，恰恰就需要物流软件的管理思想和硬件的物质支持。将物流引入食品行业，是我国食品行业势在必行的改变和趋势。物流可以缓解食品行业的众多压力和尴尬，是我国食品行业提高竞争力、满足顾客需求的出路。其具体目标如下。

(1) 现代物流"多品种、小批量"的配送方式可以满足顾客现有的消费模式，运输的快捷和安全是物流业提供服务的特色，其准时制（just in time，JIT）配送体系可以保证食品的新鲜和运送的及时，其先进的联营方式可以保证食品大量空间位移的实现。因此，物流为我国食品行业"多品种、大批量"的生产和顾客"多品种、小批量"的需求提供了坚实的物质基础和支持。

(2) 现代物流业的设备和技术可以满足食品行业苛刻的保藏条件和保鲜程度的要求。冷冻食品供应链已经成为我国物流发展所关注的课题。最近，又有一些大型企业进军冷藏物流，如大众交通等，这些实力雄厚的企业可以为食品行业提供先进的设备和技术，从而可以大大降低我国食品行业在仓储和运输方面的损耗。

(3) 先进的管理思想和硬件设备可以降低食品的终端价格。

(4) 物流业可以提高我国食品行业的综合竞争力。构建我国食品行业的现代物流平台，通过变革将传统的基础物流向食品供应链物流转变，改变传统的作业模式，是现在食品企业面临的主要课题。物流供应链系统就是通过将供应链上下游的原料提供商、生产商和零售商等联合起来，使企业间的关系由传统的"杀价"转为"双赢"，从全局化的角度来找到最优的方案。同时，物流供应链还可以将顾客与企业紧密结合，快速反映市场的需求和变幻，从而全面提高食品行业综合竞争力。

2. 食品物流系统的定义

基于我国食品物流面临的新环境，要解决与食品物流密切相关的食品多样快捷化要求、食品安全控制、食品规模效益等问题，需要利用系统的思想把物流中的各个环节与信息融为一体，以最低的物流费用、最好的服务质量，达到以提高社会经济效益为目的的综合性组织管理技术。需要引进先进的物流供应链管理思想，将生产链的上下源头有机结合起来，以其先进体系提高我国食品企业的竞争力，为食品企业打造全方位的物流体系和增值服务。

因此，食品物流系统可定义为在一定的时间和空间里，由所需位移的食品（食品、油料、蔬菜、水果、畜禽肉、蛋类、水产品、乳制品等11大类主要农产品和其他食品）、包装设备、装卸机械、运输工具、仓储设施、流通加工、配送、信息处理等若干相互制约的动态要素，所构成的具有特定功能的有机整体。通过这些要素的相互配合、协调工作，完成食品物流系统特定的目标，实现食品的空间效益和时间效益，最终较好地服务于人们的生活。

3. 食品物流系统的功能要素

食品物流系统的功能要素是指食品物流系统所具有的基本能力，这些基本能力有效地组合、联结在一起，便成了食品物流的总功能，能合理、有效地实现食品物流系统的总目的。食品物流系统的功能要素一般认为由运输、储藏、包装、装卸搬运、流通加工、配送、信息服务等组成。

(1) 运输功能　运输是物流的核心业务之一，也是食品物流系统的一个重要功能。选择何种运输手段或线路对于物流效率具有十分重要的意义。在决定运输手段时，必须权衡运输系统要求的运输服务和运输成本，以可以运输机具的服务特性作为判断的基准，如运费、运输时间、频度、运输能力、食品的安全性、时间的准确性、适宜性、伸缩性、网络性和信息等。运输的一般特点表现为：干线、中间运输、中长距离、生产商的"少品种、大批量"运输、顾客的"多品种、小批量"的运输以及短周期、多功能等的特点。

(2) 储藏功能　在食品物流系统中，仓储和运输是同样重要的构成因素。仓储功能包括对进入食品物流系统的食品进行储藏、保鲜、保质、监测、管理等一系列活动。仓储的作用主要表现在两个方面：一是最大限度地保证食品的质量、食用价值和营养价值；二是为将食品配送给用户，在物流中心进行必要的加工活动而进行的保藏。随着经济的发展，食品物流由少品种、大批量物流进入到多品种、小批量或多批次、小批量的物流时代，仓储功能从重视保管效率逐渐变为重视如何才能顺利、及时地进行发货和配送作业。流通仓库作为食品物流仓储功能的服务据点，在流通作业中发挥着重要的作用，它将不再以储存保管为主要目的。流通仓库包括配货、检验、分类等作业并具有多品种、小批量，多批次、小批量等收货配送功能以及附加标签、重新包装等流通加工功能。根据使用目的，仓库的形式可分为：配送中心（流通中心）型仓库，具有发货、配送和流通加工的功能；存储中心型仓库，以存储为主的仓库；物流中心型仓库，具有存储、发货、配送、流通加工的功能。对于食品物流系统现代化仓储功能的设置，以生产支持仓库的形式，为有关企业提供稳定的食品原料或食品供给，将企业独自承担的安全储备逐步转为社会承担的公共储备，减少企业经营的风险，降低物流成本，实现储存物的不同而分开储藏（如生鲜食品仓储、干制食品仓储、水产品仓储、乳制品仓储、饮料仓储等），使企业逐步形成零库存的生产物资管理模式。

（3）包装功能　为使物流过程中的食品按质、按量地运送到用户手中，并满足用户和服务对象的要求，需要对大多数食品进行不同方式、不同程度的包装。包装分工业包装和商品包装两种。工业包装的作用是按单位分开产品，便于运输，并保护在途食品。商品包装的目的是为了便于最后的销售。由于食品对安全性要求极为严格以及食品市场实行的准入制度，包装的同时还需贴安全标志。因此，包装的功能体现在保护商品、单位化、便利化和商品广告等几个方面。前三项属于物流功能，最后一项属于营销功能。在食品包装方面，应该提倡包装绿色化。绿色包装是指采用节约资源、保护环境的包装。包装绿色化的途径主要包括：促进生产部门采用尽量简化的以及由可降解材料制成的包装，食品流通过程中尽量采用可重复使用的单元式包装，并对包装上印制的广告与使用说明做出明确的规定和要求，建立合理的包装材料回收体系等。

（4）装卸搬运功能　装卸搬运是随运输和保管而产生的必要物流活动，是对运输、保管、包装、流通加工等物流活动进行衔接的中间环节，以及在保管等活动中为进行检验所进行的装卸活动，如货物的装上卸下、移送、拣选、分类等。装卸作业的代表形式是集装箱化和托盘化，使用的装卸机械设备有吊车、叉车、传送带和各种台车等。在物流活动的全过程中，装卸搬运活动是频繁发生的，因而是产品损坏的重要原因之一。对装卸搬运的管理，主要是对装卸搬运方式、装卸搬运机械设备的选择和合理配置与使用以及装卸搬运合理化，尽可能减少装卸搬运次数，避免食品受到装卸设备、外界环境的污染和引起食品变质，同时节约物流费用，获得较好的经济效益。

（5）流通加工功能　流通加工是指在流通过程中继续对流通中商品进行生产性加工，以使其成为更加适合消费者需求的最终产品。相对其他行业来说，食品的流通加工显得更为广泛和重要。可以通过流通加工来保持并提高食品保存功能，使其提供给消费者时保持新鲜。食品的流通加工主要包括：冷冻食品；分选农副产品；分装食品，重新包装；精制食品。流通加工的内容有装袋、定量化小包装、拴牌子、贴标签、配货、挑选、混装、刷标记等。流通加工功能其主要作用表现在：进行初级加工，方便用户；进行精加工，提高品质；充分发挥各种运输手段的最高效率，最终提高收益。

为了提高食品配送效率和效益，可采用配送流通加工一体化的策略，即在实施食品集约化共同配送的同时，引入先进技术和设备，对食品进行在途加工和配送中心加工。比如，生鲜食品属于低温保鲜食品范畴，对质量、鲜度、营养均有很高要求，因此在物流上可采取"当天加工，当天配送"的配送原则。设置一条从进货、分割、加工、包装、配送运输直至零售店销售的供应链，使流通加工与配送一体化。这种组织形式无论是对流通加工的有效运转，还是对配送活动的完善与发展，都有积极推动作用。主要表现在两方面：一是规模化配送为从事大批量、连续性的食品加工创造了条件；二是流通加工为配送创造了品牌效应。

除此之外，实行绿色化也是食品流通加工的发展趋势。食品流通加工对环境存在很多非绿色影响因素。绿色流通加工的途径主要分两个方面：一方面变消费者分散加工为专业集中加工，以规模作业方式提高资源利用效率，以减少环境污染，如餐饮服务业对食品的集中加工等；另一方面是集中处理消费品加工中产生的边角废料，以减少消费者分散加工所造成的废弃物污染，如流通部门对蔬菜的集中加工减少了居民分散垃圾丢放及相应的环境治理问题。

（6）配送功能　配送功能的设置，可采取物流中心集中库存、共同配货的形式，使用户或服务对象实现零库存，依靠物流中心的准时配送，而不需保持自己的库存或只需保持少量的保险储备，减少物流成本的投入。食品配送一般是直接从生产地或生产厂大批购进产品，经过初加工（如蔬菜、水果经过整理、清洗、包装等）或分装（如肉类等），按客户要求的内容、数量、标准，按时送到客户手中。这一系列运行都是有计划并有序进行的，配送是一个完整的系统。产品从产地到客户地点要完成确定货源、定价、质量检验、初加工、包装、组配、运输、销售监控、质量监控、降价、产品回收等一系列工作。配送的食品一般是经过加工和杀菌消毒的，可以免洗、直接生食（如果蔬）和直接烹调。这可减少人们的家务劳动时间，提高生活质量。对集体食堂和餐馆而言，可提高蔬菜清洁度，减少厨师的工作量。配送机构集中清洗果蔬，不仅水的利用率高、清洗质量高，而且分选去除的下脚废弃物可统一处理。消费者食用免洗粮和菜，可大大减少废水和垃圾的排放量。同时建立配送系统及其相应的连锁超市后，取代了农贸市场，又促进了城市环境保护，使城市清洁、有序。

食品配送是现代食品物流的一个最重要的环节。食品物流中的配送主要有厂家直送、一般配送（如商店配送、一般的配送中心配送）、共同配送、一体化配送等。配送战略的主要目标就是提高服务水平与降低配送成本。一体化配送在降低成本的同时提高了服务水平。但并不是所有连锁经营企业都能采用一体化配送，主要是因为一体化配送要求比较高，需要高度信息化，店铺的货架分类必须标准化等。因此，对我国目前的食品物流来说，应以集约化共同配送为主要目标，实力雄厚的企业可采取一体化配送。

（7）信息服务功能　现代物流是需要依靠信息技术来保证物流体系正常运作的。食品物流系统的信息服务功能，包括进行与上述各项功能有关的计划、预测、动态（运量、收发、存数）的情报及有关的费用情报、生产情报、市场情报活动以及食品安全信息。食品物流系统的信息服务功能必须建立在计算机网络技术和国际通用的电子数据交换技术（EDI）的基础之上，才能高效地实现物流活动一系列环节的准确对接，真正创造"场所效用"及"时间效用"。可以说，信息服务是物流活动的中枢神经，该功能在物流系统中处于不可或缺的重要地位。信息服务功能的主要作用表现为：缩短从接受订货到发货的时间，库存适量化，提高搬运作业效率，提高运输效率，使接受订货和发出订货更为省力，提高订单处理的精度，防止发货、配送时出现差错，调整需求和供给，提供信息咨询等。

除功能要素之外，食品物流系统还有支撑要素和物资基础要素。①食品物流系统的支撑要素：系统的建立需要有许多支撑手段，尤其是处于复杂的社会经济系统中，要确定食品物流系统的地位，要协调与其他系统的关系，这些要素必不可少。主要包括：食品市场准入制度、食品卫生法律与法规、行政、命令和食品物流标准化系统。②食品物流系统的物资基础要素：食品物流系统的建立和运行需要大量技术装备手段，这些手段的有机联系对食品物流系统的运行有决定意义。这些要素对实现食品物流和某一方面的功能也是必不可少的。物资基础要素主要有：食品物流设施、食品物流装备、食品物流工具、食品信息技术及网络、组织及管理。

三、食品物流系统的目标

（1）服务目标　食品物流产业涉及多个组成单位，从开始的农产品种植、原料运输、食品加工生产到运往配送中心，直至零售商，最后被消费者消费。而食品物流系统联结着食品生产与再生产、生产与消费，因此要求有很强的服务性。食品物流系统采取送货、配送等形式，就是其服务性的体现。目标就是给顾客提供更好的质量、更大的柔性、更多的选择、更高的价值和更低价格的服务。在技术方面，近年来出现的"准时供货方式""柔性供货方式"等，也是其服务性的表现。

（2）快速、及时性目标　及时性不但是服务性的延伸，也是流通对物流提出的要求。快速、及时既是一个传统目标，更是一个现代目标。其原因是随着社会大生产的发展，这一要求更加强烈了。食品行业有其特殊性，食品的原材料多是需要保鲜或者再加工的，物流过程所花费的时间越长，其风险就越大。在物流领域采取的诸如直达物流、高速公路、铁路快运、航空快运、时间表系统等管理和技术，就是这一目标的体现。

（3）节约目标　节约是经济领域的重要规律，在物流领域中除流通时间的节约外，由于流通过程消耗大而又基本上不提高商品使用价值，所以通过节约来降低投入，是提高相对产出的重要手段。由于食品物流的特殊性，节约的目标就更为重要。因为除部分干制食品外，大多数食品原料或食品（如生鲜食品、乳制品等）在流通过程中较易受环境的影响，随时间的延长而发生变质损耗，甚至受到污染。流通时间越短，成本节约的可能性就越大。

（4）规模化目标　以物流规模作为物流系统的目标，以此来追求"规模效益"。在物流领域以分散或集中等不同方式建立物流系统，研究物流集约化的程度，就是规模优化这一目标的体现。如：如何合理利用机械化与自动化程度，情报系统的集中化所要求的电子计算机等设备的利用等。食品供应链属于典型的功能性产品供应链，供应链的设计主要着眼于各环节综合成本最小化，通过采购、生产、配送的平稳运作来降低成本。强调规模经济，如产能利用率、库存周转率等物质效率指标。

（5）库存调节目标　库存过多则需要更多的仓储场所，而且会导致库存资金积压而浪费。必须按照生产与流通的需求变化对库存进行控制。在食品物流系统中利用延迟技术可有效地利用总体预测的信息，缩短交货期和有效降低食品生产、销售成本。增加订单生产中库存生产的比例，减少为满足客户订单中的特殊需求而在设计、制造及包装等环节中增加的各种费用。所谓延迟技术就是通过设计食品和生产工艺，可以把制造何种食品和差异化的决策延迟到开始进行生产时，使一类或一系列产品延迟区分为专门的产成品，这种方法称为延迟产品的差异，即食品生产的通用工序和特色化工序进行分离。

第二节　食品物流系统的模式

一、食品物流系统模式

食品物流系统与其他物流系统一样，具有输入、处理（转化）及输出三大功能。通过输入和输出使系统与系统所处环境进行交换，使系统和环境相依存，如图8-1所示。

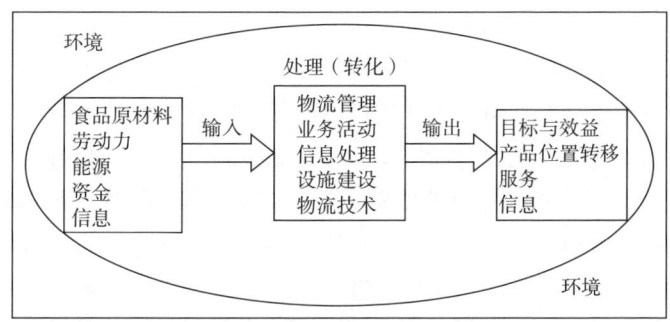

图 8-1 食品物流系统模式简图

图 8-1 所示为食品物流系统最基本的模式图。输入就是将食品原材料如油料、蔬菜、水果、畜禽肉、蛋类、水产品、乳制品等 11 大类主要农产品和其他食品、资金、信息、劳动力、能源等提供给食品物流系统，并对系统发生作用，统称为外部环境对系统的输入。处理或转化就是指从输入到输出过程所进行的物流业务活动，如物流管理、业务活动、设施建设、信息处理、物流技术创新等。输出是指系统通过自身的功能对环境的输入进行各种处理与转化后所提供的物流服务，如食品能及时、准确、安全地进行位置转移；各种劳务如合同的履行及其他服务；信息反馈等。

但由于食品的特殊性，其具体的物流模式与食品种类密切相关。现对几种模式做简要介绍。

1. 食品供应链物流管理模式

要解决与食品物流密切相关的食品消费多样快捷化要求，食品安全卫生控制等问题，我们需要将传统的基础物流向整合物流模式——供应链物流管理模式转变。所谓供应链管理（supply chain management，SCM），是在满足服务水平需要的同时，为了使系统成本最小而采用的把供应商、制造商、仓库和商店有效地结合成一体来生产商品，并把正确数量的商品在正确的时间配送到正确地点的一套方法。一般而言，农产品供应链由不同的环节和组织载体构成：产前种子、饲料等生产资料的供应环节（种子、饲料供应商），产中种养业生产环节（农户或生产企业），产后分级、包装、加工、储藏、销售环节，消费者环节。在国外，这个供应链被形象地比喻为"种子—食品"，在我国通常称为"田头—餐桌"。图 8-2 所示为食品供应链系统物流模式。在供应链物流模式图中，每一环节代表一个组成单位。我国传统物流是由分散的各成员各自进行物流运作，而供应链物流是将上下游企业作为整体，相互合作、信息共享，提高物流的快速反应能力，降低物流成本的管理模式。

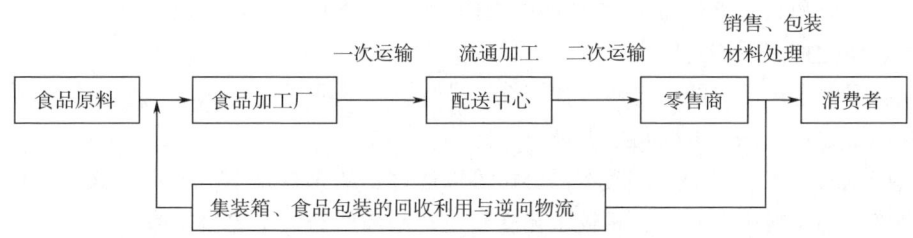

图 8-2 食品供应链系统物流模式

这样，通过食品供应链物流的整合管理，可使物流活动的每一环节为了共同的目标保持协调一致，可有效提高食品物流的效率和服务水平，通过食品原料的源头卫生安全控制，可确保食品安全质量体系的良好运行。通过食品供应链物流的整合管理，不但可以达到资源配置的合理化，增强企业自身的竞争能力，还可以有效提高食品物流的效率和服务水平，通过对食品原料进行监控，从源头确保食品安全质量体系的良好运行。世界500强企业中国粮油食品进出口（集团）有限公司在这方面已做了初步尝试，如对普通玉米油的提炼，从培育种子开始到最后的提炼以及销售、出口都在进行研究和建立管理体制。但我国物流基础设施还在发展阶段，物流水平仍有待提高，这样的食品供应链有待于逐步试验和实现。由于供应链上各物流机构在整合的过程中往往存在利益冲突，应该注意选择整合渠道，建立共同的供应链物流效益最大化目标。

2. 农产品物流系统模式

（1）以生产为中心的农产品一体化物流系统 我国是农业大国，农产品物流不仅受国内诸因素的影响，而且还面临经济全球化的挑战。据国家发展和改革委员会统计，中国每年有总值750亿元人民币的果蔬在运送过程中腐坏，一些容易腐坏食品的售价中有七成是用来补贴在物流过程中的支出。农副产品流通量很大，其中80%以上的生鲜食品是采取常温保存、流通和初加工手段。据统计，常温流通中损失果蔬20%~30%、粮油15%、蛋15%、肉3%，加上食品的等级间隔、运输及加工损耗，每年造成经济损失约上千亿元。这是当前农业面临的一个非常紧迫的重大课题。我国农产品物流是世界农产品物流一体化体系中的一员，国内农产品物流一体化的滞后发展，是中国农产品在国际竞争中存在的重要问题，主要表现在两个方面：农业和农产品市场管理体制的制约，使农产品物流系统分散割裂；农产品物流的地方割裂，市场竞争无序。地方农产品物流的人为割裂以及农产品市场竞争的无序，是中国国内农产品市场缺乏整合的重要表现，是市场体系不健全造成物流一体化程度低的又一重要原因。

农产品一体化物流系统的建立将有利于这一课题的解决。农产品物流是指以生产、商业或顾客为中心的一系列农产品和相关物品从供应方至接受方的实体流动过程及其相关的技术、组织和管理等活动。它包括农产品生产资料的供应物流、生产物流、销售物流等。具体包括运输、储存、生产要素调配和管理、加工、装卸、包装、配送和信息处理等方面的有机结合。农产品物流链则主要是指农产品的产前、产中和产后的流动过程（图8-3）。农产品一体化物流系统主要是把图8-3中的五个环节有机地结合，形成供产销的一体化。由于在完全竞争的观念下产生的传统农产品物流系统的实践过程中，系统成员间是一种交易关系且各自相互独立，因而产生了为自身利益进行的激烈竞争。由于传统物流系统各成员间的过度竞争带来的高成本和低效率，便产生了为协调竞争关系的系统领导者对其他成员的控制，形成了以生产、商业和其他形式为主的一体化合作体系，即垂直一体化物流系统。

垂直一体化物流系统的优点：

①能够保证生产活动的稳定性：如资金、技术和生产资料等由公司为农户提供帮助，同时企业在加工原料的供应上获得了保证。

②生产规模扩大，便于降低成本：公司可以通过契约来规定双方权利和义务，以较少的投入获得稳定的原料供应基地，相较于建立新生产基地所需成本要小得多。

③减少农户市场风险：农户通过契约与公司签订收购合同，避免市场价格起伏的风险。

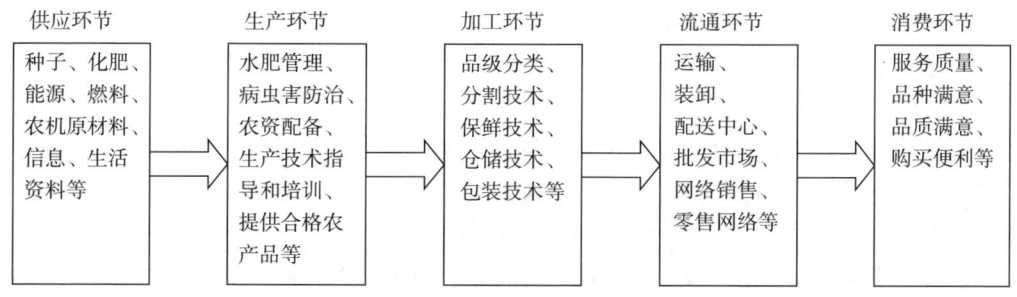

图 8-3 农产品物流系统模式

④有利于提高生产者参与市场能力：单个农户很难在市场中体现竞争能力，通过公司为主的联合，使更多的农户共同参与市场竞争，大大提高了竞争能力。特别是改变过去常见的单个农户在农产品市场中存在的信息不对称、谈判能力不对称等情况。

垂直一体化物流系统的缺点：

①垂直一体化使公司规模扩大化、运作复杂化：与市场直接购买加工原料相比，由过去只通过洽谈和订单两个环节就能解决的问题变成了既要管理生产（产品标准要求），又要从事种子开发等技术研究和推广，还要进行农产品收购和仓储等。这种物流职能（或任务）的内部化，如果不能有效地进行科学管理，很容易造成规模不经济。

②系统中领导者是农产品加工公司：在系统内部，公司与各农户相比，农户的组织化程度低，在信息和其他实力方面存在着不对称。因而在利益分配上，农户往往分不到农产品在市场流通中的平均利润，容易造成农户与公司间的矛盾冲突。

③以生产为中心的垂直一体化物流系统，重心在生产，往往在农产品市场流通方面缺乏经验，容易出现产与销的脱节。

在上述基础上，出现了以生产者和商贸为中心的垂直一体化农产品物流系统模式。

（2）以商贸为中心的垂直一体化农产品物流系统　通过"企业办市场"创建了一条以商业企业为主的垂直一体化物流系统。通过"企业办市场，市场企业化"，实现了农产品物流系统创新（图 8-4）。

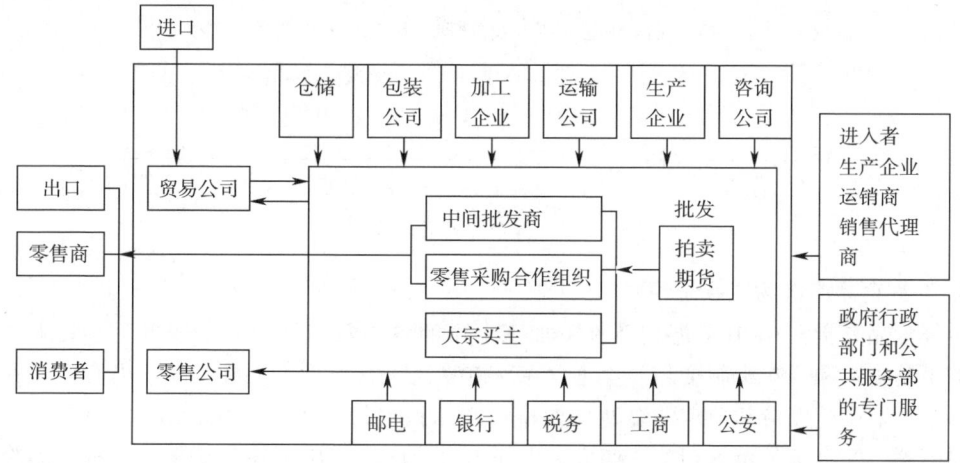

图 8-4　以商贸为中心的垂直一体化农产品物流系统

以商业企业为主的垂直一体化物流系统包括三个方面。

①建立以批发市场为中心，多种渠道的农产品物流模式，通过规范化的管理来实现农产品物流渠道的畅通。具体流程：生产者—中介商—批发市场—批发商—零售购买组织—消费者。其中中介商负责产品的分类、分级和包装；批发市场提供价格信息和市场供求信息，并提供拍卖、期货等交易平台；批发商选购和再批发；零售购买组织可直接进入批发市场（指零售合作组织）。

②政府的作用体现在运作政策、法规、税收等宏观调控上，对农产品在渠道中的流通过程不干预。

③企业管理主要是培育和完善批发市场的商品集散功能、信息功能、价格形成功能和其他服务功能，并负责渠道成员间的协调和仲裁。企业管理内容包括该公司所属企业的管理和进入物流渠道系统的其他成员实行企业内部化的管理。由于进入批发市场的其他渠道成员将会成为该公司的一部分，公司将会运用制度权力规范其交易行为。

3. 菜篮子工程流通系统模式

菜篮子工程流通系统由集贸市场，批发市场，各种蔬菜、副食品储藏库及生产基地组成。系统的各级之间存在着一定的相互联系、相互制约的关系。一般来说，从消费者逐级向上直到生产基地存在着产品需求关系，而从生产基地逐级向下直到消费者存在着供应货品、满足需求的关系。在各级之间，自然会形成错综复杂的物资、资金和信息的流动，它们整个构成动态流通系统。其中物流主要表现为副食品生产、副食品库存、副食品运送以及出售副食品，信息流则是由消费者逐级向上的需求信息反馈。物流和信息流的各个阶段都需占有一定时间，也即产生一定的时间延迟，如蔬菜生产、畜牧养殖、副食加工、冷冻贮藏及运转、集市买卖等所造成的时间延迟系统的各个部门都有相应的物流和信息流的输入和输出，它们形成整个系统的复杂动态变化。如果将此动态变化做一系统模拟，然后在深入分析各环节的定性关系和定量关系的基础上，提出恰当的模型以正确地表达这些关系，进行动态模拟，即可探索较优的流通管理决策。假定的副食品（以猪肉为例）流通过程如图 8-5 所示。

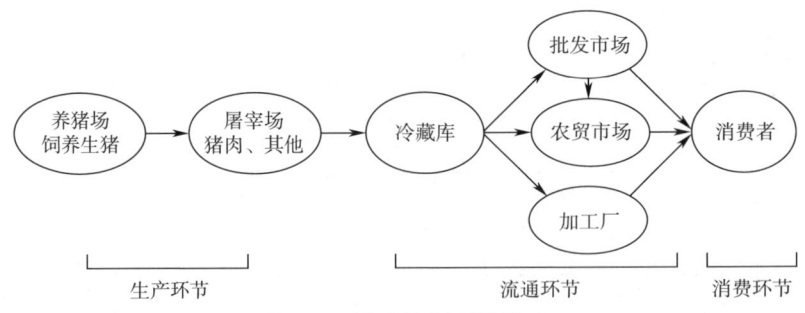

图 8-5　猪肉流通系统模式

4. 生鲜食品冷链物流系统模式

生鲜食品是指在 0~10℃ 温控条件下加工上市的各类营养保全、洁净卫生、又未经烹调加工的生制食品和调味半制食品。生鲜食品冷链物流是指农副产品在加工、贮存、运输、销售等各个环节中，保持其恒定的温度（如畜禽产品在销售过程中应保持 0~4℃），这样既保证品质新鲜，又可延长保鲜期。它们大多以托盘包装的形式出现在市场上。生鲜食品冷链物流工程是一场食品行业中的革命，也促进了食品生产、批发及零售业的改革。另外，生鲜食品冷链物流不仅限于生鲜肉,在目前的市场中还有生鲜蔬菜、鲜水果、鲜净蔬菜等多种形式的生鲜食品,它们对保存的温度、湿度的要求各有不同。因此,在加工销售各环节中最应引起注意,它们是保证生鲜食品质量的关键因素。

根据生鲜食品的加工标准规范,设置一条从进货、分割、加工、包装、配送运输直至超市销售的"冷藏链",实施配送-流通加工一体化的生鲜食品冷链物流系统,如图8-6所示。

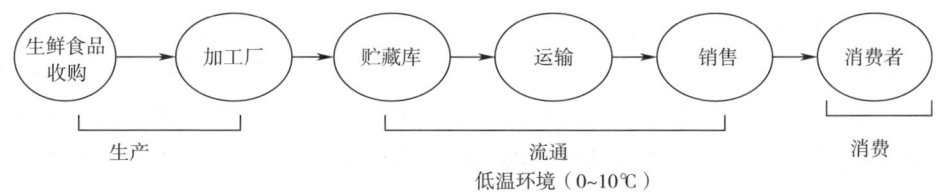

图8-6 生鲜食品冷链物流系统模式

在生鲜经营中采用冷链技术后,为生鲜食品的新品开发和加工提供了有力的技术保障,有效提高了产品质量,提高了产品在市场上的竞争能力。

除此以外,大力构建绿色农产品物流体系,实现运输绿色化、流通加工绿色化、包装绿色化;以高新科技手段建设现代化的绿色农产品供应链,并通过实施危害分析关键控制点(HACCP)认证以确保食品安全,这对于解决"三农"问题意义重大,是提升我国农业生产技术与管理水平、实现农产品与市场的高效对接、发展农村经济、提高农民收入、迎接全球经济一体化挑战的必然选择。

今后必须加快食品物流标准化体系的构建,建立起食品物流质量安全保障体系,发展食品物流配送的网络化,以提高效率、降低成本、保障食品安全。

二、食品物流系统的优化

对于大多数的企业来说,物流系统优化是其降低供应链运营总成本的最显著的商机所在。但是,物流系统优化过程不仅要投入大量的资源,而且是一项需要付出巨大努力,克服困难和精心管理的过程。美国领先的货运计划解决方案供应商Velant公司的总裁和CEO Don Ratliff博士集30余年为企业提供货运决策优化解决方案的经验,在2002年美国物流管理协会(CLM)年会上提出了"物流优化的10项基本原则",并认为通过物流决策和运营过程的优化,企业可以获得降低10%~40%物流成本的商业机会。这种成本的节约必然转化为企业投资回报率的提高。

在目前激烈的市场竞争和通货紧缩的经济环境下,Don Ratliff博士提出的企业物流系统优化的10项基本原则无论是对正在寻找新的经济增长点的制造业和批发零售业企业来说,还是对正在努力提升服务水平争取更大市场份额的第三方物流(3PL)企业(包括物流和供应链管理应用软件供应商和集成商)来说,均具有非常实际的操作性的指导意义。实际上,Don Ratliff博士所给出的10项基本原则本身就是物流管理理念和物流管理技术有机结合的企业物流管理系统的基本构架。

1. 目标

设定的目标必须是定量的和可测评的。制定目标是确定我们预期愿望的一种方法。要优化某个事情或过程，就必须确定怎样才能知道目标对象已经被优化了。使用定量的目标，计算机就可以判断一个物流计划是否比另一个更好。企业管理层就可以知道优化的过程是否能够提供一个可接受的投资回报率（return on investment）。比如，一项送货作业可能被确定的目标是"日常分摊的资产使用成本、燃料和维修成本以及劳动力成本之和最小"。这些成本目标既定量，也容易测定。

2. 模型

模型必须忠实地反映实际的物流过程。建立模型是把物流运营要求和限制条件翻译成计算机能够理解和处理的某种东西的方法。例如，需要一个模型来反映货物是如何通过组合装上卡车的。一个非常简单的模型，诸如发货的总重量或总体积就能够反映某些货物的装载要求，如大宗液体货物。然而，如果总重量或总体积模型被用于往拖车上装载新汽车，则该模型就会失效，因为它不能充分地反映实际的物流情况。比如，用"可运载20t汽车"来描述拖车的载货能力就是不适用的，因为，拖车所能够装运汽车的数量取决于汽车的外形、拖车的结构和其他一些因素。在这种情况下，如果使用简单的重量或体积模型，许多计算机认为合适的载荷将无法实际装车，而实际上更好的装载方案会由于计算机认为不合适而被放弃。所以，如果模型不能忠实地反映装载的过程，则由优化系统给出的装车解决方案无法实际执行或在经济上不合理。

3. 数据

数据必须准确、及时和全面。数据驱动了物流系统的优化过程。如果数据不准确，或有关数据不能及时输入系统优化模型，则由此产生的物流方案就是值得怀疑的。对必须产生可操作的物流方案的物流优化过程来说，数据也必须全面和充分。例如，如果卡车的体积限制了载荷的话，使用每次发货的重量数据就是不充分的。

4. 集成

系统集成必须全面支持数据的自动传递。因为对物流系统优化来说，要同时考虑大量的数据，所以，系统的集成是非常重要的。比如，要优化每天从仓库向门店送货的过程就需要考虑订货、客户、卡车、驾驶员和道路条件等数据。人工输入数据的方法，哪怕是只输入很少量的数据，也会由于时间长和出错率高而不能对系统优化形成支持。

5. 表述

系统优化方案必须以一种便于执行、管理和控制的形式来表述。由物流优化技术给出的解决方案，除非现场操作人员能够执行，管理人员能够确认预期的投资回报已经实现，否则就是不成功的。现场操作要求指令简单明了，要容易理解和执行。管理人员则要求有关优化方案及其实施效果在时间和资产利用等方面的关键标杆信息更综合、更集中。

6. 算法

算法必须灵活地利用独特的问题结构。不同物流优化技术之间最大的差别就在于算法的不同（借助于计算机的过程处理方法通常能够找到最佳物流方案）。关于物流问题的一个无可辩驳的事实是每一种物流优化技术都具有某种特点。为了在合理的时间段内给出物流优化解决方案就必须借助于优化的算法来进一步开发优化技术。因此，关键的问题是：①不同物流优化技术的特定的问题结构必须被每一个设计物流优化系统的分析人员认可和理解；②所使用的优化算法应该具有某种弹性，使得它们能够被"调整"到可以利用这些特定问题结构的状态。

7. 计算

计算平台必须具有足够的容量在可接受的时间段内给出优化方案。因为任何一个现实的物流问题都存在着大量可能的解决方案，所以，任何一个具有一定规模的问题都需要相当的计算能力支持。这样的计算能力应该使得优化技术既能够找到最佳物流方案，也能够在合理的时间内给出最佳方案。显然，对在日常执行环境中运行的优化技术来说，它必须在几分钟或几小时内给出物流优化方案（而不是花几天的计算时间）。采取动用众多计算机同时计算的强大的集群服务和并行结构的优化算法，可以比使用单体个人电脑（PC 机）或基于工作站技术的算法更快地给出更好的物流优化解决方案。

8. 人员

负责物流系统优化的人员必须具备支持建模、数据收集和优化方案所需的领导和技术专长。优化技术是"火箭科学"，希望"火箭"发射后能够良好地运行而没有"火箭科学家"来保持它的状态是没有可能的。这些专家必须确保数据和模型的正确，必须确保技术系统在按照设计的状态工作。现实的情况是，如果缺乏具有适当技术专长和领导经验的人的组织管理，复杂的数据模型和软件系统要正常运行并获得必要的支持是不可能的。没有他们大量的工作，物流优化系统就难以达到预期的目标。

9. 过程

商务过程必须支持优化并具有持续的改进能力。物流优化需要应对大量的在运营过程中出现的问题。物流目标、规则和过程的改变是系统的常态。所以，不仅要求系统化的数据监测方法、模型结构和算法等能够适应变化，而且要求他们能够捕捉机遇并促使系统变革。如果不能在实际的商务运行过程中对物流优化技术实施监测、支持和持续的改进，就必然导致优化技术的潜力不能获得充分的发挥，或者只能使其成为"摆设"。

10. 回报

投资回报必须是可以证实的，必须考虑技术、人员和操作的总成本。物流系统优化从来就不是免费的午餐，它要求大量的技术和人力资源投入。要证实物流系统优化的投资回报率，必须把握两件事情：一是诚实地估计全部的优化成本，二是将优化技术给出的解决方案逐条与标杆替代方案进行比较。

三、 食品物流系统设计与构建的原则

从方法上讲，食品物流系统的设计与构建原则可参考一般物流系统构建原则。对一般的物流系统进行构建，可运用七个步骤的思想方法，包括摆明问题、指标设计、系统综合、系统分析、系统优化、择优决策、计划实施，即对于任何一个物流系统工程问题，总是先弄清问题，查清原因；确定目标，看问题要解决到什么程度；为达到这些目标，搜集各种可行方案；对这些可行方案进行分析，分别进行调试、完善、优化；最后在优化后的可行方案中挑选最优的方案付诸实施，制订实施计划、步骤、方针政策。对于比较复杂的大型物流系统，则可以用三维结构的思想方法，把整个系统工程分成时间维、逻辑维和知识维，即把整个工程过程分成七个时间阶段，即规划阶段、拟订方案、分析阶段、实验阶段、调试阶段、运行阶段、更新阶段。每个阶段都实行上述的七个步骤，每个阶段的每个步骤都综合运用相应的知识，这样逐一阶段、逐一步骤进行，直到最后完成。

物流系统的设计与构建是一项复杂工作，需要根据客户的要求确定承担物流工作所需的

各类设施的数量、地点、具体功能与能力,同时系统的结构与能力必须适应物流信息传递和物流作业能力发挥的具体要求。通过一体化、标准化、模块化建设实现规模化效益。一般来讲,物流系统设计与构建应遵循如下原则。

(1) 优化创新原则　物流系统设计要突破旧的模式,根据客观实际情况和科学管理的要求加以优化与创新。

(2) 领导参加原则　作为一项庞大的系统工程,它涉及组织日常管理工作的各个方面,所以管理者出面组织力量、协调各方面的关系是开发成功的先决条件。

(3) 充分利用资源的原则　对已有的资源进行深层次加工,实现数据共享,减少系统的输入输出。

(4) 规范化原则　要求按照标准化、工程化的方法和技术来开发系统。

(5) 实用和实效原则　即无论是系统设计与构建的方案还是最终的系统都必须是实用、及时和有效的。

(6) 发展变化原则　物流效率直接依赖和受限于物流的网络结构,而客户与市场需求处于动态的、竞争性的环境中,客户的种类、数量及其服务需求等都可能在时间与空间上产生变化。因此,物流企业对于其依托的系统设施还需进行不断修正,以适应供求基本结构变化。在实际运作中,物流企业必须为其系统的重新定位留有余地。

第三节　食品物流系统分析

一、食品物流系统分析的概念

食品物流系统相对于其他物流系统而言,既有共性又有其特殊性。众所周知,食品的种类非常繁多,各自又要求不同的保质期和保鲜期,更重要的是在整个流通过程中必须保障其食用的安全性和营养价值。随着人们生活水平提高,对食品的质量、数量和感官要求都达到了一个新的台阶,再加之经济的全球化,使得食品的流通也达到了全球化的程度。这就需要建立起各种各样的食品物流系统,以便能更快、更好、及时地让客户和消费者获得所需的食品。对企业来讲,还要达到最低的投入、最低的成本和最佳的经济效益。但由于食品物流系统是由多种不同功能要素相互联系、相互作用,形成众多的功能模块和各级子系统,从而使整个系统呈现多层次结构,表现出系统固有的特征。因此,如何使食品物流系统最优化就需用系统分析的思想和方法来研究系统。

美国学者夸德(E.S.Quade)对系统分析做了这样的说明:系统分析,是通过一系列的步骤,帮助决策者选择决策方案的一种系统方法。这些步骤包括研究决策者提出的整个问题、确定目标、建立方案,并且根据各个方案的可能结果使用适当的方法去比较各个方案,以便能够依靠专家的判断能力和经验去处理问题。因此,系统分析可定义为运用科学的分析工具和方法,在选定系统目标和准则的基础上,分析和确定系统的目的、功能、环境、费用与效益等问题。抓住系统中需要决策的若干关键问题,根据其性质和要求,在充分调查研究和掌握可靠信息资料的基础上,确定系统目标,提出为实现目标的若干可行方案,通过模型进行仿真试验，优化分析和综合评价，最后整理出完整、正确、可行的综合资料，从而为决策提供充分依据。系统分析的目的在于通过分析比较各种替代方案的有关技术经济指标，提供决策者形成正确判断所必需的资料和信息，最终获得最优的系统方案。

食品物流系统分析涉及的问题范围很广，如生产供应系统、流通加工系统、低温冷链系统、冷藏运输系统、订货系统、发货系统、食品安全全程管理系统、库存信息以及系统分析、设计等。食品物流系统分析的最终目的就是利用系统分析的方法，在以食品物流系统各要素提供的资料和信息综合分析的基础上，形成正确的决策和判断，最终实现食品的空间效益和时间效益，让客户和消费者得到最好的服务质量。

二、 食品物流系统分析的要素和原则

1. 食品物流系统分析的要素

食品物流系统的组成极为复杂，且易受外界环境条件的影响和制约。如何有效解决食品物流过程中多品种、小批量的流通问题、前置期最小化问题、与电子商务的配套合作问题、绿色食品消费的流通问题、与世界接轨的标准化问题等，均应在食品物流系统分析时纳入考虑的范围。一般从以下五个基本要素进行分析，即目标、可行方案、模型、费用和效益、评价标准。

（1）目标 目标是决策的出发点，在获得最优化的物流系统方案之前，必须对系统的目标和要求进行充分的了解，以便获得优化方案所需的各种要素的详细信息。这当中也包括食品物流系统的构成和范围。食品是人们维持生命不可或缺的商品，其生产过程、流通渠道的安全性及卫生等条件的高标准是可想而知的。食品物流对产品交货时间、对外界环境有严格要求（比如适宜的温度和湿度）、高度清洁卫生、合适的冷链、某些食品的特殊要求（如不同品种的水果不能混装以免催熟，水产品鲜货与陈货不能混装，生熟食品要分开）等，都要求在决策之前纳入系统分析范围。

（2）可行方案 可行方案的制定是保证食品物流系统能顺利完成的一种保障措施。由于要素之间的复杂相互作用，系统也是处于发展变化之中的。因此，为实现某一目标，总会有几种可采取的方案或手段，选择一种最合理方案是物流系统分析研究和解决的问题。如：针对某一食品，运输路线可采取公路、水路、铁路或航空运输，但需要根据客户的要求（质量、数量和时间要求）做出合理的选择。量少（如样品）而时间要求又短的，则可采用特快专递或铁路快运。若没有时间限制，任何方式均可采用。

（3）模型 模型是对物流系统抽象化的描述，是将复杂的问题易于简单化处理的形式，以便建立实体物流系统。模型可有效地求出系统设计所需要的参数和制约条件，也有利于可行方案的分析与比较。根据食品种类的差异确定系统的组成及允许的环境条件，如冷冻食品需要的环境温度是低温，而热带水果处于过低的温度下反而会发生冷害；即食食品对卫生的要求非常严格，要严防装卸、搬运、包装等带来的二次污染；生鲜食品容易腐坏和耗损，需配备冷链系统和保鲜措施等。因此，食品物流系统在建立之前，首先考虑建立模型是必要的。

（4）费用和效益 费用和效益主要是作为评估各种可行方案的依据，便于选择更经济、更合理的食品物流方案。费用是方案实施的所有投入，而效益是方案实施后的回报。当效益大于费用时，即为合理方案或可取的方案。

(5) 评价标准　评价标准是食品物流系统分析中确定各种替代方案优先顺序的标准。评价标准一般是根据食品物流系统的具体情况而定。最主要手段就是分析各方案的费用和效益的投入与产出情况。通过评价标准综合评价各可行方案，最终选出最优的实施方案。

2. 食品物流系统分析的原则

从前面食品物流系统的定义可以看出，一个食品物流系统是由许多要素或环节组成的，各要素之间是相互制约、相互作用的。食品物流系统又可分为食品生产系统、食品加工系统、食品订货系统、食品运输系统等若干子系统，子系统与子系统之间又不断发生作用。除此之外，系统与环境之间也存在相互作用和相互影响。因而在分析思想和分析手法上，对立统一的哲学思想、辩证的手法、物理的实验性分析模式、计算机技术的运用等，都可为系统分析提供技术保证。具体在进行食品物流系统分析时，应认真考虑如下基本准则。

(1) 食品物流系统内部条件与外部环境条件相结合的原则　任何一个企业的食品物流系统，都会受企业内部各种因素的影响和制约，如员工素质、产品技术含量、管理水平、产品特征、生产规模、装备设施、搬运条件等影响，同时还受消费者生活水平、消费结构、消费模式、食品市场状况、国际环境及自然环境等外部因素的影响。对于农产品（果蔬）物流系统而言，由于涉及种植环节，因而农民的素质、种植技术（农药与化肥的使用）、农业经营状况（农产品质量）、农产品批发商、当地的政策法规、农产品配送体系是否完善等，都会影响一个物流系统的运行。因此，注重内外部条件相结合，了解物流活动的特点及内外关联，正确处理好各种约束关系，促使系统向最优化发展。

(2) 子系统与整个系统相结合的原则　评价一个系统的好坏，主要是看系统的整体效果。子系统是好的，但并不表示整体系统是好的，因此要有全局的观念，也就是要考虑全局利益而不是局部利益。只有当系统的各要素组合在一起发挥最佳功能时，整个系统才是最好的，即系统达到最优化。

(3) 当前利益与长远利益相结合的原则　在建立食品物流系统时，必须考虑当前利益与长远利益相结合。要用发展的眼光来看问题，要考虑产业链的延伸和持续发展的问题。同时也要避免某一环节的重复建设和投资。只有选择的方案对企业或某一食品产业的当前和将来都有利时，才能使系统具有生命力。例如：在选用包装材料时，为了节省钱，而使用劣质材料或有异味的材料，结果使食品受到污染，严重的将导致企业破产。相反，包装材料投入过高，产品无利润可图，也将影响企业发展的积极性，这都是不可取的。

(4) 定量分析与定性分析相结合的原则　在系统分析时，能用数字量化的指标则用数字量化。采用定量分析的方法，有利于使系统量化，便于根据实际确定对策；而当不能用数字量化的指标则用定性的方法分析，避免多走弯路，节省成本。能够量化的指标，如一车能装多少个鸡蛋、几箱水果、几袋面粉；生鲜食品在运输过程中的重量损耗量；发车时间的间隔、车次等。不能量化的指标，如政策法规、环境污染对食品质量的影响等。因此，只有在详细了解物流系统各方面性质的基础上，才能建立起探讨物流系统定量关系的数学模型。只有定量与定性综合起来分析，才能使系统最优化。

三、食品物流系统分析的要点和步骤

1. 食品物流系统分析的要点

当我们筹建某个食品物流系统开发项目时，往往要通过追问一系列的"为什么"而使问

题得到圆满的解答。解答问题的"5W1H"，即：What，Why，When，Who，Where，How。

（1）What　项目研究对象是什么？即系统目标是什么？

（2）Why　为什么要开发这个项目？达到什么样的效益或效果？

（3）When　什么时候进行？需要多长时间？

（4）Who　以谁为研究对象？

（5）Where　地点在何处？从什么地方到什么地方？

（6）How　如何做？即采用何种措施与方法？

这六个问题的解答既可以从系统的整体出发，也可以从子系统出发。通过这些问题的提出和解答，可使系统建设更加合理化。

例如：目前市场上"冷却肉"的消费量急剧增加，这对肉品企业来讲是一个发展的好时机。现提出建立公司的"冷却肉加工-运输-销售系统"。但如何来做？首先，要回答以下六个问题。

①系统目标是什么？确定系统目标，开发出合格的冷却肉，而且能在运输和销售期间保持冷却肉的品质特色。应用系统分析的思想和方法，提出相应的几套可行方案。

②为什么要开发这个项目？生鲜食品属于低温保鲜食品范畴，对质量、鲜度、营养均有很高要求。冷却肉是在严格的物流条件下（养殖—加工—包装—运输—销售）实现生产到销售全程控制的生鲜食品，保证了产品质量和卫生要求，无兽药残留和激素添加，使用安全可靠，是消费者信得过的产品。它的上市既满足了消费者的消费需求，又推动了肉品企业的发展。

③什么时候进行？根据市场需求和长远发展来看，冷却肉的开发都有其较大的发展空间。此项建设刻不容缓。

④以谁为研究对象？某一食品企业具体承担，合作超市配合。

⑤地点在何处？对公司现有基地、车间和厂房进行改造或重新建设基地及厂房。

⑥如何做？按计划分阶段、分步骤实施。提出每一阶段的时间计划和考核目标。

在城市尤其是大城市，要适应小包装冷却肉生产的发展。因此，要求配套发展贮藏、运输、销售不中断的"冷链化"物流，加速冷库的技术改造、经营管理和全方位服务工作，提高冷库利用率和社会服务面；运输和销售环节要大力倡导冷藏集装箱运输和按规定温度展示销售产品的新形式。

2. 食品物流系统分析的步骤

（1）提出问题与确定目标　提出问题的目的在于确定目标。提出问题的时候，要对问题加以提炼，了解关键问题是什么？问题涉及的范围？这样便于分析研究。

（2）制定可行方案　目标确定后，需要提出实现这一目标有几种方案，哪些方案是可行的，哪些是不可行的。对可行的方案拟出大纲和分析方法。可行方案是在问题构成之后，根据大量相关资料分析结果得出的。说明资料的收集很重要。

（3）建立预测模型　为了得到最优化的方案，需要建立预测模型。利用预测模型可以得出每一种方案可能产生的结果，并根据其结果定量说明各方案的优劣与价值。

（4）综合评价　利用模型和其他资料所获得的结果，将各个方案进行定量和定性的综合分析，以效益和费用为指标进行综合评价。

（5）验证　以试验、抽样、试行等方式鉴定所得结论，提出最佳方案。验证的过程也是一个不断修改和完善的过程，目的是使得到的方案更具实用性。

四、食品物流系统分析的特点

系统分析是以系统的整体效益为目标，以寻求解决特定问题的最优策略为重点，运用定量和定性分析相结合的方法，为决策者提供价值判断依据，以寻求最有利的决策。

1. 以整体为目标

组成系统的每一个子系统都有其特定的功能和目标，彼此分工协作，实现子系统整体的共同目标，食品物流系统较其他物流系统有其特殊性的一面。在设计中，必须树立系统全程管理与控制的思想，任何一个环节都不能忽略。如果由于食品安全性的原因或某个局部被忽略，都将会给食品物流系统的整体效益产生不利影响。世界各地不断发生食品中毒事件，而引起安全性问题的原因来自多方面，如种养技术与环境，添加剂的使用，环境的二次污染，流通过程中环境条件的改变，加工过程的污染等。因此，在食品物流系统中，做好质量全程管理系统是非常必要的。具体布置、设计食品物流系统时，既要考虑食品的质量变化，食品的卫生安全性以及食品受污染的可能性，又要考虑流通过程中使用费用的最小化，如运输方式选择、运输设备选型、包装材料选择、仓储条件等因素。

2. 以特定问题为对象

在系统组成中，各组成要素或环节也有主次之分。有些环节事关整个系统的利益，在分析时，应采取针对性，寻求解决关键问题的最佳策略。比如说，在农产品物流过程中，水分的损耗是必然的，但可在销售环节加以补偿。但若因储运条件不当而造成大量腐烂损失，而这一损失又是可以避免的，就必须在系统设计之初，作为主要的问题加以考虑。也就是说，系统分析必须以解决特定问题的最佳方案为重点。

3. 定量分析法

定量分析法的应用更有利于优化方案的选择，因为精确可靠的数字、资料更能说明问题。

4. 合理的预见性

系统分析中常见的一种思维方式就是对某一环节或过程进行一定程度的预测或用过去发生的事实做对照，推断未来可能会出现的趋势或倾向。如食品运输过程中水分的损耗、天气的变化、交通环境、市场与消费者需求、环境污染等的变化，可能引起食品物流系统的某一环节发生变化。

第四节 食品物流系统的评价指标与系统工程

一、食品物流系统的评价指标

一般对一个系统的评价主要是依据其评价标准来进行。我们在验收一个项目时，主要就是依据项目计划书或任务书中既定的考核指标来进行评价。而考核指标中，既有经济指标，也有技术指标等。对于食品物流系统的评价也是要通过其评价指标来进行评价的，需要对所涉及的关键指标进行量化,用科学、真实的数据来反映物流体系的优与劣。食品物流系统的评价是系统分析中的一个重要环节,评价是针对系统整体所采取的策略,而不是系统中的某一个环节。在评价时,要根据食品物流系统功能评价指标以及环境对系统的要求,详细比较这些方案的优劣,从中选出一个技术上可行、财务上有利的方案。

食品物流系统评价的主要目的是判断系统中各方案是否达到了预定的系统性能指标,能否在满足各种内外约束条件下实现系统的预定目的。评价的另一目的是为选择实施方案打下基础。

食品物流系统评价的对象包含政治、经济、技术和生态环境等诸方面的因素。为了使评价过程条理化,必须建立一个评价指标体系。这个指标体系必须将物流系统内相互制约的复杂因素之间的关系层次化、条理化,并能区分它们各自对评价结果的影响程度,以及对那些只能定性评价的因素进行恰当的、方便的量化处理。

1. 食品物流系统评价指标

评价指标是指为了达到系统的目的,从系统众多的输出特性中选出的一套衡量指标。在决策理论中,它可作为目标函数。评价指标具有评价标准和控制标准的双重功能,即可查性、可比性、定量性。

评价指标按能否量化为依据可分为量化指标与定性指标。

(1) 量化指标　包括经济性指标、技术性指标、时间性指标、资源性指标(表8-1)。

①经济性指标:包括成本、效益、建设周期、投资回报期等。

②技术性指标:包括产品或服务的性能、保质期、货架寿命、可靠性、安全性、适应性等。

③时间性指标:包括食品损耗率、时间利用率、周期长短等。

④资源性指标:包括人力资源、物质资源、能源等。

(2) 定性指标　包括政策性指标、社会性指标、环境保护性指标等。

①政策性指标:包括政府方针、政策、法令以及法律约束和发展规划等方面的要求。

②社会性指标:包括社会福利、社会节约、综合发展等。

③环境保护性指标:包括废物排放量、污染程度、生态环境平衡等。

表8-1　量化指标

	劳动生产率 = (总产值/生产工人平均数) ×100%
	产能利用率 = (年实际产值/年可能产值) ×100%
	费用预算比 = (生产费用/预算费用) ×100%
	生产计划完成率 = (年实际产值/年计划产值) ×100%
经济性指标	资金占用率 = (生产资金占用/预算) ×100%
	运费预算比 = (年实际运费/预算) ×100%
	仓储资金占用率 = (年仓储费用/年初被资金总额) ×100%
	仓储效益 = (仓储费用/年物品周转量) ×100%
	销售合同完成率 = (实际按期供货额/合同供货额) ×100%

续表

技术性指标	物品损坏率=（年货损总额/年货运总额）×100% 装载率=（实际装载量/最大装载量）×100% 产品合格率=（年合格产品总量/年产品总量）×100%
时间性指标	生产均衡率=（年完成产量计划天数/年生产天数）×100% 正点运输率=（年正点运输次数/年运输总次数）×100%
资源性指标	产出率=（投入物料总量/获得产品总量）×100% 转化率或制得率=（实际产出量/总投入量）×100%

2. 食品物流系统评价原则与步骤

（1）评价原则

①客观性原则：评价的目的是为了制定合理的评价指标（包括经济、技术、社会效益、时间性等指标）。另外，参加评价的人具有代表性。

②可比性原则：各种方案制定后要有可比性，特别是整体功能的评判要有可比性。

③整体性原则：评价指标要注意系统的有机结合，注重整体效益，而不是个别环节效益的评价、对比。

（2）评价步骤系统一般程序

①明确评价目的和内容：评价要有针对性，能把握系统的整体现状。对系统有清楚的认识，分析时要抓关键问题。

②确定评价因素和方法：确定影响系统功能的主要因素，掌握科学分析的方法，提高评价效果和评价结果的可靠性、正确性。

③建立合理的评价指标体系：评价系统的指标是多种多样的，找准主要的评价指标有利于提高评价效果。

④选择可行的评价模型。

⑤开展单项和综合评价：在单项评价的基础上，按照评价标准对系统整体进行综合评价。

综上所述，对系统的评价必须把握整体的观念和综合分析的方法，正确应用综合评价体系。

二、系统工程

1. 系统工程的概念

系统工程是研究系统的工程技术，是以系统为研究对象，把要研究和管理的事物用分析、判断、推理等方式，用概率、统计、运筹、模拟等方法，经过"工程"处理，给出定量最优化结果。系统工程是一项管理软技术，它应用系统的思想、现代化的科学管理方法和最新手段，将分散的、各自为政的局部利益，巧妙地结合成一个整体，使其发挥较大的效果。1967年美国切斯纳提出："系统工程是按照各个目标进行权衡，全面求得最优解的方法，并使各组成部分能够最大限度地相互适应。"钱学森1978年提出："系统工程是组织管理系统的规划、研究、设计、制造、试验和使用的科学方法。"系统工程的基本观点有整体观点、优化观点、环境观点、评价观点、控制观点、实践观点等。系统工程是以科学的理论为基础，从整体到局部，又从局部到整体进行分析与综合的辩证思维过程。

2. 系统工程的特点

（1）整体最优化　系统工程的基本指导思想就是实现整体最优化。系统工程的研究任务是要从系统的整体出发，探寻最好的和比较好的途径或方案。

（2）发展的观点　事物都是在不断发展、变化的，尤其在科学技术日新月异发展的今天。当我们规划设计和运用系统管理时，都必须综合研究、分析系统的过去、现在和未来，以及可能出现的新情况。

（3）协调配合的观点　任何一个系统由于都是由许多相互依赖、相互制约的因素所组成，要使各个因素协调配合，就要求从时间和空间上给予合理的组织。

（4）适应环境的观点　任何系统都处在一定的环境之中，环境无时无刻影响着系统。

（5）人是系统主体的观点　为对系统进行有效管理，必须由一些有能力的、善于系统思维、系统管理、系统分析的人员来完成。

3. 系统工程的一般工作程序

（1）确定目标　从整体出发，系统地提出问题，并确定需要解决的总目标和衡量目标的标准。目标问题是系统工程的首要问题，是运用系统工程的首项程序。

（2）收集资料　首先弄清系统中各种因素及其相互关系，然后通过对各种情报的收集、分析，整理出必要的资料，提供必要的数据，给定合理假设，分清可控和不可控因素，确定相应的约束条件，使所需分析的问题既能抓住主流，又能得以简化，并能提出初步的对策。

（3）建立模型　模型是对物流系统抽象化的描述，是将复杂的问题易于简单化处理的形式，以便建立实体物流系统。

模型可有效地求出系统设计所需要的参数和制约条件，也有利于可行性方案的分析与比较。

（4）优化分析　系统优化方案必须以一种便于执行、管理和控制的形式来表述。由物流优化技术给出的解决方案，除非现场操作人员能够执行，管理人员能够确认预期的投资回报已经实现，否则就是不成功的。

（5）分析评价　根据目标评价标准，对各方案的分析计算结果进行综合比较，做出客观的评价和鉴定，供决策者择优。

（6）系统实施　如决策者对抉择的方案感到满意，则由专业部门付诸系统设计、试验与实施运行。如决策者对所评方案提出不满意的意见，则要立即做出修改调整，重新计算，直到满意后，整个系统才能设计、试验和运行。

4. 食品物流系统工程的基本理论和方法

食品物流系统工程是指在食品物流管理中，从系统的整体利益出发，把物流、商品流与信息流融为一体。

系统工程方法论的基础就是运用各种数学方法、计算技术和控制论，实现系统的模型化和最优化，来进行系统分析和系统设计。

（1）模型化设计　为了实现对某一个食品加工过程的模拟和操作设计、控制的最优化，首先必须用定量的方式，即用数学式来表达系统的构造以及系统中各单元的输入与输出间的关系，即建立加工过程的数学模型。模型化就是通过说明系统的结构和行为，采用适当的数学方程、图像，甚至是以物理的形式来表达系统实体的一种科学方法。模型表现了实际系统的各组成因素及其相互间的因果关系,反映了实际系统的特征。

建立模型是系统设计的关键,适当的系统模型是选择最优方案的基础。在食品物流系统工程中,可采用物流预测模型、物资分配模型、库存模型、运输模型、投入产出模型等。

(2) 最优化的理论和方法　最优化的观点一直是系统工程的指导思想和实施的目标。食品物流系统工程应根据食品市场发展状况、消费者需求、环境条件、食品种类、储藏条件、运输量、物流费用、运输时间等各个方面的限制因素,充分考虑物流的规模和流通的各种装备情况和可能,提出预期实现的任务目标。建立一个食品物流系统工程的模型还应考虑客观条件是否具备,要进行全面分析,以达到合理地提出任务。即在外界环境约束条件下,正确处理好众多因素之间的关系,采用系统优化技术,才能得到满意的结果。

本章小结

本章主要介绍了食品物流系统的概念、食品物流系统的模式、食品物流系统分析和食品物流系统的评价指标与系统工程。本章也简单介绍了系统、物流系统、食品物流系统的区分和共性;同时对食品物流系统模式中物流系统设计与构建所遵循的原则做出了详细介绍;也对食品物流系统分析概念进行了阐述,其中对食品物流系统分析的要素和原则、要点和步骤、特点分别做出说明。最后说明食品物流系统的评价指标与系统工程,其中食品物流系统评价的主要目的是判断系统中各方案是否达到了预定的系统性能指标,能否在满足各种内外约束条件下实现系统的预定目的。评价的另一目的是为选择实施方案打下基础。而系统工程方法论的基础就是运用各种数学方法、计算技术和控制论,实现系统的模型化和最优化,来进行系统分析和系统设计。

思考题

1. 食品物流系统的定义是什么?怎样理解食品物流系统?
2. 简述食品物流系统设计与构建的原则。
3. 食品物流系统分析的要素和原则是什么?
4. 写出食品物流系统分析的步骤,并且根据自己的理解说出食品物流系统分析的特点。
5. 食品物流系统评价的主要目的是什么?评价指标是什么?
6. 简述食品物流系统评价原则与步骤。
7. 系统工程的概念和特点是什么?
8. 简述系统工程的一般工作程序,并说出食品物流系统工程的基本理论和方法。
9. 通过本章学习和查阅相关资料,谈谈自己对食品物流系统的认识,指出当前我国食品物流系统的现状和问题,并提出加以改进的方法。

第九章 食品物流信息与管理

第一节 食品物流信息概述

一、食品物流信息的概念

食品物流信息是指在食品物流活动进行中产生及使用的必要信息，它是食品物流活动内容、形式、过程以及发展变化的反映。食品物流信息是食品物流活动中各环节生成的信息，一般是随着从食品生产到消费的物流活动的产生而产生的信息流，与食品物流过程中的运输、保存、装卸、包装等各种功能有机结合在一起，是整个食品物流活动顺利进行所不可缺少的物流资源。食品物流信息是多种多样的，如食品的种类及特征、食品的数量与规模、食品的质量与安全、食品的检验分析报告、食品的库存、食品的质量管理文件、食品的储运条件、食品的运输路线、食品的收发信息、食品的价格、食品的内外包装、食品的市场情况、消费者的接受度及信息反馈、相关的食品法规、标准及市场准入制度、天气、地理环境、交通、基础设施、食品加工设备、装卸与运输设备以及食品在流通过程中的预测、预报等。

物流是现代商品流通系统的重要组成部分，电子商务的应用与发展将促进信息技术与物流业的融合，这不仅为现代物流的发展提供了技术手段，同时也带来了巨大的市场。电子商务的兴起，使食品流通要素发生重组，流通产业的内涵与外延都发生了重大变化。由于商流的执行可由信息流所取代，因而物流手段和信息手段演变为现代流通业的两大支柱。建立和完善食品物流信息系统，对于构筑食品物流系统，开展现代食品物流活动是极其重要的一项工作内容。食品物流信息在食品物流系统中，既像其他食品物流功能一样表现，成为其子系统，但又不同于其他食品物流功能，它总是伴随其他食品物流功能的运行而发生，又不断对其他食品物流以及整个食品物流起到支持保障作用。

我国食品工业的飞速发展是有目共睹的，但食品工业在物流领域的损失也是巨大的，信息化的应用同样是差强人意。目前，我国食品物流整体上仍处于传统的储运模式，如食品冷藏车运输现状就很难令人乐观，易腐保鲜食品的装船、装车大多在露天进行，而不是按照国际食品标准在冷库和保温场所操作；常有物流链各环节信息阻塞、缺乏透明度和畅通机制、环节脱钩现象，造成食品在运输途中发生无谓的耽搁和风险。一旦物流领域实行电子化、信息化，将会对物流企业和食品企业有很大推动力，提高产能，降低损耗。

二、食品物流信息的作用

（1）交易活动功能　当收到的消费者订单进入信息系统时，交易就已开始，接下来就是按订单存货，记录订货内容，选择作业程序，制定价格，指挥搬运、装货以及按订单交货，最后打印和传送付款发票。整个交易活动包括记录订货内容、安排存货任务、作业程序选择、装船、定价、开发票以及消费者查询等。通过一系列信息系统交易就完成了消费者订货功能的循环。交易系统的特征就是程序化、规范化及通信交互化。

（2）业务控制功能　物流服务的水平和质量要有信息系统做相关的控制，因此应建立完善的考核指标体系来对作业计划和绩效进行评价和鉴别。如物流服务的及时性、准确性、食品的新鲜度等的评价。

（3）决策功能　各种食品物流信息构成的信息系统可协助管理人员鉴别、评估、比较物流战略和策略上的可选方案，包括数据分析、数据库维护和建模，以及大量潜在可选方案的报告构件。典型的分析包括车辆日常工作和计划、存货管理、存储方法选择、设施选址以及成本收益分析，从而更好地为决策服务。随着信息技术的发展，今后的信息部门应由日常事务管理部门向提供计划、方案、综合数据的部门演变。演变的方向：①集中企业战略系统的决策能力；②强化面向21世纪的应变能力，包括综合的统计管理、仓库自动化、现场的技术改造、物流中心的构想；③推进计划（策划）与新商业业态，包括终端用户咨询，把握行业动向；④企业内部信息中心化，包括构筑人、财、物的信息数据库、提高信息加工技术、与外部（货主）联网。

（4）战略功能　战略功能是决策分析层次的延伸。信息系统的先进性、及时性、集成性、实用性和预见性都将影响企业的发展战略。如战略信息系统作为信息功能的充实，包含有扩大企业间的网络应对新的业态和不同业种的含义。

三、食品物流信息的种类

1. 按物流信息沟通联络方式分类

（1）口头信息　是指口头交易过程中获得的信息，如电话交易、面对面的交谈或委托他人进行的口头交易等。口头信息容易失真，不易查询，可信性不足。

（2）书面信息　是指以书面材料的形式进行订货、发货等交易的书面材料，如交易过程中使用的传真件、电子邮件、书面订单、发票、政策法规、食品标准、工艺流程、检验报告、技术资料、销售统计数据、数据报表、付款通知等。书面信息具有较高的可信度，容易保存，可随时查询。

2. 按信息的来源分类

（1）外部信息　来自食品物流系统之外的信息，如政策法规、食品标准、食品市场准入制度、天气状况及流通过程中的意外事故等。

（2）内部信息　食品物流活动过程中产生的信息，如生产量、检验分析报告、人员配备、车辆调度、运输路线、食品采购计划、发货计划、食品包装信息、订货信息、仓库的存货和调配状况等。

3. 按照物流信息的变动度分类

（1）固定信息　客户名称、公司名称、配装车型、产销计划、采购计划、食品特征、食品包装等。

（2）流动信息　运输线路、到货时间、食品流通动态状况、食品质量变化、每天的生产班次、操作人员安排等。

4. 按信息的作用不同分类

（1）计划信息　是指尚未实现的但已当作目标确认的一类信息，如采集计划、库存计划、协议与合同信息等都可归入计划信息之中。其特点是相对稳定，信息更新速度较慢。但一旦掌握了这类信息，就可以对物流活动本身进行战略思考。

（2）统计信息　是对整个物流活动一种终结性和归纳性的信息。如上一年度发生的商品量、食品种类、储藏方式、运输方式、库存量、装卸量以及国内外贸易量等。它是资料性质的，可供查阅，是恒定的。

（3）作业信息　是指在食品物流活动过程中产生的动态信息，如库存变化、食品流通状态、价格、运费等。这类信息动态性较强，更新速度快，具有时效性。

（4）支持信息　是指能对物流计划、物流业务、物流操作具有影响或有关的文化、科技、产品、制度、法规、标准、检验报告等方面的信息。

此外，按照信息的加工程度还可分为原始信息和加工信息等。

第二节　食品物流信息系统

一、食品物流信息系统概述

食品物流信息系统是把食品物流与食品物流信息结合在一起形成一个有机的系统，并通过计算机技术将输入的原始数据（如订单计划、业务数据、统计数据等）进行处理后输出对管理工作有用的信息的一种系统。为了实现现代食品物流的目的，食品物流企业必须利用信息技术，建立完善的物流信息系统。信息系统以物流信息传递的标准化和实时化、存储的数字化、物流信息处理的计算机化等为基本内容，实现数据的收集和录入、信息的存储、信息的传输和交换、信息的加工处理和信息的输出。一个有核心竞争力的物流企业必须实施信息系统。

例如，沃尔玛百货有限公司的全球采购战略、配送系统、商品管理、人力资源管理、"天天平价"战略在业界都是可圈可点的经典案例，可以说，所有的成功都是建立在其利用信息技术整合优势资源、信息技术战略与传统物流整合的基础之上。20 世纪 90 年代，沃尔玛提出了新的零售业配送理论，开创了零售业的工业化运作新阶段。集中管理的配送中心向各商店提供货源，而不是直接将货品运送到商店。其独特的配送体系大大降低了成本，加速了存货周转，形成了沃尔玛的核心竞争力。沃尔玛公司共有六种形式的配送中心：第一种是"干货"配送中心，第二种是食品中心（相当于我们的"生鲜"），第三种是山姆会员店配送中心，第四种是服装配送中心，第五种是进口商品配送中心，第六种是退货配送中心（其收益主要来自出售包装箱的收入和供应商支付的手续费)。其配送中心的基本流程是:供应商将商品送到配送中心后,经过核对采购计划,进行商品检验等程序,分别送到货架的不同位置存放。提出要货计划后,电脑系统将所需商品的存放位置查出,并打印有商店代号的标签。整包装的商品直接由货架上送往传送带,零散的商品由工作台人员取出后也送到传送带上。一般情况下,商店要货的当天就可以将商品送出。由此可见,在信息技术的支持下,沃尔玛能够以最低的成本、最优质的服务、最快速的管理反应进行全球运作。

沃尔玛的电子信息通信系统是全美最大的民用系统,甚至超过了电信业巨头美国电话电报公司。沃尔玛是第一个发射和使用自有通信卫星的零售公司,它在本顿维尔总部的信息中心,1.2万m^2的空间装满了计算机,仅服务器就有200多个。截至20世纪90年代初,沃尔玛在计算机和卫星通信系统上就已经投资了7亿美元。

上海可的连锁便利店有限公司的前身是上海可的食品公司,集中了上海牛乳公司下属部门和工厂的"三产"。1996年做出了从事便利店业务的战略决策,走上了便利店的连锁经营道路。可的便利店经营的商品从物流的角度来分,可以分为直接供应和总部配送供应两种。最初由于门店的网点增多,计算机每天平均要为65家门店打工,工作量很大,也给货物的调配带来了一定难度。另外,网点增多,直供商品及供应商的数量也比较多,计算机相当繁忙。后来通过重新设计了内部和外部信息网络结构,构建了物流信息系统,从而具有自动配货、自动补货、自动结报和自动付款四大功能。"可的"掌握了各种商品的销售情况,实现了对企业经营活动的控制和管理。

双汇集团是以肉类加工为主,跨行业、跨地区、跨国经营的特大型食品集团,是我国最大的肉类加工基地,以销售双汇生鲜肉及肉制品为主,并在河南、河北、四川、湖北等省开设了200多家连锁店。为了形成统一标准、统一服务、统一形象、统一配送、统一管理的销售运行模式,公司配备了大型物流配送中心,专用的冷藏运输车统一把按照HACCP质量体系生产的产品准确、及时地送到各个门店,未售完的生鲜肉晚上运回总部另行处理。随着连锁店的增多,对配送的实效性提出了严格要求,也给管理增加了难度。面对如此庞大的连锁销售体系,公司决定进行商业公司的物流信息化建设工作,并最终完成了具有国际先进水平的"SW连锁配送信息系统"的本土化及客户化工作,并付诸实施。这一连锁配送系统为公司提供了完备统一的订单管理、库存管理、采购管理、运输管理和财务管理等功能,实现了连锁分销体系中的物流、资金流和信息流在配送、制造和采购这三个领域的结合,达到了快速反应、降低库存、节约成本及整合运输等管理目标。

成功的实例表明,信息系统的应用可为传统的运输企业带来实效,提高对在途车辆的监控能力,有效保障货物安全;网上货运信息发布及网上下单,增加了商业机会;具有无时间、地点限制的客户查询功能;减少了库存;提高了配送能力等。

二、食品物流信息系统的功能

1. 数据的收集与录入

信息系统首先要把与物流活动有关的数据记录下来,并对它进行可能与必要的验证,再把数据的格式转化成信息系统所需用的内部格式。这就要求收集的数据具有完整性、准确性和及时性,如明确采集录入手段是否方便有用,有哪些检验功能,对数据收集人员和录入人员的技术有何要求,整个数据收集与录入的组织是否严密完善等问题。总之,要保证必要的数据全部无误地及时输入。数据的采集与利用离不开 EDI 技术、条形码技术以及数据库技术。

2. 信息的存储

数据进入信息系统后，通过整理或加工，得到有用的信息，并将这些信息存储起来。考虑到信息的安全性及使用的方便性，又必须使信息的逻辑内在联系和使用方式更加合适，从而提高查找和处理的速度。除此之外，还应充分考虑数据的冗余度和一致性等。

3. 信息的传播

物流信息来自于物流系统内外的有关单元，又为不同的物流职能所使用，因而克服空间障碍的信息传输是物流信息系统的基本功能之一。如日本东洋码头株式会社是日本码头、仓储业界的最大物流企业。该公司在东京大田区大井码头建立了蔬菜、水果中心，主要保管蔬菜、水果和食品，库内设有恒温设备、熏蒸设备和流通加工设备，功能齐全，作业精度高，速度快，具有 PHE 无线网络控制系统，并与卡车诱导系统相结合。整个作业流程分为：货物到达入库、提货受理、出库拣选作业和发货、装车作业。生鲜货物最多库存一周。该中心在设计时就决定安装 PHS 电话，使用 PBX 的 PHS 无限网络系统，通过 CS 连接器和 PBX 均可与库区电话进行信息传输。

4. 信息的处理

将输入数据进行各种方式和各层次的处理与预测，并加工成物流信息。信息处理方法可以是提炼、简化和综合、分类、汇编、汇总、精致、制表、制数据库、制音响资料、制文献资料等，也可以是复杂的模型求解和预测分析。通过信息的处理，缩小信息存量，使之成为更有价值的数据和资料。

信息处理能力的强弱是衡量物流信息系统的一个重要指标。

5. 信息的输出

信息系统通过对系统内外信息的收集、存储、加工处理，获得物流管理中有用的信息，并以表格、文件、报告、图形等形式输出，以便管理人员和领导者有效地利用这些信息组织物流活动，协调和控制各作业子系统的正常运行。

随着信息技术的发展，物流信息系统应向信息采集的在线化、信息存储的大型化、信息传输的网络化、信息处理的智能化以及信息输出的图形化方向发展，将会更好地为食品物流服务。

三、食品物流信息系统的构成

1. 食品物流信息系统的组成要素

从系统的观点看，构成物流企业信息系统的主要组成要素有硬件、软件、数据库和数据仓库、相关人员以及企业管理制度与规范。

（1）硬件 硬件包括计算机、必要的通信设施等，如计算机主机、外存、打印机、服务器、通信电缆、通信设施、电话等。它是物流信息系统的物理设备、硬件资源，是实现物流信息系统的基础，是构成系统运行的硬件平台。

（2）软件 软件一般包括系统软件、实用软件和应用软件。

系统软件主要有操作系统（MS-DOS、Windows 2000、Windows XP、UNIX、Linux 等）、网络操作系统（NOS），它控制、协调硬件资源，是物流信息系统必不可少的软件。对物流信息系统较为有用的实用软件主要是数据库管理系统（DBMS）、计算机语言、各种开发工具、国际互联网上的浏览器等，主要用于开发应用软件、管理数据资源、实现通信等。应用软件是面向问题的软件，与物流业务运作相关，实现辅助企业管理的功能。如伊利集团通过伟库网提供的应用服务提供商（ASP）平台产品及服务，实施并运用分销系统及库存管理信息系统，希望能建立一个全国性的一体化仓库，将全国仓库统一管理，并实现仓储商品的合理调配。上海可的连锁便利店有限公司在设计信息系统结构时，其远程通信采用 PSTN、ISDN 和 DDN，通过互联网建立企业外部网络，通过利用网站建成一座"桥"，用于沟通企业内外部的信息，从而具有自动配货、自动补货、自动结报和自动付款四大功能。

（3）数据库与数据仓库 数据库与数据仓库用来存放与应用相关的数据，是实现辅助企业管理和支持决策的数据基础，目前大量的数据存放在数据库中，如食品种类与数量、食品特性、储存方式、运输方式、保质期、生产与销售量等。

（4）相关人员系统的开发 涉及各个方面的人员，如专业技术人员（系统分析员、系统设计员、程序设计员、系统维护人员等）、领导、终端用户、信息主管、管理人员、业务主管、业务人员等。

（5）物流企业的管理制度 企业的经营管理思想与理念、制度与规范等都是不同的，这将会制约系统硬件平台的结构、系统计算模式以及应用软件的功能。因此，在构造物流信息系统时，物流企业的这些制度、思想与理念将成为主要的参考依据。

以北京三元食品股份有限公司为例，该公司生产袋装鲜牛乳、屋形包装鲜乳、超高温灭菌乳、酸奶、婴儿配方等系列乳粉、北京干酪及各种乳饮料、冷食等数十个品种，是北京地区较大的乳制品生产企业。三元营销公司作为日配企业，每日需要完成大量的日配送作业，随着市场竞争的日益激烈和生产规模的不断扩大，原有的物流和分销体系已经不能适应发展的需要。三元以前采用以手工为主的统计和汇总数据作业方式，销售作业信息错误率高，反馈速度慢，库存预测不准确，配送不及时，经常发生断货和积压现象，库存成本过高，决策数据不准。财务预警和信用审核措施没有建立起来，应收账款数额过大，经营风险过高。三元在作业中所出现的这些问题，主要原因在于其组织结构和作业流程中缺乏合理的制度规范，同时，业务操作中主要依赖手工方式也是制约业务发展的因素，这些已影响企业竞争力进一步提高。为了在日益激烈的市场竞争中保持优势，就必须采取有效的管理技术来组织、协调、控制企业的经营活动，全面实现由粗放管理到精细管理的转换，向现代物流分销管理技术靠拢。因此，公司进行了物流与分销管理系统的改造和应用。

业务流程的整合、业务操作的规范，使企业真正实现了过程化管理，提高了企业的管理素质，做到数字化管理。加速了物流、资金流的周转速度，实现了企业信息管理的规范化与标准化。业务处理简便、灵活，个性化业务，个性化经营。三元物流与分销系统的成功实施以及取得的成绩来之不易，它包含了方方面面的努力和心血，是多方合作、共同攻关的结晶。总结起来有以下几点。

①领导的高度重视和直接参与是项目实施的前提：企业信息化工程俗称"一把手工程"，在项目实施过程中，"一把手"必须在关键时刻起到关键作用，否则难以保证项目的顺利进行。无论是从人员、组织、资金上企业都应积极调配资源，为信息化的进程扫清障碍。企业领导必须经常组织调度协调会议，过问工程进度并指导工作，解决工程中出现的问题。在处理问题的时候需遵循两个原则：既要保留软件的先进性、科学性、合理性，又要保证满足企业个性化的需求。总之，要对信息化建设抱有正确的认识，即信息化不是万能的，不是任何问题都能依靠信息化解决的，在信息化建设的同时也必须对管理进行优化，才能保证信息化

建设的成功。

②基础数据的整理、管理的规范是项目成功的基础：基础数据的整理是项目实施的基础，也是前期实施的关键。基础数据实施中需要实施人员与企业全体职工的共同努力，需要对所有基本信息进行核对。在进行充分调研的基础上，对所有基础信息进行分类编码并需认真核对，以确保数据的准确无误。在实施过程中，管理制度的规范是实施信息化的前提，三元公司就是在实施过程中逐步规范了公司的管理，堵塞了管理漏洞，使公司管理更加科学化、制度化和规范化。

③软件的用户化修改工作是工程成功的关键：实施过程中随着业务与管理制度的规范，企业的管理方式也逐步提高，从而形成了更高的管理与业务需求，软件根据客户的进一步需求进行合理的用户化修改，保证了软件的成功应用。实施过程中的用户化修改工作也是管理与软件的相互作用的结果，更是企业"个性化"实施的一部分。在实施进程中不断将业务、管理与系统进行结合，使企业的业务流程、管理制度与系统有机结合起来，保证软件与管理的相互磨合，最终促进管理水平的螺旋式上升，才能保证实施的质量，最终使信息化建设收到良好效果。

2. 食品物流信息系统的总体结构

食品物流信息系统的总体结构包括：应用软件，实用软件，系统软件，数据库，管理思想与理念，管理制度及规范硬件。

四、 食品物流信息系统的特性

1. 可得性（availability）

物流信息系统必须具有容易而又始终如一的可得性。迅速的可得性对于对消费者做出反应以及改进管理决策是很有必要的。可得性的另一方面是存取所需的信息，无论是管理上的、消费者的还是产品订货位置方面的。物流作业分散化的性质，都要求对信息具有存取能力，并且能从国内甚至世界范围内的任何地方得到更新。这样，信息的可得性就能减少作业上和制订计划上的不确定性。

2. 精确性（accuracy）

物流信息必须精确地反映当前状况和定期活动，以衡量顾客订货和存货水平。例如，平稳的物流作业要求实际的存货与物流信息系统报告的存货相吻合的精确性最好在99%以上。但实际存货和信息系统之间存在较低的一致性时，就有必要采取缓冲存货或安全的方式来适应这种不确定性。

3. 及时性（timeliness）

物流信息必须及时提供管理反馈。及时性是指一种活动发生时与该活动在信息系统内可见时之间的耽搁。例如，在某些情况下，系统要花费几个小时或几天才能将一个新订货看作为实际需求，因为该订货并不始终会直接进入现行的需求量数据库。结果，在认识实际需求量时就出现了延误，这种延误会使计划制订的有效性减少，而使存货量增加。另一个有关及时性的例子涉及当产品从"在制品"进入"制成品"状态时存货量的更新。尽管实际存在着连续的产品流，但是，信息系统的存货状况也许是按每小时、每工班或每天进行更新的。显然，实时更新或立即更新更具及时性，但是它们也会导致增加记账工作量。编制条形码、扫描和 EDI 有助于及时而有效地记录。

信息系统及时性是指系统状态（诸如存货水平）以及管理控制（诸如每天或每周的功能记录）。及时的管理控制是在还有时间采取正确的行动或使损失减少到最低程度的时候提供信息的。

4. 以异常情况为基础（exception based）的物流信息系统

物流信息系统必须以异常情况为基础，突出问题和机会。物流作业通常与大量的顾客、产品、供应商和服务公司竞争。例如，必须定期检查每一个产品的存货状况，以便于制订补充订货计划。另一个重复性活动是对于非常突出的补充订货状况的检查。在这两种情况中，典型的检查需要大量的产品或补充订货。通常，这种检查过程需要问两个问题。第一个问题涉及是否应该对产品或补充订货采取任何行动。如果第一问题的答案是肯定的，那么，第二个问题就涉及应该采取哪一种行动。许多物流信息系统要求手工完成检查，尽管这类检查正越来越趋向自动化，仍然使用手工处理的依据是有许多决策在结构上是松散的，并且是需要经过用户的参与做出判断的。

具有目前工艺水平的物流信息系统结合了决策规则去识别这些要求管理部门注意并做出决策的"异常"情况。于是，计划人员或经理人员就能够把他们的精力集中在最需要引起注意的情况或者能提供最佳机会来改善服务或降低成本的情况。该样本报告详细地推荐了多个品目，建议有实际能力的存货管理部门采取补充订货、发货和重订计划的行动。对未来行动方式，这类异常情况报告可以使计划人员利用其时间来提炼建议，而不是浪费时间去识别那些需要做出决策的产品。另一个例子，物流信息系统应该突出异常情况中，应包括很大的订货、小批量或无存货的产品、延迟的装船或降低的作业生产率。概括地说，具有目前工艺水平的信息系统应该有强烈的异常性导向，应该利用系统去识别需要管理部门引起注意的决策。

5. 灵活性（flexibility）

物流信息系统必须具有灵活性，以满足系统用户和顾客两个方面的需求。信息系统必须有能力提供能迎合特定顾客需要的数据。例如，有些顾客也许想要把订货发货票跨越地理或部门界限进行汇总。特别是零售商 A 也许想要每一个店的单独的发票，而零售商 B 却可能需要所有的商店汇总的总发票。一个灵活的物流信息系统必须有能力适应这些要求。

6. 适当形式化（appropriate format）

物流报告和显示屏应该有适当的形式，这意味着它们用正确的结构和顺序包含正确的信息。

五、 食品物流信息系统

物流信息技术是物流现代化的重要标志，也是物流技术中发展最快的领域，从数据采集的条形码系统，到办公自动化系统中的微机、互联网、各种终端设备等硬件以及计算机软件都在日新月异地发展。同时，随着物流信息技术的不断发展，产生了一系列新的物流理念和新的物流经营方式，推进了物流的变革。在供应链管理方面，物流信息技术的发展也改变了企业应用供应链管理获得竞争优势的方式，成功的企业通过应用信息技术来支持它的经营战略并选择它的经营业务。通过利用信息技术来提高供应链活动的效率性，增强整个供应链的经营决策能力。

1. 电子数据交换系统（EDI）

（1）EDI 的概念　electronic data interchange（EDI），中文译为电子数据交换。从通信角

度看，EDI 是在计算机应用进程之间实现标准格式文件的通信和交换，这些文件可以是商业文件（如订单、发票等），也可以是行政事务文件（如商品检验单、报关单等）。EDI 较早地被应用于贸易、海关、银行等部门。由于 EDI 是遵循一定的语法规则和国际标准，自动进行数据投递、传输、处理，计算机应用程序对它自动响应，从而减少了人工介入和贸易过程中的纸面文件，因此，EDI 又称"无纸贸易"。

电子数据交换是指在不同企业或组织间，依据一定的交换标准，将业务往来的资料转换成标准化的格式，以电子形式在彼此的电脑之间进行传输，以降低人工操作的错误率及信息处理成本，并提高文件处理效率，改善客户服务质量的一种管理系统工具。电子数据交换系统是对信息进行交换和处理的网络自动化系统，是将远程通信、计算机及数据三者有机结合在一个系统中，实现数据交换、数据资源共享的一种信息系统，这个系统也可以作为管理信息系统和决策支持系统的重要组成部分。EDI 强调了文件（如采购文件、订货文件、运输文件、发票、电子转移支付等）的直接传输，不包括电话、传真的传输内容。EDI 用户将订单、发票、提货单、海关申报单、进出口许可证等日常往来的"经济信息"，按照协议通过通信网络对标准化文件传送。报文接收方按国际统一规定支持系统，对报文进行处理，通过信息管理系统和支持作业管理以及决策功能的决策支持系统，完成综合的自动互换和处理。它是一种新颖的电子化贸易工具，是计算机、通信和现代管理技术相结合的产物，是我国"三金工程"中"金关"的重要组成部分。

（2）EDI 标准　EDI 标准是指各企业共同的交流标准，是数据交换的翻译，它使得遵循这一标准的企业与组织能进行电子数据交换作业流程。EDI 标准主要分为：基础标准、代码标准、报文标准、单证标准、管理标准、应用标准、通信标准以及安全保密标准。采用 EDI 标准后，企业与企业之间就可以进行电子数据的业务作业。

由于 EDI 是为了实现商业文件、单证的互通和自动处理，是计算机进程之间的自动应答和自动处理，不同于人机对话方式的交互处理，因此文件结构、语法规则等方面的标准是实现 EDI 的关键。目前已形成两大标准体系：一个是用于北美的美国国家标准 ANSIX 12，另一个是欧洲经济共同体制定的 UN/EDIFACT。我国已明确采用 UN/EDIFACT 标准。EDI 系统与分组交换网之间采用高速链路，可以通达世界各地的 EDI 用户。各地 EDI 终端可通过公共交换电流网（PSTN）和分组交换网（PSC）两种方式入网。

（3）食品物流 EDI　由货物业主、承运业主以及相关单位之间通过 EDI 系统进行物流数据交换，以此为基础实施物流活动的方法称为物流 EDI，如图 9-1 所示。供应链的组成各方基于标准化的格式和处理方法，通过 EDI 来共享信息，提高营运效率。

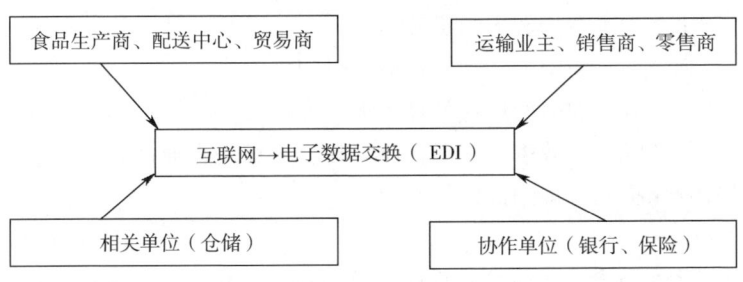

图 9-1　食品物流 EDI 的简单结构

（4）EDI 的应用　EDI 按照通信协议依据各行各业的事务处理模式，形成一个公认的信息标准，经数据通信网络在计算机应用系统之间以电子的方式交换商业文件，减少甚至取消了纸张、票据等书面文件的来往，称为"无纸贸易"。它具有快速、及时、价廉、安全可靠、使用方便、不受时空限制等诸多优点。其通信机制是在 EDI 系统上，通信双方需申请各自的信箱，通信过程就是把文件传到对方的信箱中，文件交换由计算机自动完成，用户只需进入信箱系统中自己的信箱，即可完成信息的接、发、收全过程。

近年来，随着电子计算机的普及和网络技术的发展与完善，以 EDI 为载体的电子商业，因具有高速、精确、成本低等特点，而得以迅速发展。使用 EDI 进行数据传输最大的好处在于减少了企业在文档方面的工作，提高了数据传输的速度与准确性，从而降低了运营成本。特别是由于信息含量的扩大，可以帮助管理者制定决策，缩短订货采购时间，使库存量大幅度减少，从而降低了库存费用。对于许多制造商来说，EDI 不再仅是运营业务的或选模式，它已经成为制造商们赢得并保持竞争优势的必备条件。

20 世纪 80 年代末，沃尔玛开始利用 EDI 与供应商建立自动订货系统。该系统又称无纸贸易系统，通过计算机联网，向供应商提供商业文件，发出采购指令，获取收据和装运清单等，同时也使供应商及时精确地把握其产品销售情况。1990 年沃尔玛便已与 1800 家供应商实现了电子数据交换，成为 EDI 技术的全美国最大用户。

雀巢公司由亨利·雀巢（Henri Nestle）设立于 1867 年，总部位于瑞士，行销全球超过 81 个国家，200 多家子公司，超过 500 座工厂，全球员工总数约有 22 万名，主要产品涵盖婴幼儿食品、乳制品及营养品类、饮料类、冰淇淋、冷冻食品与厨房调理食品类、巧克力及糖果类、宠物食品类与药品类等。1999 年台湾雀巢与家乐福合作，建立起整个供货商管理库存（vender management inventory，VMI）计划的运作机制，增加了商品的供应率，降低顾客（家乐福）库存持有天数，缩短订货前置时间以及降低双方物流作业的成本。在系统方面，双方各自有独立的内部企业资源计划（enterprise resource planning，ERP）系统，彼此间不兼容，在推动计划的同时，家乐福也正在进行与供应商以电子数据交换 EDI 联机方式的推广计划，与雀巢的 VMI 计划也打算以 EDI 的方式进行联机。双方的合作从根本上改进了供应链的整体效率，同时掌握销售资料和库存量来作为市场需求预测和库存补货的解决的方法。

上海联华生鲜食品加工配送中心在订单管理、物流计划、存储型物流运作、中转型物流运作、加工型物流运作以及配送运作等方面，全面实现了计算机系统化管理。如对直送型商品的配送，根据到货日期，分配各门店直送经营的供应商，直接生成供应商直送订单，并通过 EDI 系统直接发送到供应商。

EDI 给企业带来多方面的效益，主要体现为：

①大大节省了纸张处理费用和人力资源。

②缩短信息传递时间，使交易活动能在最短时间内完成。

③减少人为错误以及延误时间造成的经济损失。

④提高企业的作业及生产效率，密切企业与其上下相关企业的产、供、销关系，有效地降低库存量，使库存保持在合理的最佳状态。

2. 电子订货系统

（1）电子订货系统概念　电子订货系统（electronic ordering system，EOS）是零售商、批发商、制造商运用电脑对订购商品进行全面管理的技术。它可以迅速准确地传递订货信息，掌握商品情报，构筑出一个不缺货、不出错、不延迟的进货、检货、补货系统。电子订货系统并非是单个的零售商与单个批发商组成的系统，而是许多零售商和许多批发商组成的整体运作方式。批发商、零售商将订货数据输入计算机，订货数据即刻通过计算机网络连接的方式传送至总公司、商品供货方或制造商处，因此，电子订货系统能够处理从商品资料说明直至会计结算等所有商品交易过程中的作业，可以说电子订货系统涵盖了整个商流。在"寸土寸金"的商业环境下，零售业已经没有太多空间用于存放货物，零售商必须采用电子订货系统，供应商才能及时补足售出商品数量，并保证零售商不会缺货。电子数据交换/订货系统采用了许多先进的管理手段，给贸易各方都带来了巨大的经济效益和社会效益。

（2）电子订货系统的类型及特点　电子订货系统包括订单、退货通知单、对账单等单据，通过系统电子数据格式与供应商进行传递。传递方式为：客户登录、格式文件转入、电子邮件、互联网网上登录。

电子订货系统按应用范围可分为三类：企业内的 EOS，如连锁店经营中各个连锁分店与总部之间建立的 EOS 系统；零售商与批发商之间的 EOS 系统；零售商、批发商和生产商之间的 EOS 系统。

EOS 的特点：

①商业企业内部计算机网络应用功能完善，能及时产生订货信息。

②销售终端（POS）与 EOS 高度结合，产生高质量的信息。

③满足零售商和供应商之间的信息传递。

④通过网络传输信息订货。

⑤信息传递及时、准确。

3. 无线射频识别技术

（1）无线射频识别技术简介　无线射频识别技术（radio frequency identification，RFID）又称无线追踪系统，它是从 20 世纪 90 年代兴起的一项自动识别技术。它利用无线射频方式进行非接触双向通信，以达到识别目的并交换数据。与磁卡、IC 卡等接触式识别技术不同，RFID 系统的电子标签和读写器之间无须物理接触即可完成识别，因此，它可实现多目标识别、运动目标识别，可在更广泛的场合中应用。

典型的 RFID 系统由电子标签（tag）、读写器（read/write device）以及数据交换、管理系统等组成。电子标签又称射频卡，它具有智能读写及加密通信的能力。读写器由无线收发模块、天线、控制模块及接口电路等组成。射频识别系统可以是无源系统，即电子标签内不含电池，电子标签工作的能量是由读写器发出的射频脉冲提供的。电子标签接收射频脉冲，整流并给电容充电，电容电压经过稳压后作为工作电压。数据解调部分从接收到的射频脉冲中解调出数据并送到控制逻辑，控制逻辑接受指令完成存储、发送数据或其他操作。RFID 识别工作原理见图 9-2。

射频识别的标签与识读器之间利用感应、无线电波或微波能量进行非接触双向通信，实现标签存储信息的识别和数据交换。射频识别识读器与标签之间的耦合方式有三种，静电耦合、感应耦合和微波。静电耦合系统识读距离在 2mm 以下，我们常见的"信息钮"就是以静电耦合方式获取信息的，可用于固定货物的巡检等。感应耦合系统识读器天线发射出的磁场无方向性，可以不考虑货物上射频标签位置和方向，常用于移动物品的识别、分拣。微波射频识别系统，识读微波方向性很强，一般用于高速移动物体，如运输车辆的识别等。物流

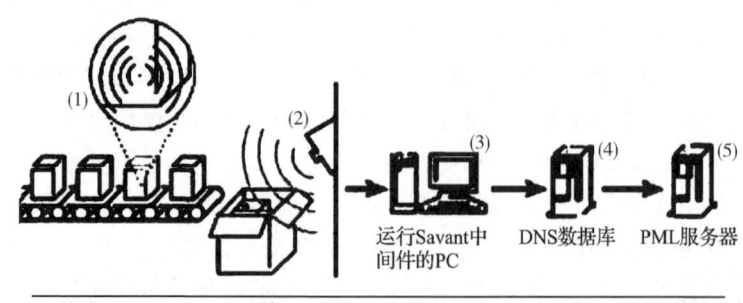

图 9-2 RFID 识别工作原理

过程应用的射频识别一般是感应耦合方式的系统。感应耦合射频识别系统的工作过程通常为：射频识读器的天线在其作用区域内发射能量形成电磁场，载有射频标签的物品在经过这个区域时被读写器发出的信号激发，将储存的数据发送给识读器，识读器接收射频标签发送的信号，解码获得数据，达到识别目的。由于射频识别技术应用涉及使用频率、发射功率、标签类型等诸多因素。目前尚没有像条形码那样形成在开环系统中应用的统一标准，因此主要是在一些闭环系统中使用。

目前，北京华民智能卡系统制造公司引进了一种先进的新技术——BiStatix。

BiStatix 是摩托罗拉公司开发出的一种低成本的无线身份识别（RFID）技术，它提供一种集条形码的低成本优势和数据自动采集功能于一身的突破性解决方案。该技术可以替代条形码和传统的 RFID，用于商业商品管理等领域。BiStatix 利用了摩托罗拉公司的双重技术数据接收专利，允许同时使用传统的条形码系统、新的 BiStatix 增强条形码标签以及单 BiStatix 标签。此外，BiStatix 可以很容易应用到当前的条形码设备中。BiStatix 有一个能够在预定频率产生能量，并依靠"能量场"接收信息的读卡器（reader）。读卡器发出连续的射频信号，当智能标签接近读卡器时，标签上的印刷天线就可以接收到读卡器发出的射频信号，印刷天线将射频信号传递给标签上的硅集成电路，集成电路再把自己记录的信息传送给读卡器，读卡器将信息上传给管理系统的主机。在这个过程中，读卡器还可以根据主机的要求添加、修改或删除标签内的信息。

（2）RFID 在食品供应链管理上的应用　射频识别技术最突出的特点是可以非接触识读（识读距离可以从 10cm 至几十米），可识别高速运动物体；抗恶劣环境能力强，一般污垢覆盖在标签上不影响标签信息的识读；保密性强；可同时识别多个识别对象等。应用领域广阔，常用于移动车辆的自动识别、资产跟踪、生产过程控制等。由于射频标签较条形码标签成本偏高，目前在物流过程，很少像条形码那样用于消费品标识，多数用于物流器具，如可回收托盘、包装箱的标识。大家知道比较多的是沃尔玛、麦德龙超市等零售商，其实全球前十大的零售商中的若干家都在进行 RFID 测试。比如，英国最大的零售商玛莎百货（Marks & Spencer）采用 RFID 标签追踪 350 万个循环使用的食品托盘及推车的冷冻食品供应系统，大大提高了供应速度。在超市内,因为 RFID 技术的采用,顾客可以充分地了解商品的信息,并且不必排队结账,只要推着购物车穿越 RFID 读码器即可。

对于食品行业而言,如何彻底实施"源头"食品的追踪,特别是在食品供应链中能否提供完全透明的管理,已成为检验一个企业是否具有市场竞争能力的重要标志。而 RFID 系统能够在复杂的多步骤供应网络中跟踪产品供应情况,帮助食品企业实现上述目标,尤其在简化食品供应链物流管理方面,包括从农场的家畜及新鲜农作物,到餐馆里、超市中的包装食品。

①追踪货品来源:RFID 解决方案通过为每一件货品提供单独的识别身份及储运历史记录,从而提供了一个详尽且具有独特视角的供应链,使食品行业实现了两个最重要的目标,即彻底实施"源头"食品追踪以及在食品供应链中提供完全透明度的能力。

RFID 系统能够清楚地获知托盘上货箱甚至单独货品的各自位置、身份、储运历史、目的地、有效期及其他有用信息,并通过为供应中的实际货品提供如此详尽的数据,在货品与其完整的身份之间建立了物理联系,使用户可方便地访问这些完全可靠的货品信息。

②农场的健康与安全:据调查,近年出现的大量食品安全问题,主要集中在肉类及肉类食品上。RFID 系统则可提供食品链中的肉类食品与来源动物之间的可靠联系,确保到达超市货架及餐馆厨房的肉类食品的来源史是清晰的,并可追踪到具体的动物个体及农场。动物来源识别解决方案,如飞利浦公司的 HITAG 方案,能够通过一个记载每个动物的兽医史及来源的标签,在每个农场的动物与其电子身份之间建立联系。当一只动物适宜屠宰时,这一信息将与宰杀该动物的屠宰场数据一起被存储在出售该动物肉片的超市展卖标签中。

RFID 解决方案:通过提供食品内容及来源史、分销数据,以及通过各种食品制造阶段进行跟踪,并能够通过餐馆供应网的分销链,或者家庭消费者购买食品的超市等进行精确监控。RFID 解决方案还可提供包括转运点、库存情况及运营情况,管理人员可由此快速识别并纠正低效率运作情况,从而实现快速供货并最大限度地减少储存成本,这对于在分销过程中要求高费用冷冻存储的肉类食品尤为重要。

③确保快餐行业供货速度:快餐行业由于高度紧张的工作环境以及需要严格控制成本,因而对物流管理极为苛刻,而 RFID 解决方案内在的强大管理功能正好可满足快餐行业的要求。在一些国家的快餐行业,所有供应给餐馆供应链中央分销中心(CDC)的食品在离开生产线时都应贴有 RFID 标签。当食品到达中央分销中心时,托盘通过一个门阅读器读取托盘上所有货箱上的标签内容,即使堆叠在托盘底部的货签内容也能读取到。系统将这些信息与发货记录进行核对,以检测出可能的错误,然后将 RFID 标签更新。这样就确保了精确的库存控制,甚至可确切了解目前有多少货箱处于转运途中、转运的始发地和目的地,以及预期的到达时间等信息。

为了满足每个餐馆的订购要求,需要从中央分销中心选择必需的食品,放置在托盘上以便发货。在中央分销中心,食品被发送到餐馆供应链终端之前,被堆积在托盘上临时存放。在同一托盘上放置众多不同种类的食品,这需要大量人工处理,而借助 RFID 系统,可按照餐馆订单快速填充托盘。

当食品送达餐馆时,另一个门阅读器确认收到的贴有标签的货品后,将在跟踪系统中及 RFID 标签上更新相应货箱的位置。系统还要交叉核对货品内容与原始订单是否吻合,以确保供应合适的货品和准确的数量。当餐馆厨房需要补充货源时，食品从存储地点转移到厨房的临时货品存放处，通过另一个门记录食品成功到达目的地的信息，并从系统中注销该食品。在整个供应链中，跟踪食品和更新标签的信息被用于监控分销网络并自动记录发出及存储的食品数量。这就确保了及时供货，并降低了库存。供应商可获悉餐馆的实际货品消耗水平，因而可快速响应食品需求的变化。

④超市成本节约明显：在未来的数年中，智能标签将大量用于超市供应链，直达消费者家庭。RFID 标签免除了跟踪过程中人工干预，并能够生成 100% 准确的物流数据，因而具有巨大的吸引力。

总之，RFID 解决方案可在巨大供应链网络中，对每一件货品提供高效、详尽的控制，在从农场到消费者冰箱的整个食品供应链中，创建一系列可靠的货品信息。

在水果的供应上，从鲜果产地到最终消费者之间的供应链全过程也可以采用 RFID 来进行跟踪管理，以保证鲜果的品质和鲜度。将标签贴在或者镶嵌在水果箱上，直到水果箱最终被送达消费者。标签可以通过入口处的悬空读头、叉车读头或者手持机来识别，读取的信息将被实时送到显示器或者数据库。

不久的将来，家用冰箱将能够识别冷冻（藏）物的 RFID 标签，提醒用户应该购买新鲜的牛乳，剔除过期的食品，减少高胆固醇食物的消费等。

4. 地理信息系统技术

地理信息系统，即 GIS，是"由计算机软硬件环境、地理空间数据，系统维护和使用人员四部分组成的空间信息系统。可对整个或部分地球表层（包括大气层）空间中有关地理分布数据进行采集、储存、管理、运算、分析显示和描述"（参见 GB/T 18354—2006）。

地理信息系统是 20 世纪 60 年代开始迅速发展起来的地理学研究新成果，是多种学科交叉的产物。它以地理空间数据为基础，采用地理模型分析方法，适时地提供多种空间的和动态的地理信息，是一种为地理研究和地理决策服务的计算机系统。其基本功能是将表格型数据（无论它来自数据库、电子表格文件或直接在程序中输入）转换为地理图形显示，然后对显示结果浏览、操作和分析。其显示范围可以从洲际地图到非常详细的街区地图，显示对象包括人口、销售情况、运输线路以及其他内容。

GIS 技术主要应用于物流分析，是指利用 GIS 强大的地理数据功能来完善物流分析技术。目前一些国外公司已经开发出利用 GIS 物流分析提供专门分析的工具软件。

完整的 GIS 物流分析软件集成了车辆路线模型、网络物流模型、分配集合模型和设施定位模型等。具体表现如下：

（1）车辆路线模型　主要用于解决一个起始点、多个终点的货物运输中，如何降低物流作业费用，并保证服务质量的问题，包括决定使用多少辆车以及每辆车的路线等。

（2）网络物流模型　主要用于解决最有效地分配货物路径问题，也就是物流网点布局问题。例如将货物从 n 个仓库运往 m 个商店，每个商店都有固定的需求量，因此，需要确定由哪个仓库提货送给哪个商店，所耗的运输代价最小。

（3）分配集合模型　根据各个要素的相似点把同一层上的所有或部分要素分为几个组，主要用于解决和确定服务范围，销售市场范围的问题。例如，某一公司要设立 x 个分销点，要求这些分销点要覆盖某一地区，而且要使每个分销点的顾客数目大致相等。

（4）设施定位模型　主要用于确定一个或多个物流设施的位置。在物流系统中，物流中心、仓库和运输线路共同组成了物流网络，物流中心和仓库处在网络的节点上，节点决定着线路，如何根据供求的实际需要并结合经济效益等原则，在既定区域内设立多少个物流中心和仓库，每个物流中心和仓库的位置、规模以及物流中心和仓库之间的物流关系等，运用此模型均能很容易地得到解决。

后疫情时代，随着社区网购平台的发展，生鲜食品运输过程中存在的安全问题也日益突出。生鲜食品由于保质时间较短，对运输环境要求较高。然而在运输过程中产生的温差，极大地影响了生鲜的鲜活性，从而产生货损。相关从业人员进入门槛也比较低，管理也不是很规范。此外，疫情反复导致人心惶惶，冷链食品的来源地备受关注。

因此，应用 GIS 和 GPS 技术针对冷链的全过程进行实时监控有着积极的意义。配送车辆通过配置的北斗等定位系统的设备，可将车辆位置信息通过网络传输到平台，并在地图上进行展示，同时利用 GIS 技术对温度、湿度、光度等信息进行采集并处理，然后将采集到的数据传输到服务器上，通过互联网或手机实时监控货物的状态，方便用户或管理人员随时随地查看运输途中货物的环境参数，以减少经济损失。

5. 物流条形码技术

（1）条形码　条形码（barcode）是有关生产厂家、批发商、零售商、运输业者等经济主体进行订货或接受订货、销售、运输、保管、出入库检验等活动的信息源。条形码由一组规则排列的条、空和相应的字符组成，这种用条、空组成的数据编码可以供机器识读，而且很容易译成二进制和十进制数。这些条和空可以有各种不同的组合方法，从而构成不同的图形符号即各种符号体系。

目前使用频率最高的几种码制是：EAN、UPC、39 码、交叉 25 码和 EAN128 码。其中 UPC 条形码主要用于北美地区。EAN 条形码是国际通用符号体系，它们是一种定长、无含义的条形码，主要用于商品识别。EAN128 条形码是由国际物品协会和美国统一代码委员会联合开发、共同采用的一种特定的条形码符号，它是一种连续型、非定长、有含义的高密度代码，用以表示生产日期、批号、数量、规格、保质期、收货地等更多的商品信息。交叉 25 码在仓储和物流管理中被广泛应用，它是一种连续、非定长、具有自校验功能，且条、空都表示信息的双向条形码，常用于定量储运单元的包装箱上。39 码起源于美国，它是第一个字母数字式码制。39 码是离散型的，即字符之间有不代表信息只起分隔作用的空白区，还有自校验的、长度可变的码制。

条形码是表示 ID 代码的一种图形符号，是对 ID 代码进行自动识别且将数据自动输入计算机的方法和手段，它的应用解决了数据录入与数据采集的瓶颈，为物流管理提供了有力的支持。条形码的种类有很多，条形码的结构都是由黑色条符和白色条符根据特定的规则组成的。黑色条符是通过某种方法印制的，而两个黑色条符间的空白即代表白色条符。黑白条符不同的排列方法构成不同的图案，从而代表不同的字母、数字和其他人们熟悉的各种符号。这些条形码都是一维条形码。

由于条形码应用领域的不断拓展，对一定面积上的条形码信息密度和信息量提出了更高要求。为了更好地满足这种要求，一种新的条形码编码形式——二维条形码便应运而生，并且由于其容纳的信息种类和数量大而得到越来越广泛的运用。所谓二维码是用某种特定的几何图形按一定规律在平面（二维方向）上分布的条、空相间的图形记录数据符号信息，它具有条形码技术的共性，即每种码制有其特定字符集，每个字符占有一定的宽度，具有一定的校验功能等。二维条形码分为层排式二维条形码（stacked bar code）和矩阵式二维条形码（dot matrix code）两大类型。二维条形码属于高密度条形码，在 6.45cm² 内记录高达 2000 个字符。美国 Symbol 公司于 1991 年正式推出名为 PDF417（portable date file，便携数据文件）的二维条形码，简称 PDF417 条形码。它是一种高密度、高信息含量的便携式数据文件，可以将照片、指纹、掌纹、签字、声音、文字等可数字化的信息进行编码。PDF417 条形码具有多重防伪特性，它可以采用密码防伪、软件加密及利用所包含的信息如指纹、照片等进行防伪，因此具有极强的保密防伪性能。它是实现证件及卡片等大容量、高可靠性信息自动存储、携带并可用机器自动识读的理想手段。

由中国物品编码中心负责编制的国家标准 GB/T 17172—1997《四一七条形码》于 1997 年 12 月正式颁布。该标准是我国自动识别技术领域内第一个二维条形码国家标准，它的制定标志着 PDF417 条形码在我国的应用步入正规有序的发展阶段。

（2）条形码标签　条形码自动识别技术系统由条形码标签、条形码生成设备、条形码识读器和计算机组成。条形码标签绝大多数是纸质基材，一般由信息系统控制打印生成，或直接印刷在物品包装上，具有经济、抗电磁干扰能力等特点，在许多环境恶劣的制造业企业内部物流中心也有广泛的应用。有些企业甚至利用条形码技术实现产品从原材料到成品的全过程跟踪。条形码识读器有光笔识读器、CCD 识读器和激光识读器等几类。光笔识读器一般需与标签接触才能识读条形码信息，而 CCD 识读器能近距离（识读距离一般在 10cm 以下）对标签进行扫描，激光识读器识读时可在距标签较远的距离进行，长距离识读的激光识读器识读距离可达 1m 甚至更远。不同类型的识读器可供不同物流应用选择。

在自动化物流系统中，为了完成物料编号、品名、类别、数量等物流信息的采集，通常采用条形码、射频（RF）等识别技术。射频技术的应用之一是电子标签，它是一种非接触式 IC，它将一个集成电路芯片镶嵌在塑料基片中，并封装成卡，可埋植在物料载体（托盘、箱体等）内，自动读写数据时，读写头与电子标签的距离可达 120~150mm。

（3）条形码技术　条形码技术是现代物流系统中非常重要的大量、快速信息采集技术，能适应物流大量化和高速化要求，是大幅度提高物流效率的技术。条形码技术主要应用在销售信息系统（POS 系统）、库存系统、分货拣选系统等几个方面。我国加入世界贸易组织后，国内企业便面临着国际竞争的压力。尽管一部分大型企业在全国范围内建立了许多连锁店，形成了比较完善的营销网络体系，而且部分实施了企业资源管理系统（ERP），但在建设现代化的物流管理体系方面还存在许多不足，信息的识别和录入还停留在人工操作和管理阶段。这种状况对于企业日益增长的货物流转需求难以适应，因此，建立以条形码识别、传输为基础的仓储管理系统（WMS），达到货物快速、准确地周转，物资流和信息流的紧密结合是非常重要的。通过采用条形码标识和条形码扫描技术，完全保障了现场数据能够迅速并准确地进入系统。同时，能够完全按照采购商的要求完成货品或外包装条形码标签打印和标识，保障现场数据能够实时更新数据库。

经过中国物品编码中心和全国各地分中心、系统集成商等有关各方面的大力宣传、推广和实践，条形码技术的应用已被越来越多的人所认识和接受，特别是条形码技术在商品流通管理中的应用已取得十分可喜的成绩。食品、饮料、日用品等商品的条形码普及率日益提高。正因为如此，促进了条形码技术在商品流通管理中的应用，越来越多的商场、超市、连锁店、专卖店等正在全面地使用条形码管理商品。一些全面使用条形码管理的大型商场（如上海的美美百货、时代广场等商厦一开业就最先实现了全条形码化管理）和超市，成为条形码技术在商品流通管理中应用的典范。

条形码对于物流管理的应用可以分为三类，即类别管理、批次管理和单品管理。批次管理不仅可以得到数量信息，还可以实现一些批次应用，如食品的保质期处理或关心食品数量的场所。

主要巧克力糖生产工厂——伯麦尔公司（PALMER）的标签系统就是一个典型。伯麦尔公司的客户开始要求在送货到商店或批发中心时一定要带有送货标签。利用条形码技术和电子数据交换（EDI）技术，伯麦尔公司满足了这些客户的要求。伯麦尔公司的标签系统完全是根据客户的要求而设计的。每个客户的要求都有所不同，公司要达到现有的每个客户的要求，同时要适应所有新客户的要求。所有设备通过韦伯公司的特殊的标签软件网络化，成为整个新系统的关键所在。伯麦尔公司在 IBM AS/400 的环境下工作。所有有关客户的资料和订货历史都存储在生产车间的分系统中，资料每天都更新。带有需要运输的订单的 ASII 档案每天被转存到仓库的一部个人电脑中。伯麦尔公司使用韦伯公司的标签设计软件包来控制它所有的标签印刷机械。这样，50 多种标签格式的任何一种都可以在它的两个公司所在地被提取、产生和修改。

条形码技术在烟草工业中也得到了广泛应用。以红河卷烟厂为例，成箱的卷烟从生产线下来，汇总到一条运输线。在送往仓库之前，先要用扫描器识别其条形码，登记完成生产的情况，纸箱随即进入仓库，运送至自动分拣机。另一台扫描器识读纸箱上的条形码。如要发送，则被拨入装车线。如需入库，则由第三台扫描器识别其品牌，然后再入库。条形码的使用，大大提高了成品流通的效率，也提高了库存管理的及时性和准确性。

6. 及时制

（1）及时制　及时制（just in time，JIT）是由日本丰田汽车公司在 20 世纪 60 年代实行的一种生产方式。1973 年以后，这种方式对丰田公司度过第一次能源危机起到了突出的作用，后引起其他国家生产企业的重视，并逐渐在欧洲和美国的日资企业及当地企业中推行开来，现在这一方式与源自日本的其他生产、流通方式一起被西方企业称为"日本化模式"，其中，日本生产、流通企业的物流模式对欧美的物流产生了重要影响。近年来，JIT 不仅作为一种生产方式，也作为一种物流模式在欧美物流界得到推行。

从食品角度讲，JIT 是指将必要的配料或半成品及成品（相对的）以必要的数量在必要的时间送到生产线，并且只将所需要的配料或半成品、只以所需要的数量、只在正好需要的时间送到生产地。这是为适应消费需要变得多样化、个性化而建立的一种生产体系及为此生产体系服务的物流体系。JIT 采取的是多品种、少批量、短周期的生产方式，大大消除了库存，优化了生产物流，减少了浪费。

（2）JIT 生产方式　JIT 生产方式的主要目的是使生产过程中物品（配料、半成品及制成品）有秩序地流动并且不产生物品库存积压、短缺和浪费，因此有几个关键的做法，即生产流程化、作业均衡化、看板管理。

①生产流程化：即按食品生产所需的工序从最后一个工序开始往前推，确定前面一个工序的类别，并依次恰当地安排生产流程，根据流程与每个环节所需库存数量和时间先后来安排库存和组织物流。尽量减少物资在生产现场的停滞与搬运，让物资在生产流程上毫无阻碍地流动。

②生产的均衡化：即将一周或一日的生产量按分秒时间进行平均，所有生产流程都按此来组织生产，这样一条流水线上每个作业环节上单位时间必须完成多少种作业就有了标准定额，所在环节都按标准定额组织生产，因此要按此生产定额均衡地组织物质的供应、安排物品的流动。因为JIT生产方式的生产是按周或按日平均的，所以与传统的大生产、按批量生产的方式不同，JIT是均衡化生产中无批次生产的概念。

③看板管理：即把工厂中潜在的问题或需要做的工作显现或写在一块表示板上，让任何人查看表示板就可知道出现了何种问题或应采取何种措施。看板管理需借助一系列手段来进行，比如告示板、带颜色的灯、带颜色的标记等，不同的表示方法具有不同的含义，以下就看板管理中有助于使库存降低为零的表示方法加以说明。

a. 红条：在物品上贴上红条表示该种物品在日常生产活动中不需要。

b. 看板：是为了让每个人容易看出物品旋转地点而制成的表示板，该板标明什么物品在什么地方、库存数量是多少。

c. 警示灯：是让现场管理者随时了解生产过程中何处出现异常情况、某个环节的作业进度、何处请示供应配料等的工具。

d. 标准作业表：是将人、机械有效地组合起来，以决定工作方法的表。

e. 错误的示范：为了让工人了解何为不良品，而把不良品陈列出来的方法。

f. 错误防止板：为了减少错误而做的自我管理的防止板。

g. 红线：表示仓库及储存场所货物堆放的最大值标记，以此简便方法来控制物品的最大库存数量。

在实际生产过程中还有其他不同的手段和方式来对作业进行提示或警示。

（3）JIT在食品物流中的作用　JIT是一种生产方式，但其核心是削减库存，直至实现零库存，同时又能使生产过程顺利进行。这种观念本身就是物流功能的一种反应，而JIT应用于物流领域，就是指要将正确的商品以正确的数量在正确的时间送到正确地点。这里的"正确"就是"JUST"的意思，既不多也不少、既不早也不晚，刚好按需要送货。这当然是一种理想化的状况，在多品种、小批量、多批次、短周期的消费需求的压力下，生产者、供应商及物流配送中心、零售商要调整自己的生产、供应、流通流程，按下游的需求时间、数量、结构及其他要求组织好均衡生产、供应和流通，在这些作业内部采用看板管理中的一系列手段来削减库存，合理规划物流作业。

在此过程中，无论是生产者、供应商还是物流配送中心或零售商，均应对各自的下游客户的消费做精确的预测，否则就发挥不出JIT的优势。因为JIT的作业基础是假定下游需求是固定的，即使实际上是变化的，但通过准确的统计预测，能把握下游需求的变化。

食品行业有其特殊性，首先它的原材料多是需要保鲜或者再加工的。比如说，康师傅红烧牛肉面的汤料包，为了保证产品的新鲜度，已经做到将新鲜的牛肉和蔬菜的粗加工在委托的工厂里制作，然后，根据公司的生产计划由加工厂再加工后，用冷藏保鲜车运送到汤料加工生产线上，做到了JIT。但是，在加工的时候会根据制面现场的需求量，加工不同量的汤料，与之相关的油、盐、酱、醋等调味料就不可能采用JIT的配送体系，而是要保证一定的安全库存。

7. 企业资源计划系统

随着全球经济一体化进程的不断加快以及我国为世界贸易组织成员的大环境下，作为市场经济细胞的企业，面临的竞争将不仅是产品的竞争、营销的竞争、人才的竞争，而是企业如何面对不断变化的市场以及来自跨国公司的挑战，如何有效地利用企业内外部资源，不断增强企业的市场竞争力。代表新管理思想、理念与方法的 ERP，即企业资源计划对提高企业竞争力的重要作用日益凸显。ERP 是一种基于计算机技术和管理理论的新型管理信息系统，它从理论和实践两个方面，提供了企业经营管理的整体解决方案。它不仅是一套软件，更多的是管理思想和理念的结晶和体现，是信息时代企业实现现代化、科学化管理的有力工具，从某种意义上说是衡量企业管理现代化的一个标尺。

ERP 是一种先进的企业管理理念，它将企业各个方面的资源充分调配和平衡，为企业提供多重解决方案，使企业在激烈的市场竞争中取得竞争优势。ERP 以制造资源计划 MRP Ⅱ 为核心，基于计算机技术的发展，并进一步吸收了现代的管理思想，在制造资源计划的基础上扩展了管理范围。它把客户需求和企业内部的制造活动以及供应商的制造资源整合在一起，形成一个完整的供应链，并对供应链上所有环节如订单、采购、库存、计划、生产、发货和财务等所需要的所有资源进行统一计划和管理。其主要功能包括生产制造控制、分销管理、财务管理、准时生产 JIT、人力资源管理、项目管理、质量管理等。

（1）ERP 的内涵及其发展

①ERP 的内涵：20 世纪 90 年代初美国的著名咨询公司 Gartner 总结了制造资源计划（MRP Ⅱ）软件的发展趋势，提出了企业资源计划（ERP）的概念，即描述下一代制造商业系统和制造资源计划软件。它包含客户机/服务器架构、使用图形用户接口、应用开放系统制作。除了已有的标准功能，还包括其他特性，如品质、过程运作管理以及调整报告等。特别是 ERP 采用的基础技术将同时使用户软件和硬件两方面的独立性更加容易升级。ERP 还可以根据用户自身的需要进行"量体裁衣"，使之可以灵活地加以运用。

②ERP 的发展历程：20 世纪 40 年代，当时计算机系统还处于雏形阶段，为了解决库存控制问题，人们提出了订货点法。60 年代的时段式物流需求计划（MRP），随着计算机系统的发展，使得短时间内对大量数据进行复杂运算成为可能，出现了利用物料清单、库存数据和主生产计划计算物料需求的 MRP。70 年代的闭环 MRP，随着人们认识的加深及计算机系统的普及，为解决采购、库存、生产、销售的管理，在时段式 MRP 的基础上，集成了粗能力计划、生产能力需求计划、车间作业计划以及采购作业计划，并形成反馈，构成一个封闭的循环。80 年代的制造资源计划，随着网络技术的发展，企业内部信息得到充分共享，在闭环 MRP 的基础上，形成了一个集财务、供应链管理和制造为一体的完整的企业管理流程。20 世纪 90 年代的 ERP，在更先进的 IT 技术（如网络技术、图形界面、第四代计算机语言、关系型数据库、客户机服务器型分布式数据库处理、开放系统和简化集成等）的强大支持下，在传统 MRP Ⅱ 系统的制造、财务、销售等功能的基础上，增加了分销管理、人力资源管理、运输管理、仓库管理、质量管理、设备管理、决策支持等功能，从而使企业供应链的管理得到不断完善，最终在激烈的市场竞争中取得一个比较好的经济效益。

（2）ERP 系统的管理思想及其特点　ERP 系统以供应链管理作为其核心管理思想，具体表现在以下三个方面。

①对整个供应链资源进行管理，在当今信息时代仅依靠本企业的资源已不能有效地参与市场竞争，现代企业竞争已从单一企业与单一企业间的竞争，转变为一个企业供应链与另一个企业供应链之间的竞争。正如 Marshall Industries（一家资产达 20 亿美元的电子器件分销

商）的首席执行官 Robert Rodin 说的话："今天，商业并不是我对竞争者的问题，而是我的供应链对你的供应链的问题"。因此，笔者认为我国企业有必要跨越本企业的围墙，建立一种跨企业的协作，以追求和分享市场机会的新型管理方式——供应链管理，即将供应商到客户的全过程，包括外购、制造分销、库存管理、运输、仓储、客户服务等纳入一个紧密的供应链中。而 ERP 系统的基本目标则是使供应链有效运转并运用计算机硬、软件手段尽力缩短这个供应链，提高其运转效率，为企业产品质量、市场需求和客户满意提供保障，最终提高企业在信息时代的市场竞争能力。

②支持对混合型生产方式的管理，体现精益生产、同步工程和敏捷制造的思想。这里的"混合生产方式"包括三种情况：生产方式的混合、经营方式的混合、生产分销和服务等业务的混合。

③体现事先计划与事中控制的思想，ERP 系统中的计划体系主要包括主生产计划、物料需求计划、能力计划、采购计划、销售执行计划、利润计划、财务预算和人力资源计划等，而且这些计划功能与价值控制功能已完全集成到整个供应链系统中。另一方面，ERP 系统通过事务处理（transaction）相关的会计核算科目与核算方式，以便在事务处理发生的同时自动生成会计核算分录，保证了资金流与物流的同步记录和数据的一致性，从而实现根据财务资金现状，可以追溯资金的来龙去脉，并进一步追溯所发生的相关业务活动，改变资金信息滞后于物料信息的状况，便于实现事中控制和实时做出决策。

ERP 系统具有五个特点：

①实现管理系统性：ERP 是一种系统工程，它把企业所有与经营生产直接相关部门的工作联系成一整体，每个部门都从系统总体出发做好本岗位工作，每个人员都清楚自己的工作质量同其他职能的关系。

②实现计划的一贯性与可行性：ERP 是一种计划主导型的管理模式，计划层次从宏观到微观，从战略到战术，由粗到细逐层细化，但始终保证与企业经营战略目标一致。"一个计划"是 ERP 的原则精神，它把通常的三级计划管理统一起来，编制计划集中在厂级职能部门，车间班组只是执行计划、调度和反馈信息。计划下达前反复验证负荷与能力平衡，并根据反馈信息及时调整处理好供需矛盾，保证计划的一贯性、有效性与可执行性。

③实现动态应变性：ERP 把客户需求和企业内部的制造活动以及供应商的制造资源整合在一起，体现了完全按用户需求制造的思想，使得企业适应市场与客户需求快速变化的能力增强。它要求跟踪、控制和反映瞬息万变的实际情况，管理人员可随时根据企业内外环境条件的变化迅速做出响应，及时调整决策，保证生产计划正常进行。

④实现模拟预见性：ERP 是经营生产管理规律的反映，按照规律建立的信息逻辑必然具有模拟功能。它可以解决"如果怎样—将会怎样"的问题，可以预见相当长远的计划期内可能发生的问题，事先采取措施消除隐患，而不是等问题已经发生了再花几倍的精力去处理。

⑤实现物流、资金流的统一：ERP 包罗了成本会计和财务功能，可以由生产活动直接产生财务数字，把实物形态的物料流动直接转换为价值形态的资金流动，保证生产和财会数据一致。财会部门及时得到资金流动状况反映物流和经营生产情况，随时分析企业的经济效益，参与决策，指导和控制经营和生产活动。

ERP 核心思想实现整个供应链资源的一体化管理。在知识经济时代仅靠自己企业的信息资源已不可能有效地参与市场竞争，还必须把经营过程中的有关各方，如供应商、制造工厂、分销网络、客户等的信息资源纳入一个紧密的供应链中，才能有效地安排企业的产、供、销活动，满足企业利用全社会一切市场资源快速高效地进行生产经营的需求，以期进一步提高效率和在市场上获得竞争优势。客户、生产者和原料供应商在整个供应链（或价值链）中要求获得一体化的信息，生产企业中的高级管理人员要求在整体的战略和策略下来指导各个部门，只有这样才能使每个人做出最好的决策，采取最好的行动，为了达到一个整体的目标而坚持不懈地朝一个统一的目标努力。

ERP 系统支持生产方式的管理，其管理思想表现在两个方面：其一是"精益生产（lean production，LP）"的思想，即企业按大批量生产方式组织生产时，把客户、销售代理商、供应商、协作单位纳入生产体系。企业同其销售代理、客户和供应商的关系，已不再是简单的业务往来关系，而是利益共享的合作伙伴关系，这种合作伙伴关系组成了一个企业的供应链，这即是精益生产的核心思想。其二是"敏捷制造（agile manufacturing）"的思想。当市场发生变化，企业遇有特定的市场和产品需求时，企业的基本合作伙伴不一定能满足新产品开发生产的要求，这时，企业会组织一个由特定的供应商和销售渠道组成的短期或一次性供应链，形成"虚拟工厂"，把供应和协作单位看成是企业的一个组成部分，运用"同步工程（SE）"组织生产，用最短的时间将新产品打入市场，时刻保持产品的高质量、多样化和灵活性，这即是"敏捷制造"的核心思想。

（3）ERP 系统在食品行业中的应用案例　ERP 代表了当代最先进的企业经营生产管理模式与技术。随着先进制造技术、信息技术的不断发展，现行 ERP 将向新一代发展。其中，推动 ERP 发展的主要因素如下：一是全球化市场的形成和不断发展与多企业合作经营生产方式的出现使得 ERP 将支持异地企业运营、异种语言操作和异种货币交易；二是企业不断进行经营过程重组（business process reengineering）将使得 ERP 支持基于全球范围的实时的、可重构的供应链及供应网络结构；三是制造商需要灵活性与敏捷性以适应新的生产方式与经营实践，这使得 ERP 也必须越来越灵活地适应多种生产制造方式的管理模式；四是 ERP 将越来越多地应用于流程工业，这会大大刺激 ERP 系统及软件的快速发展；五是功能越来越强大的计算机技术不断出现将会为 ERP 提供越来越灵活与强功能的软硬件平台，尤其是客户机/服务器分布式结构、面向对象技术与互联网的发展会使 ERP 的功能与性能迅速提高。

以佛山市顺德区禾荣食品有限公司的 ERP 系统为例：顺德区禾荣食品有限公司，位于顺德区均安镇内，是国内大型的鳗鱼加工厂家，年产优质烤鳗 1800t，年销售额 1.8 亿元，居均安镇第一位，产品远销日本和欧美等国家。公司经过实施企业改造，进行管理创新、规范管理，逐步建立具有现代管理思想的企业管理制度。通过引入管理信息系统，实现内部信息资源共享，理顺各部门交流渠道，加强协调合作，优化管理模式，以减少库存积压，严格控制成本，挖掘企业盈利潜力，提高市场竞争力。经过对多家服务提供商的详细考察后，最终选择广州天剑计算机系统工程有限公司作为软件和咨询服务商，2002 年 5 月开始 ERP 的实施。

按照"总体规划、分步实施"的原则，在详细调研和问题分析的基础上，科学规划禾荣 ERP 的实施，第一期工程实施库存、销售、采购、人力资源、财务系统，第二期工程实施工资、生产、品质、成本等管理模块。根据禾荣面向订单、流程型的生产特点，以通过国家评测的 TJ ERP 系统为基础，采用经过大量案例验证的实施方法，以原型产品为基础，根据企业的实际需求，进行系统配置和必要的二次开发，形成一套既体现先进管理模式，又适合烤鳗企业使用的 ERP 系统。通过双方艰苦的努力和卓有成效的配合，项目实施成功，按计划验收,整个 ERP 项目上的功能子系统为:系统管理、产品数据管理、采购管理、原料采购管理、销售管理、库存管理、品质管理、生产管理、人力资源管理、工资管理、账务管理、成本管理、图书管理和企划系统等。

成功导入 ERP 系统后,基本达到原定的目标。首先物料分类管理更科学规范,进出库操作流程更合理,数据档案完整详细;建立了准确完整的客户、供应档案库和客户联系记录,为企业随时提供各项资源信息;加强生产控制,完善质量品管体制,用最小的成本和强有力的品管制度对生产流程进行全过程的监控;严格的流程控制使得成本控制更加便利和细致,降低了整个企业的成本等。更重要的是实施 ERP 系统后,提高了管理人员的管理意识和管理水平,各部门的信息资源通过一个 ERP 系统被有效整合后,工作效率大幅提高,管理者的决策质量和决策速度上升到更高的层次。

总之,食品行业在 ERP 实施后具有较好的效果。一是缩短交货期,确保高效的补货,使企业快速响应市场、降低成本,提高存货周转率和客户满意度。二是通过分销资源计划(DRP)系统和用户自定义订单处理流程来解决分销网络管理问题,使企业的销售网络对需求做到快速反应,运输和路线管理帮助企业优化资源配置,仓库和物流管理帮助企业降低存货水平。三是可以支持各种预测方式,无论手工还是自动预测。由于 ERP 是集成的系统,可以用预测结果去计算各种资源的配比关系。四是支持批量生产和连续生产,在物料管理方面,支持食谱、配方和倒排 BOM 的管理,提供灵活的处理与控制方式。它同时支持生产率计划、订货生产,无纸制造,如准时制(JIT)、看板。使用系统可以缩短生产周期,提高库存信息的质量并降低成本。五是可以方便快捷地处理所有有关质量管理的工作,它可以跟踪有效期和检疫期,提供相应的功能进行保存期管理,并进行全过程的跟踪,提供实验室检验等模块,支持 ISO9000 标准。

第三节 食品物流管理概述

一、 食品物流与管理食品

物流(logistics)是市场经济高度发展的产物,也是市场经济高度发展的需要。随着人们对利润、效益、效率的追求,社会分工也逐渐细化,食品物流在食品工业中的影响日益明显,引起了各方面的重视。食品物流不仅是物流发展的产物,同时因为食品不同于其他产品,对及时、保鲜等都有严格的要求,而且它关系到人体的健康甚至生命安全,故有其独特的性质而独树一帜,从物流中分离出来,成为独立的食品物流。

二、 食品物流的概念

物流一词,20 世纪 30 年代起源于美国,原意为物资分配(physical distribution,PD)。20 世纪 50 年代中期,日本通产省派代表团赴美国考察,在回国后的考察报告中直接引用了 PD,日文译为"物の流れ"(物的流通)。在 50 年代到 70 年代期间,人们研究的对象主要是与商品销售有关的物流活动,因此通常采用的仍是 PD 一词,PD 得到广泛的应用。1986

年，美国物流管理协会将 physical distribution 改为 logistics，二者区别在于 logistics 已突破了商品流通的范围，把物流活动扩大到生产领域。物流已不仅从产品出厂开始，而是包括从原材料采购，加工生产到产品销售，售后服务，直到废旧物品回收等整个物理性的流通过程。我国借鉴了日本的翻译，用"物流"一词逐渐替代了"物的流通"，而联合国物流委员会对物流进行了如下界定："物流是为了满足消费者需要而进行的从起点到终点的原材料、中间过程库存、最终产品和相关信息有效流动和储存计划、实现和控制管理的过程。"

第四节 食品物流管理系统

一、物流管理的内容

（1）对物流活动诸要素的管理包括运输、储存、装卸、配送等环节的管理。

（2）对物流系统诸要素的管理即对其中人、财、物、设备、方法和信息六大要素的管理。

（3）对物流活动中具体职能的管理主要包括物流计划、质量、技术、经济等职能的管理等。

现代物流管理是建立在系统论、信息论和控制论的科学基础上的，从系统论的观点出发，要求物流系统能及时地提供完整、准确、必要的信息，通过对这些信息的处理，了解掌握物流状况，进而控制物流。计算机的应用是现代物流系统信息获取、传递和储存的基础。

二、现代物流管理的特点

与传统物流管理相比较，现代物流管理具有以下四个方面的特点。

（1）以实现客户满意为第一目标　现代物流是基于企业经营战略，从客户服务目标的设定开始，进而追求客户服务的差别化。它通过物流中心、信息系统、作业系统和组织构成等综合运作，提供客户所期望的服务，在追求客户满意最大化的同时，求得自身的不断发展。

（2）以企业整体最优为目的　企业物流既不能单纯追求单个物流功能的最优，也不能片面追求各"局部物流"最优，而应实现企业整体最优。

（3）以信息为中心　信息技术的发展带来了物流管理的变革，无论是条码（barcode）、电子数据交换（electronic data interchange，EDI）、电子订货系统（electronic ordering system，EOS）、销售点终端（point of sales，POS）等物流信息技术的运用，还是二维码（QR code，是由条形码发展而来的输入信息的工具）、快速客户反应（efficient consumer response，ECR）等供应链物流管理方法的实践，都建立在信息基础上，信息成为现代物流管理的中心。

（4）重效率，更重效果　传统物流以提高效率、降低成本为重点，而现代物流不仅重视效率方面的因素，更强调整个物流过程的效果，即若从成果角度看，有的活动虽然使成本上升，但它能有利于整个企业战略目标的实现，则这种活动仍然可取。

三、引入先进信息技术进行货架管理

保鲜是消费者对市场食品的第一要求。即使是已经进入零售店的食品，要维持其新鲜度

和安全是比较麻烦的事。由于食品品种繁多,需引入先进信息系统对产品货架期和新鲜度进行管理。下面提供日本伊滕洋华堂公司的新食品加工系统的新鲜度维持管理系统,其特征是深入地研究店内物流以减轻店铺的作业负担,对我国食品物流具有借鉴意义。

(1) 采用"不同货架到货方式"即按货架为单位进行到货的方法。首先,需要对各个店铺的货架与商品的关系进行调查,将商品与其货架的货位输入到物流中心的计算机系统中,建立起商品与店铺以及货位的关联,通过计算机系统自动识别各类食品的数量,应该补充到哪一家店铺的哪一个货位上。这样就可能在货架上按顺序补充商品,做到最大效率化。完成这样复杂的区分作业系统的到货精度极高,免去了再验货作业。

(2) 鲜度维持管理即采用计算机系统对食品鲜度进行维持,设定商品有效期和维持销售期限。在商品入库时输入生产年月日,计算机系统就可以自动进行判断各类食品是否可以入库。在库商品严格地按照先进先出进行作业,每日由作业人员检验商品生产日期,为保证不出现超过准许销售期限的商品,对接近准许销售期限的商品提供警告功能,采用双重保险方式。

四、物流管理对食品工业发展的作用

随着物流学科体系的完善与应用领域的拓展,物流管理的范畴已不再局限为企业物流管理,而延展至供应链物流管理与行业物流规划管理。借此,物流管理在食品企业内部、食品企业协作与食品行业三个层面发挥着不同作用。在食品企业内部,一方面物流通过储存、运输、配送、包装等功能活动支撑着食品企业的采购、生产与销售计划;另一方面借助冷链物流、物流信息技术等手段实现对食品养护保鲜与相关信息跟踪。通过物流软件的管理思想和硬件的物质技术相结合,物流管理支持着食品企业的日常运营与各环节产品的质量控制。食品企业与供应商、分销商之间存在着协作关系,食品相关企业形成功能性产品供应链。面对食品供应链协作需要的市场需求预测、生产计划调整以及销售渠道渗透等功能,物流管理借助供应商库存管理、物料需求计划物流信息技术与共同配送等供应链物流管理手段,实现食品供应链的成本控制,并加快市场响应速度与降低经营风险。从我国食品工业整体发展环境而言,物流管理的作用表现于物流规划管理,通过物流基础设施规划与建设与物流行业服务能力提升两个方面,提高我国食品工业的综合竞争力。

第五节 物流成本管理

从物流管理理论研究或学科体系建立和发展的角度来看,物流成本是与物流管理、物流系统、物流功能、客户服务、物流信息和物流绩效等具有同等重要性的基本概念。显然,如果没有对物流成本管理的研究,物流管理学的理论体系是难以建立的。

一、物流成本概述

1. 物流成本概念

物流成本是指产品在空间位移(含静止)过程中所耗费的各种活劳动和物化劳动的货币

表现。物流成本从本质上说是用金额评价物流活动的实际情况。人们对物流成本经过了从狭义到广义的认识过程。最狭义的物流成本是仅把生产厂家向外部支付的物流费用算作物流成本。除此之外，若再加上企业内消耗掉的物流费用，则是一般的生产企业的狭义物流成本。若在此基础上将原材料的物流费用包括进来的话，就形成了企业广义的物流成本。再拓展开来，除这些企业物流费用外，再将销售费用也包括进来，才是最广义的物流成本。总之，现代物流成本是指从原材料供应开始一直囊括到将商品送达消费者手上，且包括物品回收在内所发生的全部物流费用。

2. 研究物流成本的作用

如今随着现代物流及其相关技术的不断推进和发展，物流成本作为衡量企业经营发展的重要指标之一，已变得越来越重要。从企业流转的商品来看，一件普通商品的物流费用占最后成本价的30%~50%，对时间、空间要求苛刻的商品，物流费用占到成本价的70%~90%。从国家的角度指示，物流成本也非一个小数目，其在GDP中占有相当的份额（中国为20%~30%，美国、日本约为10%）。在不少企业中，物流成本占了企业销售额的大部分比例。因而，加强物流活动管理的关键是控制和降低企业各种物流费用。降低物流成本乃是物流部门的传统课题，把物流管理的历史称为降低成本的历史也绝非言过其实。之所以要研究企业物流管理，就是要寻求降低物流总成本和增强企业竞争优势的有效途径。

物流成本的研究在物流管理中起到非常重要的作用。

（1）通过对物流成本的设计，可以了解物流成本的大小和它在生产成本中所占的地位，从而提高企业内部对物流重要性的认识，并且从物流成本的分布，可以发现企业物流活动中存在的问题。

（2）根据物流成本的计算结果，制订物流计划，调整物流活动并评价物流活动效果，以便通过统一管理和系统优化降低物流费用。

（3）根据物流成本的计算结果，可以明确物流活动中不合理环节的主要责任者。总之，如果能准确地计算物流成本，就可以运用成本数据，配之以科学的管理方法大大提高物流管理的效率，降低物流成本。

3. 几个重要的物流成本理论

（1）物流成本冰山说 "物流成本冰山说"是由日本早稻田大学教授、日本物流成本学说的权威学者西泽修提出的。他将全部物流费用比喻为一座冰山，露出水面的冰山一角，只是企业直接支付给外部单位易于计算和掌握的一小部分物流费用，如运费、装卸费等。还有一大部分在企业内部发生而难以明确划分和单独计算的费用，这一块费用犹如"黑暗大陆"一般潜伏在水下，乃是降低企业成本的重点。图9-3形象地说明了物流成本冰山说。根据物流冰山理论，我们所看到的物流成本只是冰山一角，即物流成本的一小部分，要把隐藏在水面下的物流成本全部核算出来是不可能的。

（2）物流成本中心说 该理论的含义在于物流是企业成本的重要的产生点之一，因而，解决物流的问题，并不主要是为实现合理化和现代化，也不主要在于支持保障其他活动，而主要是通过物流管理和物流的一系列活动降低成本。所以，成本中心说既是指主要成本的产生点，又是指降低成本的关注点，物流是"降低成本的宝库"等说法正是这种认识的形象表述。

（3）"第三利润源"说 这一学说也是由西泽修教授在1970年提出的。国际上已普遍把

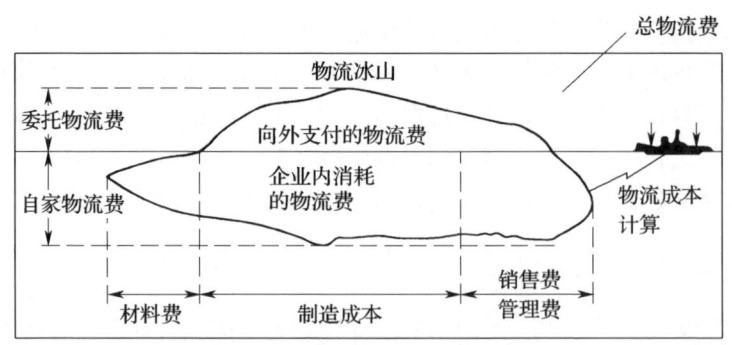

图9-3 西泽修的物流成本冰山说

物流称为"降低成本的最后边界",称为排在降低原材料消耗、提高劳动生产率之后的"第三利润源"。第三利润源正是对物流潜力及效益的描述。

关于物流成本还有一些其他的理论,如利润中心说、服务中心说、战略中心说。利润中心说的含义是物流可以为企业提供大量直接和间接的利润,是形成企业经营利润的主要活动。非但如此,对国民经济而言,物流也是国民经济中创利的主要活动。

服务中心说认为,物流活动最大的作用,并不在于为企业节约消耗,降低成本或增加利润,而是在于提高了对用户的服务水平,进而提高了竞争力;在于通过物流的服务保障,企业以其整体能力来压缩成本、增加利润。

战略中心说是当前非常盛行的说法,实际上学术界和产业界越来越多的人已逐渐认识到,物流更具有战略性,是企业发展的战略而不是一项具体操作性任务。应该说这种看法把物流放在了很高的位置去加以认识。

4. 物流成本的特性

(1) 以客户服务需求为基准　因为物流成本不是面向企业经营结果,而是面向客户服务过程的,所以,物流成本的大小就具有了以客户服务需求为基准的相对性特点。这是物流成本与企业其他成本在性质上的最大区别。

(2) 难以归纳　虽然物流成本管理存在巨大的潜力,但物流成本管理的现实要求和现行会计制度之间存在着技术性冲突,物流成本在现行会计制度的框架内很难确认和分离。企业现有的会计核算制度是按照劳动力和产品来分摊企业成本的,所以在企业的"损益表"中并无物流成本的直接记录。如物料搬运成本常包含在货物的购入成本或产品销售成本之中;厂内运输成本常是计入生产成本的;订单处理成本可能包含在销售费用之中;部分存货持有成本又可能包含在财务费用之中。这些方面造成企业的物流成本难以归纳。

(3) 分散性　由于物流管理运作具有跨边界(由普遍的协同运作要求所决定)和开放性(由客户服务要求所决定)的特点,使得由一系列相互关联的物流活动产生的物流总成本既分布在企业内部的不同职能部门中,又分布在企业外部的不同合作伙伴那里。从企业产品的价值实现过程来看,物流成本既与企业的生产和营销管理有关,又与客户的物流服务要求直接相关。

(4) 效益背反　物流成本之间存在效益背反规律,即物流成本中各功能间存在着此消彼长的关系,一种功能成本的削减会使另一种功能的成本增多。如物流成本与对顾客的服务水平间就存在着效益背反,即提高物流服务,物流成本就会上升。又如库存成本的降低就意味着运输成本的相对增加。从中可以看到,物流成本间各种费用是互相关联的,要想降低物流成本就必须考虑整体的最佳成本。

(5) 难以比较性　对物流成本的计算和控制,各企业通常是分散进行的,也就是说,各企业根据自己不同的理解和认识来把握物流成本,这样就带来了一个管理上的问题,即企业间无法就物流成本进行比较分析,也无法得出产业平均物流成本值。例如,不同的企业外部委托物流的程度是不一致的,由于缺乏相互比较的基础,因而无法真正衡量各企业相对的物流绩效。

(6) 物流成本削减　物流成本削减具有乘数效应,物流成本类似于物理学中的杠杆原理,物流成本的下降通过一定的支点,可以使销售额获得成倍的增长。例如,如果销售额为 100 亿元,物流成本为 10 亿元,那么物流成本削减 1 亿元,不仅直接产生 1 亿元的效益,而且因为物流成本占销售额的 10%,所以,间接增加了 10 亿元的效益,这就是物流成本削减的乘数效应。

5. 物流成本的构成与分类

物流成本从其所处的领域看,可分为流通企业物流成本和生产企业物流成本。

(1) 流通企业物流成本的构成和分类　流通企业物流成本的构成:在我国,物质资料的经营主要是由物资企业和商业企业共同承担的。流通企业物流成本是指在组织物品的购进、运输、保管、销售等一系列活动中所消耗的人力、物力和财力的货币表现,其基本构成如下:

①企业员工工资及福利费。

②支付给有关部门的服务费,如运杂费、邮电费等。

③经营过程中的合理消耗,如商品损耗、固定资产折旧等。

④支付的贷款利息。

⑤经营过程中的各种管理成本,如办公费、差旅费等。

流通企业物流成本可以按照以下成本的经济性质、成本与商品流转额和成本发生的流转环节三个方面进行分类。

①按照成本的经济性质划分:

a. 生产性流通成本:又称追加成本,是生产性成本在流通领域的继续,是为了使物品最终完成生产过程,便于消费而发生的成本。生产性流通成本要追加到产品的价值中去,是必要劳动的追加成本。

b. 纯粹性流通成本:又称销售成本,是流通企业在经营管理过程中,因组织产品交换而发生的成本。纯粹性流通成本同商品的交换行为有关,虽然不创造新的价值,但也是一种必要劳动,是物品价值实现过程所必不可少的。

②按成本与商品流转额的不同划分:

a. 可变成本:又称直接成本,是指物流成本中随商品流转额变动而变动的那一部分成本。这种成本开支的多少与商品流转额变化直接相关,即流转额的增加,成本支出也随之增加,反之则减少,如搬运费、仓库管理费等。

b. 相对不变成本:又称间接成本,是指物流成本中不随商品流转额的变动而变动的那一部分成本。成本与商品流转额没有直接关系,在一般情况下,商品流转额变动,它不一定发生变动，即使发生变动，也不与商品流转额成比例变动。它受商品流转额增减变动的影响较小，开支的绝对金额是相对固定的，如员工工资、福利费、折旧费等。

③按成本发生的流转环节划分：

a. 进货成本：是指商品由供货单位到流通企业仓库所发生的运输费、装卸费以及损耗费、包装费、入库验收费和中转单位收取的成本。

b. 商品储存成本：是指物流企业在商品保管过程中所开支的转库搬运、检验、挑选整理、维护保养、包装管理等方面的成本及商品的损耗费。

c. 销售成本：是指流通企业从商品出库到销售过程中所发生的包装费、手续费、管理费等。

(2) 生产企业物流成本的构成和分类 生产企业物流成本的构成：生产企业的主要目的是生产满足市场某种需要的产品。为了进行生产活动，生产企业必须同时进行有关生产要素的购进和产品的销售；另外，为保证产品质量、为消费者服务，生产企业还要进行产品的返修和废物的回收。因此，生产企业物流成本是指企业在进行供应、生产、销售及回收等过程中所发生的运输、包装、保管、输送、回收方面的成本。与流通相比，生产企业的物流成本大都体现在所生产的产品成本之中，具有与产品成本的不可分割性。

生产企业的物流成本一般包括以下内容：供应、销售人员的工资及福利费；生产要素的采购费用，包括运输费、通联费、采购人员的差旅费；产品的推销费，如广告宣传费；企业内部仓库保管费，如维护费、搬运费，有关设备、仓库的折旧费等，物流信息费；贷款利息；回收废弃物发生的物流费。

生产企业物流成本的分类：

①按物流成本支出的形式不同划分：

a. 本企业支付的物流成本：是指企业在供应、销售、退货等阶段，因运输、包装、搬运和整理等发生的由企业自己支付的物流成本。它又可进一步分为自己支付和委托支付两种物流成本，自己支付的物流成本包括材料费、人工费、燃料动力费、管理费、折旧费、利息支出费、维护保养费等，委托支出的物流成本包括运输费、手续费、保管费和包装费等。

b. 其他企业支付的物流成本：是指由于企业采购材料、销售产品等业务发生的由有关供应者支付的各种包装、搬运、运输、验收等物流成本。

②按物流活动构成划分：

a. 物流环节费：是指产品实体在空间位置转移所流经环节而发生的成本，包括包装费、运输费、保管费、装卸费及流通加工费等。

b. 信息流通费：是指为实现产品价值变换，处理各种物流信息而发生的成本，包括库存管理、订货处理、为客户服务等有关的成本。

c. 物流管理费：是指为了组织、计划、控制、调配物资等活动而发生的各种管理费，包括现场物流管理费和机构物流管理费。

③按物流过程划分：

a. 供应物流费：是指企业为生产产品购买各种原材料、燃料、外购件等所发生的运输、装卸、搬运等成本。

b. 生产物流费：是指企业在生产产品时由于材料、半成品、成品的位置转移而发生的搬运、配送、发料、收料等方面的成本。

c. 销售物流费：是指企业为实现商品价值，在产品销售过程中所发生的储存、运输、包装及服务成本。

d. 退货物流费：是指产品销售后因退货、换货所引起的物流成本。

e. 废品物流费：是指因废品、不合格产品的物流所形成的物流成本。

二、物流成本管理

1. 物流成本管理的概念

要想有效降低物流成本，就必须对物流成本管理的概念界定清楚。物流成本管理并非是指对物流活动中发生的成本进行管理，即并非是"管理物流成本"，而是通过"成本目标管理物流"，通过对物流活动的管理降低物流费用。前者是对物流成本本身的管理，后者是对物流整体的管理，出发点不同，本质上也有根本的区别。如果以为物流成本管理是管理物流成本的话，就可能只在计算物流成本上下功夫，而把计算物流成本当成目的。这样，虽然可以理解物流成本，但不一定知道怎样利用。而企业物流成本管理的实质，是把成本作为一种管理物流的手段，并把物流成本作为衡量和评价企业各项工作的标准、尺度，把物流工作放在同一标准和尺度下，去比较和分析，就会明显发现企业物流活动中哪些环节存在问题，以便有目标地解决问题，达到降低物流费用的目的。

2. 物流成本管理原则

（1）平衡物流成本与客户满意　物流成本随着所提供的客户服务质量水平的提高而成比例上升，服务质量水平设定过高，会使物流成本过于昂贵，这就是物流业中的服务质量"二律背反规律"。因而物流成本管理强调，在努力降低物流成本的同时还要注意不能因为降低物流成本而影响对顾客服务的质量，而要实现二者的优化平衡。对企业物流经理来说，合理地控制存货与运输，既不能损害客户服务水平，也不能使企业因为持有过多的存货而增加成本，既要对顾客及时送货，又要降低运输成本，这就成为物流管理或物流成本控制的主要任务。

（2）以企业整体成本为管理对象　物流管理目前在很多企业中都是分割开来由多个部门来管理的，包括订单管理、销售计划、采购计划、生产计划、原材料库存管理、成品库存管理、运输、配送、库存控制、客户服务等物流功能，往往都是几个部门在操作这些业务。由于企业往往只是对单个部门去考核其成本指标，使得其中很多环节都要去节约成本。但物流成本管理最重要的是要从总成本的角度出发，而不是单纯实现其中某个环节的成本最低，因为即便是某几个环节尽可能优化了，但总成本也许仍然高昂。其原因在于，物流成本涵盖范围广泛且物流成本之间存在着效益背反规律，使得一种功能成本的削减会使另一种功能成本的增多。因为各种费用互相关联，必须考虑整体的最佳成本，即要全面、正确地把握包括企业内外所发生的所有物流成本在内的整体物流成本。换句话说，要降低企业物流成本，不能仅从企业物流的某个单一方面出发，而是要以企业整体成本为对象。另一方面，追求成本的效率化不仅是企业中物流部门或生产部门的工作，同时也是销售部门、采购部门的重要工作，即应将降低物流成本的目标及方法贯彻到企业所有职能部门中去，并在部门间形成协调合作关系。

（3）通过对流通全过程的管理降低物流成本　首先，控制物流成本不单是本企业的事，仅本企业的物流体制具有效率是不够的，还需企业协调其他企业（如供应商）以及顾客、运输业者之间的关系，实现整个供应链活动的效率化。

3. 物流成本管理的作用

物流成本虽然是一种必然耗费，但此种耗费不创造任何新的实用价值，因此，物流成本是一种社会财富的扣除。国外学者认为，物流成本是降低成本的最后边界，称物流为"第三利润源"。为此，所有企业都在谋求降低物流成本的途径。同样，我国也开始致力于这方面的研究。实行物流成本的管理，降低物流成本、提高效益，对国家与企业都具有现实与长远的作用。其主要作用如下。

（1）改进企业的物流管理　企业物流管理水平的高低，直接影响着物流耗费的大小。因此，企业要降低物流成本水平，就必须不断提高服务质量，不断改进物流管理的方法及技能。从某种程度上说，加强物流成本管理、降低物流成本是企业提高物流管理水平、提高服务质量的一个激励因素。

（2）降低产品价格　因为物流成本是产品价格的组成部分之一，所以物流成本的大小对产品价格的高低具有重大影响。通过对物流成本进行管理，使得物流成本降至最低，企业便可在一个较大的幅度内降低其产品价格，从而增强企业的竞争能力；同时，也可减轻消费者的负担，为社会节约大量财富。

4. 物流成本管理要点

要加强物流成本管理，降低物流成本总水平，就必须把以下几个方面的工作落到实处，以发挥实效。

（1）确定成本管理对象　物流成本与生产成本相比较具有连续性、不确定性、难以分解等特点，这就为物流成本管理与核算增加了一定的难度。因此，物流成本管理的前提是确定成本管理对象，使得成本管理与核算有据可依。每一企业可以根据本企业的性质和管理的需要来确定物流成本管理对象。但企业一旦选用一种物流成本为管理对象，就不要轻易改变，以保持前后各期的一致性和可比性。具体对象如下：

①以物流构成作为对象，可以计算供应物流成本、生产物流成本、回收物流成本及废品物流成本。

②以物品实体作为对象，可以计算每一种物品在流通过程中（包括运输、验收、保管、维护、修理等）所发生的成本。

③以物流功能作为对象，计算运输、保管、包装、流通加工等物流功能所发生的成本。

④以物流成本项目作为对象，计算各物流项目的成本，如运输费、保管费、折旧费、修理费、材料费及管理费等。

（2）制定成本标准　确定物流成本管理对象，即把项目繁多的物流成本做划分，在此基础上便可进行物流成本预算管理。其标准的制定有以下几种。

①按成本项目制定成本标准：企业内部每一物流成本项目，按其与物流成本流转额的成本水平为依据，再结合本企业现在的状况和条件，确定合理的成本标准。而对于可变项目，则着重于考虑近期及长远条件和环境的变化（如运输能力、仓储能力、运输条件及国家的政策法令等），制定出成本标准。

②按物流功能制定成本标准：不论是运输、保管还是包装、装卸成本，其水平的高低均取决于物流技术条件、基础设施水平。因此，在制定物流成本标准时应结合当时的生产任务、流转流通数量及其他相关因素进行考虑。

③按物流过程制定成本标准：按物流过程制定成本标准，是一种综合性的技术，要求全面考虑物流的每个过程。既要以历史成本水平为依据，同时又要充分考虑企业内外部因素的变化。制定这种成本标准需要多种技能相结合。

（3）实行预算管理　成本标准确定后，企业应充分考虑其财力状况，制定出每一种成本的资金预算，以确保物流活动的正常进行。同时，按照成本标准，进行定期与不定期检查、评价与对比，以求控制物流活动和成本水平。

（4）实行责任成本管理制度　物流成本遍布社会再生产的每一个环节和过程。同样，企业的每一个环节和过程也都要发生物流成本。要想管理好物流成本，除了制定成本标准外，还需在物流部门、生产部门和销售、管理部门实行责任制，实行全过程、全人员成本管理，明确各自的权利和责任。具体方法及步骤如下。

①分解落实物流成本指标：不同的物流标准部门负担不同的物流成本，按成本发生的地点将成本分解到一定部门，落实其降低物流成本的责任，并按成本的可控性检查该部门物流成本降低情况，以作为评价其成绩的依据。

②编制记录、计算和积累有关成本及执行情况的报告：每一物流部门都应将其负担的物流成本进行记录、计算和积累，并定期编制业绩报告，以形成企业内部完整的物流成本系统。对一些共同性的物流成本，则另行计算，最终由企业最高机构计入成本总额。

③建立成本反馈与评价系统：一定期间结束后，将每一部门发生的物流成本实际支付结果与预算（标准）进行对比，评价该部门在成本控制方面的成绩与不足，以确定奖励还是惩罚。

（5）合理进行技术改造　合理进行技术改造是指在进行技术及设备引进时要考虑其经济性。尽管现今的运输、包装、装卸技术必然能降低物流成本，但现今技术方法的运用也必然具有较高的成本。因此，以经济技术相结合来选择运输工具、包装材料及装卸工具，也是降低物流成本的一个重要方面。

（6）推进物流管理的现代化　推进物流管理的现代化包括系统现代化、机械化、合理化。物流所要解决的主要问题是物资实体的位移及着眼于成本的降低。建立物流活动的系统化、机械化，从而使其流向合理化、包装和运输科学化，也能大大降低物流成本。

5. 降低物流成本的途径

由于企业所属行业的不同，其对物流成本的管理也就有所不同。但总的说来，企业降低物流成本的基本途径如下。

（1）建立企业物流成本构成模式与物流管理会计制度　明确物流成本的构成，全面、正确地把握包括企业内外发生的所有物流成本在内的企业整体物流成本，以企业整体成本为对象削减物流成本，建立企业物流成本的构成模式。从原来财务成本费用中剥离出属于物流成本范畴的内容，能准确判断和计算企业现有物流成本及其构成情况。分析和比较物流成本与制造成本、物流费用与其他费用之间的关系，建立科学的物流管理会计制度，使物流成本管理与财务会计在系统上联结起来，切实掌握物流系统的成本。分领域全面清理物流系统的资源配置，建立物流成本数据库，建立科学的物流成本比较依据。

（2）利用物流外包降低企业物流成本　在控制物流成本方面，有一种行为是值得注意的，那就是物流外包，或称第三方物流或合同制物流。它是利用企业外部的分销公司、运输公司、仓库或第三方货运人执行本企业的物流管理或产品分销职能的全部或部分。其范围可以是对传统运输或仓储服务的有限、简单的购买，或者是广泛的，包括对整个供应链管理的复杂合同。企业把物流环节外包给专业化的第三方物流公司，可以缩短商品在途时间，减少商品周转过程的费用和损失。例如安利在中国就采用了将非核心业务外包的运作模式，将绝大部分的运输和仓储业务外包给了第三方物流公司，珠三角地区主要由安利的车队运输，其他绝大部分货物运输都是由第三方物流公司来承担的。另外，在全国几乎所有的仓库均为外租第三方物流公司的仓库。而核心业务，如库存设计、调配指令及储运中心的主体设施与运作则主要由安利本身的团队统筹管理。目前已有多家大型第三方物流公司承担安利公司大部分的配送业务。这样，既能整合第三方物流的资源优势，与其建立坚固的合作伙伴关系，同时又能通过对企业供应链的核心环节——管理系统、设施和团队的掌控，保持安利的自身优势。这一措施使安利（中国）的储运成本仅占全部经营成本的 4.6%。

（3）通过建立物流子公司寻求削减物流成本　除了通过将物流业务外包给第三方物流公司来削减物流成本外，建立企业物流子公司也是货主企业控制物流费用的一种方法。这种方法的特点是物流业务仍然处于货主企业的总体控制之下，与此同时，通过子公司的独立经营来实现物流成本的下降。成立物流子公司后，一方面由于物流子公司是一个自负盈亏的独立经营实体，因而在内部费用管理上会更有效，可以更好地消除设施、设备的重复投资、人员费用过大等现象，遏制物流成本上升的一些主要因素；另一方面，从各经营公司来说，物流作业全部外包给物流子公司，物流费用支出将能在财务报表上明确地表示出来，进而有利于促进各经营公司销售上的成本效益管理，提高经济运行质量。如今大多数企业的物流子公司主要以削减母公司的物流成本为第一目标，在此基础上，子公司的业务逐渐向接受委托和战略经营的方向发展。正因为如此，很多货主企业逐步由外部委托物流向物流子公司经营转移，这样做的原因除了能增加子公司的经营容量外，最主要的是能借此提高物流子公司的物流经营能力，进而维持母公司的物流服务质量，保证公司整体经营战略的统一性。

（4）借助现代化的信息管理系统控制和降低物流成本　在传统的手工管理模式下，企业的成本控制受诸多因素的影响，往往不易也不可能实现各个环节的最优控制。企业采用信息系统一方面可使各种物流作业或业务处理能准确、迅速地进行；另一方面通过信息系统的数据汇总，进行预测分析，可控制物流成本发生的可能性。例如安利公司在信息管理系统上投资 9000 多万，其中很大一部分是用于物流、库存管理的 AS400 系统，它使公司的物流配送运作效率得到了很大提升，同时大大降低了各种成本。安利先进的计算机系统将全球各个分公司的存货数据联系在一起，各分公司与美国总部直接联机，详细储存每项产品的生产日期、销售数量、库存状态、有效日期、存放位置、销售价值、成本等数据。有关数据通过数据专线与各批发中心直接联机，使总部及仓库能及时了解各地区、各地店铺的销售和存货状况，并按各店铺的实际情况及时安排补货。在仓库库存不足时，公司的库存及生产系统也会实时安排生产，并预定补给计划，以避免个别产品出现断货情况，从而降低了缺货成本。

（5）加快企业物流速度，扩大物流量　物流速度越快，物流量越大，其成本也就越小。从物流速度与流动资金的关系来看，在其他条件不变的情况下，物流速度越快，所需流动资金越少，从而减少资金的占用和利息的支出，使物流成本降低。同时，尽可能减少流通环节和节约物流时间，尽可能直线运输，减少物资集中和分散运输的次数，实现效率化的配送，从而加快企业物流速度，降低企业物流总成本。

（6）对商品流通的全过程实现供应链管理　随着当今企业界价格竞争的激化，ECR 等新型供应链管理体制不断得到发展与普及。这种新型的物流管理体制使得客户除了对价格提出较高的要求外，更要求企业能有效地缩短商品周转时间，真正做到快速、及时、准确、高效地管理。要实现上述目标，仅本企业的物流体制具有效率化是不够的，它需要企业协调与其他企业（如上游配件供应商等）以及客户、运输业者（第三方物流供应商）之间的关系，实现整个供应链活动的效率化，使由生产企业、第三方物流企业、销售企业、消费者组成的供应链整体化和系统化，实现物流一体化，使整个供应链利益最大化，从而有效降低企业物流成本。

（7）通过效率化的配送来降低物流成本　近些年多频度、小单位配送的出现能更好地满足顾客的需要，但随之而来的却是配送成本费用的提高，这就要求企业采用效率化的配送方法。一般来讲，企业要实现效率化的配送，就必须重视配车计划管理，提高装载率以及车辆运行管理水平等。

（8）加强企业职工的成本管理意识　物流成本管理已经被提到战略的高度上，这不仅是企业高层领导应有的基本认识，也应在各职能部门乃至全体员工间达成基本的共识。企业应把降低成本的工作从物流管理部门扩展到企业的各个部门，并从产品开发、生产、销售全过程中，进行物流成本管理，使企业员工具有长期发展的战略性成本意识。

6. 物流成本管理方法

（1）比较分析法

①横向比较：把企业的供应物流、生产物流、销售物流、退货物流和废弃物物流（有时包括流通加工和配送）等各部分物流费分别计算出来，然后进行横向比较，看哪部分发生的物流费用最多。如果是供应物流费用最多或者异常多，则详细查明原因，堵住漏洞，改进管理方法，以便降低物流成本。

②纵向比较：把企业历年的各项物流费用与当年的物流费用加以比较，如果增加，则分析为什么增加，在哪个地方增加，增加的原因是什么。假若增加的是无效物流费，则应立即改正。

③计划与实际比较：把企业当年实际开支的物流费与原来编制的物流预算进行比较，如果超支，分析超支的原因，在什么地方超支。这样便能掌握企业物流管理中的问题和薄弱环节。

（2）综合评价法　比如采用集装箱运输，一可以简化包装，节约包装费；二可以防雨、防晒，保证运输途中物品质量；三可以起仓库作用，防盗、防火。但是，如果包装由于简化而降低了包装强度，货物在仓库保管时则不能往高堆码，浪费库房空间，降低仓库保管能力。由于简化包装，可能还影响货物的装卸搬运效率等。那么，利用集装箱运输是好还是坏，就要用物流成本计算这一统一的尺度来综合评价。分别算出上述各环节物流活动的费用，经过全面分析后得出结论，这就是物流成本管理。即通过物流成本的综合效益研究分析，发现问题、解决问题，从而加强物流管理。

（3）排除法　在物流成本管理中有一种方法称为活动标准管理（activity based management，ABM）。其中做法就是把物流相关的活动划分为两类：一类是有附加价值的活动，如出入库、包装、装卸等与货主直接相关的活动；另一类是非附加价值的活动，如开会、改变工序、维修机械设备等与货主没有直接关系的活动。其实，在商品流通过程中，如果能采用直达送货的话，则不必设立仓库或配送中心，实现零库存，等于避免了物流中的非附加价值活动。如果将上述非附加价值的活动加以排除或尽量减少,就能节约物流费用,达到物流管理的目的。

(4) 责任划分法　在生产企业里,物流本身的责任在物流部门,但责任的源头却是销售部门或生产部门。以销售物流为例,一般情况下,由销售部门制订销售物流计划,包括订货后几天之内送货,接受订货的最小批量是多少等均由企业的销售部门提出方案,定出原则。假若该企业过于强调销售的重要性,则可能决定当天订货,次日送达。这样的话订货批量大时,物流部门的送货成本少;订货批量小时,送货成本就增大,甚至过分频繁、过少数量送货造成的物流费用增加,大大超过了扩大销售产生的价值。这种浪费和损失,应由销售部门负责。分清类似的责任有利于控制物流总成本,防止销售部门随意改变配送计划,堵住无意义、不产生任何附加价值的物流活动。

7. 中国企业物流成本管理存在的问题

有数据显示,目前中国与物流相关的年总支出 19000 亿元人民币,物流成本占 GDP 比重的 20%～30%,而美、日等发达国家这一比例为 10%。显然,我国与发达国家在物流成本、周转速度以及产业化方面仍需完善,服务水平和效率比较低。

造成我国物流成本居高不下主要有以下原因。

(1) 目前我国企业现行的财务会计制度中,没有单独的科目来核算物流成本,一般所有的成本都列在费用一栏中,无法分离。这使得许多企业仅将向外部的运输企业支付的运输费用和向外部仓库支付的仓储费用作为企业的物流成本。这种计算方式使得大量的物流成本,如企业内与物流活动相关的人员费、设备折旧费等不为人所知。根据一些发达国家的研究成果,实际发生的物流成本常是会计记录的 5 倍以上。

(2) 我国企业物流总成本管理的概念比较淡薄。企业往往只关心直接的仓储和运输成本,而不考虑存货持有成本的其他部分和物流行政管理成本。这不仅是现代物流管理知识普及不够的问题,把握物流总成本在实际操作上的难度恐怕也是一个主要原因。

(3) 在我国物流库存和运输成本较高。我国物流企业基础设施有待提高,配套性、兼容性差,系统功能不强。这种现象表现在各种运输方式之间、国家运输系统与地方运输系统之间、不同地区运输系统之间相互衔接的枢纽设施和有关服务设施建设方面投入不够,对物流产业发展有重要影响的各种综合性货运枢纽、物流基地、物流中心建设发展缓慢。这就造成了我国物流产业一直缺乏现代运输及物流配送的网络技术系统,货运的空载率多年保持在 60% 左右,仓储量则是美国的 5 倍。同时,物流基础建设布局不合理,54% 分布在东部,30% 分布在中部,16% 分布在西部。

(4) 物流管理成本高。我国大部分物流企业的管理者,具有中专以上文化程度的仅占整个物流行业职工总数的 7.5%,这也是造成我国多数物流企业规模较小的主要原因。以仓储业为例,我国仓储业大多始建于 20 世纪 50～60 年代,土地、仓库资源丰富,有长期从事物流业的基础和客户群,但仓库的平均吞吐次数仅为 3～4 次,利用率极低。

(5) 信息技术有待提高。我国传统物流经营模式是以仓储、运输、装卸、养护为重点,不重视对商品配送、流通加工、企业内部的信息化改造、物流技术的引进、物流信息的搜集、处理及发布。目前,大部分物流企业信息化水平低,信息加工和处理手段落后,信息处理水平只相当于世界平均水平的 2.1%。物流环节成本居高不下,降低了竞争力。

当前,过高的物流成本削弱了我国企业在国际市场上的价格优势,降低物流成本已经成为我国企业迫切需要解决的问题。为了大幅度提高物流成本的管理水平，降低我国企业的总体物流成本，政府管理部门和企业自身都要进行大规模的改进。

作为政府管理部门，一方面应该加快物流基础设施建设（如全球卫星定位系统），提高物流效率，同时积极推动国内"大物流"的建设。所谓"大物流"是指企业的自有物流、车队、仓库、人员等和第三方物流企业的配送信息与资源的共享，以实现更大限度地利用社会各方面的资源减少物流总支出，降低运营成本。"大物流"是衡量一个国家综合物流水平高低的重要标志。在西方发达国家，以第三方物流为主的"大物流"系统十分发达，企业对第三方物流的利用率超过了75%，而在我国尚不足30%。另一方面，政府部门应协同高校在全社会范围内展开关于物流和物流成本重要性的宣传与教育。美国为促进物流产业的发展，在高校中专门开设物流专业，部分高校还设有研究生课程，同时由美国物流协会组织全面开展物流在职教育。我国应加强这方面的工作。

作为企业，一方面应加快实现企业物流设备的现代化。随着物流业的快速发展，越来越多的新技术和新设备被广泛应用，如全球卫星定位系统、互联网技术、条形码及识读技术、电子数据交换、射频识别技术、自控技术、机器人及高速、灵活的运输工具。设备的现代化能推动企业的反应快速化、操作规范化，有效地降低库存和交货不及时的现象，提高运营效率和准确率。另一方面，企业应把实现物流信息化作为重点工作之一加以开展，以打破目前的部门独立、信息分散的状况。其关键是利用企业自己的内部网络（intranet），将其内部各个部门连接起来，资源共享，健全企业内部的统一信息管理体系，降低重复性投入，减少企业运营成本。同时运用网络技术，通过 intranet 或 internet、电子数据交换（EDI）完成诸如网上交易、售后服务等，在最短时间内完成国内外任何区域的业务。

第六节　食品物流质量管理

食品工业是人类的生命产业，是一个古老而又永恒不衰的产业。世界食品产业是世界制造业的第一大产业。我国有大约14亿人口，应当成为食品工业的大国和强国。发展食品工业是我国经济发展的一大战略。

一、食品质量管理概述

食品质量管理是质量的理论、技术和方法在食品加工和储藏工程中的应用，食品是一种对人类健康有着密切关系的特殊有形产品，它符合一般有形产品质量特性和质量管理的特征，又具有其独有的特殊性和重要性。

（1）食品质量管理在时间和空间上具有广泛性　食品质量管理在空间上包括田间、原料运输车辆、原料储存车间、生产车间、成品储存库房、运载车辆、超市或商店、运输车辆、冰箱、再加工、餐桌等环节的各种环境。从田间到餐桌的任何一环的疏忽都可使食品丧失食用价值。在时间上食品质量管理包括三个主要的时间段，原料生产阶段、加工阶段、消费阶段，其中原料生产阶段时间特别长。任何一个时间段的疏忽都可使食品丧失食用价值。食用变质的食品，非但对人的健康没有任何好处，还会产生极其严重的恶果。对加工企业而言，对加工期间的原料、在制品和产品的质量管理和控制能力较强,而对原料生产阶段和消费阶段的管理和控制能力往往鞭长莫及。

(2) 食品质量管理的对象具有复杂性　食品原料包括植物、动物、微生物等,许多原料在采收以后必须立即进行预处理、储存和加工,稍有延误就会变质或丧失加工和食用价值。而且原料大多为具有生命机能的生物体,必须控制在适当的温度、气体分压等环境条件下,才能保持其鲜活和可利用的状态。食品原料还受产地、品种、季节、采收期、生产条件、环境条件的影响,这些因素都会很大程度上改变原料的化学组成、风味、质地、结构,进而改变原料的质量和利用程度,最后影响到产品的质量。因此,食品质量管理对象的复杂性增加了食品质量管理的难度,需要随原料的变化不断调整工艺参数,才能保证产品质量的一致性。

(3) 在有形产品质量特性中安全性最重要　食品的质量特性同样包括功能性、可信性、安全性、适应性、经济性和时间性等,但其中安全性始终放在首要考虑的位置。一个食品产品,其他质量特性再好,只要安全性不过关就丧失了作为产品和商品存在的价值。我国在基本解决食物量的安全以后,对食物质的安全越来越关注。1996年世界卫生组织在《加强国家级食品安全性指南》中明确规定,食品安全性是对食品按其用途进行制作或食用时不会使消费者受害的一种担保。食品的安全性应保证食品不含有可能损害或威胁人体健康的有毒有害化学物质或生物(细菌、病毒、寄生虫等),避免导致消费者患食源性疾病的危险。

食源性疾病包括感染性和中毒性两类,感染性食源性疾病是指食品污染致病微生物(细菌、病毒)和寄生虫所引起的传染病和人畜共患病等;中毒性食源性疾病是指有毒有害化学物质污染所致急慢性中毒,对消费者甚至其后代产生危害。在工业化国家人们患食源性疾病占所有疾病的1/3左右。美国每年有7600万人次患食源性疾病,有32.5万人因此住院,有5000人死亡,每年因医药开支和劳动力丧失耗资3500亿美元。食源性疾病的安全问题还会造成企业倒闭、产业破产、社会恐慌。如1989年上海毛蚶引起甲型肝炎暴发流行事件造成社会的极大恐慌。1996年以来的英国疯牛病和1999年比利时的二噁英事件对英国的养牛业和比利时的养鸡业产生毁灭性的打击,分别损失52亿美元和13亿美元。我国蜂制品抗生素超标和茶叶中农药超标曾对出口造成障碍。2002年日本雪印牌低脂牛乳大规模中毒事件对该企业来说是致命一击。

即使是正常的食品成分和营养成分在不当使用时也会产生安全问题。例如食品添加剂超范围和超标使用,营养强化剂维生素和矿物质的超标使用等也会引起极严重的后果。

除了预防食源性疾病以外,食品的安全性还包括排除物理性危害的可能性。食品中不应夹杂有石子、金属、玻璃、毛发等非食品成分。食品包装物应坚固耐撞击,不至于爆炸伤人。果冻等食品的体积应适宜,不至于卡在儿童的喉管中导致窒息死亡。灌肠中不应有骨碎片,以免伤及消费者。

食品安全性的重要性决定了食品质量管理中安全质量管理的重要地位。在《全面建设小康社会,开创中国特色社会主义事业新局面》的报告中把健全农产品质量安全体系作为我国经济建设和经济体制改革重要内容之一,足见食品的安全性受到了全社会和政府的高度重视。有人把食品安全管理比作仅次于核电站的安全管理一点也不为过。因此可以说食品质量管理以食品安全质量管理为核心,食品法规以安全卫生法规为核心,食品质量标准以食品卫生标准为核心。

(4) 在食品质量监测控制方面存在着相当的难度 质量检测控制常采用物理、化学和生物学测量方法。在电子、机械、医药、化工等行业中，质量检测的方法和指标都比较成熟。食品的质量检测则包括化学成分、风味成分、质地、卫生等方面的检测。一般来说，常量成分的检测较为容易，微量成分的检测就要困难一些，而活性成分的检测在方法上尚未成熟。感官指标和物性指标的检测往往要借助评审小组或专门仪器来完成。食品卫生的常规检验一般采用细菌总数、大肠菌群、致病菌作为指标，而细菌总数检验技术较落后、耗时长，大肠菌群检验既烦琐又不科学，致病菌的检验准确性欠佳。对于转基因食品的检验更需要专门的实验室和经过专门训练的操作人员。

(5) 食品质量管理对产品功能性和适用性有特殊要求 食品的功能性除了内在性能、外在性能以外，还有潜在的文化性能。内在性能包括营养性能、风味嗜好性能和生理调节性能。外在性能包括食品的造型、款式、色彩、光泽等。文化性能包括民族、宗教、文化、历史、习俗等特性。因此在食品质量管理上还要严格尊重和遵循有关法律、道德规范、风俗习惯的规定，不得擅自更改。例如清真食品在加工时有一些特殊的程序和规定，也应列入相应的食品质量管理的范围。

消费者对一种食品的热情不会维持很久，对食品口味的要求经常发生变化，因此食品质量管理也必须不断进行市场调查，及时调整工艺参数，提高产品的适应性。

许多食品适应于一般人群，但也有部分食品仅针对一部分特殊人群，如婴幼儿食品、孕妇食品、老年食品、运动食品等。政府及主管部门对特殊食品制定了相应的法规和政策，建立了审核、检查、管理、监督制度和标准，因此特殊食品质量管理一般都比普通食品有更严格的要求和更高的监管水平。

(6) 食品质量管理的水平需要极大提高 食品加工和储藏是古老的传统产业，基础较为薄弱，部分大中型食品企业的技术、设备先进，管理水平较高，但也有一些食品企业产品老化、设备陈旧、科技含量低、从业人员素质低、管理不善。行政管理部门也存在法规不够健全以及执行和监督不力，设置准入门槛过低等问题。因此食品行业的质量管理总体水平与医药、电子、机械等行业相比有一定差距，食品行业应向其他行业学习，不断提高管理水平。

二、 食品质量管理的主要研究内容

(1) 质量管理的基本理论和基本方法 食品质量管理是质量管理在食品工程中的应用，因此质量管理学科在理论和方法上的突破必将深刻影响到食品质量管理的发展方向。相反，食品质量管理在理论和方法上的进展也会促进质量管理学科的发展，因为食品工业是制造业中占据重要份额且发展最快的行业。

质量管理基本理论和基本方法主要研究质量管理的普遍规律、基本任务和基本性质，如质量战略、质量意识、质量文化、质量形成规律、企业质量管理的职能和方法、数学方法工具、质量成本管理的规律和方法等。质量战略和质量意识研究的任务是探索适应经济全球化的现代质量管理理念，推动质量管理上一个新的台阶。企业质量管理重点研究的是综合世界各国先进的管理模式，提出适合各主要行业的行之有效的规范化管理模式。数学方法和工具的研究正集中于超严质量管理控制图的设计方面。质量成本管理研究的发展趋势是把顾客满意度理论和质量成本管理结合起来，推行综合的质量经济管理新概念。

(2) 食品质量法规与标准 食品质量法规与标准的研究在 21 世纪受到特别的重视。世界各国政府已经认识到，经济全球化时代，食品质量管理必须走标准化、法制化、规范化管理的道路。国际组织和各国政府制定了各种法规和标准，旨在保障消费者的安全和合法利益，规范企业的生产行为，防止出现疯牛病、二噁英污染等恶性事件，促进企业的有序公平竞争，推动世界各国的正常贸易，避免不合理的贸易壁垒。因此食品质量法规和标准是保障人民健康的生命线，是各行各业生产和贸易的生命线，是企业行为的依据和准绳。对于我国政府、企业和人民来说，食品质量法规与标准的研究更有着重要的现实意义。我国社会主义市场经济正处于建立、逐步完善和发展阶段，法制建设也处于完善发展阶段，企业在完成原始积累以后正朝着现代企业目标前进，生活水平得到提高的广大人民群众十分强烈地关注食品质量问题，因此我国管理部门、学术机构和企业都应十分关注和研究食品质量法规与标准。

食品质量法规与标准从世界范围看有国际组织的、世界各国的和我国的三个主要部分。国际组织和发达国家的食品质量法规与标准是我国法律工作者在制定我国法规与标准时的重要参考和学习对象。食品出口企业在组织生产时也应严格遵照出口对象国的法规与标准进行目标管理，即使内销企业也可等同采用国际标准，提高企业的管理水平和国际竞争力。中国在加入 WTO 以后全力组织研究食品法典委员会、世界贸易组织、国际乳品联合会、国际葡萄与葡萄酒局等国际组织及美国、加拿大、日本、欧盟、澳大利亚等国（地区）的食品法规与标准。为适应市场经济和国际贸易的新形势，我国正在大幅度地制定新的法规、标准并修改原有的法规、标准，这就要求企业和学术界紧跟形势，重新学习，深入研究。在学习研究法规和标准时，除了掌握具体内容以外，还应了解法规产生的背景、依据、指导思想诸体系、主要侧重点、存在问题等，洞悉法规和标准形成和发展的趋势。企业应根据国际国内的法规、标准，结合企业实际，制定企业自身的各项制度和标准体系，落到实处。

(3) 食品卫生与安全的质量控制　食品卫生安全问题是全球性的严重问题，发达国家存在着严重的食品卫生和安全问题，如英国的疯牛病、日本的大肠杆菌 O157 事件、比利时的二噁英事件等。发展中国家问题可能更加严重，只不过影响面较小。食品卫生与安全质量控制无疑是食品质量管理的核心和工作重点。根据 WTO 的规定，为防止欺骗行为和保护人类健康安全，各国有权采取贸易技术壁垒，实施与国际标准、导则或建议不尽一致的技术法规、标准和合格评定程序。此规定使问题变得更加复杂，即一部分国家以食品卫生与安全为借口进行贸易保护。

食品良好操作规范（GMP）、危害分析关键控制点（HACCP）系统和 ISO9000 标准系列都是行之有效的食品卫生与安全质量控制的保证制度和保证体系。GMP 是食品企业自主性的质量保证制度，是构筑 HACCP 系统和 ISO9000 标准系列的基础。HACCP 系统是在严格执行 GMP 的基础上通过危害风险分析，在关键点实行严格控制，从而避免生物的、化学的和物理的危害因素对食品的污染。ISO9000 标准系列是更高一级的管理阶段，包含了 GMP 和 HACCP 的主要内容，体现了系统性和法规性，已成为国际通用的标准和进入欧美市场的通行证。

这些保证制度和体系已被实践证明对确保食品卫生与安全是行之有效的。但这些普遍原则缺乏针对性，在执行过程中需要较长期的"磨合"过程。GMP、HACCP、ISO9000 标准三者在内容上重复之处颇多，因此学术界认为应实行一种针对性强、便于操作的规范制度。食品企业在构建食品卫生与安全保证体系时，首先要根据自身的规范、生产需要和管理水平确定适合的保证制度,然后结合生产实际把保证体系的内容细化和具体化,这是一个艰难的试验研究的过程。

(4) 食品质量检验的制度和方法　食品质量检验是食品质量控制的必要的基础工作和重要的组成部分,是保证食品卫生与安全和营养风味品质的重要手段,也是食品生产过程中质量控制的重要手段。食品质量检验主要研究确定必要的质量检验机构和制度,根据法规、标准建立必需的检验项目,选择规范化的切合实际需要的采样和检验方法,根据检验结果提出科学合理的判定。

三、 食品质量管理的地位和作用

质量管理是生产力发展到一定水平的产物,质量管理水平和受重视程度也随着经济和社会的发展而提高。在一般情况下,发达国家的质量管理水平较高,一个国家内经济发达地区的质量管理水平较高,同一地区内实力雄厚有竞争力企业的质量管理水平较高。

从 21 世纪开始,我国进入全面建设小康社会、加快推进社会主义现代化的新的发展阶段。今后 5~10 年,是我国经济和社会发展的重要时期,是进行经济结构战略性调整的重要时期,也是完善社会主义市场经济体制和扩大对外开放的重要时期。国民经济的高速发展、经济结构的战略调整,都离不开经济增长质量和效益的提高,离不开国民经济整体素质的提高,离不开工业、农业、服务业产品质量的提高。

农业和农村经济结构的调整必须走农民按市场需求生产优质的农产品的道路。所谓优质农产品就是符合食品质量标准的适于加工或食用的营养丰富的农产品。因此农业产业的现代化也离不开食品质量管理。

不断提高城乡居民的物质和文化生活水平,是发展经济的出发点和归宿,也是扩大内需、保证经济持续增长的动力。食品质量管理牵涉居民的消费安全,牵涉居民的物质和文化生活水平,牵涉全民健康水平。

食品质量管理与食品的国际贸易关系极大。加强食品质量管理有助于企业按国际通用标准生产出高质量的产品。海关等部门依照我国的法规对进口食品质量和安全进行严格管理,对保护我国人民的健康是必不可少的。在进入 WTO 以后,我国的对外贸易经常面对进口对象国的贸易技术壁垒。我们一方面要加强食品质量管理,提高出口食品的质量,促进食品出口;另一方面也要提高我们的检测检验水平,提供有力的质量保证,推动食品的出口。

总之,食品质量管理与国民经济和人民生活关系极大,必须引起政府、农户和企业、全社会的关注和重视,共同努力,确保我国的食品安全和高品质。

第七节　物流标准化

标准化工作是实现物流系统化的一项重要内容,它不仅是实现物流各环节衔接一致性、降低物流成本的有效途径,也是进行科学化物流管理的重要手段。本节在阐述物流标准化意义的基础上,着重介绍物流标准化的内容和物流标准化的方法。

一、物流标准化的概念及意义

1. 标准化的一般含义

标准化是指在经济、技术、科学及管理等社会实践中,对产品、工作、工程、服务等普遍的活动规定、发布和实施统一标准的过程。标准化是国民经济中一项重要的技术基础工作,它对改进产品、过程和服务的适用性,防止贸易壁垒,促进技术合作,提高社会经济效益具有重要的意义。

目前,标准化工作开展较普遍的领域是产品标准,这也是标准化的核心。产品标准、工程标准、工作标准、环境标准、服务标准近来也发展很快。

为了推行标准化,世界上大多数国家都有标准化组织,例如我国的国家市场监督管理总局、英国标准化协会(BSI)等。在日内瓦的国际标准化组织负责协调世界范围的标准化问题。

2. 物流标准化

物流标准化是指以物流系统为对象,围绕运输、储存、装卸、包装以及物流信息处理等物流活动制定、发布和实施有关技术和工作方面的标准,并按照技术标准和工作标准的配合性要求,统一整个物流系统的标准的过程。

具体说来,物流标准化应以物流为一个大系统,制定系统内部设施、机械设备、专用工具等各个分系统的技术标准;制定系统内各分领域,包括运输、仓储、包装、装卸等方面的工作标准;以系统为出发点,研究各分系统与分领域中技术标准和工作标准的配合性,按配合性要求,统一整个物流系统的标准;研究物流系统与相关其他系统的配合性,最终使物流大系统的标准统一。

3. 物流标准化的意义

物流本身是一个大系统,所涉及的范围极其广泛。从物流行为的主体看,涉及供货企业、订货企业和物流服务企业;从活动范围看,既有区域性物流,又有全国性物流和国际物流;从运用的运输手段看,包括铁路、公路、水路、航空、管道五种运输方式;从节点设施的种类看,包括仓库、运输场站、物流中心、空港和码头等;物流作业活动中,要使用各种装卸、搬运、包装设备和器具。一项物流活动的完成,是众多物流要素共同作用的结果。实现物流系统化需要包装、装卸、运输、仓储、信息等各个功能环节相互衔接;各种运输手段的有机组合以及各种类型物流节点设施之间的货物转移需要在物流设备、包装方面相互配合。

为了能够使各种物流要素有效配合,就需要对物理设施、设备、器具、作业方法等制定统一的标准,并且按照统一的标准组织物流活动。物流标准化对于提高物流作业标准,加快商品流通速度,保证物流质量,减少物流环节,提高物流管理效率,降低物流成本具有巨大的促进作用,同时也有利于推动物流技术的发展。

(1) 物流标准化可以实现物流各环节衔接的一致性 通过制定和执行物流工作中的相关标准,不仅可以保证物流活动各环节的技术衔接和协调,规范服务质量,加快流通速度,而且可以合理地利用物流资源,提高资源利用效率。

(2) 物流标准化是进行物流管理科学化的重要手段 物流标准化为物流管理的规范化提供了基础,使得物流管理目标更加明确,有利于提高物流效率,实现整个物流大系统的高度协调统一。

（3）物流标准化是降低物流成本的有效手段　通过物流标准化，可以实现物流各个环节的有机组合，减少中间环节，减少无效劳动，提高设备、设施以及器具的使用效率，从而达到降低物流成本、提高经济效益的目的。

（4）物流标准化有利于提高技术水平　推动物流技术的标准化有利于在运输工具、装卸、包装等方面采用国际标准，为与国外物流设施、设备、器具的相互配合创造条件。

（5）物流标准化便于同外界系统的连接　物流活动中使用的设施和设备需要机械制造企业提供，货源来自生产企业和流通企业等。也就是说，物流活动不仅是物流系统本身的问题，还涉及产品的生产流通以及物流设施和设备的生产制造系统。实施标准化，可以促进这些系统的有效衔接。

（6）物流标准化是加快物流系统建设的捷径　由于建立物流系统和进行物流管理涉及面广，早日推行物流标准化，可使我国的物流管理少走弯路。

我国物流标准化工作还处于发展阶段，许多方面和环节还缺乏统一、规范的标准，这也是制约国内物流水平提高的重要因素之一。加快物流标准化进程，是我国物流事业面临的重要课题。

二、物流标准化的内容

按照标准化工作应用的范围，物流标准可以分为技术标准、工作标准和作业标准。

1. 技术标准

技术标准是指标准化领域中需要协调统一的技术事项所制定的标准。在物流系统中，主要指物流基础标准和物流活动中采购、运输、装卸、仓储、包装、配送、流通加工等方面的技术标准。

（1）物流基础标准　基础标准是制定物流标准应遵循的全国统一的标准，是制定物流标准必须遵循的技术基础与方法指南，主要包括专业计量单位标准、物流基础模数尺寸标准、集装基础模数尺寸标准、物流建筑基础模数尺寸标准、物流专业名词（术语）标准等。

①专业计量单位标准：物流标准是建立在一般标准化基础之上的专业标准化系统，除国家规定的统一计量标准外，物流系统还要有自身独特的专业计量标准。

②物流基础模数尺寸标准：基础模数尺寸是指标准化的共同单位尺寸，系统各标准尺寸的最小公约尺寸。在制定各个具体的尺寸标准时，要以基础模数尺寸为依据，选取其整数倍数为规定的尺寸标准。这样可以大大减少尺寸的复杂性，使物流系统各个环节协调配合，构成系统整体的基础。

③集装基础模数尺寸标准：集装基础模数尺寸是最小的集装尺寸，它是在物流基础模数尺寸的基础上，按倍数推导出来的各种集装设备的基础尺寸，以此尺寸作为设计集装设备尺寸的依据。在物流系统中，由于集装尺寸必须与各环节物流设施、设备相配合，在对整个物流系统设计时，通常以集装尺寸为核心进行设计。集装基础模数尺寸是物流系统各个环节标准化的核心，它决定和影响其他物流环节的标准化。

④物流建筑基础模数尺寸标准：主要是指物流系统中各种建筑物所使用的基础模数，在设计建筑物的长、宽、高尺寸，门窗尺寸、建筑物柱间距、跨度及进深尺寸时，要以此为依据。

⑤物流专业术语标准：包括物流专业名词的统一化、专业名词的统一编码以及定义的统一

解释。物流专业术语标准化可以避免由于人们对物流词汇的不同理解而造成物流工作的混乱。

（2）各个分系统的技术标准

①运输车船标准：主要是指对货车、卡车、货船、拖挂车等运输设备制定的车厢、船舱尺寸、载重能力、运输环境条件等标准，以保证设备之间以及设备和固定设施的衔接。此外，还包括废气排放、噪声等级等标准。

②作业车辆标准：包括物流设施内部使用的各种作业车辆，如叉车、台车、手推车等，包括尺寸、运行方式、作业范围、作业重量、作业速度等方面的标准。

③传输机标准：包括水平、垂直输送的各种起重机、传送机、提升机的尺寸、传输能力等技术标准。

④仓库技术标准：包括仓库尺寸、建筑面积、通道比例、单位储存能力、温度、湿度、照明等技术标准。

⑤包装标准：包括包装尺寸、包装材料、质量要求、包装标志以及包装的技术要求等标准。

⑥站台技术标准：包括站台高度、作业能力等技术标准。

⑦集装箱标准、托盘标准：包括托盘、集装箱系列尺寸标准、荷重标准以及集装箱的材料标准等。

⑧货架、储罐标准：包括货架净空间、载重能力、储罐容积和尺寸标准等。

⑨信息标准：包括 EDI 标准、GPS 标准等。

2. 工作标准

工作标准是对工作内容、方法和质量要求所制定的标准。物流工作标准是对各项物流工作制定的统一要求和规范化制度，主要包括：各岗位的职责及权限范围；完成各项任务的程序和方法以及与相关岗位的协调、信息传递方式，工作人员的考核和奖励方法；物流设施、建筑的检查验收规范；吊钩、索具使用、放置规定；货车和配送车辆运行时刻表、运行速度限制以及异常情况的处理方法等。工作标准可使物流系统统一工作方式，提高工作效率。

3. 作业标准

物流作业标准是指在物流作业过程中，物流设备运行、作业程序、作业要求等标准，这是实现作业规范化、效率化以及保证作业质量的基础。

三、物流标准化的方法

物流标准中的工作标准和作业标准一般属于个别企业按照一定的规范要求制定的。作为统一的物流标准主要是指技术标准，通过制定标准规格尺寸来实现物流系统各个环节的顺畅衔接。其主要制定方法如下。

1. 确定物流的基础模数尺寸

基础模数尺寸一旦确定，设备的制造、设施的建设、物流系统中各环节的配合协调、物流系统与其他系统的配合就以其为依据。

目前国际标准化组织（ISO）制定的物流基础尺寸标准如下。

①物流基础模数尺寸：600mm×400mm。

②物流集装基础模数尺寸：1200mm×1000mm 为主，也允许 1200mm×800mm 和 1200mm×

1100mm。物流基础模数尺寸与集装模数尺寸的配合关系如图 9-4 所示。

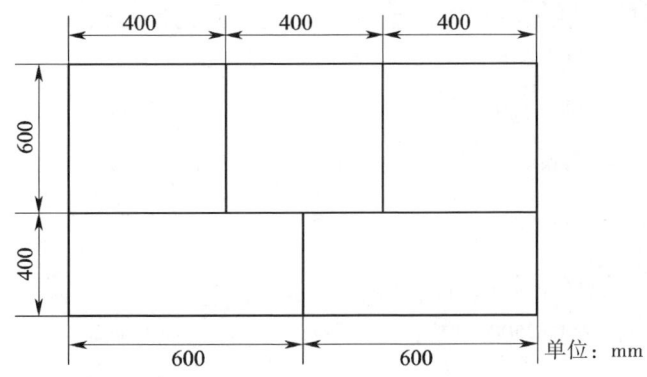

图 9-4　物流基础模数尺寸与集装模数尺寸的配合关系

2. 确定物流模数

物流模数即集装基础模数尺寸，集装模数尺寸影响和决定着与其有关的各个环节的标准化。

集装基础模数尺寸可以从物流基础模数尺寸 600mm×400mm 按倍数推导出来，也可以在满足 600mm×400mm 的基础模数的前提下，从卡车或大型集装箱的分割系列中推导出来。

3. 以分割及组合的方法确定系列尺寸

物流系列尺寸要以物流模数为基础，物流某一环节的标准系列的确定过程是：依据物流模数确定有关系列的大小及尺寸，再从中选出全部或部分，作为定形的生产制造尺寸。由物流模数体系可以确定包装容器、运输装卸设备、保管器具等的系列尺寸。

根据物流模数可以推导出包装的系列尺寸。例如，日本工业标准（JIS）中，1100mm×1100mm 集装尺寸可以分割出 60 个运输包装系列尺寸，1200mm×1000mm 集装尺寸可以分割出 40 个运输包装系列尺寸（表 9-1）。

表 9-1　　　　1200mm×1000mm 集装尺寸分割出的运输包装系列尺寸

名称编号	长×宽/mm²	长宽比	一层的堆码个数	堆码模型
12-1	1200×1000	1.2	1×1	B
12-2	1200×500	2.4	1×2	B
12-3	1200×333	3.6	1×3	B
12-4	1200×250	4.8	1×4	B
12-5	1200×200	6	1×5	B
12-6	1000×600	1.6	1×2	B
12-7	1000×400	2.5	1×3	B
12-8	1000×300	3.333	1×4	B

续表

名称编号	长×宽/mm²	长宽比	一层的堆码个数	堆码模型
12-9	1000×240	4.166	1×5	B
12-10	1000×100	5	1×6	B
12-11	600×500	1.2	2×2	B
12-12	600×400	1.5	1×2+1×3	B、R
12-13	600×333	1.8	3×2	B
12-14	600×250	2.4	4×2	B
12-15	600×200	3	2×2+6	B、R
12-16	500×400	1.25	2×3	B
12-17	500×300	1.666	2×4	B
12-18	500×240	2.083	2×5	B
12-19	500×233	2.145	2×3+4	B、S
12-20	500×200	2.5	2×6	B
12-21	475×250	1.9	4×2+2	B、S
12-22	433×333	1.3	3×2+2	B、S
12-23	400×333	1.2	3×3	B
12-24	400×300	1.333	1×4+2×3	B、R
12-25	400×250	1.6	3×4	B
12-26	400×200	2	1×6+3×3	B、R
12-27	380×240	1.583	2×5+1×3	B、S
12-28	333×300	1.111	3×4	B
12-29	333×240	1.388	3×5	B
12-30	333×216	1.541	3×4+4	B、S
12-31	333×200	1.665	3×6	B
12-32	316×200	1.58	4×3+3	B、S
12-33	300×250	1.2	4×4	B
12-34	300×233	1.287	3×4+5	B、S
12-35	300×200	1.5	2×4+2×6	B、R

续表

名称编号	长×宽/mm²	长宽比	一层的堆码个数	堆码模型
12-36	266×200	1.33	3×6+4	B、S
12-37	250×240	1.041	4×5	B
12-38	250×200	1.25	4×6	B
12-39	240×200	1.2	5×5	B
12-40	200×200	1.0	5×6	B

注：B表示重叠式码放，R表示正反交错式码放，S表示旋转交错式码放。

第八节　企业物流管理

一、企业物流的概念和分类

1. 企业物流的概念

关于企业物流的内涵及范畴，可理解为是以企业经营为核心的物流活动，是具体的、微观物流活动的典型领域。

企业系统活动的基本结构是"投入－转换－产出"，对于生产类型的企业来讲，是原材料、辅料、人力、资本等的投入，经过制造或加工使之转换为产品或服务；对于服务型企业来讲则是设备、人力、管理和运营，转换为对用户的服务。物流活动便是伴随着企业的"投入－转换－产出"而发生的。相对于投入的是企业外供应或企业外输入物流，相对于转换的是企业内生产物流或企业内转换物流，相对于产出的是企业外销售物流或企业外服务物流。由此可见，在企业经营活动中，物流是渗透到各项经营活动之中的活动。

2. 企业物流的分类

按企业性质不同有以下不同种类的企业物流。

（1）工业生产企业物流　工业生产企业物流是对应生产经营活动的物流，这种物流有四个子系统，即供应物流子系统、生产物流子系统、销售物流子系统及废弃物物流子系统。

（2）农业生产企业物流　农业生产企业中农产品加工企业的性质及对应的物流与工业企业是相同的。农业种植企业的物流是农业生产企业物流的代表。

二、现代企业物流

1. 现代物流在工业企业内部生产领域的发展

（1）现代物流在两个领域有不同的发展

①社会流通领域：在社会流通领域，现代物流发展起源于"商物分离"。大生产方式依托于专业化的支持，又进而促进专业化的发展。流通领域专业化的结果是首先出现"商物分

离"，也即商流和物流沿着自己的专业轨道发展。社会化的独立形态物流进一步系统化，使专业的物流职能向专业的物流经营方向发展，形成物流行业。再进一步，物流行业也由初期的承运向货代方向发展，乃至发展到今天高水平的第三方物流、第四方物流和供应链。时至今天，这些独立的企业和物流行业，已经可以构筑成一个完整的物流业。

②工业企业内部生产领域：从"第三利润源泉"到生产、物流一体化。第二次世界大战产业革命以后，众多企业感到对于人力、原材料这两个利润源泉的挖掘已潜力有限时，发现采用物流技术和物流管理方式，能够有效地增强企业的活力，提高企业的效率和效益，从而增加企业的利润，这一物流被称为"第三利润源泉"，更多的企业开始关注生产机构内部的物料移动规律。经过分析发现，在企业内部生产领域，由于生产的特殊性，难以出现生产物流与加工制造明显的分离趋势。因为在生产领域物流功能的独立性不强，它和生产活动穿插交织，互为一体。所以，生产物流不可能实现和社会物流那样，以独立的物流结构来追求利润，而是通过降低蕴涵在整个生产过程的物流成本（比如燃料中的物流成本、材料中的物流成本、人力中的物流成本、加工过程中的物流成本等），提高整个生产的水平和素质，减少消耗和占用，降低生产的总成本。因此，也更需要将采购、生产、销售和物流综合起来考虑，从原材料采购开始到最后将商品送交消费者这一全过程进行综合的一体化的管理。

(2) 企业物流的特点

①企业物流是生产工艺的一个组成部分，物流过程和生产工艺过程几乎是密不可分的，它们之间的关系有许多种，有的是在物流过程中实现生产工艺所要求的加工和制造，有的是在加工和制造过程中同时完成物流，有的是通过物流对不同的加工制造环节进行链接。它们之间有非常强大的一体化的特点，几乎不可能出现"商物分离"那样的完全独立分离和运行的物流活动状况。

②在生产中企业物流有很强的"成本中心"的作用，物流对资源的占有和消耗，是生产成本的一个重要的组成部分。由于在生产中，物流活动频繁，所以对于成本的影响很大。工厂物流的观念，应当主要是一个成本观念。

③企业物流是专业化很强的"定制"物流，它必须完全适应生产专业化的要求，面对特定的物流需求，而不是面对社会上的、普遍的物流需求。因此企业物流具有专门的适应性而不是普遍的适用性，可以通过"定制"取得很高的效率。

④生产物流是小规模的精益物流，生产物流的规模，由于只面对特定对象，因此，物流规模取决于生产企业的规模，这和社会上千百家企业所形成的物流规模的集约比较起来，相差甚远。由于规模有限并且在一定的时间内，规模固定不变，这就可以实行准确、精密的策划；可以运用资源管理系统等有效的手段，使生产过程中的物流"无缝衔接"，实现物流的精益化。

2. 不同时期不同条件下企业物流的定义背景和思维方式

企业物流是以企业经营为核心的、具体的、微观物流活动。企业系统活动的基本结构是投入-转换-产出，对于生产类型的企业来讲，是原材料、燃料、人力、资本等的投入，经过制造或加工使之转换为产品或服务。物流活动便是伴随着企业的投入-转换-产出而发生的。

现代企业物流通过集成生产与流通——根据需要端的需求组织生产、合理安排生产、供应物流活动，在兼顾分销商、顾客、供应商多重复杂关系的基础上，通过综合从供应者到消费者供应链的运作，使物流与信息流达到最优化，实现在实时的需求信息指导下，以最快的速度在全球的范围内响应市场的要求。

现代企业物流产生在基于时间竞争（交货时间）的信息时代，竞争要求企业应该针对不断变化的多样化需求，快速把产品送到用户手中，并提高产品的用户满意度。而传统的单一企业已经很难在市场竞争中保持绝对的竞争优势，因此打破企业的界限，建立超越企业界限的新的合作关系的新型的扩展企业应运而生。

现代企业物流思维是市场经济高度发展中产生的，也是企业物流发展的高级阶段。不同时期、不同条件下企业物流的定义背景和思维方式可以展现企业物流的发展历程，见表9-2。

表9-2　　　　　　　　不同时期不同条件下企业物流的定义背景和思维方式

不同时期	大量生产时期	大量生产、大量消费时期	多品种、小批量生产日期	大规模定制生产时期
产品特征	标准产品，产品产量大，品种少	产品产量大，成批生产	品种多，各品种产量小，一般为订货产品，品种变化大	产品按客户要求定制化、模块化，品具有多样性，并进行敏捷产品开发
物料存在特征 ● 原材料 ● 在制品 ● 成　品	● 大量，按生产计划做好储备 ● 少 ● 变动，一般直接发给销售系统	● 中等 ● 中等 ● 变动不定	● 少，大部分材料在接到订货后才采购 ● 量大 ● 很少	● 少，按订单采购 ● 消除在制品库存 ● 少
管理特征	以成本为核心	以成本或利润为核心	以利润为核心	以顾客为核心
思维方式	解决物资需要和供应之间的矛盾	重视销售和物流，合理安排企业内物料的流动	从系统整体出发，协调财务、采购、销售、生产、研发、促销和物流	从顾客的需要出发，集成合作伙伴能力，以最快的速度组织生产资源，响应市场需求，并适当选择第三方物流
物流管理的方法	物资供应计划、物资消耗定额管理、库存控制	分类物资管理、配送管理、分销管理	物流系统管理（MRP/JIT/EDI/DRP/扁平化组织结构）	应用现代物流技术（GIS/GPS/条形码射频技术等）

3. 企业物流发展阶段

（1）分割的物流功能阶段　这是在"物流"观念确立之前企业的普遍状况。没有整体的物流观念，物流的实际活动分散在企业不同部门和不同领域，各自独立运作，相互之间也就缺乏能动的衔接。

（2）物流功能集合阶段　系统的物流观念确立之后，从系统物流观念出发，尽量将组成物流系统的各项功能进行集合，从而确认了企业中原来互不相关的许多活动，可以由"物流"二字统一起来。

（3）集合功能的组织化阶段　在系统的整体的物流观念对于改进企业生产流程、降低库存、增加衔接的准确性以及降低成本等方面发挥了效用之后，自然而然地出现了新的物流部门，综合管理和运作企业内部的物流事宜，组织和推进企业物流。

（4）过程集合阶段　在不改变企业生产和管理组织的前提下，对处于不同领域和不同部门的物流过程，进行横向集合。这就是依靠信息手段，将物流过程跨越不同领域和部门的分隔，从系统的角度进行协调和衔接，这就使企业生产物流的有效性得到了提高。

（5）透明化的虚拟组织阶段　在企业已经实现信息化的基础之上，在信息技术的强大支持下，形成了一种正规组织之外的"准管理组织"状态。这种组织是虚拟的，但是可以发挥整合资源、优化过程、辅助管理的作用。

由此可见，传统的企业物流只是将生产的商品送交消费者的过程中所发生的各种活动，即把供应、销售物流作为主要对象。而现代企业物流是将采购、生产、销售和传统的物流加以综合考虑，从原材料采购开始到最后将商品送交消费者这一全过程进行一体化管理。

本章小结

本章主要介绍食品物流信息、食品物流管理、食品物流标准化、企业物流管理等相关内容。本章对食品物流信息的概念、作用、种类做了详细介绍。食品物流信息是指在食品物流活动进行中产生及使用的必要信息，它是食品物流活动内容、形式、过程以及发展变化的反映，进而又延伸出食品物流信息系统并做出阐述。本章通过对食品物流概念的详述，引出食品物流管理的概念，对物流成本管理、食品物流质量管理提出食品物流标准化，最终应用到企业物流管理。

思考题

1. 简述食品物流信息的概念、作用和种类。
2. 通过对沃尔玛、双汇集团等经典案例的分析，你学习到了关于食品物流信息的哪些知识？
3. 写出食品物流信息系统的分类，并分别说明各个类型的特点。
4. 简述物流的概念，谈一谈食品物流的现状。
5. 通过本章学习，说出物流管理的内容和现代物流管理的特点。
6. 研究物流成本的作用，并说出几个重要的物流成本理论。
7. 根据本章学习内容并结合相关知识，谈一谈中国企业物流成本管理存在的问题有哪些？
8. 现代企业物流的特点有哪些？
9. 简述现代企业物流有哪些发展阶段，各个发展阶段分别有什么特点？
10. 论述不同时期不同条件下企业物流的定义背景和思维方式。

第十章 物流企业与第三方物流

第一节 物流与客户服务

一、物流企业的概念和基本特征

1. 物流企业的概念

物流企业是指从事物流活动的经济组织,其含义如下。

(1) 物流企业是整个国民经济体系中充满活力的基本经济单位。

(2) 物流企业是专门从事与实体商品交换活动有关的各种经济活动的经济组织。

(3) 物流企业具有维系自身生存和发展的利益目标及其驱动机制。

(4) 物流企业是具有流通服务职能和平等参与竞争的合法地位的法人。

2. 物流企业的基本特征

(1) 盈利性　物流企业必须以营利为经营目标,通过市场竞争,以自己经营的成果,确保企业的长期生存与发展。

(2) 流通性　物流企业主要属于流通性行业领域,伴随着商流、资金流、信息流从事实体商品的流通工作。

(3) 专业性　社会分工导致了专业化,导致了物流专业的形成。物流专业化本身至少包括两个方面的内容,一方面在企业中,物流管理作为企业一个专业部门独立地存在着并承担专门的职能,随着企业的发展和企业内部物流需求的增加,企业内部的物流部门可能从企业中游离出去成为社会性专业化的物流企业;另一方面在社会经济领域中,出现了专业化的物流企业,提供着各种不同的物流服务,并进一步演变成为服务性专业化的物流企业。

(4) 服务性　服务专业化包括两个方面的内容,一是服务功能或内容的专业化,提供简单的、功能的、专一的或单一的物流服务;另一方面是服务对象或行业的专业化,也就是说物流企业面向某个行业或者某种类型的企业开展物流服务。

(5) 合法性　物流企业合法性首先要求依法成立物流企业。其次是物流规范化,是指在企业范围内建立各种规范,包括物流企业对外部的各种规范、物流企业内部的各种物流规范以及物流从业人员的行为规范等。再者是物流法制化,要求物流企业遵循有关物流企业和物流产业的各种法律法规，建立完整的企业物流法律体系，以及在相关的法律中对物流做出相应的规定。

二、现代物流的主要特征

1. 现代物流及其特征

现代物流泛指工业、农业、商业领域除原材料、零配件、成品等货物的采购、生产、制造、销售活动之外，所有货物从起点到终点，包括运输（含货运代理）、仓储、搬运装卸、加工（含整理）、包装、配送以及相关的信息传递等活动的总称。从行业分类来看，运输、仓储、搬运装卸、配送均属于运输服务行业范畴，加工、包装属于加工行业范畴，信息传递则属于电信服务行业范畴。从产业分类来看，运输服务行业与电信服务行业均属于第三产业范畴，而加工行业则属于第二产业范畴。

现代物流的特征可以理解为物流的现代化特征。物流的现代化特征或者说现代物流的特征具有以下属性，即科学属性、技术属性、经济属性、管理属性、社会属性。现代物流的各种属性相互影响、相互促进、相互交叉、相互包含，既有区别又有联系，形成了复杂多变的现代物流。

科学化现代物流的发展经历了从传统物流（physical distribution）到物流（logistics）再到第三方物流（3PL）和第四方物流（4PL）的历程，物流已经成为一门科学。物流的科学化表现为一些发达国家拥有专门的物流科学机构和从事物流科学的专业人员，并已经建立了完整的、系统的、全面的物流科学研究、教育、培训体系。

物流作为一门年轻的学科不断从其他学科中汲取营养，不断采用和应用其他学科的成果（如分销管理、运输管理、物资管理和其他技术学科等），从而形成了一个相对独立的学科；与此同时，物流又与其他学科如市场营销、运作管理、供应链管理、电子商务等融会贯通，促进整个管理科学的发展。但是，由于种种原因，中国物流发展尚未进入物流科学全面发展的时期。

（1）系统化　系统化是系统科学在物流管理中应用的结果。系统科学在物流管理领域中得到了广泛的应用，人们利用系统科学的思想和方法建立物流系统，包括社会物流系统和企业物流系统。从系统科学的角度看，物流也是社会大系统的一个组成部分。

（2）自动化　自动化是指物流作业过程的设备和设施自动化，包括运输、装卸、包装、分拣、识别等作业过程。比如自动识别系统、自动检测系统、自动分拣系统、自动存取系统、自动跟踪系统等。

物流自动化可以方便物流信息的实时采集与追踪，提高整个物流系统的管理和监控水平等。物流自动化的设施包括条形码自动识别系统、自动导向车系统（AGVS）、货物自动跟踪系统（goods-tracked system）等。

（3）智能化　伴随着科学技术的发展和应用，物流管理从人工化的手工作业，到半自动化、自动化，直至智能化，这是一个渐进的发展过程。从这个意义上讲，智能化是自动化的继续和提升。因此，可以这样理解，自动化过程中包含更多的机械化的成分；而智能化中包含更多的电子化成分，包括集成电路、计算机硬件和计算机软件等。智能化在更大范围内和更高层次上实现物流管理的自动化，智能化不仅用于作业，而且用于管理。比如库存管理系统、成本核算系统等。智能化不仅可以代替人的体力而且可以运用或代替人的脑力，因此，和自动化相比，智能化可更大程度减少人的脑力和体力劳动。

（4）标准化　在物流管理的发展过程中，从企业物流管理到社会物流管理，不断制定和采用新的标准。

从社会角度，物流标准可以分为企业标准和社会标准；从技术角度，物流标准可以分为产品、技术和管理等标准。

（5）准时化　准时化又称及时化（just in time），准时化也是一种生产方式，通过准时供应减少生产环节以外的库存，从而降低生产成本。

（6）柔性化　在工业化进程中，制造业实现了规模化和多样化。多样化乃至个性化的需求进一步加剧了市场竞争，为了降低生产成本，企业建立了柔性化生产线。在企业柔性化制造的条件下，需要与之相适应的企业内部和外部柔性物流、企业内部和外部的物流的柔性化。柔性化制造要求包括整个供应链环节的物流管理的柔性化、仓储和运输等诸多环节的物流管理的柔性化，物流服务商必须适应用户的柔性化物流需求。

（7）敏捷化　敏捷制造旨在提高企业的快速应变能力和主动创新能力，强调企业的适应能力。敏捷制造是一种哲理或管理哲学，是企业管理的战略性变革。敏捷制造系统必然要求一个与之相适应的敏捷物流系统。

（8）精益化　精益生产方式是由日本企业创立的生产方式。精益生产涉及准时化生产、全面质量管理、并行工程、团队作业等工作方式，其特点就是多品种、小批量、低消耗和高质量。

精益的核心思想就是用尽可能少的生产要素（如人力、物力、财力、时间和空间等）创造出尽可能多的满足用户需要的价值。

精益思想在物流管理的运用主要体现在降低成本、提高价值方面，这是物流的基本原则。精益物流的内涵包括：降低成本、顾客至上或者以客户为中心（市场链）、创造价值（价值链）、作业过程无缝连接、供应链。

（9）电子化　由于现代电子技术和产品在物流管理中的广泛运用，因而实现了物流的电子化。许多物流技术都是建立在电子技术基础之上的，物流自动化、物流智能化、物流实时化和物流可视化都包含着电子技术，这些物流技术是电子技术的更加专业化和具体化。同样，电子计算机、信息技术的核心是电子技术，互联网也是电子网络，而所有电子化的基础是不断发展的电子材料（半导体材料）、集成电路（CPU）、电子计算机及其软硬件等电子技术和产品。

电子化的几个层次，从计算机静态管理到点对点信息交换的动态管理，形成网络信息交换。网络化是电子化目前的较高层次，而其他实时化和可视化都是在网络化基础上进一步发展的。

（10）实时化　物流信息交换至少经历了这样的几个阶段：滞后性阶段、及时性阶段以及今天的实时性阶段。电子信息技术的发展为物流信息的实时化提供了可能。在物流管理中，由于计算机、通信和网络技术的应用，人们可以时刻获得反映商品仓储和运输等状态的真实、准确、连续的各种动态信息，包括文字、数字、图形、图片、图像以及声音信息。

（11）可视化　随着现代物流技术特别是电子信息技术和光电技术的发展和应用，无论是用户还是服务商，不再为看不到货物移动而担心或烦恼。随着移动通信技术的应用，用户可以在办公室随时随地看见货物存储和运输的状态。以文字、数字、图形、图片、图像等信息形式，看见反映货物的物流、商流、资金流和信息流的各种信息，物流管理不再是经济的"黑暗地带"，供应链管理也不再是"看不见的手"。

（12）规模化　物流规模化是指物流企业的规模化经营。随着物流社会化和专业化的发展，市场需求的增加，企业开始规模化经营，出现具有规模化的大型物流企业。资产扩大、员工增加、营业额扩大、市场占有率提高，少数规模化经营的企业占据市场的大部分或者绝大部分份额。

（13）集约化　集约化经营是物流企业内涵型发展的模式。企业经营不是粗放式经营或分散经营，而是集中优势资源从事集约化经营，包括资本、基础设施、公司网络以及人力资源等。物流企业为了适应市场竞争的需要，对企业内部和外部资源进行整合（企业兼并和收购），建立新的部门或者企业实现物流集约化。

这里需要说明的是集约化和集成化的区别。集约化主要是企业资源层面上的，而集成化更多地表现为业务层面上的。对于规模比较小的物流企业而言，主要问题是企业的业务集成化，而对于规模较大的物流企业，除了集成化问题以外，主要问题是资源的集约化。在国内物流发展过程中，那些大型物流企业主要精力都放在集约化经营上面。

（14）产业化　专业化的发展形成众多的物流企业，而物流企业规模化的发展产生了一些在市场中处于主导地位的领先企业。物流的全面发展产生了与之相适应的研究开发、指标评价体系，使得物流业成为影响到国民生产总值的一种产业，发达国家已经形成了物流产业，中国的物流产业尚在发展过程中。

（15）网络化　在讨论物流网络时，"网络"有两种含义或者说人们对"网络"有两种理解。一种是指物流网络或实体网络；另外一种是指信息网络，这是利用电子网络技术进行物流信息交换，根据物理网络的发展需要，企业应用网络技术建立起来的信息网络。在网络化问题上，这里所探讨的是物流网络。

那么，为何形成物流网络？至少有以下几个原因。

①社会交通运输网络的建立使工商企业的公司网络和业务网络的形成成为可能。

②企业规模的扩大，用户增加，市场扩大，包括空间的扩展和占有率的提高，形成了企业的业务网络和公司网络，物流需求不断增加。

③各种限制（交通管制）和贸易壁垒的取消和解除，统一的国内市场、区域市场以及全球市场的形成促进了物流网络的建立。物流网络是在工商企业网络和交通运输网络基础上建立起来的，并在此基础上形成全国性、区域性乃至全球性的分销和物流配送网络。

（16）国际化　自然资源的分布和国际分工导致了国际贸易、国际投资、国际经济技术合作，在上述国际化过程中，产生了货物和商品的转移，从而带动了国际运输和国际物流的产生和发展。物流的国际化至少表现为两个方面的内容，一方面，其他领域的国际化产生的国际物流需求即国际化的物流；另一方面，物流领域本身的国际化。

（17）全球化　全球化是国际化的产物。国际化主要是立足本国的国际物流；而全球化是跨国经营，包括与目的国企业的国际合作和国际投资，在目的国设立分支机构，开展物流业务，伴随着全球化与之相适应的就是本地化。在国际化阶段，国际化物流业务是间接的或者说通过与其他的企业合作完成的；而在全球化阶段，由于跨国物流企业的出现，国际化物流业务是可以直接实现的。跨国物流企业可以利用公司的全球网络独立完成国内和国际物流业务，实现综合化物流业务。同时，与物流国际化相比，物流全球化是在更大范围内开展国际物流业务。

（18）综合化　在现代物流的发展过程中，由于各种壁垒和限制以及企业规模，更多的物流企业或从事国际物流，或从事国内物流。随着物流全球化的发展，将会有越来越多的跨国物流企业开展综合物流业务，从而实现国内物流和国际物流一体化或者进口物流和出口物流一体化。综合化是国际化和全球化的结果。

（19）集成化　随着物流专业化和社会化的发展，物流企业提供的功能和服务不断增加，制造业和商业企业的物流不断转移（外包）。特别是在供应链的条件下，现代物流从传统的仓储和运输延伸到采购、制造、分销等诸多环节。物流功能的增加必然要求对物流环节或过程进行整合集成，通过集成，优化物流管理，降低运营成本，提高客户价值。另外，由于科学技术的发展和在物流领域的广泛应用，提高了物流管理水平的同时，大量技术的采用也面临着各种技术之间的集成问题。

因此，集成化至少包括两个方面的内容，管理集成和技术集成。由于现代物流管理越来越依赖于先进的技术，因此其至会出现管理和技术交叉的集成问题。

（20）多样化　在供应链的范畴内，物流的功能在逐步延伸，使得物流的功能在不断增加，物流可提供更多的服务功能，实现物流功能的多样化。

（21）多元化　专业化基础上的规模化，规模化基础上的多元化，多元化基础上更大的规模化。

（22）协同化　在传统的供需关系中更多的是买卖关系，而在现代物流中，供需关系包括了更多的合作因素，甚至战略合作关系。现在的企业竞争，是企业供应链之间的竞争，这种竞争使供应链环节中的企业关系更加密切。企业从传统的买卖关系演变成合作关系。协同化的思想不仅是传统意义上的合作，也不仅是企业之间的合作。物流的协同化是指在供应链中的各个企业以及企业内部围绕着核心企业的物流协调同步运作，可以形象地比作"步伐步调"（振幅和频率）的统一。在供应链的企业群体中形成企业协作社区，而这个社区由于采用电子信息技术使之成为虚拟社区。

传统的合作和协作是不同的。合作是横向的，协作是纵向的；合作是共同目标，而协作各方均有自己的利益。

（23）最优化　现代物流的最优化包括物质资源最优化、客户资源最优化、业务流程最优化、操作规程最优化、供应链最优化、组织结构最优化、功能最优化、运输线路最优化等。

（24）信息化　信息化至少包含两方面的含义：一方面，信息本身的特性决定了其具有一种载体的功能；另一方面，实现信息交换的信息技术作为一种先导技术广泛地应用于包括物流行业在内的诸多行业。基于这种理解，物流信息化至少有两个层面的含义：信息成为物流业务中商流、物流（商品移动）、资金流的载体，通过信息交换实现物流业务，反映物流资源的信息成为信息资源，甚至成为企业的竞争情报和一种财富；信息技术和产品应用于物流领域，物流管理全面信息化。

（25）个性化　物流个性化是指个性化需求和个性化服务。在大规模、多样化的基础上，人类期望实现更高层次的个性化。与人类早期活动中的个性化不同，今天的个性化是标准化基础上的个性化，是大规模定制的个性化。而个性化需求使得物流的流程发生了变化，从推动式转变成拉动式。

（26）社会化　社会化是指社会中的任何组织机构对物流的需求不再单纯地由自己内部

完成，而是由社会的其他专门的物流组织机构完成（主要是物流企业），物流从自给自足的生产方式转变成在一定社会分工条件下的专业化和社会化的生产方式。社会化进一步分化和发展的结果，不但社会非物流组织机构的物流需求实现了社会化，而且物流组织机构的物流需求也实现了社会化（第三方物流），从而实现了更加广泛意义上的物流社会化。

2. 现代物流企业

现代物流企业是指从事物流活动的现代化经济组织。一方面是专门从事与商品流通有关的各种经济活动的企业，在商品市场上依法进行自主经营、自负盈亏、自我发展、自我约束；另一方面是适应现代化大物流的要求，具有自己的物流供应链以及与其协调一致的物流作业系统。

物流作业的七个环节对于一个物流企业的经济实体来说是非常重要的。如果其从事的经营活动仅局限在运输、仓储、搬运装卸和配送这四个环节，即使运作得再好也多属传统的运输企业范畴。即便是再加上其能较好地向客户传递或提供较详细的货物运输过程中的相关信息，这个企业只可能是一个现代化的运输企业或者是没有运输能力的现代化货运代理企业。如果其从事的经营活动是以加工、包装和仓储为主，则属加工企业范畴，即便是该企业信息化程度再高，并且也具备从事货运代理经营活动的能力，那么也只能称其为一个现代化的加工企业。只有在从事运输、仓储、搬运装卸、配送的同时也从事加工、包装、经营活动并能向供应链客户迅速传递或提供相关信息的企业，才能称为一个现代物流企业。

现代物流之所以被称为是工商企业继降低原材料消耗、提高劳动生产率之后的第三利润源泉，就是因为它将原来彼此分割的本属第三产业范畴的运输、仓储、搬运装卸、配送与本属第二产业范畴的加工、包装有机地结合在一起之后，使得物流企业可以通过对传统的运输、仓储、加工和包装等进行技术、组织形式方面的改革和创新，从而大幅度降低工商企业的物流费用并提高运输效率。比如对于一些整体体积较大而重量较轻的如箱包之类的货物，如果将关键的成形工序由产地转移到销地，运输的不是箱子而是片状物，运输效率即可翻几倍。同样，对于有的设备如在运输前先解体，到达目的地后再组装的话，运输效率也可得到大幅度提高。又比如瓶装饮料的运输，如果采用在产地用保温、保压、保鲜的罐车散装运输到销地后再灌瓶的话，运输效率至少可提高一倍并可避免运输途中因瓶子的破损而造成的货损、货差，使运输质量得到提高。再比如，如果对一些货物根据其运距、路况等不同情况采取视情况包装甚至通过采用集装单元运输技术后实行无包装运输的话，不仅可以为客户节约一大笔包装费用，而且可以大量减少以木材等为主要包装原料的不可再生资源的消耗。事实上，在运输生产实际中已有不少因运输服务业与机械加工业有机结合后大幅度降低物流费用和节约不可再生资源的典型案例。

综上所述，一个现代物流企业应该具备的基本条件：一要具有较强的货物运输实力；二要具有 20 万 m^2 以上包括仓库、堆场和停车场等货运基础设施和加工、包装、生产厂房在内的物流作业基地；三要具有与现代物流作业或货物运输、仓储相适应的站场、搬运装卸和一定区域内短途货物集散、配送的能力；四要具有对客户的产品（货物）进行解体或组装加工、包装或分装作业的能力；五要具有能覆盖全国或一定区域的货运或物流子公司业务网点及与之配套的计算机信息网络系统；六要具备较强的并与现代物流作业相适应的货物运输组织技术开发创新能力；七要具有时处为客户着想和"双赢"的经营理念，能最大限度地适应和满足客户的物流需求，并善于在切实为客户降低物流费用的同时，通过延伸服务和增值服务提高企业自身的经济效益。由此可见，物流企业是一个经营范围和生产作业内容涵盖了第二和第三两个产业的新型企业，同时具备上述全部七个基本条件的企业才是一个名副其实的现代物流企业。在此需要强调的是，根据目前国内工商企业的现状，个别硬件设施如仓库自有可以暂时不用物流企业，但对物流企业而言，必须具备这方面的能力。

三、物流产业的界定

1. 与物流产业界定相关的基本概念

（1）产业的概念　一是指私有的财产（多指田地、房屋、企业等不动产）；二是指一切从事物质产品生产的行业和部门，包括工业、能源、交通运输业、通信业等。

（2）行业的概念　一是指职业的类别，二是指戏剧演员分工的类别。

（3）企业的概念　是指从事生产、购销、运输以及服务性活动的法人单位，如公司、矿山、农场、商店等。

所以严格来说，产业是用来说"物"和"事"的，行业是用来说"人"的产业属性的，而企业则是用来说"人"和"事"相结合所形成的具有"法人"性质的组织机构的。

在英语中，产业和行业的概念都可以用 industry 来表示，强调的是把人力资源组织起来从事商品和服务的生产和销售，说的是"事"。但也可以用 business 这个词来表示"行业"，这时强调的是一个人所从事的"职业"，这与中文的概念是一致的。事实上，物流管理和企业管理一样，可以作为一种职业存在。企业的概念如果用 corporation 来表示，强调的是其公司制的"组织"结构和"法人"的性质；如果用 enterprise 来表示，则强调的是企业组织活动的"计划性"和"风险性"。

2. 物流产业

在英语文献中与物流产业或物流业对应的词是 logistics industry，但迄今并未见到对 logistics industry 的明确定义。

在 David Lowe（2002）编纂的《运输和物流词典》中只有一个"物流供应商"（logistics supplier）条目。对该条目的解释："对那些为制造商、零售商和其他货物供应商提供物流服务的道路运输业者和第三方分销或物流公司称谓的业界术语"。由此可以推论，物流业还是存在的，其基本构成就是运输服务和第三方物流企业。

Hunt Valley Executive Resources 公司根据自己的专业特长来解释物流业的。该公司认为物流业就是"运输、物流和供应链系统服务"。这是一个一体化物流服务供应商的定位。

在著名的第三方物流企业 Menlo Worldwide Logistics 公司的网站上专门设有知识介绍栏目"物流业"，其内容却包括：什么是物流、什么是第三方物流、物流业概要、物流职业经理人的技能和受教育背景要求、对物流服务的新的市场要求和第三方物流的未来展望等。在物流业概要中，Menlo Worldwide Logistics 公司所提供的知识包括物流市场的规模，即我们经常引用的美国和全球物流支出的规模和结构，美国第三方物流的规模和结构，以及若干对企业物流外包态度的调查分析结果。显然，该公司为读者提供了理解物流产业的比较全面的框架，清楚地反映了该公司是从物流业在国民经济中的地位和作用，以及物流运作在企业市场竞争中的地位和作用这两个层面上来理解物流产业的。

综上所述，可以获得五点启示：一是物流产业或物流行业这两个概念是可以通用的，在实践中也往往简称为物流业。二是要开展对物流产业的研究或界定物流产业的范畴（必须在物流企业这个市场主体的基本平台上来展开）。换句话说，对物流企业的研究就是对物流产业的研究。物流企业的范畴界定了，物流产业的范畴也就随之确定了。三是物流管理是一项富有挑战性的职业。四是把提供物流管理服务的企业集成作为物流产业或物流服务业。五是物流产业的形成和发展是渐进的。

3. 对物流产业和物流企业的定义

按照 GB/T 4754—2017《国民经济行业分类》的定义："行业（或产业）是指从事相同性质的经济活动的所有单位的集合"。再根据产业分类定义的一般结构法则，如交通运输业就是指国民经济中从事运送货物和旅客的社会生产部门，制造业即加工工业是指对农业和采掘业所生产的原料或半成品进行加工的工业部门的总称，我们可以把物流产业定义为：物流业即后勤服务业，是指从事生产和营销服务保障的所有服务单位的总称。同时，可以把物流企业定义为：专门为市场提供物流管理服务的企业。这类企业的集成就是物流产业或物流行业。

以产品为中心的物流服务体系将是物流产业最显著的结构特征，以客户为中心的物流服务模式将是物流产业最显著的运营特征，以降低物流总成本为中心的物流服务运作将是物流产业最显著的效用特征。由此可见，能够为客户提供阶段性或全程性物流管理服务的，能够为客户提供一体化物流管理解决方案的，能够为客户提供运输管理服务或仓储管理服务的企业都是物流企业。包括那些拥有或不拥有实体储运资产（能力）的企业，那些具备了物流管理服务能力的运输和仓储企业，那些专门从事多式联运整合营销的企业，那些专门从事物流解决方案设计的咨询企业，那些专门从事物流信息支持和管理服务的企业。

物流企业就是严格意义上的第三方物流服务供应商（3PL）和所谓第四方物流服务供应商（4PL），即那些与客户、企业在某种层面上建立起伙伴关系、战略联盟关系或合同外包关系的物流服务供应商。可以预见，在经济全球化大潮的推动下，在物流服务市场逐步成熟的时候，物流管理服务将在市场体系中取得独立的产业地位，并逐步细分为不同的物流行业体系。这个体系将包括：食品物流服务业，其中又包括冷藏食品物流业、生鲜食品物流业、包装食品物流业等；汽车物流服务业，其中又包括零部件供应物流业、整车配送物流业等；化工物流服务业，其中又分为液体化工产品物流业和气体化工产品物流业等；石油产品物流服务业，其中又分为原油物流业和成品油物流业等；钢铁物流服务业；矿产物流服务业；危险品物流服务业；设备物流服务业；药品物流服务业；IT 物流服务业；服装物流服务业；粮食物流服务业；花卉物流服务业；废弃资源物流服务业；物流信息服务业；物流装备服务业；物流咨询服务业等。

同样，现有的运输业、仓储业以及各相关的物流中介也都将归入物流产业的旗下，并逐步融入以产品物流为中心的物流管理服务体系中，作为特定产业链或价值链的后勤服务资源而存在。而且独立的"物流服务业"或"物流管理业"应当在国家修订《国家经济行业分类》标准的时候被列入目录。

四、物流企业的任务

物流企业的主要任务：
(1) 以顾客为中心，建立高效物流系统，提供优质服务。
(2) 以经济效益为目标，经济合理地做好购、销、运、存工作。
(3) 加速商品流转，缩短流通时间，充分发挥商品效用，提高经济效益。

(4) 减少商品流通损耗，节约资源，提高社会效益。
(5) 运用物流战略管理方法，主动参与市场竞争，建立国际化物流战略链。

第二节　第三方物流

一、第三方物流的概念

第三方物流作为一种新型的物流形态，自20世纪90年代以来，受到产业界和理论界的关注。如何理解和解释第三方物流概念，可谓是仁者见仁，智者见智。一般可将其分为广义的第三方物流和狭义的第三方物流。

广义的第三方物流是借用了广义的"第三方"思想，以商品交易为参照来定义第三方物流。这种定义的含义是商品买卖双方之外的第三方提供的物流服务就是第三方物流。即无论是买方承担的物流还是卖方承担的物流都不是第三方物流，除此之外的任何一方都是第三方物流。那么可以认为为交易双方提供物流服务的仓储运输企业都是第三方物流企业，那些由进行交易的企业投资的物流企业由于在法律上与投资人是不同法人，其提供的物流服务也可以认为是第三方物流。

狭义的第三方物流是以物流服务或者物流交易为参照来定义第三方物流的。第三方物流可以理解为物流的实际需求方或称收货人和物流的实际供给方或称发货人之外的第三方部分或全部利用第二方的资源通过合约向第一方提供的物流服务。基于这种理解，全部利用自身资源提供物流服务的物流不是第三方物流。也就是说，判断是否为第三方物流，或者说第三方物流的界定条件，就是分析物流企业在提供物流服务时是否利用了外部资源或者外包。在美国的有关专业著作中，将第三方物流供应者定义为"通过合同的方式确定回报，承担货主企业全部或一部分物流活动的企业"。所提供的服务形态可以分为与运营相关的服务以及二者兼而有之的服务。无论哪种形态都必须高于过去的一般运输者（common carrier）和合同运输业者（contract carrier）所提供的服务。

GB/T 18354—2006《物流术语》中对于第三方物流的表述是"由供方与需方以外的物流企业提供物流服务的业务模式"。

从20世纪90年代兴起的第三方物流，从本质上讲反映了社会分工的深化和细化，同时，也反映出现代生产流通环境下物流的复杂性。尽管第三方物流在美国也仅有十几年的历史，还不是一种成熟的业态，但是它代表了物流业的发展方向，从中我们可以获得许多启示。实际上，在中国已经出现了类似第三方物流的企业。按照现代企业的模式运作的外资企业、合资企业以及国内新兴企业，不会再走大而全、小而全的路子，这就为第三方物流提供了市场空间。我国物流业者要尽早具备从事第三方物流的能力。

二、第三方物流的内容

第三方物流的内容包括以下几方面。
(1) 第三方物流企业不利用或者只部分利用自己的资源为用户提供服务。第三方物流企业可以拥有自己的物质资源，也可以不拥有自己的物质资源。

（2）第二方企业可能是一个，也可能是多个。

（3）由于第三方物流企业与第一方是合约关系，因此，第三方物流企业是责任人承担法律责任。而第二方不直接向第一方承担责任，第一方和第二方之间是业务关系，但是没有合约关系。

（4）第三方物流企业与第二方也有合约，第二方直接向第三方承担责任。

（5）第三方物流至少两个以上的企业（多个法人）以多重合约的方式为第一方提供物流服务。

（6）在第三方物流服务网络中，第一方可能是一个，也可能是多个。但是，第三方与第一方的合约关系应当是一一对应的。

三、第三方物流与传统的物流委托的比较

第三方物流的委托形态与传统的对外委托的不同之处在于：传统的对外委托形态只是将企业物流活动的一部分，主要是物流作业活动，如货物运输、保管交由外部的物流企业去做，而库存管理、物流系统设计等物流管理活动以及一部分企业内物流活动仍然保留在本企业。物流企业是站在自己物流业务经营的角度，接受货主企业的业务委托，以费用加利润的方式定价，收取服务费。提供系统服务的物流企业也是以使用本企业的物流设施，推销本企业的经营业务为前提，而并非是以货主企业物流合理化为目的来设计物流系统的。

第三方物流企业则是站在货主的立场上，以货主企业的物流合理化为设计物流系统运营的目标。而且第三方物流企业不一定要有物流作业能力，也就是说可以没有物流设施和运输工具，不直接从事运输、保管等作业活动，只是负责物流系统设计并对物流系统运营承担责任，具体的作业活动可以再采取对外委托的方式由专业的运输、仓库企业等去完成。第三方物流企业的经营效益直接同货主企业的物流效率、物流服务水平以及物流效果紧密联系在一起。

第三方物流的委托形态与传统的对外委托也有共同之处，不论是传统的对外委托还是第三方物流企业同货主企业的关系应该是密切的、长期的合作关系，而不是零星的业务往来。所有专业化的物流企业提供的物流服务都将有助于促进货主企业物流效益的提高。

四、第三方物流的价值

随着经济贸易全球一体化的发展，物流在世界各国都受到了前所未有的重视，而第三方物流作为物流专业化的集中表现，已成为推动物流业发展的一支生力军。第三方物流是由供方与需方以外的物流企业提供物流服务的业务模式，所提供的这种物流服务是在特定时间段内按照特定的价格向使用者提供个性化、系列化的服务，而且是建立在现代电子信息与通信技术基础上的。在一些发达国家，第三方物流市场需求巨大且发展迅速。据美国佐治亚大学、安永国际和里岛系统公司联合发布的第七届（2002）第三方物流调查报告显示，在北美企业使用第三方物流服务的比例为78%，在西欧为94%，而同期在亚洲太平洋地区为92%。2010年，我国第三方物流市场规模仅为5044亿元，2018年就已增长至13002亿元，八年间市场规模近乎翻倍，预计2020结束市场规模可达16000亿元。第三方物流之所以在世界范围内受到广大企业的青睐，根本原因就在于其独特的作用与价值。第三方物流能够帮助客户获得诸如利润、价格、供应速

度、服务、信息的准确性和真实性及新技术的采用等潜在优势。实际上，很多企业并没有充分认识到它的真正价值，还仅停留在帮助企业削减成本这一层面上。

1. 第三方物流的成本价值

降低成本、提高利润率往往是企业在激烈的市场竞争中所追求的首选目标，这也是物流在20世纪70年代石油危机之后其成本价值被挖掘出来作为"第三利润源"受到普遍重视的原因。物流成本通常被认为是企业经营中较高的成本之一，控制物流成本就等于控制了总成本。企业物流成本应该包括物流设施、设备等固定资产的投资、仓储、运输、配送等费用（即狭义的物流费用），以及为管理物流活动所需的管理费、人工费和伴随而来的信息传递、处理等所发生的信息费等广义的物流费用。在衡量物流成本的增减变动时，应全面考虑所有这些有关的费用构成的物流总成本，而不能仅以运输费用和仓储费用的简单之和作为考察物流成本变动的指标，否则企业在进行物流成本控制或采用第三方物流后，最终核算时有可能会得出企业物流成本不降反升的错误结论。企业将物流业务外包给第三方物流公司，由专业物流管理人员和技术人员，充分利用专业化物流设备、设施和先进的信息系统，发挥专业化物流运作的管理经验，以求取得整体最优的效果。企业可以不再保有仓库、车辆等物流设施，对物流信息系统的投资也可转嫁给第三方物流企业来承担，从而可减少投资和运营物流的成本；还可以减少直接从事物流的人员，从而减削工资支出；提高单证处理效率，减少单证处理费用；由于库存管理控制的加强可降低存货水平，削减存货成本；通过第三方物流企业广泛的节点网络实施共同配送，可大大提高运输效率，减少运输费用等，这些都是第三方物流能够产生的成本价值。

2. 第三方物流的服务价值

在社会化大生产更加扩大、专业化分工越加细化的今天，服务成为企业竞争的关键因素。以最小的总成本提供预期的顾客服务已成为企业努力的方向，帮助企业提高顾客服务水平和质量也正是第三方物流所追求的根本目标。服务水平的提高会提高顾客满意度，增强企业信誉，增加企业的销售额，提高利润率，进而提高企业市场占有率。物流能力是企业服务的一大内容之一，会制约企业的顾客服务水平。物流服务水平实际上已成为企业实力的一种体现，而第三方物流在帮助企业提高自身顾客服务水平上自有其独到之处。利用第三方物流企业信息网络和节点网络，能够加快对顾客订货的反应能力，加快订单处理，缩短从订货到交货的时间，进行门对门运输，实现货物的快速交付，提高顾客满意度；通过其先进的信息技术和通信技术可加强对在途货物的监控，及时发现、处理配送过程中的意外事故，保证订货及时、安全送达目的地，尽可能实现对顾客的承诺；产品的售后服务、送货上门、退货处理、废品回收等也可由第三方物流企业来完成，保证企业为顾客提供稳定、可靠的高水平服务。企业对物流的控制和管理，实际上就是成本与服务之间的一种均衡，而且在市场环境下，服务甚至比成本更重要。应该说只要企业顾客服务水平的提高所带来的效益大于其成本支出，那么这种决策就是可取的。

3. 第三方物流的风险分散价值

企业如果自己运作物流，要面临两大风险：一是投资的风险，二是存货的风险。企业自营物流要进行物流设施、设备的投资，如建立或租赁仓库、购买车辆等。这样的投资往往比较大，而如果企业物流管理能力较低，不能将企业拥有的物流资源有效协调、整合起来，尽量发挥其功用，致使物流效率低下，物流设施闲置，那么企业在物流上的投资就是失败的，这部分在物流固定资产上的投资将面临无法收回的风险。另一方面，企业由于自身配送能力、管理水平有限，为了及时对顾客订货做出反应，防止缺货和快速交货，往往需要采取高水平库存的策略，即在总部以及各分散的订货点处维持大量的存货。而且一般来说，企业防止缺货的期望越大，所需的安全储备越多，平均存货数量也越多。在市场需求高度变化的情况下，安全库存量会占到企业平均库存的一半以上，对于企业来说就存在着很大的资金风险。企业如果通过第三方物流企业进行专业化配送，由于配送能力的提高，存货流动速度的加快，企业可能减少内部的安全库存量，从而减少企业的资金风险，或者把这种风险分散一部分给第三方物流企业。

4. 第三方物流的竞争力提升价值

企业利用第三方物流，可使自身专注于提高核心竞争力。生产企业的核心能力是生产、制造产品，销售企业的核心能力是销售产品。而且随着外部市场环境的变化，企业的生产经营活动已变得越来越复杂。一方面，企业需要把更多的精力投入到自己的生产经营当中；另一方面，企业交往的对象更多了，所要处理的关系也更为复杂，在处理各种关系和提高自身核心能力上，企业的资源分配便会出现矛盾。如果将企业与顾客间的物流活动转由第三方物流企业来承担，便可大大降低企业在关系处理上的复杂程度。企业通过采用第三方物流后，原来的直接面对多个顾客的一对多关系变成了直接面对第三方物流的一对一关系，企业在物流作业处理上避免了直接与众多顾客打交道而带来的复杂性，简化了关系网，便于将更多精力投入自身的生产经营中。此外，作为第三方物流企业，可以站在比单一企业更高的角度上来处理物流问题，通过其掌握的物流系统开发设计能力、信息技术能力将原材料供应商、制造商、批发商、零售商等处于供应链上下游的各相关企业的物流活动有机衔接起来，使企业能够形成一种更为强大的供应链竞争优势，这是个别企业所无法实现的工作。在专业化分工越来越细的时代，再有实力的企业也不可能面面俱到。把自己较不擅长的部分，或者说不是自己核心能力的部分给第三方来承担，扬长避短，实际上就使得企业和第三方物流各自的优势得到强化，既能促使企业专注于提高自身核心竞争力，有助于企业的长远发展，又有利于带动物流行业整体的发展。

5. 第三方物流的社会价值

以上所说的，实际上可归为第三方物流的经济价值，而除了其独特的经济效益外，第三方物流还具有另一个为大多数人所忽视的价值，即其社会效益。第三方物流可将社会上众多的闲散物流资源有效整合、利用起来。在过去的计划经济体制下，受大而全、小而全思想的影响，我国很多企业都建有自己的仓库、车队，而且往往存在仓储设施老化、仓储管理人员素质低下等问题。企业各自进行存储，导致物流设施使用效率低，有的企业仓库不足，需扩建，而有的企业仓库则大量闲置、浪费，造成社会物流资源的不合理配置。自行组织运输则使运输效率低下，社会运力得不到有效利用，车辆空驶现象普遍，运输成本增高。

五、第三方物流的发展模式

第三方物流的发展模式主要有以下两种。

1. 自主发展模式

即以自我为主的发展模式，一些有优秀的物流管理人才的仓储运输企业，可以通过不断探讨和实践，寻找出适合企业自身条件的第三方物流发展模式。

2. 合作发展模式

对于那些基础比较差、管理水平比较低的企业可以与第三方企业合作，在合作中，不断学习和借鉴。

六、 第三方物流业务开发流程

1. 市场定位

物流是一个很广泛的行业，在以仓储和运输为主体的物流业务中包括仓储、铁路运输、公路运输、海洋运输、内河运输、航空运输、管道运输、邮政、快递、快运等。因此，企业应当根据自身的资源状况或者战略规划所确定的目标和任务进行市场定位，在一定的市场调研的基础上，确定目标市场及其开发的重点领域。

2. 客户资源信息

企业的物流业务开发人员可以通过以下渠道获得市场和客户信息。

（1）媒体如广播、电视、报刊、网络媒体、广告、宣传栏、标识以及宣传品。

（2）会议如展览会、展销会、招商会、洽谈会、发布会、研讨会等。

（3）人际关系如企业内部的员工和企业外部的亲朋好友等。

3. 物流业务开发

业务流程、业务流程设计、业务流程再造等概念，无论理念和运作都是需要探讨的课题，而且针对不同企业和不同客户其物流业务流程也不尽相同。下面介绍第三方物流业务开发的大致流程。

（1）商务沟通　物流企业开发的第一步就是商务沟通，即以电话、互联网、传真、信件、快件、电子邮件等方式与潜在的客户进行联系，从而获得商业机会。值得注意的是，无论采取哪种方式和客户进行商务沟通，都要注意方式方法，注意语言、语音、语气、时间、频率等细节问题。有的时候是客户主动以电话等方式找上门来，询问服务和价格。接待人员必须实事求是，清楚的问题就回答，不清楚的问题不回答，绝不能似是而非。接待人员必须记录客户的资料和所提出的问题，进一步向业务主管通报详细的信息。

（2）商业洽谈　商业洽谈的内容主要包括以下几方面。

①时间：征求用户的意见后，根据用户的意愿和自身的情况选择适当的时间。不要以一种非常急迫的心理要求客户尽快和自己见面。

②地点：与用户商定具体地点，第一次最好到客户处，一方面，表示对客户的尊重；另一方面，可以了解客户更多的信息。

③人员：约定双方见面洽谈的参加人员，通报客户自己将派遣什么身份的人员前往洽谈。值得注意的是一旦决定并通知客户将要参加洽谈的人员之后，不要以各种借口临时更换参加洽谈的人员。

④各种必备的文件：为了让客户了解企业的情况，必须向客户提供一些反映企业物流业务的资料，如公司简介。最好能够提供专门为此客户编写的资料，这样能够有针对性地向客户介绍自己的能力和优势；另一方面，表示对客户的尊重，而借此获得客户的好感。

⑤记录：洽谈人员一定要带上笔记本以便认真记录与客户的谈话内容。洽谈结束后，业务人员要结合当时的谈话背景和记录认真分析客户的心理和需求。在洽谈过程中，除了认真倾听和记录之外，要对客户进行认真的观察，以了解客户的真实动机。

⑥语言和行为：在洽谈过程中，要注意自己的语言和行为、规范、礼貌和涵养，给客户留下好的印象。当然，这种洽谈也许不是一次或两次，甚至需要多次才能得到结果。

(3) 业务计划 通过商业洽谈，客户表示愿意接受企业提供的物流服务时，企业应当向客户提供一个初步的简单的物流业务计划或策划书。业务计划书应当包括以下内容。

①公司简介：营业范围、组织机构、公司网络。

②物流资源：企业内部资源和企业外部资源。

③技术条件：信息网络系统、电子商务。

④客户资源：已经成功开发的客户。

⑤业务设想：仓储的改进、运输的改进以及组织机构改进的设想和建议。

⑥其他资料：进一步说明上述内容的资料。

⑦费用方案：根据客户提出的具体要求，制定一个框架性的费用总体方案。

(4) 收集信息 在企业业务发展初期或者业务开发的初级阶段，由于企业没有足够的物流资源信息，为了制定解决方案，企业必须根据客户的需求收集能够提供相应服务的代理商或承包商的资源信息和价格信息。当企业已经建立了物流资源数据库时，物流业务开发过程可能就不需要收集信息这个过程。

另外，考虑到可能有两个以上的服务商向客户提供服务，企业有必要收集竞争对手的信息。

(5) 选择承包商 根据收集的物流资源信息，确定承包商的备选方案，每个单项的承包商必须选择两个以上作为备选。

(6) 解决方案 在客户对业务计划书的内容表示认可的条件下，企业应当对服务内容向客户提供更加详尽的报告，可以称为解决方案。解决方案包括以下内容。

①业务流程：根据客户的需求和要求，设计物流业务流程，在经过客户修改和确认后，作为物流运作的依据。

②作业规程：向客户提供企业的作业规程手册，如果客户对原有的作业规程提出疑义，那么，必须根据客户的具体要求对作业规程进行修改并得到客户的确认，包括仓库管理、运输管理、分拣和包装管理等业务。

③网络建立：支撑客户服务的分支机构和承包商的选择及其具备的能力。

④费用方案：仓储费用、运输费用、收费标准以及总体费用方案。在费用方案中要注意报价技巧和留有余地，以便应付客户的讨价还价和运营风险。

⑤成本分析：通过与客户现有的物流业务和成本进行对比，评价方案在成本和服务方面的优势。

⑥信息管理：在解决方案中必须确定在物流业务具体运作过程中的物流信息管理的具体内容，比如，双方确认信息主管人员、数据处理方法、信息交换的方式等，但是没有录音的电话信息是不能采用的。

(7) 签订合约 物流合同包括与客户签订的合同和与代理商或承包商签订的合同。物流特别是第三方物流作为一种服务贸易，其合同内容和条款相对于一般的工矿企业合同以及仓储合同更为复杂。因此，物流企业的业务部门应当会同法律部门制定出符合企业特点的合同范本，以此作为每个业务合同的标准和依据。如同外贸企业的标准合同一样，每一笔都应当在此标准合同基础上修改和完善。为了确保业务合同的周密，在签订每个业务合同时，应当遵循以下几个步骤：

①同业务部门草拟合同主要内容。

②由法律部门或法律顾问审核。

③必要时应当对合同进行公证。

值得提醒和注意的是，无论是资料、业务计划，还是解决方案和合同，企业应当注意上述文件的编辑、打印和装订的质量，千万不能敷衍了事。

（8）准备运行　准备运行阶段包括两个部分，对客户的实地考察和确认及对承包商的实地考察和确认，以下介绍对承包商的运行准备。

①考察现场：仓储设施、物流装备、交通状况、消防安全、人员素质。

②文件交换：将企业与客户所签订合同的主要内容通报给承包商，同时，向承包商进一步强调彼此间的合同内容、报价、业务流程图。

③布置任务：根据合同当面进一步明确承包商的具体权利与义务。

④作业指导：操作规程、岗位职责、注意事项、紧急情况处理、各种表单的填报等。

⑤业务培训：必要时派遣企业物流主管或邀请客户物流主管对承包商的业务人员进行培训。

⑥派遣人员：确定委派的参与承包商管理的人员。

（9）试运行　试运行是关键期，物流企业要协调自身与客户和承包商的各种运作，并及时对出现的问题进行调整。

（10）正式运行　在货物处于正常状态时，物流管理事实上是货物的信息管理。因此，除了加强作业管理之外，物流的信息管理就显得十分重要。信息不仅记录着货物，同时还记录着人的行为。因此，必须对物流业务过程中的各种业务、财务以及统计信息严格管理，包括：单据、凭证、表单、统计表等，严格按照业务流程和作业流程运行。在事故处理中要真实全面地记录事故的过程，包括文字、照片、录像和录音等，据此向各方报告事故情况，提出解决方案或补救措施，并查找原因，改进作业与管理，防止过失再发生。

（11）客户反馈　客户反馈分为日常反馈和集中反馈。

①详细记录客户的日常反馈。

②经常性地通过电话等方式征求客户的意见。

③主动登门拜访客户。

④通过研讨会或联谊会方式与客户交流。

（12）服务改进

①优化业务流程。

②改善作业规程。

③优化网络结构。

④优选承包商。

⑤改进技术装备。

七、第三方物流的发展趋势

1. 第三方物流现状

现代意义上的第三方物流是一个约有 30 多年历史的行业。在美国，第三方物流业被认为尚处于发展期；在欧洲，特别是在英国，普遍认为第三方物流市场有一定的成熟度。全世界的第三方物流市场具有潜力大、增长率高和渐进性的特征，这种状况使第三方物流业拥有大量的服务提供者。大多数第三方物流服务公司都是以传统的"类物流"业为起点而发展起来的，如仓储业、运输业、空运、海运、货运代理和企业内的物流部等，它们根据顾客的不同需要，通过提供各有特色的服务而取得成功。美国目前约有 1600 个第三方物流服务提供者，据对其中 56 家领先公司的调查，最常见的第三方物流的服务内容主要集中于物流策略/系统开发、电子数据交换、货物运输、信息管理、仓储、咨询、运费谈判和支付、通关和货物代理等。

众多的第三方物流提供者来自各行各业。一般情况下，从事此项经营的公司，其传统背景是公共仓储业、公共交通运输业、经纪业、货运代理业等。制造商倾向于寻找那些合同制的服务提供者。目前，最大的合同制物流服务提供者来自仓储业，这些公司均提供一体化的物流服务，包括运输、仓储、EDI 信息处理等内容，以及其他许多增值服务。随着经济和产业的发展，在这个服务领域的公司数量正不断增加。一些提供第三方物流服务的运输公司，在开发合同制关系和战略联盟上很积极，如联邦快递公司、TNT 合同制物流公司等。

第三方服务的最大客户群通常是一些日常洗涤用品、纸制品、化妆品和食品等产品的制造商。他们有一个重要趋向，就是把物流作为一个增值过程来管理，反映了他们为赢得并保持顾客满意而采取的有力行动，并在灵活性上做了额外的投入，特别是适应特殊的或非常规的需求。许多公司在物流方面要么选择一个供应者，要么是有限的供应者，这样可简化流程的管理，而且通过将有限的资源集中于某些业务，使规模经济得以实现。

2. 第三方物流发展趋势

有越来越多的人相信，第三方物流蕴藏着众多的新机会。在我国该行业刚刚起步，越来越多的人相信，第三方物流服务将会成为 21 世纪国际物流发展的主流。如果企业将其物流业务外包，可从中获得如下好处。

(1) 集中精力于主营业务　企业能够实现资源优化配置，把有限的人力、财力集中于主营业务，进行重点研究、发展基本技术，努力开发新产品参与市场竞争。

(2) 节省费用　专业的第三方物流提供者利用规模生产的专业优势和成本优势，通过提高各环节的利用率节省费用，使企业能从费用结构中获益。企业解散自有车队而代之以公共运输服务的主要原因就是为了减少固定费用。若企业自行分配产品，就意味着对营销服务的深入参与，将引起费用的大幅增长。只有使用专业服务公司提供的公共服务，才能减少额外开支。

(3) 减少库存　原料和库存的无限增长将积压资金，尤其是高价值的部件要及时送往装配点以保证库存的最小量。第三方物流提供者借助精心策划的物流计划和适时运送等手段，最大限度地盘活库存，改善企业的现金流量。

(4) 提升企业形象　第三方物流提供者与客户的关系，不是竞争对手而是战略伙伴，他们应该处处为客户着想，通过全球性的信息网络使客户的供应链管理完全透明化，客户随时可通过互联网了解供应链的情况。第三方物流提供者是物流方面的专家，他们利用完备的设施和训练有素的员工对整个供应链实现完全的控制，减少物流的复杂性。他们主要通过遍布全球的运送网络和服务提供者极大地缩短交货期，帮助客户改进服务，树立自己的品牌形象。第三方物流提供者通过"量体裁衣"式的设计，制订出以客户为导向，低成本、高效率的物流方案，为企业在竞争中取胜创造有利条件。跨国公司进入中国市场，经过自建物流伙伴和自建物流企业两个阶段以后，希望用物流的理念来整合我国国内现有的物流服务资源，进一步降低初始资本投入，扩大市场空间。另外，互联网技术和电子商务的发展也给物流产业的发展提供了新的契机。

市场也特别需要 3PL 公司，因为它提供的是一个计算机接口、一个接触点、一份合同和一份集单。第三方物流的利润空间很大，它除了给第一方、第二方带来利润以外，自己也得到利润。如果利用更加严格的内部成本控制和更好地使用信息技术，提供一些增值服务，第三方物流就能赚取更多的利润。随着经济全球化，有越来越多的厂商到国外去办厂。第三方也要跟着走，这样随着货主的市场扩大，第三方的市场也跟着扩大。因为第三方有现成的、比客户自己做要好得多的物流解决方案，所以，客户都非常愿意把这些工作外包出去，使得第三方物流和货主之间就构成一种不可以分割的供应链关系。从本质上讲，第三方物流企业的利润来源于现代物流管理科学的推广所产生的新价值。可以说这种库存成本的节约就是物流科学创造的新价值，这种新价值是第三方物流与客户共享的，这就是所谓"双赢"的结果。

第三方物流公司的利润来源与客户的利益是一致的，而不是矛盾的。第三方物流服务的利润来源不是来自运费、仓储费用等直接收入，而是来源于与客户一起在物流领域创造的新价值。为客户节约的物流成本越多，利润率就越高。

本章小结

本章主要介绍了物流企业和第三方物流相关内容。通过对物流企业概念介绍，详细阐述了物流企业的基本特征，现代物流的特征和物流产业的界定。本章还对第三方物流概念、与传统的物流委托的比较、发展模式、业务开发流程、发展趋势等进行了详细说明。

思考题

1. 简述物流企业的概念和基本特征。
2. 通过本章学习，请说出一个现代物流企业应该具备的基本条件。
3. 简述现代物流的特征有哪些。
4. 第三方物流的内容包括哪些方面？各方面有什么特点？
5. 根据自己的学习，论述第三方物流的现状和发展趋势。

第十一章 电子商务在食品物流中的应用

第一节 概述

随着计算机技术、网络技术和通信技术等现代科学技术的发展和普及,一种全新商务活动形式——电子商务活动伴随着信息、贸易的全球化正在世界范围内展开。电子商务能够带来巨大的经济效益和社会效益,它的发展推动了商业、贸易、营销、金融、广告等社会经济领域的创新,并以此形成了一个又一个新的产业,给世界各国带来了无限商机,显示出强大的生命力和光明的前景。

电子商务(electronic commerve,E-commerce,EC)是把电子信息技术、网络互联技术和现代信息技术应用于商业领域所产生的新生事物,是商品流通方式的变动方向。从广义上讲,电子商务是指各行各业中各种业务的电子化;从狭义上讲,电子商务是指人们利用电子手段进行的以商品交换为中心的各种商务活动。从技术角度看,电子商务是互联网商务,是通过现代高新技术,使得交易涉及的各方当事人借助电子方式联系,来实现整个交易过程。在商务活动中,随着全球信息化的发展、基于国际互联网技术的网络服务蓬勃发展,电子商务的兴起已促使流通领域发生了一场革命。电子商务打破了时空界限、加速了整个社会的商品流通,而电子商务的影响远超出商务活动本身。电子商务对社会各行各业的渗透也是空前的,随着电子商务时代的到来,电子商务对传统商务活动的影响和冲击也变得越来越明显。以数字化为基础、以互联网为纽带的新经济革命已经到来。今天,人们已经提出了包括通过网络来实现从原材料的查询、采购、产品的展示、订购到出口、储运以及电子支付等一系列贸易活动在内的完整电子商务的概念。基于电子商务而推出的金融电子化方案、信息安全方案、互联网方案,又形成了一个又一个新的产业,给信息技术带来了许多机会,把握和抓住这些机遇,已经成为国际信息技术市场竞争的主流。

电子商务活动中包括物流、资金流、信息流和商流四个基本要素,其中,资金流、信息流和商流均可以在网络平台上实现,而物流则需要在线下实体进行。"四流"的完美结合和相互协调是电子商务模式充分发挥其优势的必要条件。"四流"中物流最终决定了电子商务的效率,发挥着独立的无法替代的作用。

第二节 电子商务与现代食品物流

目前复杂的外界环境对食品产业产生了多方面的影响,使我国食品物流面临很多新问题,主要体现在如下方面。

①随着社会经济的持续发展,食品电子商务的普及,人们的食品消费结构成多元化方向发展,人们对食品的购买动机已趋向多品种、少数量模式。一般食品的附加值并不高,而品种数量却非常大,需要在短期内快速分发到所有地方,这对中国目前的物流业是一大挑战,要求食品物流达到快速、多样化等标准。

②近几年来,不少国家均不同程度地相继发生食品安全问题。比如,因激素使用产生的问题、沙门氏菌污染、农药残留问题,后又出现了疯牛病、口蹄疫、禽流感,还有转基因问题等。我国也多次出现食物中毒事件,据统计,我国每年食物中毒报告例数约为24万人,专家估计这个数字尚不到实际发生数的1/10。流通中的物流环境与运作是影响食品安全十分重要的因素之一。由于食品原料种植和采购、生产、流通加工和配送每一环节都影响食品安全卫生,食品物流较其他行业物流更重视一体化模式。

③过去几年是一个高速并购的年代,很多食品企业通过重组整合加大了规模,公司越来越大,品牌越来越少。规模上去了,但并不一定带来规模效应。如光明收购达能就是一个很好的例子,一年之内就使达能的经营有了很大的转变,同时出现了另外一个亟待解决的问题,原来的物流资源很难满足并购后的需求。而规模经济对于大型企业而言,最本质的就是运营上的整合,这对我国还比较分散、单一的物流业提出了巨大挑战。

④我国整体物流水平和物流机构还很不健全。从目前来看,我国一些食品企业上市公司,如燕京、青岛等已经开始涉足物流领域,相对于国内物流的整体水平而言,食品企业同其他门类的企业一样,处于建立、探索和发展阶段。我国正处于从传统的物流服务向现代物流社会化转换过程的起步阶段,第三方物流还有待提高,能够提供综合性全程服务的物流企业占比重较少。根据对中国物资储运协会内200多家物流服务企业的调查结果,我国的第三方物流企业能提供的综合性全程服务还不足总体需求的5%。

⑤WTO给食品物流业带来的机遇和冲击。根据协议,我国承诺所有的服务行业,在经过合理过渡期后,取消大部分外国股权限制,不限制外国服务供应商进入目前的市场,不限制所有服务行业的现有市场准入和活动。这对我国物流服务企业是一大挑战和冲击,同时,可能带来发达国家的先进物流技术和管理经验,促进中国食品行业物流的合理化进程。

一、 我国的粮油电子商务

粮油电子商务是指通过各种计算机和网络技术进行的粮食交易活动,如粮食企业内部的商业信息共享、粮食企业之间、不同交易主体之间的各种粮食信息数据交换、各种形式的网上粮食交易。

1. 粮油电子商务的产生和发展

我国广义的粮油电子商务,如果从1990年粮食期货交易的电子计算机撮合交易算起,具有 20 多年的历史，比我国其他行业的网上交易要早几年。如果从狭义的粮食网上交易而言，自 1998 年算起，也有 23 年的时间，与其他较早行业电子商务同步。

2. 我国电子商务平台建设

近几年来，我国电子商务网站发展较快，2011 年全国有近 30 多万家粮油企业在积极通过互联网发布和收集信息，粮油网站已超过 2400 家，其中较著名的有中粮电子商务中心、中国粮油食品信息网、中国粮食贸易网、中华粮网、中华食物网、亿谷网、中国金粮网、中华面粉网、粮油在线、大连北方粮食交易市场、中国大豆网、中国谷物网等。一般来讲，网站建设分 3 个层次，第一层次以信息采集、信息发布为主要特征；第二层次以企业建站设点为主要特征；第三层次以提供网上交易平台和网下支持系统为特征。

我国单一由网络公司投资建设的粮油电子商务交易市场较少，如 2002 年 11 月 15 日吉林省开通的吉林玉米淀粉批发市场，是以网络技术为支撑，以互联网为依托的粮油电子商务平台，把玉米和玉米淀粉搬到了互联网出售。较多的粮油电子商务网站是在商流批发市场或物流批发市场基础上建设的。

3. 粮油电子商务的类型

以从事电子商务的主体来划分，粮油电子商务模式主要有 4 种。

（1）B2B（business to business）　企业对企业，即一个企业把自己与供货商、经销商等关联企业的业务模式转变为以互联网为基础的电子模式（网上模式）。相关企业之间在互联网上发布产品和技术信息，以电子邮件进行交流，在网上进行订货、订单处理，跟踪供货、库存和销售情况等。企业对企业的电子商务，是当前电子商务的重点，是我国电子商务的切入点，也是粮油电子商务的切入点。

（2）B2C（business to customers）　企业对顾客，B2C 是指企业与消费者之间的电子商务，多指企业通过互联网、电子邮件向消费者提供产品信息、宣传，接受消费者的垂询、订货，并向消费者发出付运通知等。

（3）G2B（government to business）　政府对企业，该模式包括两个方面内容：一是政府对企业的税收电子商务模式；二是政府粮油储备的批发市场抛售。每年我国通过粮食批发市场的网抛售的粮食有上千万吨。

（4）B2G（business to government）　政府采购的电子化。

虽然大众对网上购物这样的 B2C 电子商务更感兴趣，但是必须意识到 B2B 电子商务要远大于 B2C，具有更大的发展潜力，对经济的发展有更深远的影响。据调查，B2B 的电子交易额要占总电子商务交易额的 77%，B2C 的只占 23%。

4. 粮食网上交易形式

（1）网上期货交易　改革开放以来的期货交易主要是粮食期货交易，我国大连、上海、郑州三个商品期货交易所均采取现代期货交易的方式——"价格优先、时间优先"的计算机撮合交易，经纪公司与期货交易所之间均采取了网上下单的形式，客户则主要依靠电话委托经纪公司下单。

（2）网上批发交易　主要依托批发市场进行各种网上粮食交易，主要有计算机现场拍卖、网上协商交易、网上竞价交易、网上栈单交易等形式。有政府储备粮网上抛售、进口粮网上拍售，今后政府储备粮采购也将采取这种形式。还有企业与企业之间的粮食交易，有的网站还开办了网上展览等。

5. 典型网站及其运作案例

（1）中华粮网 早在 1995 年 12 月，中国郑州粮食批发市场联合全国主要粮食批发市场，创办了全国第一家以信息收集、发布为主的粮食网站；1998 年率先推出粮食网上交易；2000 年对网站进行大规模技术改造，并更名为中华粮网，初步构架了 B2B 粮油电子商务网站的基本框架（图 11-1）；2001 年底中华粮网股份制改造成功；2002 年 7 月推出具有远期合约交易性质的栈单交易；2003 年 4 月以优质强筋小麦为试点进行期现结合的探索实验等。

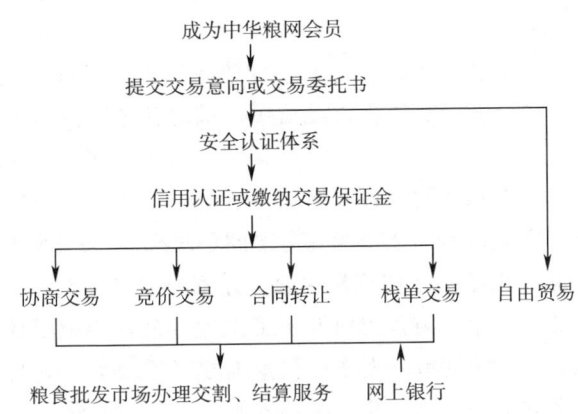

图 11-1 B2B 粮油电子商务网站的基本框架

①网上协商交易：会员通过网络交易系统发布供求意向，或选择其他会员已发布的供求意向，通过网络交易系统进行协商交易的一种形式。

②网上竞价交易：会员通过网络交易系统提交竞价销售或采购委托书，其他会员通过网络交易系统参与竞价成交的一种形式。

③意向交易（合同转让）：是指所有用户都可以将自己的信息放入意向交易系统中，凡上网用户均可看到此信息，有意者可通过电话或邮件联系。

④网上栈单交易：会员通过网络交易系统采用集中竞价方式，签订指定粮油商品合同的一种交易方式。

网上协商交易、网上竞价交易只是将日常协商和场内集中竞价迁移到网上进行，没有本质上的改变。而栈单交易是一种只有远期合同交易性质的现货交易，它可以到期履约，也可以根据行情变化进行转让，有较大的自主性和灵活性，是对现货机制的创新。

（2）长春粮食网络交易中心 长春粮食网络交易中心有限公司（以下简称网络公司），由吉林粮食批发市场和中国商品交易中心（CCEC）共同组建，是从事网上粮油交易的中介服务机构。网络公司组织形式为有限公司，实行董事会下的总经理负责制，采取会员制管理模式。

网络公司利用吉林粮食中心批发市场具有多年从事粮食批发交易的经验和为开展粮油电子商务提供信息、交易、结算、配送配套服务的有利条件，同时依靠 CCEC 先进的技术力量和电子商务交易平台的影响力，充分发挥吉林省粮食主产区的资源优势，为东北三省的粮食销售企业乃至全国的用粮企业提供了一整套安全、快捷的网上查询、交易、结算、配送等服务，是国内功能较完善的粮食交易网络交易公司之一。网络公司能够提供快捷准确的粮油政策信息、供求信息、价格信息、科技信息，并进行市场分析、预测价格走势；负责交易合同的签订和管理；负责货款结算和资金的安全，并根据粮油交易合同进行物流配送和实物交割，保证合同的履约。

（3）网络服务提供商——中食新华北京中食新华科技有限公司（以下简称中食新华）由中国食品集团公司、北京新华国信科贸有限责任公司共同合资创建，于2001年初在北京正式注册成立。中食新华公司的战略目标是成为中国最权威的食品信息、技术和商务中心；利用网络整合资源，为客户创造价值，实现中国食品信息和电子商务服务领域的第一、最快、专业（first, fast, focus）。

中食新华的股东之一中国食品集团公司——前身是中国食品公司，原国内贸易局直属企业，专门从事肉食蛋品类经营，拥有进出口经营权。目前已在国内通过全资、控股和联合等形式，建立独资、合资、合作联营企业50多家，是中国最大的食品公司。

中食新华的股东之一北京新华国信科贸有限责任公司，是国内创建最早、规模及影响最大的粮油食品行业专业信息咨询、网络技术和电子商务服务商。1996年7月开通中国粮油食品行业第一家商用信息互联网络——中国粮油食品信息网；1997年11月开通中国粮油食品行业第一家电子商务系统——中国粮食贸易网；2000年3月开通中国粮油食品行业第一家网上专业社区——亿谷社区。公司拥有一批专业技术人才，开发了大量粮油食品信息处理和电子商务系统，积累了丰富的粮油食品行业网络技术服务经验，并曾为多家粮油食品企事业单位提供专业的网络技术服务与电子商务解决方案，目前是中国粮油食品行业最大市场份额的信息咨询和电子商务服务商。

（4）中国谷物网　中国谷物网是依托南方粮食交易市场基础上的网站。南方粮食交易市场按照股份制筹资、公司化运作、企业化管理的模式于2002年10月28日开业，其目标是：成为覆盖南方粮食产区，面向全国销区，逐步与国际市场接轨，有形市场和无形市场相结合，传统协商交易和现代电子交易相结合，集商流、物流、信息流于一体，具有交易、价格形成、配送、结算、信息、法律咨询与仲裁和其他服务等功能的现代化国家级大型粮食交易市场。中国谷物网采用GB/T 18769—2003《大宗商品电子交易规范》，提供集中竞价、点对点成交的网上撮合成交、网上竞拍交易、信息发布、网上支付、网上培训、网上交流和网络接入等电子化企业服务内容，与全国性商业银行联手实现网上交易结算，并提供相应的仓储物流配送服务。

6. 我国粮油电子商务存在的问题

（1）粮食企业自身改革不到位　虽然我国粮食企业改革取得了较大的成绩，甚至在证券市场也有金健米业以及10多家粮食饲料与加工的上市企业，但粮食企业从总体而言改革相对滞后，企业自主性较差，因而，现代企业建设缺乏动力。

（2）粮食企业信息化建设滞后　粮食企业的科技含量较低，人员素质较差，信息化建设呈现典型的"二元结构"，较先进的网上交易甚至网上期货交易同落后的传统粮食交易并存。目前，许多地方的粮食储备还是一个黑箱，仅靠"墙上画线、门上挂锁"来进行管理。

（3）初具全国性电子商务交易平台　近几年来我国形成了各种不同的粮油电子商务网站，但网站数仅占全国电子商务网站总数的0.06%，且结构不合理，趋同建设、重复投资严重。

（4）粮油电子商务建设滞后　一是粮油电子商务尚未普及，许多粮食企业信息化水平较低，计算机和管理人员较少，复合型人才更少；二是盲目发展，说到粮油电子商务就是建网站，而不知如何用信息化改造传统粮食产业，仓库"量值管理"水平太低。

（5）粮油电子商务法律和法规滞后 至今我国没有一部粮食信息化管理的法律和法规，粮食网上期货交易也没有法律依据，中国证监会颁布的《网上证券委托暂行管理办法》并没有将网上期货交易作为规制和管理对象。至今我国获准网上证券委托资格的券商达到86家，但没有一家网上期货经纪公司，至今没有网上期货交易的规范性文件和司法解释，许多网上期货交易探索具有某些试点性质，其中粮食网上期货交易也存在同样的问题。

虽然存在许多问题，但实行网上交易也有许多优点。一是开展粮油电子商务是推动粮食产业升级、提高粮食企业市场竞争力的有效途径。以计算机、网络通信、软件技术等为代表的信息技术，代表了高新技术的发展方向，应用领域在不断拓宽。中国共产党第十九次全国代表大会报告八次提到互联网，推动互联网、大数据、人工智能和实体经济深度融合，加强水利、铁路、公路、水运、航空、管道、电网、信息、物流等基础设施网络建设。电子商务正是运用电子信息技术的典范，其在粮食行业的运用，必将给这一行业带来革命性变革，有力推动粮食产业升级。二是网上交易将改变传统的现货贸易方式，促进粮食贸易的规模集中。网上交易和传统的现货贸易之间的主要差别体现在技术支持及信息咨询服务上。在粮食贸易面对面的竞争中，传统的经营方式已不再具有竞争力；相反，其所提供资讯信息的全面准确程度、对客户投资指导的及时与完善程度，以及在此基础上长期积累形成的信息咨询品牌，将成为网上交易在竞争中取胜的重要手段。三是网上交易将突破传统交易方式的空间地域限制，根本改变现行的制约于传统粮食购销渠道和商务圈的现货经营模式。网上交易将彻底突破时空界限，无限度地拓展粮食行业的客户资源。四是网上交易将使粮食贸易传统的客户服务体系及方式面临根本性变革。远程电脑维护、资讯信息传递及投资指导等新的需求不断出现。五是网上交易将使粮食贸易传统的咨询体系与方式面临根本变革。网上交易将改变现货传统，对客户提供重要信息、行业分析及粮食研究报告。六是网上交易对网络监管提出了全新的要求，将使传统监管体制、监管方式和手段面临变革。网上交易监管是粮食行业监管部门面临的新课题，如何维护网络体系安全以保护客户利益、规范网上信息披露、加强网上交易监管，这些问题势必迫使传统的粮食行业监管体制进行改革，在监管方式和手段上进行创新，以适应网上粮食交易迅速发展的需要。

二、 电子商务下的食品物流模式

1. 一体化物流模式

一体化物流模式就是在电子商务的环境下，企业生产的食品、添加剂及其他辅助材料等的购进物流、产成品的制造物流与分销物流等物流活动全部由电子商务主体完成。电子商务主体是电子商务活动的组织者与实施操作者，同时又是企业物流活动的组织者与实施者。

2. 第三方物流模式

电子商务主体将一部分或全部物流活动委托给外部的专业物流公司来完成。第三方物流企业提供的专业化物流服务，有利于促进基于电子商务的企业总体物流效益的提高和物流合理化。同时，第三方物流企业是面向社会众多企业提供物流服务。

3. 配送中心模式

电子商务通过互联网与增殖网实现了对商流、信息流的电子化操作，实现了无纸化贸易,但商品配送是否到位成为决定网上商流成功与否的关键因素。电子商务越发展,配送的作用就越重要。无论是B2B电子商务模式下末端物流业务的实现,还是B2C电子商务模式下商品由卖方所在地的实体流动,都需要配送中心来完成。因此,配送中心将是电子商务物流体系必不可少的主导模式。

电子商务的终极目标就是取消传统中介,减少中间环节,从而降低生产和销售成本,达到利润最大化。理想的电子商务模式被描述为:以网络为中介,直接联系生产者和最终用户;以分销商、零售业代表的传统中介会最终走向消亡。

三、电子商务下的物流特点

1. 信息化

电子商务时代,物流信息化是电子商务的必然要求。物流信息化表现为物流信息的商品化、物流信息收集的数据库化和代码化、物流信息处理的电子化和计算机化、物流信息传递的标准化和实时化、物流信息存储的数字化等。因此,条形码技术、数据库技术、电子订货系统、电子数据交换、快速反应及有效的客户反映、企业资源计划等技术与观念在我国的物流中将会得到普遍的应用。信息化是一切的基础,没有物流的信息化,任何先进的技术设备都不可能应用于物流领域,信息技术及计算机技术在物流中的应用将会彻底改变世界物流的面貌。

2. 自动化

自动化的基础是信息化,自动化的核心是机电一体化,自动化的外在表现是无人化,自动化的效果是省力化。另外自动化还可以扩大物流作业能力,提高劳动生产率,减少物流作业的差错等。物流自动化的设施非常多,如条码/语音/射频自动识别系统、自动分拣系统、自动存取系统、自动导向车、货物自动跟踪系统等。这些设施在发达国家已普遍用于物流作业流程中,而在我国由于物流业起步晚、发展水平低,自动化技术的普及还需要时间。

3. 网络化

物流领域网络化的基础也是信息化,这里的网络化有两层含义:一是物流配送系统的计算机通信网络,包括物流配送中心与供应商或制造商的联系要通过计算机网络,另外与下游顾客之间的联系也要通过计算机网络通信。比如物流配送中心向供应商提出订单这个过程,就可以使用计算机通信方式,借助于增殖网(value added network,VAN)上的电子订货系统(EOS)和电子数据交换技术(EDI)来自动实现,物流配送中心通过计算机网络收集下游客户的订货的过程也可以自动完成;二是组织的网络化,即企业内部网(intranet)。

物流的网络化是物流信息化的必然,是电子商务下物流活动的主要特征之一。如今互联网等全球网络资源的可用性及网络技术的普及为物流的网络化提供了良好的外部环境,物流网络化不可阻挡。

4. 智能化

这是物流自动化、信息化的一种高层次应用,物流作业过程大量的运筹和决策,如库存水平的确定、运输(搬运)路径的选择、自动导向车的运行轨迹和作业控制、自动分拣机的运行、物流配送中心经营管理的决策支持等问题都需要借助于大量的知识才能解决。在物流自动化的进程中,物流智能化是不可回避的技术难题。好在专家系统、机器人等相关技术在国际上已经有比较成熟的研究成果。为了提高物流现代化的水平,物流的智能化已成为电子商务下物流发展的一个新趋势。

5. 柔性化

柔性化本来是为实现"以顾客为中心"理念而在生产领域提出的,但要真正做到柔性化,即真正根据消费者需求的变化来灵活调节生产工艺,没有配套的柔性化的物流系统是不可能达到目的的。20世纪90年代,国际生产领域纷纷推出弹性制造系统(flexible manufacturing system,FMS)、计算机集成制造系统(computer integrated manufacturing system,CIMS)、制造资源系统(manufacturing requirement planning,MRP)、企业资源计划(ERP)以及供应链管理的概念和技术,这些概念和技术的实质是要将生产、流通进行集成,根据需求端的需求组织生产,安排物流活动。因此,柔性化的物流正是适应生产、流通与消费的需求而发展起来的一种新型物流模式。这就要求物流配送中心要根据消费需求"多品种、小批量、多批次、短周期"的特色,灵活组织和实施物流作业。

另外,物流设施、商品包装的标准化,物流的社会化、共同化也都是电子商务下物流模式的新特点。

第三节 国内电子商务的现代食品物流管理运行模式

作为一种全新的商务模式,电子商务需要一套与之相适应的电子物流模式,配合其低成本商业竞争优势。物流过程作为食品销售的重要环节,一方面对其总成本的控制起到一定影响,另一方面若不能严格把关质量,也会导致食品出现安全问题。

总体来说,目前常见的电子商务物流模式包括三种。

(1)企业自营物流 又称与电子商务物流相匹配的商业模式,主要是指企业利用自身的资源承担自身所需的物流活动。出于物流成本控制的目的,企业以自营物流模式建立物流、商流和信息流一体化的现代物流管理中心,并广泛运用现代物流技术如条码技术、电子订货系统和电子数据交换系统等。自营物流模式下,企业的物流管理被提升到企业战略管理的地位,物流管理的范围从原材料的采购到产成品的分销配送以及物流活动中相关信息的系统管理等。企业自营物流模式在传统企业中较为常见,能够最大化地配合企业的生产经营战略,实现物流的一体化管理。企业自营物流运作模式最典型的例子就是沃尔玛模式,如图11-2所示。

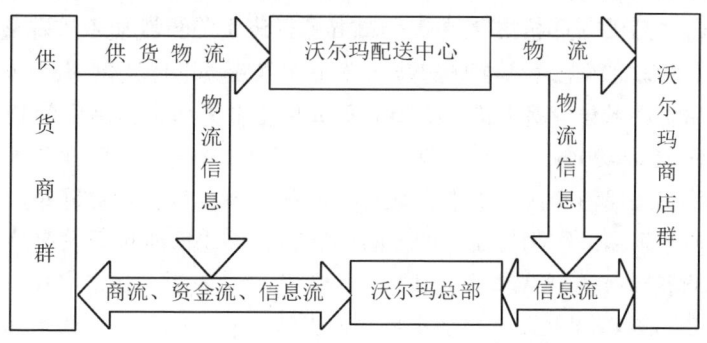

图11-2 沃尔玛企业自营物流运作模式

（2）物流外包模式（第三方物流模式）　即第三方物流模式，是指企业的物流活动外包给除供方和需方以外的第三方物流企业，通过订立合同，由第三方物流企业为供需双方提供物流服务，如图 11-3 所示。

从本质上看，第三方物流模式属于管理型，第三方物流企业主要为客户提供一体化的综合物流管理，通过对物流服务资源的有效整合和优化利用，构建完整的物流服务体系。第三方物流企业通过整合低层的社会物流资源，以长期合作的方式为客户提供一站式的物流服务，具有明显的管理内涵。上海的虹鑫物流属于典型的第三方物流模式，如图 11-4 所示。

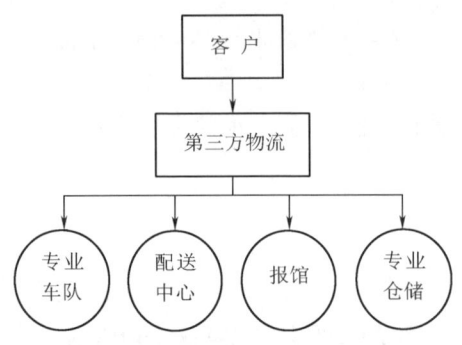

图 11-3　第三方物流运作模式

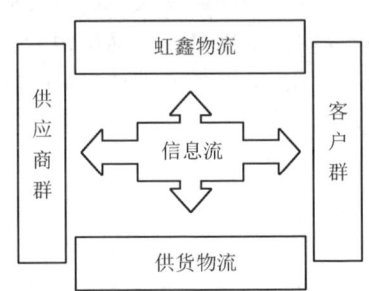

图 11-4　上海虹鑫第三方物流模式

另外，这种模式是当前大部分生鲜农产品个体电商普遍采用的配送模式。此种模式下充分利用了电子商务平台信息共享的功能，生鲜电商根据消费者的订单，直接委托第三方专业配送企业将生鲜农产品送到消费者手中。这种模式直接忽略了中间批发商和各级经销商环节，实现点对点的直接供货，保证了运输的时效性和有效性，能够让生鲜农产品以更快的速度到达消费者手中，并且保证了送货的及时、产品新鲜度较高和消费者满意度提升。

（3）物流企业联盟模式　是介于企业自营物流和第三方物流之间的一种物流运作模式。通过企业之间在物流领域的深入合作，形成优势互补和资源的合理利用，有助于降低合作双方的交易费用和机会主义成本，最终形成长期互利和全方位的物流战略合作伙伴关系。合作企业之间具有较强的依赖性，且分工明确，通过企业和企业之间的横向联合，有利于充分发挥集团型竞争优势。

目前我国食品供应链物流中"农超对接"模式发展比较迅速，即食品生产者与超市签订合作协议，直接将产品供应给超市，然后在超市进行售卖，为优质农产品的销售搭建平台。"农超对接"是最基础的新型食品供应链物流模式，它颠覆了传统供应链物流模式中只供不销的弊端，将食品生产者与消费者进行对接，极大程度上去除了食品中间物流成本，使产品最终价格能够下降 10%~20%。

另外，由于我国居民消费已从追求温饱转向追求小康，对食品质量安全问题的重视程度日益提升，这促使了食品冷链物流模式的不断发展和完善，目前我国农产品冷链市场规模以每年 20% 的比率增长。

第四节　国际电子商务的现代食品物流管理运行模式

国际电子商务是现代计算机信息技术和网络技术，运用于国际贸易所催生的一种新型社会经济形态，它加快社会商业模式、管理模式、组织结构的创新与变革。国际电子商务的快速发展，突破国界与疆域，打破各国贸易制度和各种贸易保护屏障，将整个世界经济活动互联为一个整体，推动全球资源的最优化配置，促进全球各国的经济发展。计算机网络的"跨时空、跨国界"特征，使得电子商务的发展进一步加快了经济全球化、信息全球化进程。

国际电子商务的发展为消费者带来了便利，在交易商品的过程之中，物流占据着重要作用，它为消费者提供了方便。因此，国际电子商务的发展为国际物流的发展提供了契机。在国际电子商务的背景下，没有物流很难实现电子商务的优势。电子商务平台的发展，为物流的发展创造了空间，使国际物流的功能充分表现出来。随着国际贸易不断发展，规模不断壮大，物流的应用也越来越广泛。其业务范围涵盖各个领域，可以说，电子商务带动了物流行业的发展，二者相辅相成，共同进步与发展。在国际电子商务的背景下，人们对服务有了新的要求。为了适应国际电子商务的发展，物流企业必须做出相应的调整，以此适应社会的发展潮流。目前，提高物流服务水平是物流企业发展的重点。

国际电子商务环境下所需要的物流是国际大物流。国际大物流必须以物流设施国际化、物流技术国际化、物流标准国际化、物流服务国际化、物流包装国际化、流通加工国际化和物流经营综合化，为其主要建设目标。

电子商务应用于现代物流打造协调化物流模式，能够实现现代物流模式中元素的科学调配，进而形成更精炼、工作更准确的物流管理结构。

举例来说，M 企业主要经营食品，企业为了确保产品加工与销售精准对应，降低食品加工成本，借助电子商务平台，打造产销、管理、运输、销售四位一体的商品经营体系。当企业交易管理网站上接收到订单后，程序自动按照订单要求，分析产品生产投资比重、存储与运输关节管理以及销售网点产品供应环节的物资处理，确保 M 企业食品加工后，能够在保质期内全面销售完。

本章小结

本章主要阐述电子商务概念，结合新时代背景分析我国食品物流面临的新问题及其体现、以粮油电子商务为例，进一步讲解电子商务下的食品物流模式、物流特点，并对国际、国内电子商务的现代食品物流管理运行模式进行了介绍与剖析。

🔍 **思考题**

1. 简述电子商务为我国食品产业带来的机遇。
2. 结合实际及社会背景谈谈我国食品物流面临的新问题及其体现。
3. 以粮油电子商务为例,试述网上交易的优缺点。
4. 简述电子商务下的食品物流模式、物流特点。
5. 试述国际、国内电子商务的现代食品物流管理运行模式的异同点。

第十二章 国际物流与国际供应链

第一节 概述

一、国际物流的概念

随着国际贸易往来活动的日益增多,企业在商品和劳务方面同国外交流也将越来越频繁,出现了诸如进出口业务、交通运输服务、银行和金融、保险业务、租赁和咨询以及结算等各项商务活动。这些商务活动在运作规律和运行规则方面是跨越不同国家进行的,在时间和空间上存在着距离,所以物流的范围扩大了,物流的内容扩展了。

国际物流(international logistics,IL)是不同国家之间的物流,其狭义的理解是当供应和需求分别处在不同的地区和国家时,为了克服供需时间上和空间上的矛盾而发生的商品物质实体在不同国家之间跨越国境的流动。国际物流伴随着国际贸易的发展而发展,并成为国际贸易的重要物质基础,各国之间的相互贸易最终必须通过国际物流来实现。此外,各国之间的邮政物流、展品物流、军火物流等也构成了国际物流的重要内容。

二、国际物流的作用

国际物流最大的特点是物流跨越国界,物流活动在不同国家之间进行。所以国际物流的存在与发展可以促进世界范围内物资的合理流动,可以使国际物资或商品的流动路线优化、流通成本最低、服务最优、效益最高。同时由于国际化后信息系统的支持和世界各地地域范围的物资交流,国际物流可以通过物流的合理组织促进世界经济的发展,促进国家间的友好交往,并由此推进国际政治、经济格局的良性发展,从而促进整个人类的物质文化和精神文化发展。

三、国际物流的特点

1. 物流环境的差异性

国际物流所面临的环境相对于国内物流来说具有很大的差异性,这种差异来自于方方面面的因素。不同的国家(地区)适用的法律法规不同,操作规程和技术标准不同,地理、气候等自然环境不同，风俗习惯等人文环境不同，经济和科技发展及各自消费水平不同等。这些具有显著差异的物流环境使得国际物流的建立必须同时适应多个不同的法律法规、人文、习俗、语言、科技发展程度及相关的设施。由此国际物流相对于国内物流来说，要形成完整、高效的物流系统难度较大。

2. 物流系统范围的广泛性

国际物流系统不仅具有物流本身的复杂功能要素、系统与外界的沟通因素，而且还要面对不同国家、不同地区错综复杂、不断变化的各种因素。国际物流涉及广阔的地域空间和诸多内外因素，需要较长的时间，难度较大的操作过程，及面临较大的风险。国际物流系统范围的广泛性使得相关的现代化技术的开发与使用显得尤为重要，现代化系统技术可以尽可能降低物流过程的复杂性，减少其风险性，从而使国际物流尽可能提高速度、增加效益，并推动其发展。

3. 要求物流信息化具有先进性

国际物流所面对的市场变化多、不稳定，所以对信息的提供、收集与管理具有更高的要求。因此必须要有国际化信息系统的支持，建立技术先进的国际化信息系统成为发展现代国际物流的关键所在。同时它需要克服一系列困难，如管理技术难度高、投资数额巨大、世界各国各地区信息技术水平参差不齐等，只有解决这些问题，才能建立起符合现代国际物流需求的物流信息支持系统。

4. 要求物流标准化具有统一性

国际物流要使国家间物流互相接轨，一个必要的条件是标准统一。在国际流通体系中，应当推行国际基础标准、安全标准、卫生标准、环境标准及贸易标准的进一步统一，并在此基础上制定并推行运输、包装、配送、装卸、储存等技术标准，从而提高国际物流水平。

第二节　国际物流系统

一、国际物流系统的组成

国际物流系统由商品的包装、储存、装卸、运输、检验、报关、流通加工和其前后的整理、再包装以及国际配送等子系统组成。运输和储存子系统不仅是物流系统的主要组成部分，也是国际物流系统的主要组成部分。国际物流通过物品的储存和运输，实现其自身的时间和空间效益，满足国际贸易活动和跨国公司经营的要求。

1. 运输子系统

国际货物运输是国际物流系统的核心子系统，其作用是通过使物品实现空间移动而实现其使用价值。国际物流系统依靠运输作业克服物品在不同国家（或不同地区）的生产地点和需要地点的空间距离，创造空间效益。物品通过国际货物运输作业由供方转移给需方。国际货物运输具有路线长、环节多、涉及面广、手续繁杂、风险性大、时间性强等特点。国际运输费用在国际物品价格中有时会占有很大的比重。国际运输管理主要考虑运输方式的选择、运输路线的选择、承运人的选择、运输费用的节约、运输单据的处理以及货物保险等方面的问题。

2. 储存子系统

物品的储存会使物品在流通过程中处于一种或长或短的相对停滞状态，有人称储存为运输中的"零速度运输"。即使是在"零库存"的概念下，国际物流中物品的储存也是完全必要的，因为国际物品的流通是一个由分散到集中，再由集中到分散的源源不断的流通过程。例如，国际贸易或跨国经营中的物品从生产厂或供应部门被集中运送到装运港口，通常需临时存放一段时间，再装运出口，这就是一个集和散的过程。它主要是在各国的保税区和保税仓库进行的，因此会涉及各国保税制度和保税仓库建设等方面的问题。

从现代物流的理念来看，在国际物流中，应尽量减少储存时间、储存数量，加速物品的周转，实现国际物流的高效率运转。由于储存保管可以克服物品在时间上的差异，所以能够创造时间效益。

3. 检验子系统

国际物流中的物品是国际贸易交易的货物或跨国经营的商品，具有投资大、风险高、周期长等特点。通过检验，可以促进销售、维护产品质量和提高国际物流效率，这就使商品检验成为国际物流系统中的一个重要的子系统。通过商品检验，可以确定交货品质、数量和包装等条件是否符合合同规定，如发现问题，可分清责任。在国际货物买卖合同中，一般都订有商品检验条款，主要包括检验时间与地点、检验机构与检验证明、检验标准与检验方法等内容。

4. 通关子系统

国际物流的一个重要特点就是货物要跨越关境。由于各国海关的规定并不完全相同，所以，对于国际货物的流通而言，各国的海关可能会成为国际物流中的"瓶颈"。要消除这一瓶颈，就要求物流经营人熟知有关各国的通关制度，在适应各国的通关制度的前提下，建立安全有效的快速通关系统，保证货畅其流。我国的海关和检验检疫等口岸机构为进出境的货物制定了有关的监管规定和程序，以促进我国对外贸易的发展，并为办理有关手续提供方便。

5. 装卸子系统

国际物流运输、储存等作业离不开装卸搬运，因此，国际物流系统中的又一重要子系统是装卸搬运子系统。它是短距离的物品搬移，是储存和运输作业的纽带和桥梁。它也能提供空间效益。能够高效率地完成物品的装卸搬运，就能够更好地发挥国际物流节点的作用。同时，节省装卸搬运费用也是降低物流成本的重要途径之一。

6. 信息子系统

国际物流信息子系统的主要功能是采集、处理和传递国际物流的信息情报。在现代物流的背景环境下，如果没有功能完善的信息系统，国际贸易和跨国经营将会寸步难行。国际物流信息的主要内容包括进出口单证的作业过程、支付方式信息、客户资料信息、市场行情信息、供求信息以及物品在国际物流环节中的位置和状况信息等。国际物流信息系统的特点是信息量大、交换频繁；传递量大、时间性强；环节多、点多、线长。所以，应该建立技术先进的国际物流信息系统。国际贸易中 EDI 的发展是一个重要趋势，互联网的发展也为国际物流信息系统的完善提供了条件。

国际物流系统中的上述主要的子系统应该与配送子系统、包装子系统以及流通加工子系统等有机联系起来，统筹考虑、全面规划，建立适应国际竞争要求的国际物流系统。

二、国际物流系统模式

国际物流系统的一般模式包括：系统的输入部分、系统的输出部分以及将系统的输入转换成输出的转换部分。在系统运行过程中或一个系统循环周期结束时，有外界信息反馈回来，为原系统的完善提供改进信息，使下一次的系统运行有所改进，如此循环往复，使系统逐渐达到有序的良性循环。国际物流系统遵循一般系统模式的原理，构成自己独特的物流系统模式。

国际物流系统输入部分的内容有：备货-货源落实；到证-接到买方开来的信用证；到船-买方派来船舶；编制出口货物运输计划；其他物流信息。

国际物流系统输出部分的内容有：商品实体从卖方经由运输过程送达买方手中，交齐各项出口单证，结算、收汇，提供各种物流服务，经济活动分析及理赔、索赔。

国际物流系统的转换部分包括：商品出口前的加工整理，包装、标签；储存，运输（国内段、国际段），商品进港、装船；制单、交单、报关、报验，现代管理方法、手段和现代物流设施的介入。

在系统运行过程中，经常有外界不可控因素的干扰，使系统运行偏离原计划内容。这些不可控因素可能是国际的、国内的、政治的、经济的、技术上的和政策法令、风俗习惯等的，这是很难预计控制的，它对物流系统的影响很大。如果物流系统具有强的应变适应能力，遇到这种情况，马上能提出改进意见，变换策略，这样的系统才具有强的生命力。如一些突发事件直接影响国际货物的外运。这是事先不可能预见的，是受到外界政治因素严重干扰的结果。面对外部环境的干扰，应采取积极措施，使系统更具有新的生命力及应变能力。

三、国际物流系统网络

国际物流系统网络是指由多个收发货物和信息的"节点"和它们之间的"连线"所构成的物流抽象网络。国际贸易和经营的竞争要求国际物流系统的物流费用要低，物流服务水平要高。为实现这一目标，建立完善的国际物流系统网络十分重要。

收发货物和信息的节点是指国内外的各层仓库以及汇集和处理信息的场所，如制造厂仓库、中间商仓库、口岸仓库、国内外中转点仓库以及流通加工配送中心和保税区仓库等。国际物流中的物品就是通过接受和发出相关信息和指令，并在这些仓库收入和发出以及在中间存放保管，实现国际物流系统的时间效益，克服生产时间和消费时间上的分离，促进国际物流系统的顺利运行。在节点中，除可以实现收发和储存保管功能外，还可以实现包装、流通加工、装卸等功能。

连线是指连接上述国内外众多收发货节点间的运输线和信息流动方向线。运输线有各种海运航线、铁路线、公路线、飞机航线、管道线以及海、陆、空联运航线。这些网络连线是货物的移动（运输）轨迹的物化形式；每一对节点有许多连线以表示不同的运输路线、不同产品的各种运输服务；各节点表示存货流动暂时停滞，其目的是为了更有效地移动（收或发）；信息流动网的连线通常包括国内外的邮件，或某些电子媒介（如电话、电传、电报、EDI 等），其信息网络的节点则是各种物流信息汇集及处理之点，如员工处理国际订货单据、编制大量出口单证或准备运输单证或电脑对最新库存量的记录；物流网与信息网并非独立，它们之间是密切相连的。

国际物流系统网络研究的中心问题是确定进出口货源点（或货源基地）和消费者的位置、各层级仓库及中间商批发点（零售点）的位置、规模和数量，从而决定了国际物流系统的合理布局和合理化问题。

在合理布局国际物流系统网络的前提下，国际物流中的物品由供方向需方实体流动的方向、规模、数量就确定下来了。即国际贸易的贸易量、贸易过程（流程）的重大战略问题，进出口货物的卖出和买进的流程、流向，物流费用、国际贸易经营效益等，都一一确定出来了。完善和优化国际物流网络，有利于扩大我国国际贸易，提高我国跨国公司的竞争能力和成本优势。

在建立和完善国际物流系统网络时，应注意以下几个问题：首先，在确定规划网络内建库数目、地点及规模时，都要紧密围绕着商品交易计划，乃至一个国家的宏观国际贸易总体规划；其次，明确各级仓库的供应范围、分层关系及供应或收购数量，注意各层仓库间的有机衔接。例如，生产厂家仓库与各中间商仓库、港（站、机场）区仓库以及出口装运能力的配合和协同，以保证国内外物流畅通，少出现或不出现在某一层仓库储存过多、过长的不均衡状态。

另外，国际物流网点规划要考虑现代物流技术的发展，留有余地，以备将来的扩建。

第三节　国际物流运输方式与管理

一、国际物流运输方式

运输条件是开展物流相关工作的前提，对于国际物流管理工作而言，要满足货主的要求，为其提供多种物流运输方式，以保证货物能够在既定的时间内到达目的地。不同的运输方式有不同的特征，在选择时要考虑到不同国际物流的具体情况，确保每一个运输环节都能顺利完成。国际物流运输方式具有多种运输方式的选择。

1. 航空运输

飞机是航空运输方式的重要载体，有着非常大的运输速度，这意味着货物的运输速度有了保障，而且也能明显降低货物的损失率，使得物品的质量不会受到较大影响。但是航空运输也有一定局限性，这是因为航空运输量较小，在国际货物运输作业中一般不会选择这种方式，而且运输成本也非常高。此外运输货物还会受到飞行条件的限制，比如腐蚀性强、易燃易爆、带有磁性、压力的物品，这些都属于危险品，无法使用航运的方式完成运输。在国际物理运输作业中，会使用飞机运载鲜花、药品、海鲜、水果。也就是说要求运输时间少，有保鲜标准的物品需要应用航空运输方式。

2. 水路运输

水路运输是国际物流运输作业中应用较多的一种运输方式，该运输方式主要有两种，一种是集装箱，另外一种是散杂货船。其中集装箱运输就是把货物集中放在集装箱中，然后把这些集装箱整合成不同种类的集装单元。在现代物品流通领域，集装箱运输是主流的国际物流运输模式。在装卸货物、运输货物时，要用到大型的集装箱运输车辆，还要用到大型的装卸机械。这种运输方式被人们称为"门到门"运输，能够产生较大经济效益。货物从发货方的仓库进入到收货人的仓库，这个过程中间没有中间货物装卸的环节。散杂货船运方式适用于运输大型货物，另外还能完成一些散装国际物流项目。可以说散杂货船运方式是集装箱运输方式的补充，因为一些大型设备和散装的货物不能使用集装箱方式来运输。而选择散杂货船运方式就比较合适。需要注意的是水汽是水运方式的一个问题，水汽降低货物的质量，所以一些受潮后不能使用的物品不适合水路运输。但是现阶段，水路运输的消耗较多，因此可以对运输方式进行全面的改革，以北仑—南通—武钢工业港的运输路线为例，可以采用减载进江的方式，以此降低物流成本，也能够更好地完成运输工作。

3. 道路运输

道路运输是我国与越南完成国际物流作业的主要运输方式。国内国外的运输公司将货物以道路运输的方式运至云南的磨憨口岸。在此处要办理相关的出入境手续，组织车辆，安排这些车辆将货物运输至各个口岸。在到达异境口岸之后同样需要办理出入境手续。最终货物到达目的地。道路运输的整个过程会受到各种因素的影响，也会受到很多条件限制。比如一些城镇会在入城处设置限高装置，限制大型车辆通行，避免道路受到破坏，又或者是车辆跨区域运输，需要缴纳各种费用。而且车辆运输货物本身也有较高的成本。由此可见道路运输的使用范围并不广阔，受到多种因素的限制。在短距离的运输作业中，道路运输方式比较适用。以"一带一路"倡议为例，道路运输是从技术设施的关键和重点，在"一带一路"倡议中采用了输油、输气管道等运输通道，成功推进了跨境电力与输电通道建设，积极开展区域电网升级改造合作。

4. 多式联运

运用该种运输方式需要物流货物负责人指定货物的接货点，指定货物的收货点，将不同类型的运输方式结合起来，共同协作完成运输任务。确切地说，多式联运是经过优化后的运输方式，切实考虑到不同阶段的实际情况。而选择最佳的货物运输方式，目的在于提高运输效率，提升运输质量，此外还要尽量降低运输的成本。这种一站式运输方式的全过程需要具体的负责人来完成，以保证货物的安全。这种运输方式的优点是能够从整体上优化国际物流管理工作，切实增加物流项目的经济效益。但是也有一定的缺点，就是需要组合多种运输方式，使整个运输过程变得十分复杂，对项目负责人有较高要求，不仅要正确判断不同阶段的运输条件，还要实现各个运输阶段的良好衔接。在目前的发展阶段中，这种运输方式已经得到了国际物流界的认可，比如非洲尼日尔重油发电项目的发电设备来自于欧洲，运输工作采取了国际多式联运的方式，在规定的运输周期内，将设备安全运输至指定的地点，而且设备外观完整，性能也没有受到破坏。又比如首趟从唐山滦县出发的"公路运输转铁路"进京建筑材料专列就是一次"公转铁"运输结构的调整，根据实际调查显示，这一调整节省了上百辆重卡的运力。改用铁路运输后，可以减少100辆重载卡车在进京路上对城市空气的污染。在全程运输过程，中铁路运输占90%，碳排放量与传统方式相比可以减少八成。

如今多式联运已经成为国际物流的主流运输模式，将多种运输方式有机结合，使得货物能够保质保量到达收货地点。为不同的货物选择运输方式，要结合货物的种类特点，做好细节之处的准备工作，并注意优化运输方案，制订科学有效的预警备案，切实提高国际物流的运输质量和运输效益。

二、国际物流管理

（一）国际多式联运

1. 国际多式联运的概念

多式联运在这里是指国际多式联运，是在集装箱运输的基础上产生发展起来的现代运输方式。多式联运是按照多式联运合同，以至少两种不同的运输方式，由多式联运经营人将货物从一国境内接管货物的地点运至另一国境内指定交付货物的地点。在经济全球化的当今时代，多式联运在国际贸易运输中发挥着举足轻重的作用。

2. 国际多式联运的特征

（1）必须要有一个多式联运合同　它用于明确多式联运经营人与托运人之间的合同关系，即明确规定多式联运经营人（承运人）和托运人之间的权利、义务、责任、豁免的合同关系和多式联运的性质。它是多式联运的主要特征，也是区别多式联运和一般传统的运输方式的重要依据。多式联运经营人负责货物全部运输责任并收取全程单一运费是多式联运合同的两个主要标志。

（2）使用一份全程多式联运单据　它是指证明多式联运合同以及证明多式联运经营人接管货物并负责按合同条款交付货物所签发的单据。

（3）必须是至少两种以上不同运输方式的连贯运输　这是确定一票货运是否属于多式联运的最重要的特征。为履行单一方式运输合同而进行的该合同所规定的短途货物接送业务不能视为国际多式联运，例如航空运输长期以来普遍盛行汽车办理货物接送业务，习惯上只视为航空运输的延伸，不属于国际多式联运。

（4）必须是国家间的货物运输　这是区别于国内运输和是否适合国际法规的限制条件。

（5）多式联运经营人全程单一负责制　必须有一个多式联运经营人对全程的运输负总的责任，这是多式联运的一个重要特征。由多式联运经营人去寻找分承运人实现分段的运输。所谓多式联运经营人是指订立多式联运合同的当事人，它是一个独立的法律实体，在联运业务中作为总承运人对货主负有履行合同的责任，并承担自接管货物起至交付货物时止的全程运输责任以及对货物在运输途中因灭失损坏或延迟交付所造成的损失负赔偿责任。

（6）实行全程单一的运费费率多式联运　经营人在对货主负全程运输责任的基础上，制订一个从货物发运地至目的地的全程单一费率并以包干形式一次向货主收取。全程单一费率一般包括运输成本（全程各段杂费）、经营管理费用（如通信、制单以及手续费等）和合理利润。

国际多式联运是集装箱运输和货物运输的一种高级运输组织形式，打破了运输行业的界限，承运人可以选择最佳运输路线，组织和实现合理运输，改善不同运输方式间的衔接协作，降低运输成本。国际多式联运是适应现代物流理念的最佳的运输组织方式。

3. 多式联运的方式

（1）海-空联运　这种联合方式兼有海运的经济性和空运的速度，在亚洲东部—欧洲的国际贸易中运用越来越广泛。

（2）海-铁联运　这是一种铁路和海运联合的运输方式，最初产生于美国。它类似于滚装运输系统，所不同的是滚装的工具是火车车厢，这种方式将不同大陆的铁路系统通过海上运输工具连接起来，适于重型货物的运输。

（3）航空-公路联运　长途运输（国际长途运输）中，航空与公路的联合十分常见。行包运输和杂件货运输就常使用该种联合方式。

（4）铁路/公路-内河联运与海上-内河联运　在内河运输较方便的地区，使用内河运输方式与公路/铁路运输方式联合，可以利用内河运输廉价的特点。如我国的"北煤南运"就常使用该种联运方式。

海上-内河联运的方式是一些内河运输网发达的国家或地区，如欧洲莱茵河流域、北美五大湖区，在国际物流运作时使用的联运方式。通常出口货物首先使用内河运输方式从内陆地区运到出口港口，通过海运方式再由港口运输到目的国。目前，欧洲已有一些国家使用一种河海两用的船舶，使得货物无须经过海港中转就可直接从内河港口运到海上，出口各国。

（5）陆桥　陆桥系统是通过海-陆-海路线运输集装箱跨越大陆。这里，铁路运费也是由签发全程提单的海运承运人按集装箱支付的。

4. 国际多式联运作业的要求

国际物流运输的需求方对货物运输的要求主要有以下几方面。

（1）快捷　即按合同和信用证的装期和有效期要求装载出运，及时结汇、及时交货。

（2）安全　货物在各环节的交接和运输过程中，包装和包装内的物品不要污损、受潮，当然更不希望灭失或被盗。

（3）方便　货物托运后，一切按程序顺利进行，每一工作环节不出任何麻烦。

（4）经济　讲究效益，费用支出越少越好，以保持一定的利润。

因此，国际多式联运要能从以上几个方面加以考虑，并提供良好的服务。国际多式联运经营人接受托运人的托运，对托运货物要编制运输计划。运输计划要符合托运人的托运要求。

运输计划的编制要符合运输线路的合理性、经济性和不可变性的要求。合理性是指运输线路短、运输工具安全可靠、运输时间短、中转快；经济性，即各种费用最少；不可变性，即一旦计划确定，不是万不得已，就不能随意改变计划。国际物流运输中，会碰到由于战争、罢工及自然灾害等原因使航线不通；由于港口、机场、车站拥挤，货物不能及时装卸；由于运输工具的意外事故、检修等原因而停航；由于道路、桥梁的毁坏而影响交通；由于运输方式的不同、设备的不一致，影响货物交接等。这些都要在做计划时充分考虑，否则会影响运输、交接货和增加费用。与此同时，还要及时把有关信息传递出去，以便各节点做好接货、报关及中转等准备工作。

5. 国际多式联运单证

（1）多式联运单证的种类　现在多式联运中使用的单证在商业上是通过订立合同产生的。近年来大多数联运单证都并入了"ICC联运单证统一规则"而趋于标准化。在上述规则的基础上，波罗的海国际航运公会（BIMCO）和国际货运代理协会联合会（FIATA）等国际组织确定了多式联运单证的格式，可分为以下三类。

①Combidoc联运单据：这种单证是由BIMCO制定的，通常为经营船舶的多式联运经营人所使用，并得到国际商会的认可。

②FIATA联运提单（FBL）：这种单证是由FIATA制定的，是供作为多式联运经营人的货运代理所使用的。

③Multidoc联运单据：这种单证是由联合国贸易和发展会议（UNCTAD）为便于《联合

国国际货物多式联运公约》得以实施制定的，它并入了公约中责任方面的规定，但该公约至今仍未生效。

（2）多式联运单证的基本内容　多式联运单证的基本内容包括：

①货物名称、标志、件数、重量、尺码、包装形式；
②危险品等特殊货物的特性、注意事项；
③国际多式联运经营人的主营业场所；
④托运人名称；
⑤收货人名称；
⑥接收货物的日期、地点；
⑦交付货物的地点；
⑧签发日期和地点；
⑨国际多式联运经营人或其授权人的签字；
⑩可转让或不可转让的声明；
⑪交接方式、运费支付、约定的运达期限、货物中转地点；
⑫多式联运单据条款等。

注：国际多式联运经营人和托运人双方同意列入的其他事项或减少以上所列的一项或几项内容均不影响多式联运单证的法律性质。

（3）多式联运单证的使用　不同运输方式对运输单证的要求各不相同，如海运提单是货物所有权的凭证，可以转让，而空运单一般都印有"不可转让"的字样。国际多式联运单证，其最后一程如不是海运，原则上不能做成可转让形式。因为除海运外，其他运输方式都不是凭运输单据交付货物的。货物运到目的地，海运凭提单换提货单提货。空运因运输速度快，往往有货物先于空运单到达目的地的情况，因此凭到货通知和有关证明提货。铁路运输需填制货物运单，车站在确认装箱货物符合运输要求后，加盖站名、日记戳记，以示接收托运安排。国际多式联运经营人在不同运输方式的交接中必须按不同要求做好各项工作。

6. 国际多式联运运费结构

国际多式联运运费的高低直接影响国际物流成本的高低。国际多式联运路线长、环节多，费率的构成也很复杂，但一般都制定单一的费率，向托运人一次收取即可。费率由以下几大部分组成。

（1）运输费用　即运费，由两种以上运输方式组成的国际多式联运，分别需付两区段以上的运费，如海空联运，需支付海运费和空运费。由三种运输方式构成的多式联运，需支付三区段的运费。有协议的国际多式联运经营人从承运人那里所得的是较为优惠的运价。

（2）装运港包干费率　包干费率又有大包干和小包干之分。如国际多式联运经营人从南京托运人仓库接货到上海港货物装船为止，所需费用总称为大包干费。如货物从南京托运人仓库由托运人将货物送至上海国际多式联运经营人仓库，以后由上海国际多式联运经营人安排货物直至港口装上船为止所需的费用称为小包干费。无论大包干或小包干费，其费率构成的内容是一样的。主要费用有：内陆运费，如公路费用，包括过桥、过境费等；市内运费，如提箱费、仓库到仓库、仓库到机场、港口、码头等费用；仓储费，如卸车费、进出库费、堆存费、机械费等；装拆箱费；报关费；港建费、港杂费；服务费，如通讯费、交通费、制单费、手续费等。如需检验检疫，则还会产生费用。

（3）中途港的中转费用　包括目的地交货前的费用，即货物到了中转港，货物由一种运输方式转移至另一种运输方式所产生的各种费用。这种费用主要有中转运费、堆存费、吊卸吊装费，必要时还有拆装箱费、服务费等，大致与国内的包干费相同。不同的如德国对内陆运输强制保险，必须支付保险费，美国港口有目的港交货费用（destination delivery charge, DDC），有的国家要收取过境费等。

贸易买卖双方根据买卖合同的贸易条款，一般对各种费用由何方支付都有规定。如美国港口的 DDC 费用，由发货人支付还是由收货人支付，国际多式联运经营人在接受货物托运时即要沟通清楚。

综上所述，国际多式联运货物的运费计算公式为：

国际多式联运货物运费＝两种以上不同运输方式的运费＋装运港包干费＋中转港费用（包括目的地交货前的费用）＋特殊费用（＋多式联运经营人的利润）

（二）货物进出境监管制度与程序

1. 通关制度

通关制度是主权国家维护本国政治、经济、文化利益，对进出口货物和物品在进出境口岸进行监督管理的基本制度。由于现代国际贸易方式的多元化，海关对不同贸易方式进出境货物的通关，在办理手续和管理办法上有不同的要求。

货物通关是指进出境货物的收发货人及其代理人向海关申请办理进出口货物的进出口手续，海关对其呈交的单证和申请进出口的货物依法进行审核、查验、征缴税费，批准进口或者出口的全过程。根据《中华人民共和国海关法》（以下简称《海关法》）第八条规定，进出境货物、物品，必须通过设立海关的地点进境或者出境。在特殊情况下，需要经过未设立海关的地点临时进境或者出境的，必须经国务院或者国务院授权的机关批准，并依法办理海关手续。

凡须向海关办理报关的单位应到海关办理报关注册登记。我国目前有三类报关企业，即专业报关企业、代理报关企业和自理报关企业。同时，应由报关员向海关办理报关手续。

2. 通关程序

进出口货物通关可分为五个基本环节：申报、查验、征税、放行、结关。它是指加工贸易中进出口货物，经海关批准的减免税或缓期缴纳进出口税费的进口货物，以及其他在放行后一定期限内仍须接受海关监管的货物的通关。

（1）申报　进口货物的收货人、出口货物的发货人应当向海关如实申报，交验进出口许可证和有关单证。

进口货物应在运输工具申报进境之日起 14d 内，出口货物应在装货的 24h 以前（海关特许的除外）进行申报。

海关在接受申报时，要对进出口报关单位申报的内容及递交的随附申报单证，依据国家对进出口货物的有关政策、法规进行认真审核。通过审核有关单证，确定进出口货物的合法性，申报的内容是否正确，申报的单证是否齐全、有效，进出口货物的征免性质是否属于特殊监管范围以及决定是否需要实际查验货物等。因此，办理进出口货物通关手续的报关单位必须如实向海关申报，这是区别报关单位的报关行为是走私与非走私、违规与非违规的重要因素之一。

（2）查验　进出口货物在通过申报环节后，即进入查验环节。进出口货物除按照国家规定、国际惯例以及经海关总署特准的可予以免验以外,均应当接受海关查验。查验是海关对进出口货物实施监管的一种具体行为。即通过对进出口货物进行实际的核查,确定单货、证货是否相符、有无瞒报、伪报和申报不实等走私违规行为,并为征税、统计和后续管理等提供可靠的监管依据。

(3) 税费计征 海关根据国家有关的政策、法规对进出口货物征收关税及进口环节的税费。进出口货物除国家另有规定的以外,均应征收关税。关税由海关依照《中华人民共和国海关进出口税则》(以下简称"《海关进出口税则》")征收。

我国对进口货物除征收关税外,还要征收进口环节增值税,少数商品要征收消费税。根据国家法律规定,上述后两种税款应由税务机关征收。为简化征税手续,方便货物进出口,同时又可有效地避免货物进口后另行征收可能造成的漏征,国家规定进口货物的增值税和消费税由海关在进口环节代税务机关征收。因此,在实际工作中又常称海关代征税。

海关税费计征的一般程序如下。

①税则归类:将进出口货物按照《海关进出口税则》的归类总规则归入适当的税则编号,以确定其适用的税率。

②税率的运用:关税税率在《海关进出口税则》中的关税进口税率有普通税率和优惠税率两栏。目前,海关在进口环节代国家其他部门征收的进口环节税有增值税、消费税等,增值税税率有两种。

③完税价格的审定:完税价格是指海关按照《海关法》和《进出口关税条例》的有关规定,凭此计算应征关税的进出口货物的价格。

④税费的计算:关税,进口关税=完税价格×关税税率,出口关税=完税价格×出口税率。增值税,进口增值税=(关税完税价格+关税税额+消费税额)×增值税税率。进口消费税,从价消费税额=(关税价格+关税)/(1-消费税税率)×消费税率,从量消费税额=应税消费品数量×消费税单位税额。完税价格计算到元为止,元以下四舍五入,税费额计算到分为止,分以下四舍五入。税、费额的起征点均为人民币 10 元,人民币 10 元以下的免征。

⑤税费的缴纳:纳税义务人的范围为进口货物的收货人、出口货物的发货人,在我国境内销售货物或者提供加工、修理、修配劳务以及进口货物的单位和个人和在我国境内生产、委托加工和进口《中华人民共和国消费税暂行条例》规定的消费品的单位和个人。缴纳期限:对经海关审定应征关税、增值税、消费税和监管手续费、船舶吨税的货物或船舶,纳税义务人应当在海关填发税款缴款书之日起 15d 内缴纳税款。汇率:进出口货物如果是以外币计算成交的,由海关按照填发税款缴纳证之日国家外汇管理部门公布的人民币外汇牌价表的买卖中间价,折合人民币。人民币外汇牌价表未列入的外币,按照国家外汇管理部门确定的外汇汇率折合人民币。滞纳金:对进出口货物纳税义务人未在规定的缴纳期限内缴纳税费的,由海关于到期的次日起至缴清税、费款日止,按日征收欠缴税费款 1 倍的滞纳金,并制发滞纳金收据。滞纳金额=(关税额+增值税、消费税应税额)×滞纳天数×1%。

(4) 放行 口岸海关在接受进出口货物的申报后,经审核报关单据、查验实际货物,依法办理进出口税费计征手续并缴纳税款后,在有关单据上签盖放行章,意味着海关监管行为结束,在这种情况下,放行即为结关。进口货物可由收货人凭此提取、发运,出口货物可以由发货人装船、启运。

在进出口货物放行前,海关人员还须对前期进行的申报、查验、征税等环节的工作进行核对,在核查无失误和遗漏的条件下海关方予以签章。报关员要配合海关做好上述工作。

对于保税加工贸易进口货物、经海关批准减免税或缓纳税款的进口货物、暂时进出口货物、转关运输货物以及其他在口岸海关未缴纳税款的进口货物,口岸海关接受申报以后,经审核单证,符合规定的,即可以放行转为后续管理。

(5) 结关　对经口岸放行后仍需继续实施后续管理的货物,海关在规定的期限内进行核查,对需要补证、补税货物做出处理,直至完全结束海关监管的工作程序。加工贸易进口货物的结关是指海关在加工贸易合同规定的期限内对其进口、复出口及余料情况进行核对,经营单位已申请办理了经批准内销部分的货物的补证、补税手续,对备案的加工贸易合同予以销案。暂时进出口货物的结关是指在海关规定的期限内(含经批准延期的),暂时进口货物复运出口或者暂时出口货物复运进口,并办理了有关纳税销案手续、完全结束海关监管的工作程序。特定减免税货物的结关是指有关进口货物到达海关监管年限,并向海关提出解除监管申请,领取了经主管海关核发的"海关对减免税进口货物解除监管证明",完全结束海关监管的工作程序。

3. 转关运输

转关运输业务是伴随着我国对外贸易的不断发展而开展起来的。为了支持和促进改革开放,改善国内投资环境,方便进出口收发货人的报关,节省企业仓储、运储费用,增加经营活力,加速口岸货物的疏运,海关积极支持和开展转关运输业务。由于尚未办结海关手续的货物需要长距离运输,不能处于海关直接监管之下,海关必须制定严密的管理措施,运输企业应当切实遵守海关规定,紧密配合海关做好转关运输工作。转关运输业务为国际物流的开展提供了方便。

转关运输是指海关为加速口岸进出口货物的输运,方便收发货人办理海关手续,依照有关法规规定,允许海关监管货物由关境内一设关地点转运到另一设关地点办理进出口海关手续的行为。

转关运输货物属海关监管货物是指:①由进境地入境后,运往另一设关地点办理进口海关手续的货物;②在启运地已办理出口海关手续运往出境地,由出境地海关监管放行的货物;③由关内一设关地点转运到另一设关地点应受海关监管的货物。上述定义中:"进境地""出境地"是指货物进出关境的口岸;"指运地"是指进口货物指定运达的地方,或海关监管货物国内转运的到达地;"启运地"是指出口货物办理报关发运的地方,或海关监管货物在国内转运时的始发地。

4. 我国对进出口货物收付汇的管理

在对外贸易经营活动中,对外贸易经营者应当依照国家外汇管理制度的要求结汇、用汇,银行对企业的收付汇实行结汇、售汇制。企业的外汇收入应按当日汇价卖给指定银行,银行收取外汇,兑给人民币;企业需要使用外汇时,需持进口许可证、机电产品进口证明、进口合同或协议等有效凭证到银行用人民币兑换。国家为了保障银行结汇、售汇制度的执行,保证充足的外汇来源,满足用汇需要,在货物的进出口过程中,实行较为严格的收付汇核销制度。

(1) 出口收汇核销制度　出口收汇核销制度是指国家外汇管理部门根据国家外汇管制的要求,通过海关对出口货物的监管,对出口单位的收汇是否结售给国家进行监督的一种管理制度。

出口收汇核销的凭证是"出口收汇核销单",它是由国家外汇管理局制发,出口单位和受托行及解付行填写,海关凭此受理报关,外汇管理部门凭此核销收汇的有顺序编号的凭证。它是出口收汇管理中最主要、最重要的一份单据,也是海关直接审核并签章的单据。

(2) 进口付汇核销制度　目前,进口付汇核销手续由国家外汇管理局委托各外汇银行代为办理。海关企业进口付汇前,需向付汇银行申领国家外汇管理局统一制发的"进口付汇核销单",凭此办理付汇。货物进口时,需多填写一联供付汇核销用的进口货物报关单,进口单位凭盖有海关"放行"章或"验讫"章的报关单和"进口付汇核销单"向银行办理进口付汇核销手续。

受委托办理进口付汇核销手续的外汇银行将进口付汇核销情况按月逐笔报当地外汇管理部门审核,由当地外汇管理门市部进行监督管理。

5. 出入境检验检疫制度

中国出入境检验检疫包括进出口商品检验、进出境动植物检疫以及国境卫生检疫。中国出入境检验检疫是国家主权的体现,是国家管理职能的体现,是国家维护根本经济权益与安全的重要的技术措施,是保证中国对外贸易顺利进行和持续发展的需要。检验检疫机关除了根据法律、法规对进出境产品实施检验检疫以外,还根据我国进出境产品质量现状、企业管理水平和开拓国际市场的需要,实行了一系列行之有效的质量管理制度,主要包括:进境动植物检疫审批制度、进境动植物产地预检制度、隔离检疫制度、紧急预防措施、缔结双边动植物检疫协定、进口商品安全质量许可制度、进口废物原料装运前检验、出口商品质量许可制度、出口食品卫生注册登记制度等。

报检单位首次报检时须持本单位营业执照和政府批文办理登记备案手续,取得报检单位代码。其报检人员经检验检疫机构培训合格后领取报检员证,凭证报检。代理报检单位须按规定办理注册登记手续,其报检人员经检验检疫机构培训合格后领取代理报检员证,凭证办理代理报检手续。

6. 出入境检验检疫程序

检验检疫程序是指:出入境货物、运输工具、集装箱、人员及其携带物,从报检/申报、采样/抽样、检验检疫、卫生除害处理、计/收费到签证放行的全过程。检验检疫机构已与海关建立了"先报检,后报关"的通关协调机制,从 2000 年 1 月 1 日起正式启动。海关一律凭报关地检验检疫机构签发的通关单验放,规范了检验检疫秩序。

检验检疫机构与海关建立的新的通关协调机制,已将原"三检"的放行单、在报关单上加盖放行章和证书副本通关放行形式一律改为"出入境货物检验检疫通关单"形式验放。因与海关建立了"先报检,后报关"的通关协调制度,海关一律凭货物报关地出入境检验检疫机构签发的"入境货物通关单"或"出境货物通关单"验放。

(1) 报检　报检是指申请人按照法律、法规或规章的规定向检验检疫机构报请检验检疫工作的手续。检验检疫机构接受申请人报检,是检验检疫工作的开始。

(2) 抽样及制样　凡需检验检疫并出具结果的出入境货物,均需检验检疫人员到现场抽取样品。凡需对所抽取样品经过加工方能进行检验的称为制样(样品制备)。

样品及制备的小样经检验检疫后重新封识,超过样品保存期后销毁,需留中间样品的按规定期保存。

(3) 检验检疫　检验检疫是对出入境应检对象,通过感官的、物理的、化学的、微生物的方法进行检验检疫,以判定所检对象的各项指标,是否符合合同及买方所在国官方机构的有关规定。

(4) 卫生除害处理　检验检疫机构所涉及的卫生除害处理的范围和对象是非常广泛的,包括对出入境货物、集装箱和动植物的卫生除害处理。

(5) 签证与放行　签证、放行是检验检疫机构检验检疫工作的最后一个环节。凡法律、行政法规、规章或国际公约规定须经检验检疫机构检验检疫的出境货物,经检验检疫合格的,签发出境货物通关单,作为海关核放货物的依据;同时,国外又要求签发有关检验检疫证书的,检验检疫机构根据对外贸易关系人的申请,经检验检疫合格的,签发相应的检验检疫证书;经检验检疫不合格的,签发出境货物不合格通知单。凡法律、行政法规、规章或国际公约规定须经检验检疫机构检验检疫的入境货物,检验检疫机构接受报检后,先签发入境货物通关单,海关据以验放货物。然后,经检验检疫机构检验检疫合格的,签发入境货物检验检疫情况通知单;不合格的,对外签发检验检疫证书,供有关方面对外索赔。需异地实施检验检疫的,口岸检验检疫机构办理异地检验检疫手续。

(三)　国际货运保险

国际物流中的货物往往要经过长途运输,涉及多个环节、多种运输方式。货物在从供方所在地到需方所在地的整个运输、装卸及存储过程中,由于自然灾害、意外事故和其他外来风险的客观存在,可能会遭受损失。为了在货物遭受风险受损后能得到一定的经济补偿,供方或需方就需要按约定的条件办理货运保险。货物运输保险就是被保险人或投保人在货物装运以前,估计一定的投保金额,向保险人或承保人投保运输险。投保人按投保金额、投保险别及保险费率,向保险人支付保险费并取得保险单证。投保货物若在运输过程中遭受了承保范围内的风险造成的损失,保险人则按投保金额及损失程度向保险单证持有人做出赔偿。国际货物运输保险可以根据运输方式的不同分为海洋运输货物保险、陆上运输货物保险和航空运输货物保险、邮包保险等主要类型。尽管它们的具体责任有所不同,但是都属于财产保险的范畴,被保险人和保险人都需要订立保险合同并共同遵循保险中的可保利益原则、最大诚信原则、补偿原则和近因原则。

1. 海洋运输货物保险

海洋货运保险的保障范围包括海上风险、遭受海上风险造成的损失以及引起的费用。但是,保险人并不是对所有的"风险、损失和费用"都予以赔偿,保险业务上所使用的术语都具有特定的含义。保险人为了明确责任,将其承保的各类风险、损失和费用的赔偿责任都在不同的险别条款中加以规定。

2. 陆上货物运输保险

货物如采用陆上运输工具运输,则另有陆上运输货物保险条款 (overland transportation cargo insurance clauses),险别有下列两种。

(1) 陆运险 (overland transportation risks)　对被保险货物在运输途中遭受暴风、雷电、地震、洪水等自然灾害;或由于陆上运输工具遭受碰撞、倾覆或出轨,如有驳运过程,包括驳运工具搁浅、触礁、沉没、碰撞或由于遭受隧道坍塌、崖崩或火灾、爆炸等意外事故所造成的全部或部分损失,保险人均负责赔偿。

(2) 陆运一切险 (overland transportation all risks)　除包括上述陆运险责任外,还对由于外来原因造成的货物短少、短量、偷窃、渗漏等全部或部分损失,也负责赔偿。

3. 航空货物运输保险

货物如采用航空运输,则有航空运输货物保险条款(air transportation cargo insurance clauses),险别有下列两种。

(1) 航空运输险(air transportation risks) 对被保险货物在运输途中遭受雷电、火灾、爆炸或由于飞机遭受碰撞、倾覆、坠落或失踪等意外事故所造成的全部或部分损失负责赔偿。

(2) 航空运输一切险(air transportation all risks) 除包括航空运输险责任外,还对被保险货物在运输途中由于外来原因造成的包括被偷窃、短少等全部或部分损失也负责赔偿。

4. 邮包保险

货物如用邮包寄递,则有邮包保险条款(parcel post insurance clauses),其险别有下列两种。

(1) 邮包险(parcel post risks) 对被保险货物在运输途中由于遭受暴风雨、雷电、海啸、地震、洪水等自然灾害或由于运输工具搁浅、触礁、沉没、碰撞、出轨、倾覆、坠落或失踪,或由于失火和爆炸等意外事故所造成的全部或部分损失负责赔偿。此外还包括共同海损的牺牲、分摊和救助费用。

(2) 邮包一切险(parcel post all risks) 除包括上述邮包险的责任外,还对被保险货物在运输途中由于外来原因造成的包括被偷窃、短少在内的全部或部分损失也负责赔偿。

5. 英国伦敦保险业协会的《协会货物条款》

英国伦敦保险业协会的《协会货物条款》(institute cargo clauses,ICC)沿用200余年,在国际保险界处于垄断地位。但它不论在内容上或文字上都暴露出不少的缺点和问题,受到一些国家贸易、航运和保险界的批评和指责。在客观形势的促使下,英国的伦敦保险业协会和劳埃德保险业协会联合组成工作组,授权伦敦保险业协会所属的"技术与条款委员会(technical and clauses committee)"对劳合社船舶货物保险单(S.G保单)和协会条款进行修改,制定了新的保险单和新的货物保险条款。修订工作于1982年1月1日完成,并于1983年4月1日起正式实行。同时新的保险单格式代替原来的SG保险单格式,也自同日起使用。新条款计有下列6种:协会货物险A条款(institute cargo clauses A);协会货物险B条款(institute cargo clauses B);协会货物险C条款(institute cargo clauses C);协会战争险条款——货物(institute war clauses cargo);协会罢工险条款——货物(institute strikes clauses cargo)。以上5个条款取代原协会一切险、水渍险、平安险、战争险和罢工险条款。新增加的附加险别为恶意损害险条款(malicious damage clauses)。

新货物险条款虽不尽完美,但已有了一定的改进,至少在对被保险人选择投保险别时提供了方便,也有利于保险人处理索赔案件。

第四节 国际供应链模式

国际供应链是指通过国家间的物流核心企业,实现物流、资金流、信息流的交换与流通,使物流服务增值的物流网络体系。需要明确的是国际物流供应链,并不只是纯粹将国内物流业务范围推向国际。它是一个多层级的企业联盟，各部分之间相互协调配合，分解订单内容，实现业务优化。主要分为三个层级结构，即功能性服务商、国际物流服务企业、最终客户。

物流企业首先要向需要进行国际物流贸易的企业寻找订单，然后向功能性服务商寻求协调帮助，从而形成一个从客户到物流公司到功能性服务商的高效的短链条。功能性服务商是指在国际物流供应链中起协调或者载体功能的服务商。比如提供航空交通工具的航空公司，或者协调资金融通的银行企业，以及提供风险保障的保险公司。在与功能性服务商对接的过程中，物流企业通过长期合作，建立稳定的业务关系。在交易额度达到一定程度时，可以获得相应折扣，减少供应链成本。具体而言，流程以发货人为起点，以收货人为终点。首先，发货人与收货人签订合同。因为涉及进出口业务，并且多为大宗业务。所以在此过程中，收货人还要申请押汇，通过开证银行寄送凭证，保兑银行核对信用证，并传递给物流服务商。然后发货人联系物流企业，物流企业派出车队，从发货人处取货。再与船舶、航空等公司接洽，按照程序制单。货物需要办理"一关三检"，由运输公司将货物发往收货人处。物流公司以运输公司处的提单为凭证向保兑银行申请押汇，并在保险公司处投保。开证银行收到保兑银行处提单，通知收货人付款。最后还要通过海外代理接洽运输公司，将货物送达收货人。

第五节　国际货运代理人与国际物流

一、国际货运代理人的基本概念

在国际物流的活动中，经常会出现国际货运代理人。目前，国际货运代理人所从事的业务已超过了其原来狭义的概念，大量的国际货运代理人开始从事第三方物流业务。国际货运代理人已成为国际物流经营人的一大组成部分。国际货物运输代理人，是指接受进出口货物收货人、发货人的委托，以委托人的名义或者以自己的名义，为委托人办理国际货物运输及相关业务并收取服务报酬的人。国际货运代理人可以办理以下部分或全部业务：订舱、仓储；货物的监装、监卸，集装箱拼装拆箱；国际多式联运；国际快递（私人信函除外）；报关、报检、报验、保险；编制有关单证，交付运费，结算、交付杂费；其他国际货物运输代理业务。国际货物运输代理人还可以从事有关的物流活动。国际货物运输代理人从事有关的业务活动时，首先需要获得主管部门的批准，然后才可从事该业务。例如，要成为民用航空运输销售代理人，就需要民航部门的批准，然后可以接受民用航空运输企业委托，在约定授权范围内，以委托人名义代为处理航空客货运输销售及其相关业务，并获得盈利。要成为代理报关企业，则要根据海关的规定，履行代理报关注册登记手续。

国际货运代理行业有全球性的组织——国际货运代理协会联合会（FIATA），FIATA在联合国经济与社会理事会、联合国贸易与发展大会、联合国欧洲经济委员会及亚洲及太平洋经济社会委员会中均扮演了顾问咨询的角色。FIATA推荐有国际货运代理标准交易条件范本、国际货运代理业示范法及制定的各种单证。中国国际货运代理协会（CIFA）于2000年

9月6日宣告成立，中国货代协会是在民政部登记注册，由中国境内的国际货运代理企业自愿组成的，非营利性的，以民间形式代表中国货代业参与国际经贸运输事务并开展国际商务往来的全国性行业组织。

二、国际货运代理业务

国际货运代理人可以从事国际物流各个环节的工作。国际货运代理人还可能拥有自己的仓库和一定数量的运输工具。因此，国际货运代理人具备第三方物流经营人的条件。

国际货运代理人作为第三方国际物流经营人，其业务和流程是根据客户的不同要求来安排的。根据客户的要求，国际货运代理人可以作为货运订舱代理人、报关代理人，从事代理合同约定的业务；根据客户的要求，国际货运代理人也可作为仓储及集运分拨经营人，从事仓储配送和集运分拨业务；根据客户的要求，国际货运代理人还可作为运输合同的当事人，如无船承运人、多式联运经营人，从事海运、多式联运业务。

1. 国际物流出口流程

在国际物流出口业务方面，国际货运代理人根据与客户所订立合同的约定来安排业务流程。

（1）订立合同　根据客户需要，订立有关运输、报关、仓储、集运等内容的代理、运输、仓储性质的合同，明确双方的权利与义务，按合同规定办理相关业务。

（2）订舱　根据不同的运输方式，安排货运事宜。

①航空运输：航空运输的预订舱和订舱汇总所接受的委托和客户的预报，并输入电脑，计算出各航线的件数、重量、体积，按照客户的要求和货物情况，根据各航空公司不同机型对不同板箱的重量和高度要求，制定预配舱方案，并对每票货配上运单号。再根据所指定的预配舱方案，按航班、日期打印出总运单号、件数、重量、体积，向航空公司预订舱。然后将所接收空运货物向航空公司申请并订舱，订舱需根据发货人的要求和货物标识的特点而定。一般来说，大宗货物、紧急物资、鲜货易腐物品、危险品、贵重物品等，必须预订舱位；非紧急的零散货物，可以不预订舱位。

订舱的具体做法是在接到发货人的发货预报后，向航空公司吨控部门领取并填写订舱单，同时提供相应的信息。

②集装箱班轮运输：集装箱班轮运输的订舱根据船期表、运价本及运输要求选择班轮公司，向其申请货物运输并获得其承诺订舱的具体做法是根据托运单填写集装箱场站收据联单、交船方签发装货单。

（3）仓储与集运　仓储产生时间效用为出口货物提供了等待出运、包装、刷唛等功能。集运可将多个小批量的货物集中起来，然后作为一票货物进行运输，因此可以为小批量货物的客户提供服务。此外，还为货物提供集中口岸的运输服务。

（4）办理各项出口手续　根据情况，办理检验检疫、报关、监管转运、外汇管理等法定手续和其他业务手续。

（5）安排货物交接　包括与客户进行货物交接和与有关的承运人进行货物交接。

（6）运输　将货物运输出境的任务交由实际承运人完成，但应给予监督其他事项与信息处理。其他事项包括费用结算、单证签发与交接等工作。另外，在整个业务流程中，都应保证信息的畅通交换。

2. 国际物流进口流程

在国际物流进口业务方面，国际货运代理人也是根据与客户所订立的合同的约定来安排业务流程。

（1）订立合同　根据客户需要，订立有关接运、报关、仓储、分拨、配送等内容的代理、运输、仓储性质的合同，明确双方的权利与义务，按合同规定办理相关业务。

（2）安排货物接运工作　应及时掌握有关信息，并通知客户，请其做好接货准备。同时也应备妥有关单证。

国际航空货运中，承运人会尽早、尽快、尽妥地向收货人发到货通知。国际集装箱班轮运输中，承运人也应向收货人发送到货通知，通常按习惯还可向通知方发送到货通知。

（3）办理各项进口手续　应备齐有关单证，并在规定的期限内办理有关法定的进口手续，如报关、报检等手续，还应及时办理其他有关进口提货手续以及客户委托办理的其他进口手续。

（4）货物交接　谨慎做好接卸等货物交接工作。认真核对单证记载的货物状况与货物的实际状况，发现异常情况及时处理。

（5）仓储与分拨　根据需要进行仓储与分拨。分拨是集装箱拼箱货在目的地的拆箱与交付工作。

（6）运输与配送　根据客户需要安排运输与配送作业。

（7）其他事项与信息处理　其他事项包括费用结算、单证交接等工作。另外在整个业务流程中，也都应保证信息的畅通交换。

本章小结

本章主要介绍国际物流的概念、作用、特点以及国际物流系统的组成、模式、网络，阐述了国际物流运输方式与管理相关内容，主要涵盖国际物流运输方式、国际多式联运、货物进出境监管制度与程序、国际货运保险等方面内容，并对国际物流供应链模式、国际货运代理人与国际物流进行了相应的介绍与阐述。

思考题

1. 结合本专业，试述国际物流与国内物流的异同点。
2. 简述国际物流系统的组成以及国际物流系统模式。
3. 简述国际物流运输方式及其特征与适用情形。
4. 为什么说国际多式联运是适应现代物流理念的最佳的运输组织方式？
5. 如何合理地对托运货物编制运输计划？
6. 简述出入境检验检疫程序。
7. 国际货运保险有哪些？
8. 简述国际物流进、出口流程。

参考文献

[1] 王文举,何明珂. 改革开放以来中国物流业发展轨迹、阶段特征及未来展望[J]. 改革,2017(11):23-34.

[2] 丁俊发. 改革开放40年中国物流业发展与展望[J]. 中国流通经济,2018,32(4):3-17.

[3] 王爽. 食品物流体系构建研究[J]. 现代经济信息,2012(7):288-288.

[4] 魏际刚. 中国物流业发展的现状、问题与趋势[J]. 中国经济报告,2019(1):55-61.

[5] 胡勇. 论新环境下的食品物流问题[J]. 研究与探讨,2002(11):42-43.

[6] 范梅华. 构建食品物流平台,推进食品产业发展[J]. 市场流通,2003(23):25-26.

[7] 屈平. 发展我国食品物流的必要性和建议[J]. 现代农业装备,2004(9):38-41.

[8] 谢如鹤,韩伯领. 国内外冷藏食品物流的现状[J]. 中国储运,2004(6):16-18.

[9] 崔介何. 物流学概念:第三版[M]. 北京:北京大学出版社,2004.

[10] 曾剑,刘艳霞,蒲震寰. 现代物流学基础[M]. 北京:电子工业出版社,2004.

[11] 任声策,操友根. 小型食品生产企业物流配送效率影响因素研究[J]. 蚌埠学院学报,2016,5(04):76-80.

[12] 兰洪杰,康彪. 食品冷链物流系统要素分析[J]. 物流技术,2010,29(21):16-19.

[13] 贺厉锋. 食品制造企业物流能力分析与评价研究[D]. 北京:北京交通大学学报,2010.

[14] 兰洪杰. 食品冷链物流系统协同研究[D]. 北京:北京交通大学,2009.

[15] 何明珂. 物流系统要素冲突分析[J]. 中国流通经济,2001(5):8-10.

[16] 郑悦,周骞. 论第四方物流与食品物流结合的可能性[J]. 中国市场,2020(1):164-165.

[17] 薛超颖. 基于集成供应链的食品物流运行模式研究[J]. 食品研究与开发,2017,38(1):204-207.

[18] 何玉影. 基于供应链的食品物流运行模式及机制研究[D]. 重庆:重庆理工大学学报,2011.

[19] 曾玉英. 中国食品物流业发展的问题审视与体系重构[J]. 食品与机械,2016,32(8):216-219.

[20] 闫文杰,李鸿玉,荣瑞芬,安媛. 食品物流对食品行业的影响[J]. 农产品加工(学刊),2007(04):56-57.

[21] 刘凯. 现代物流技术基础[M]. 北京:清华大学出版社,2004.

[22] 王婷. 物流操作实务[M]. 北京:机械工业出版社,2004.

[23] 刘北林. 流通加工技术[M]. 北京:中国物资出版社,2004.

[24] 彭彦平, 王晓敏. 物流与包装技术[M]. 北京: 中国轻工业出版社, 2004.

[25] 裴少峰等. 现代物流技术学[M]. 广州: 中山大学出版社, 2001.

[26] 无锡轻工学院, 天津轻工学院. 食品微生物学[M]. 北京: 中国轻工业出版社, 2004.

[27] 丁立信, 张铎. 物流系统工程[M]. 北京: 清华大学出版社, 2000.

[28] 杨永光. 基于标准化物流技术的农产品供应链集成策略研究[J]. 现代商业, 2020 (12): 7-8.

[29] 岳青青. 食品包装产品安全风险分析与有效控制措施[J]. 绿色包装, 2020 (4): 59-62.

[30] 和家兴. 食品包装中塑料及纸制品包装的污染问题研究[J]. 食品安全导刊, 2020 (9): 46.

[31] 陈凯. 食品包装材料对食品安全的影响[J]. 食品安全导刊, 2020 (3): 29.

[32] 王艳. 物流技术在传统物流企业中的应用[J]. 黑龙江科学, 2019, 10 (24): 148-149.

[33] 段柳敏. 物流技术发展对物流管理的影响分析[J]. 现代营销 (信息版), 2019 (12): 161.

[34] 周鹤, 陈景华, 韦秋林, 张敏, 孙顿婧, 孙祯豪. 生鲜食品储运包装技术研究进展[J]. 包装工程, 2019, 40 (19): 130-137.

[35] 徐嘉, 丁程元, 佟璐. 现代物流技术在食用菌储藏保鲜中的应用[J]. 中国食用菌, 2019, 38 (6): 136-138.

[36] 杨林伟, 吴香, 刘越, 周辉, 韦友兵, 徐宝才. 肉类食品包装发展趋势[J]. 肉类工业, 2018 (7): 51-54, 57.

[37] 胡长鹰. 食品包装材料及其安全性研究动态[J]. 食品安全质量检测学报, 2018, 9 (12): 3025-3026.

[38] 赖红娟, 赖红霞, 谢永萍, 廖惠媚, 伟萍. 金属食品包装容器内涂层在高温条件下的潜在风险[J]. 涂料工业, 2017, 47 (7): 66-70.

[39] 孙宏岭, 武文斌. 物流包装实务[M]. 北京: 中国物资出版社, 2003.

[40] 徐云强, 孙卫青, 汪兰, 李新, 吴文锦, 熊光权. 储运过程中温度波动对食品品质及货架期的影响[J]. 食品工业, 2018, 39 (8): 228-231.

[41] 卢思超. 食品冷链运输相关优化模型及算法研究[D]. 北京: 北京交通大学学报, 2018.

[42] 钟贤. 易腐食品冷藏运输安全管理及对策研究[D]. 大连: 大连海事大学学报, 2017.

[43] 傅一波. 食品冷链运输中不同温度段的蓄冷剂研制[D]. 杭州: 浙江理工大学学报, 2017.

[44] 许彦. 食品企业冷链配送模式选择研究[D]. 北京: 北京化工大学学报, 2016.

[45] 邱丽娟. 探析食品冷链物流运输服务网络优化[J]. 现代经济信息, 2014 (11): 396-396.

[46] 徐艳秋,丁太春,冯波,李红,李存英,庄传盛. 冷链食品运输包装用低温瓦楞纸箱研究[J]. 包装工程,2012,33(13):26-29.

[47] 王盼盼. 食品检验、储存、运输和销售的卫生管理[J]. 肉类研究,2011,25(3):3.

[48] 胡勇. 食品零售业的供应物流配送分析[J]. 食品科技,2002(8):75-77.

[49] 曾锋杰,胡勇. 供应链物流在食品行业中的应用[J]. 商品储运与养护,2003(6):11-14.

[50] 陈原,陈康裕,谢慕龄. ABC-XYZ 食品安全库存管理与策略研究[J]. 江苏商论,2011(8):35-37.

[51] 叶超. 小型食品生产企业库存管理与预警系统的设计与实现[D]. 成都:电子科技大学学报,2013.

[52] 张立平. 原材料采购成本与库存的控制[J]. 有色冶金设计与研究,2007,28(5):44-46.

[53] 王为民. 关于企业供应链中库存管理的研究[D]. 苏州:苏州大学学报,2005.

[54] 石利娟. 材料采购计划单的设计与执行[J]. 中国乡镇企业会计,2003(7):17-17.

[55] 潘露露,欧邦才,浦佳欢. 食品企业原材料采购对策探讨[J]. 中国市场,2017(34):132-133,140.

[56] 刘杰,张可明. 基于模糊综合评判法的连锁超市生鲜商品采购模式研究[J]. 全国商情:理论研究,2010(23):33-35.

[57] 玉海兰. 供应链环境下食品制造企业联合库存管理仿真研究[D]. 北京:北京交通大学学报,2012.

[58] 陈洪雷. 中小企业食品库存管理优化研究[D]. 淮南:安徽理工大学学报,2012.

[59] 李智. 晋中工商食品安全监管系统的设计与实现[D]. 成都:电子科技大学学报,2013.

[60] 叶举. 粮食仓储企业存货成本管理存在的问题及对策探究[J]. 粮食科技与经济,2018,43(08):79-80,98.

[61] 薛强. 食品冷链中的季节性商品库存优化研究[D]. 重庆:重庆交通大学学报,2011.

[62] 杨文艺. 零售终端的冷鲜肉库存优化策略研究[D]. 北京:北京交通大学学报,2015.

[63] 张海艇,胡常伟. 面向水产加工的季节性供应原料库存控制方法研究[J]. 物流科技,2014,37(7):8-12.

[64] 林宝山,蒋明青. 基于系统动力学的乳制品供应链库存控制仿真分析[J]. 物流技术,2015,34(11):212-215.

[65] 宋海光. 农产品供应链存货融资与库存控制研究[D]. 北京:首都经济贸易大学学报,2016.

[66] 陈爽,曹丽婷,王子璇,贾旭文,王欣. 冷链食品安全过程监控系统[J]. 中国市

场，2019（4）：182-186.

[67] 郭智忠．中国冷链物流管理探析[J]．时代经贸，2016（30）：63-66.

[68] 牛东来，冯仕彬，窦坦磊．我国鸡蛋流通模式研究[J]．中国物流与采购，2010（24）：62-63.

[69] 孙金平．以铁路冷藏运输为平台构建冷藏链[C]．中国制冷学会．中国制冷学会2005年制冷空调学术年会论文集．中国制冷学会：中国制冷学会．2005：710-714.

[70] 赵玉国．推广蓄冷模式运输，发展中国冷链物流[J]．当代经济（下半月），2008（9）：67.

[71] 迟增彬．食品冷链物流配送时间和质量控制研究[D]．重庆：重庆大学学报，2011.

[72] 任声策，操友根．小型食品生产企业物流配送效率影响因素研究[J]．蚌埠学院学报，2016，5（4）：76-80.

[73] 魏君．粮食物流模式研究[D]．大连：大连海事大学，2012.

[74] 左晓戎，李方，刘方，王涛，杨万生，赵源，冀浏果，左建丽，李治，吴晓英，段新，杨道兵．粮食公共运输资源现状与发展分析[J]．粮油食品科技，2010（S1）：15-20，30.

[75] 王艳红，刘斌．影响果蔬采后失水若干因素的分析[J]．保鲜与加工，2009，9（5）：4-8.

[76] 杨松夏，朱立学，张耀国，张日红．果蔬公路运输保鲜配套技术与装备研究[J]．热带农业工程，2019，43（4）：38-43.

[77] 邹炽导，陆华忠，杨松夏．果蔬公路保鲜运输能耗计算模型探讨[J]．江苏农业科学，2017，45（7）：199-202.

[78] 王晓涛．畜产品冷链运输对品质的影响[J]．湖北畜牧兽医，2019，40（6）：31-32.

[79] 宋长太．鲜活特种水产品运输技术[J]．渔业现代化，1998（1）：40-41.

[80] 邹逸，刘勤明，叶春明，刘文溢．乳制品冷链物流的库存-生产策略优化研究[J]．保鲜与加工，2020，20（2）：219-225.

[81] 高彦平，彭志华．基于茶叶物流配送路径优化设计研究[J]．福建茶叶，2019，41（3）：30-31.

[82] 郭松鹏．快餐连锁企业物料配送管理及其路径优化方法[D]．长春：吉林大学学报，2016.

[83] 夏文水，姜启兴，许艳顺．我国水产加工业现状与进展（下）[J]．科学养鱼，2009（12）：1-3.

[84] 于小棠，韩伟．农产品流通加工配送发展对策分析[J]．中国市场，2017（19）：153-154.

[85] 许菱，熊能品，谭波．基于物流流通加工环节的农产品包装问题探究[J]．物流科技，2016，39（10）：20-23.

[86] 徐静．我国生鲜农产品有效供给保障研究[D]．镇江：江苏大学学报，2016.

[87] 杨宪时，许钟．预测微生物学及其在水产品保藏流通加工中的应用[J]．海洋渔业，2002（2）：89-92．

[88] 沈春玉，赵玉巧，颜冬梅．鱼类产品中优势腐败菌、天然防腐剂及保鲜技术的研究进展[J]．中国食品添加剂，2020，31（3）：172-178．

[89] 吴锁连，康怀彬，李冬姣．水产品保鲜技术研究现状及应用进展[J]．安徽农业科学，2019，47（22）：4-6，33．

[90] 董雨薇，商鹤琴，张祖旺，刘兆墉．生物保鲜剂在水产品中的应用进展[J]．化工管理，2019（32）：175-176．

[91] 周亚军，方辉，李圣桡，陈艳．肉制品保鲜技术研究进展[J]．农产品加工，2019（20）：67-71，76．

[92] 韩绍凤，谷进华，钟世虎．我国肉制品加工业的空间布局及其协调[J]．河南科技大学学报（社会科学版），2016，34（5）：63-69．

[93] 赵丽，王琳琳，刘建洋，张子臣．预包装食品标签中常见问题浅析[J]．食品安全导刊，2020（13）：62-63．

[94] 楼晓华，殷骏．新型食品级保温罐式集装箱的研发与应用[J]．冷藏技术，2019，42（4）：30-33．

[95] 康平，卢允庄，王恕清，孙立强．食品冷链设备的集装箱化[J]．制冷与空调，2012，12（4）：26-30．

[96] 李军，魏玲艳，李翔宇．基于偏离度的仓储中心拣货路径优化研究[J]．辽东学院学报（社会科学版），2018，20（2）：29-37．

[97] 孙延海．工程建设项目物流管理存在的问题及应对措施[J]．现代国企研究，2019（4）：187-188．

[98] 焦心怡，倪慧荟，田文慧．我国现代物流系统安全技术及发展趋势[J]．现代职业安全，2018（12）：67-69．

[99] 吴军建．物流系统安全性研究综述与展望[J]．常州大学学报（社会科学版）．2018，19（5）：84-89．

[100] 王珂．企业物流系统综合评价指标体系设计研究[J]．物流工程与管理，2018，40（8）：83-84，3．

[101] 陈泠璇．区块链技术下物流网络系统的构建[J]．山西农经，2018（14）：17，19．

[102] 任芳，王玉．快递企业物流系统升级与发展[J]．物流技术与应用，2017，22（8）：90-91．

[103] 付晓凤，王静．基于简化的AHP方法的危险品多式联运物流安全评价[J]．甘肃科技纵横，2015，44（11）：44-46．

[104] 成伟，王玉，周海滨．自动化物流系统组盘模式分析[J]．物流技术与应用，2015，20（11）：124-126．

[105] 任芳．全渠道下物流系统建设[J]．物流技术与应用，2015，20（7）：44．

[106] 陆彬斌．基于RFID生产物流系统的设计与实现[D]．苏州：苏州大学学报，2015．

[107] 陈瀚. 供应链管理环境下的物流系统分析研究[J]. 商场现代化, 2015 (7): 55.

[108] 董泽, 钱慧敏. 基于扎根理论的智慧物流企业竞争优势维度与模型构建[J]. 物流科技, 2020, 43 (2): 1-6.

[109] 陈佳琳. 物流企业内部控制研究[J]. 财会学习, 2020 (4): 232-234.

[110] 苏凯涛. 基于物联网对企业的物流系统管理[J]. 纳税, 2020, 14 (4): 216.

[111] 韩嵩, 刘娜. 我国物流企业竞争力水平评价[J]. 商业经济研究, 2019 (15): 101-104.

[112] 康迪. 企业物流营销能力影响因素分析及其优化的研究[J]. 现代经济信息, 2019 (15): 154.

[113] 罗晓青. 基于供应链管理系统生产制造型企业物流管理的结构思考[J]. 现代经济信息, 2019 (15): 24-25.

[114] 王冀宁, 马百超, 蒋海玲, 孙翠翠. 食品安全物流环节信息透明度的国内外研究综述[J]. 中国调味品, 2017, 42 (6): 159-164.

[115] 徐宪红. 基于项目管理的营销物流成本控制实证研究[J]. 技术经济与管理研究, 2016 (5): 26-30.

[116] 孙迪迪. 食品可追溯物流信息有效传递评价标准研究[J]. 物流技术, 2014, 33 (7): 342-344.

[117] 杨珂. 基于物联网的食品物流平台的构建[D]. 成都: 西南石油大学学报, 2013.

[118] 白云飞, 刘开华. 基于RFID的航空食品物流信息管理平台[J]. 电子设计工程, 2012, 20 (20): 39-42.

[119] 黄向荣. 我国食品物流信息化的现状与优化[J]. 物流工程与管理, 2008, 30 (11): 39-40.

[120] 田涛. 基于RFID物流信息系统的构建与研究[D]. 成都: 西南交通大学, 2007.

[121] 谭平. 食品信息可追溯系统的构建[J]. 上海质量, 2006 (10): 68-71.

[122] 李霞. 食品物流搭载信息高速——HP解决方案在物流行业中的应用[J]. 中国物流与采购, 2004 (14): 60-61.

[123] 陈忠新. 运用现代物流管理理念对调味品生产企业提出几点建议[J]. 中国调味品, 2001 (7): 36-38.

[124] 潘文军, 谢强. 我国食品工业物流体系建设与人才培养研究[J]. 市场论坛, 2015 (7): 52-54.

[125] 左超. 现代物流管理中信息网络化及其实施对策[J]. 农家参谋, 2020 (12): 285.

[126] 陈太广. 现代物流管理中的信息网络化及其实施对策分析[J]. 产业创新研究, 2020 (8): 31, 42.

[127] 陈嘉学. 浅谈现代物流企业管理问题及对策[J]. 营销界, 2019 (48): 60, 65.

[128] 毛黎霞. 智慧物流背景下现代物流路径探析[J]. 现代营销 (信息版), 2019 (12): 60-61.

[129] 李圣状, 崔恒阳. 现代物流与供应链管理在企业中的应用[J]. 现代营销 (信息

版),2019(12):69.

[130] 蚁向文. 第三方物流现状及前景对策研究[J]. 现代营销(经营版),2018(11):48.

[131] 张海玲,刘海,薛宗杰,潘维刚. 浅谈提升第三方物流的服务能力[J]. 物流科技,2014,37(9):115-116.

[132] 欧阳晓波,王莉娟. 电子商务时代的第三方物流发展研究[J]. 经济研究导刊,2013(9):213-214.

[133] 刘敦. 第三方物流在企业中的现状和发展趋势[J]. 技术与市场,2013,20(1):84,86.

[134] 戴军,章朴. 构建第三方物流金融合作存在的问题与对策[J]. 老区建设,2012(8):17-19.

[135] 姜艳. 我国第三方物流发展的制约因素及对策[J]. 现代营销(学苑版),2012(4):234.

[136] 李洪洋. 我国电子商务的发展探析[J]. 现代情报,2004(05):54-55.

[137] 魏俊飞. 电子商务背景下我国流通企业物流模式创新思考——以某食品公司打造第四方物流模式为例[J]. 物流技术,2015,34(4):61-64.

[138] 王凤云. 食品供应链物流运作模式和机制研究[J]. 商业经济研究,2017(9):100-101.

[139] 冯春,杨波. 电子商务环境下生鲜农产品"云物流"的发展模式与选择[J]. 农业经济,2019(5):132-134.

[140] 周欢. 浅谈国际电子商务下的物流服务[J]. 现代营销(经营版),2018(7):28.

[141] 黄彩娥,张娜. 国际电子商务下的物流服务[J]. 合作经济与科技,2018(8):12-14.

[142] 何冰洁. 电子商务与现代物流[J]. 企业改革与管理,2018(21):79-95.

[143] 张铎. 我国物流企业如何迎接电子商务(一)[J]. 中国物资流通,2001(1):12-13.

[144] 张铎. 我国物流企业如何迎接电子商务(二)[J]. 中国物资流通,2001(2):8-9.

[145] 兰宜生. 电子商务物流管理[M]. 北京:中国财经经济出版社,2001.

[146] 张文杰,田源,林自葵. 电子商务下的物流管理[M]. 北京:清华大学出版社,北京交通大学出版社,2003.

[147] 洪涛. 我国粮油电子商务的现状、问题和对策[J]. 粮油加工,2003(8):20-23.

[148] 张良卫. 国际物流[M]. 北京:高等教育出版社,2011.

[149] 郭红. 国际物流供应链风险评估研究[J]. 劳动保障世界(理论版),2013(12):121-122.

[150] 苑春林. 国际物流[M]. 北京:中国经济出版社,2018.

［151］郑俊田. 国际物流与运输［M］. 北京：中国海关出版社，2018.

［152］李万里. 探究国际物流管理与多种运输方式的选择和应用［J］. 全国流通经济，2019（8）：18-19.

［153］缪鸿."一带一路"国际物流绩效对我国出口贸易的影响［J］. 商业经济研究，2019（5）：133-136.

［154］Ed Treacy. 国际果蔬冷链物流研究［J］. 物流技术与应用，2013（14）：48-49.

［155］孔娟，曹长省. 国际农产品物流模式的经验及启示［J］. 世界农业，2011（8）：16-19.

［156］王智慧. 对农产品物流园规划选址和功能的研究——以合肥农产品国际物流园为例［J］. 城市建设理论研究（电子版），2015（17）：6548.

［157］王梦翔. 论国际贸易与国际物流的关系［J］. 都市家教，2013（5）：213.

［158］李军. 跨境电商背景下我国国际物流系统优化［J］. 对外经贸实务，2019（12）：90-92.

［159］童孟达. 我国国际物流业发展趋势及建议［J］. 水运管理，2020（2）：5-6.

［160］冯锐. 国际物流通道构建方法及应用研究［D］. 成都：西南交通大学学报，2017.

［161］庞燕. 跨境电商环境下国际物流模式研究［J］. 中国流通经济，2015，29（10）：15-20.

食品物流学课程思政建议

1. 课程思政学习目标

第一章　食品物流学概论

中国古代物流的深厚底蕴与辉煌成就，激励着当代中国物流从业者。进入近代，西方国家陆续开启了工业化与现代化的进程，而中国则长时间停留在农业社会的生产力水平。新中国成立后，通过不懈努力，中国现代物流得以重建和发展，经历了计划经济体制下的物流和社会主义市场经济体制下的物流两个重要阶段。特别是自改革开放以来，中国现代物流因改革开放而兴起，也因改革开放而壮大。

本章旨在引导学生从食品物流学的角度理解：国家、民族、行业的振兴，必须遵循历史发展的逻辑，顺应时代进步的潮流。改革与创新是推动人类社会进步的根本动力。任何抗拒改革、拒绝创新的国家、民族或行业，都将落后于时代，终将被淘汰。期望同学们能够不断自强、勇于革新，坚定地推进全面深化改革，勇于开拓，善于创新，以改革创新的勇气和精神，推动构建现代化物流体系，实现现代物流的品质提升、效率增长和成本降低，为推动现代物流高质量发展，为实现"物流强国"梦想贡献自己的力量。

第二章　食品物流学的理论基础

食品物流（food logistics）是市场经济高度发展的产物，同时也是市场经济进一步发展的需求。在人们对利润、效益、效率的不断追求下，社会分工日益细化，食品物流在食品工业中的影响力愈发凸显，引起了社会各界的关注。食品物流不仅是物流行业发展的成果，而且由于食品的特殊性——对及时性和保鲜性有很高的要求，且直接关系到人体健康和生命安全，因此它具有独特的属性，从而从物流领域中脱颖而出，成为一个独立的分支。期望学生能够深刻理解食品物流学科的重要性，坚定专业信念，勤奋学习，勇于创新，掌握深厚的基础学科知识和扎实的专业技能，投身于我国食品物流产业的发展。努力将自己塑造成为既了解食品、热爱食品，又能推动食品现代化进程的新时代人才。

第三章　食品物流的功能要素

食品物流是市场经济高度发展的产物，它体现了社会分工日益细化的趋势。由于食品的特殊性，它对时效性、保鲜性和安全性有着严格的要求，这使得食品物流具有其独特性。期望学生熟悉所学专业，提升对专业学习的兴趣，树立坚定的专业思想，增强专业能力。

在日常生活中，大部分食品在到达消费者手中之前都经过了包装。食品包装不仅起到保护食品的作用，而且是影响食品运输品质和安全的关键因素。合理选择包装材料和技术，可以有效延长食品的保鲜期，降低运输过程中的损耗和风险。例如，使用高密度聚乙烯（HDPE）或聚丙烯（PP）等塑料包装材料，可以在运输过程中有效阻隔水分和氧气的渗透，保持食品的新鲜度和品质；同时，采用环保型纸箱包装，便于运输后的回收处理，符合可持续发展的理念。希望学生在关注食品包装的安全性、保护性和实用性的同时，也能考虑其环保性。

现代食品物流不仅包括物资的流动，还涉及信息流的管理与优化。利用信息技术和数据分析，可以提高食品物流的效率并增强可追溯性，从而保障消费者的健康和权益。希望学生深刻认识到，现代食品物流不仅仅是技术和操作的结合，更是承担社会责任和保障公共健康的重要环节。学生应自觉提升职业道德，始终将食品安全放在首位，树立食品安全底线思维。

第四章 食品保藏过程

民以食为天，食以安为先，安以质为本。自古以来，只要食物的产地与消费地之间存在距离，以及食品的制作与食用之间存在时间差，食品的保藏就成为了食品物流过程中不可或缺的重要环节，同时也是确保食品质量的关键因素。在当今时代，运用科学的保藏方法和环境控制手段，可以有效保障食品的质量与安全，维护消费者的健康权益。因此，食品保藏不仅是一个企业技术管理的问题，更是其社会责任的体现。学生应当深入理解食品保藏过程中技术与管理的重要性，增强对食品质量与安全的社会责任感，以此为基础，在未来的食品行业职业生涯和日常生活中，树立正确的价值观和行为准则。

第五章 食品采购与库存控制

食品采购是保障食品安全的关键环节。企业必须严格遵守《中华人民共和国食品安全法》的相关规定，确保所采购的食品原料来源合法、质量可靠，并符合食品安全标准。此外，企业应建立健全食品安全管理体系，加强对食品原料采购过程的监督和管理，以保障食品安全。期望学生能够增强法治意识和诚信意识，重视消费者权益和社会公共健康，主动承担起维护食品安全的社会责任。

库存控制是确保食品安全的重要措施，它涉及食品的储存条件、保质期管理等多个方面，旨在保证食品在储存过程中不发生变质或受到污染，从而维持食品的安全性和适食性。不同种类的食品对储存条件有不同的要求，希望学生深刻认识食品储存方法的重要性，以及正确储存对保持食品质量与安全的关键作用。同时，学生还应关注资源的有效利用和可持续发展，减少浪费，降低环境负担。

第六章 食品的运输与配送管理

食品运输的流畅性直接影响到食品的保鲜、安全和效率，而这些都依赖于现代化的交通体系。近年来，我国交通基础设施持续完善，综合立体交通网总里程已超过600万km。该交通网的主骨架空间布局已基本成型，覆盖了全国超过80%的县（市、区），服务于全国约90%的经济和人口。截至2023年底，我国铁路营业里程达到15.9万km，其中高铁营业里程为4.5万km；全国公路总里程为543.68万km，其中高速公路里程为18.36万km；全国内河航道通航里程为12.82万km；民用运输航空机场总数达到259个。此外，互联互通水平不断提升，我国已与90多个国家和地区签订了160多个涵盖陆、海、空、邮等领域的协议和协定。希望学生能够立足于中国大地，深入了解国情民情，自觉增强对中国特色社会主义的认同,坚定"四个自信",将"青春梦"融入"中国梦"。

生鲜电商的兴起推动了食品冷链物流的快速发展与转型升级,展现了其强大的韧性和潜力。在食品运输管理方面,企业采用先进的冷链物流技术和全程温控措施,通过构建全国性的仓储配送网络,实现了运输过程中温度的精确控制和全程监控,确保生鲜食品在生产、储存、运输、销售直至消费前的各个环节始终处于规定的低温环境中,从而降低食品损耗,保障质量安全。希望学生认识到,食品冷链物流不仅关乎食品安全和生命健康,还承担着推动消费升级、扩大消费、促进农业转型和农民增收的重要任务,进而理解所学专业的社会责任和使命,增强冷链意识,提升食品冷链物流领域的专业能力。

食品运输路线并非固定不变,企业应依据市场需求、交通状况、天气情况、特殊节点等因素的变化,动态调整和优化运输路线。利用大数据分析预测未来的运输需求,提前规划运力布局。在食品运输中,企业引入了高效率的运输车辆和路线优化方案,通过大数据分析选择合适运输路线和时间,有效降低了车辆的空驶率和燃油消耗,减少了运输成本,同时降低了二氧化碳排放。这种做法不仅提升了运输效率,还促进了环境的可持续发展。希望学生关注食品配送中的环境保护和节能减排问题,认识到食品运输配送管理应注重资源有效利用和可持续发展,通过技术创新和管理优化,减少能源消耗和环境影响,从而激发学生承担生态责任,培养绿色低碳和可持续发展的理念。

第七章 食品流通加工业务

我国发布的 GB 7718—2011《食品安全与国家标准 预包装食品标签通则》对食品标签的术语、基本原则、标签内容、标签要求等均作出了严格的规定,是食品包装设计必须遵循的通用法规。标准原则上规定,食品标签的所有内容不得以错误、误导性或欺骗性的方式描述或介绍食品;不得使用直接或间接暗示性的语言、图形、符号,使消费者将食品或其某一性质与另一产品混淆;必须符合国家法律法规的规定,并满足相应产品标准的要求;标签内容应通俗易懂、准确、科学。希望学生能够认识到,食品标签的标注与管理不仅涉及法律规定和标签内容的规范性,还包括通过管理措施确保标签信息的真实性和准确性,以保障消费者权益和食品安全。同时,提高学生的法治意识,自觉树立规则意识和法治观念,严格遵守国家法律法规,尊重和保护消费者权益。

食品种类繁多,性质各异,包装形式多样,拣货作业和配货作业一直是配送中心各环节中最耗时、最耗费人力的作业之一。近年来,随着配送中心配送货物数量和配送范围的不断扩大,拣配货作业量显著增加。为了提升拣配货作业的效率,许多配送中心一方面合理选择拣配货作业的方法和工艺,另一方面通过引入自动分拣系统来提高拣选效率。希望学生能够认识到技术创新在提高效率和降低成本方面的重要性,鼓励学生发挥专业优势,积极参与科学研究,创新技术、工艺,从而提升我国食品流通加工业务的竞争力和可持续发展能力。

第八章 食品物流系统

面对我国食品物流所面临的新环境,要解决食品多样化、快捷化需求、食品安全控制、食品规模效益等问题,需要运用系统化思维,将物流各个环节与信息流整合为一体。这种综合性组织管理技术旨在以最低的物流成本和最优的服务质量,提高社会经济效益。因此,有必要引入先进的物流供应链管理理念,将生产链的上下游环节有机结合起来,通过其先进体系提升我国食品企业的竞争力,并为食品企业构建全方位的物流体系和增值服务。期望学生能够进行跨学科学习,拓宽视野,学会从多角度思考问题,培养全局观念和系统思维,提高理解和解决复杂问题的实际能力,为未来的学习和职业生涯奠定坚实基础。

积极构建绿色农产品物流体系,实现运输、流通加工、包装的绿色化;利用高新技术手段打造现代化的绿色农产品供应链,并通过HACCP认证确保食品安全,这对于解决"三农"问题具有重大意义。它是提升我国农业生产技术与管理水平、实现农产品与市场高效对接、发展农村经济、增加农民收入、应对全球经济一体化挑战的必然选择。学生应深入理解绿色农产品物流体系和供应链的最新发展趋势,以强农兴农为己任,努力成为懂农业、爱农村的新型人才,为我国"三农"事业贡献自己的力量。

第九章　食品物流信息与管理

我国食品工业的快速发展是显而易见的,然而,食品工业在物流领域的损耗和效率问题也不容小觑,信息化的应用水平尚需提升。目前,我国食品物流总体上仍然采用传统的储运模式,例如,一些食品冷藏车的运输状况并不乐观,易腐保鲜食品的装船、装车大多在露天进行,而非按照国际食品标准在冷库和保温场所操作。物流链各环节信息不畅、透明度不足、流通机制不健全,环节之间脱节现象时有发生,导致食品在运输过程中出现不必要的延误和风险。一旦物流领域实现电子化、信息化,将对物流企业和食品企业产生巨大推动作用,提升产能,减少损耗。我们希望学生能够认识到我国食品物流信息化水平的现状及其不足,加强国情教育,培养学生的危机意识、专业归属感和责任感,以扎实的专业技能和高水平的技术创新来履行社会责任。

目前,我国与物流相关的年总支出高达19000亿元人民币,物流成本占GDP的比例为20%~30%,而美国、日本等国家这一比例仅为10%。显然,我国在物流成本、周转速度以及产业化方面还有待改进,服务水平和效率也需提升。当前,高昂的物流成本削弱了我国企业在国际市场上的价格优势,降低物流成本已成为我国企业亟待解决的问题。为了显著提高物流成本的管理水平,降低我国企业的总体物流成本,政府管理部门和企业自身都需要进行大规模的改进。希望学生能够认识到我国物流管理的现状和短板,理解政府和企业需要不断追求卓越,持续改进和创新的重要性,培养学生的创新意识。同时,增强其专业责任感,勇于面对挑战和困难,以新发展理念和高质量发展为指导,不断探索新的解决方案和方法,致力于建设"物流强国"。

第十章　物流企业与第三方物流

自20世纪90年代兴起的第三方物流,从本质上体现了社会分工的深入与细化,同时也映射出现代生产流通环境下物流的复杂性。尽管第三方物流在美国仅有短短十几年的历史,尚未形成一种成熟的业态,但它代表了物流业的发展趋势,并为我们提供了诸多启示。事实上,中国已经出现了类似于第三方物流的企业。那些按照现代企业模式运作的外资企业、合资企业以及国内新兴企业,不再追求"大而全、小而全"的发展模式,这为第三方物流创造了市场空间。我国物流从业者应尽快提升从事第三方物流的业务能力。希望学生能够了解我国第三方物流领域的发展现状和未来趋势,积极融入国际化的潮流,培养国际视野和跨文化交际能力,自觉树立科学的物流观念,重视物流理论和方法的研究与创新,推动我国第三方物流产业的快速发展。

第十一章　电子商务在食品物流中的应用

当前，我国食品供应链物流中的"农超对接"模式发展较为迅速，该模式是指食品生产者与超市签订合作协议，将产品直接供应给超市，并在超市进行销售，为优质农产品的销售提供了平台。"农超对接"作为一种基础性的新型食品供应链物流模式，改变了传统供应链物流模式中仅提供不销售的问题，实现了食品生产者与消费者的直接对接，大幅降低了食品中间物流成本，使产品最终价格能够降低 10%~20%。引导大型连锁超市与农产品专业合作社进行对接，建立农产品直接采购基地，构建覆盖农产品生产全过程的物流系统，对于提升农产品质量、活跃农产品流通、增加农民收入具有重大意义。学生应当从食品物流专业的角度关注国家发展并承担社会责任，成为具有农商结合特色、具备电子商务服务能力和应用水平的创新型、复合型人才，服务于国家乡村振兴战略。

第十二章　国际物流与国际供应链

国际物流的最显著特征在于物流活动跨越国界，在不同国家之间展开。因此，国际物流的存在与发展有助于促进全球范围内物资的合理流动，能够优化国际间物资或商品的流动路线，实现流通成本的最小化、服务品质的最优化以及效益的最大化。同时，得益于信息系统的支持以及全球范围内物资的交流，国际物流通过合理的组织方式，可以推动世界经济的发展，增进国际间的友好交往，进而促进国际政治、经济格局的良性发展，以及人类物质文化和精神文化的进步。通过了解国际物流系统及其运输方式与管理，希望学生关注我国在国际物流专业领域的国家战略、法律法规和相关政策，以及现实问题。通过"一带一路"倡议的主体框架"六廊六路多国多港"等案例，希望学生关注国家发展和行业进步，增强民族自豪感，培养全球化思维，构建全球经济共同体的宏观格局，激发为新时代食品物流贡献力量的决心与信心。

2. 课程思政学习建议

本教材的第一章阐述了课程的研究对象、内容以及发展简史，并分析了现代食品物流的特征、价值及其作用与意义，旨在引导学生认识到食品物流工作对国民生命健康安全的重要性，培养学生的家国情怀，增强学生的专业认同感。

第二章涵盖了食品物流的基本概念及分类、食品物流系统的构成要素，以及食品物流业的运行模式，旨在加深学生对食品物流学科的理解，培养严谨求实的科学精神和适应时代的改革创新精神。

第三章讨论了食品包装、食品装卸、食品运输、食品保藏、食品流通加工和食品物流信息等内容，旨在培养学生的职业道德和法治思维，树立食品安全底线思维和可持续发展的理念。

第四至第九章涵盖了食品保藏过程、食品采购与库存控制、食品的运输与配送管理、食品流通加工业务、食品物流系统、食品物流信息与管理等方面，旨在引导学生勤奋学习、创新创造，培养全局观和系统思维，以及细致严谨、公平公正、诚信的优秀品质，掌握扎实的专业本领，全面推动我国食品物流产业的发展。

第十至十一章涉及物流企业与第三方物流、电子商务在食品物流中的应用等内容，旨在引导学生从专业视角关注国家发展、行业发展，增强专业责任感和使命感，培养具有农商结合特色的知农爱农的创新型、复合型人才。

第十二章探讨了国际物流运输方式与管理、供应链模式以及国际货运代理人等内容，期望学生立足国情、放眼世界，培养全球化思维，构建人类命运共同体的意识，为新时代食品物流学科和行业的发展贡献力量。

本书数字资源索引

数字资源名称	二维码	章节	页码	数字资源名称	二维码	章节	页码
食品物流学概论		第一章	1	食品流通加工业务2		第七章第一节	156
食品物流学的理论基础1		第二章第一、二节	6	食品物流系统1		第八章第一节	203
食品物流学的理论基础2		第二章第三节	9	食品物流系统2		第八章第二节	208
食品物流的功能要素1		第三章第一节	13	食品物流信息与管理1		第九章第一节	225
食品物流的功能要素2		第三章第二节	26	食品物流信息与管理2		第九章第二节	227
食品保藏过程		第四章第一、二、三、四节	50	物流企业与第三方物流		第十章	273
食品采购与库存控制		第五章第一、二、三、四节	93	电子商务在食品物流中的应用		第十一章第一、二节	290
食品的运输与配送管理		第六章第一、二、三节	121	国际物流与国际供应链		第十二章第一、二节	301
食品流通加工业务1		第七章第一节	149				